山东科技大学应用性立项专业（群）经费资助

HAIYANG XINGFAXUE

# 海洋刑法学

顾　问：孙法柏
主　编：牛忠志
副主编：杨厚瑞　吴立志
撰稿人（按姓氏拼音为序）：
董桂武　何　群　李　林　李小丹　牛忠志
吴立志　邢　冰　徐西振　杨厚瑞

中国政法大学出版社
2018·北京

图书在版编目（CIP）数据

海洋刑法学/牛忠志主编. —北京:中国政法大学出版社,2018.6
ISBN 978-7-5620-8348-1

Ⅰ.①海… Ⅱ.①牛… Ⅲ.①海洋法—法的理论—研究 Ⅳ.①D993.5

中国版本图书馆CIP数据核字(2018)第132004号

---

出 版 者　中国政法大学出版社
地　　址　北京市海淀区西土城路 25 号
邮寄地址　北京 100088 信箱 8034 分箱　邮编 100088
网　　址　http://www.cuplpress.com (网络实名：中国政法大学出版社)
电　　话　010-58908586(编辑部) 58908334(邮购部)
编辑邮箱　zhengfadch@126.com
承　　印　保定市中画美凯印刷有限公司
开　　本　720mm×960mm　1/16
印　　张　20.5
字　　数　340 千字
版　　次　2018 年 6 月第 1 版
印　　次　2018 年 6 月第 1 次印刷
定　　价　69.00 元

# PREFACE 前　言

海洋是指地球表面被各大陆地分隔为彼此相通的广大水域。其总面积约为3.6亿平方公里，约占地球表面积的71%，平均水深约3795米。海洋中含有13.5亿多立方千米的水，约占地球上总水量的97%，而可用于人类饮用的只占2%。地球四个主要的大洋为太平洋、大西洋、印度洋、北冰洋，大部分以陆地和海底地形线为界。到目前为止，人类已探索的海底只有5%，还有95%大海的海底是未知的。尽管如此，对人类而言，海洋将是一个巨大的能源、资源库，是毋庸置疑的。海洋中的鱼和贝类能够为人类提供滋味鲜美、营养丰富的蛋白食物，被誉为人类未来的粮仓；未来向海洋要淡水已成定势，海水可以淡化为人类所饮用；利用海水的温差来发电指日可待；海参、牡蛎、海藻，以及鲨鱼血清等正在越来越广泛地被用于医药，抗肿瘤作用明显，海洋将成为21世纪的药库；海洋的矿物质丰富，是矿物资源的聚宝盆，海底石油、深海锰结核和海底砂矿等金、铜、锌、锰稀有矿藏，以及海底热液矿藏，利用前景一片光明！

近年来，我国海洋环境的污染和资源被破坏的情况十分严重，已经引起了世界各国的高度警觉。我国在总结粗放、资源投入型的外延式扩大再生产发展模式的经验教训基础上，奉行可持续发展观，转变经济结构，改变增长方式，依靠科技，走内涵式发展道路。这要求我们依法有序地开发利用海洋环境资源。海洋环境资源的开发利用秩序离不开作为保障法刑法的保驾护航。除了海洋资源本身之外，浩瀚无边的海洋还为人类提供了一个巨大的生产活动空间，海洋运输成了与航空运输、陆地运输相并列的运输通道；海岸、海关构成一国的国（边）境标志，鉴于以海洋为场域的人类活动也有其自身的特点，由此，海上犯罪区别于国内陆地犯罪，也有其十分突出的个性。本书认为，海洋犯罪包括以上两方面的犯罪，是指自然人或者单位以海洋为犯罪场域或者以海洋为犯罪对象实施的具有严重的社会危害性、触犯刑法，应受刑罚惩罚的行为。海洋刑法是刑法的分支，是规定海洋犯罪及其刑事责任（其承担方式主要是刑罚）的法律规范的有机统一体。

从世界范围来看，关于海洋犯罪和海洋刑法的研究，刚刚起步。就我国学界而言，对海洋犯罪、海洋刑法的研究更是十分薄弱。笔者所在的工作单位——山东科技大学——是一所工科优势突出，行业特色鲜明，工学、理学、管理学、文学、法学、经济学、艺术学等多学科相互渗透、协调发展的省属重点大学，是山东省重点建设的应用基础型人才培养特色名校，山东省人民政府与国家安全生产监督管理总局共建高校，是山东省重点建设的5所应用基础型人才培养特色名校之一。学校主校区位居青岛市黄岛区，是国家经济新区——青岛西海岸新区——的基干区域。本着融入地方、服务地方、扎根地方的观念，山东科技大学把海洋法作为学校的四个特色专业之一，并于2017年9月招收了第一届海洋法专业班。这就要求我们教师们不得不侧重于对包括海洋刑法在内的各个法律部门的涉海内容的深入研究。《海洋刑法学》编写就是在这一过程中的产物。因此，本书的顺利出版得到了山东科技大学应用性立项专业（群）经费的资助。

以撰写章节为序，作者简介和撰写分工如下：

牛忠志，教授，法学博士、博士后。主要从事刑法学教学与研究工作，山东科技大学法学一级法学硕士点——刑法学硕士点——负责人；北京师范大学刑事法律科学研究院兼职研究员。兼任山东省法学会刑法学研究会常务理事。在《法学论坛》《法学杂志》《山东社会科学》《云南法学》《河南大学学报》等重要刊物上发表论文67篇，代表作有《犯罪本质的义务违反说优越于法益说》《驳“但出符合形式犯罪构成的行为说”》《犯罪本质之义务违反说论纲》《刑法目的新论》等。主编《刑法学》《模拟刑事法庭》《环境刑法》等教材。主持国家社科基金后期资助项目和教育部人文社会科学研究项目各1项，主持山东省社科规划项目、山东省软科学计划项目等省部级项目6项。撰写本书第一章、第九章、第十一章，并担任全书主编。

李林，西南政法大学副教授，刑法学博士，主要从事刑法学基础理论研究，发表学术论文30余篇，主持省部级课题1项，主编《刑法碎思录》等。参与教育部人文社会科学研究项目、重庆市社科规划项目和中国法学会部级法学研究课题等多项。代表作有《我国风险社会刑法观与风险治理》《风险社会背景下我国危险犯立法范式转化研究》《风险社会背景下我国危险犯立法趋势研究》等。撰写本书第二章。

杨厚瑞，法学硕士，讲师，主要研究方向：刑法学、证据法学、诉讼法学。山东新和律师事务所兼职律师。多次荣获山东科技大学“难忘恩师”“我心目中的好老师”等荣誉称号。代表作《计算机网络与犯罪》于2000年被人大复印资料全文转载。主持山东省检察院课题“电子数据在检察实务中的审查与运用研究”，参与国家社科基金规划项目、山东省社科规划项目、山东省软科学项目等多项。撰写本书第三章、第十二章第二节，并担任副主编。

何群，广西桂林人，刑法学博士，北京师范大学刑事法律科学研究院博士后，福州大学法学院讲师，硕士生导师。出版个人专著2部，主持国家社科基金1项，参与国家社科基金和省级课题多项，发表论文20余篇。代表作有《刑法谦抑性实践理性辨析》《劳动教养制度废止后我国刑事制裁体系的变革》等，撰写本书第四章。

吴立志，法学博士，副教授，青岛市法学会理事。研究方向为中国刑法和国际刑法，在山东科技大学从事刑法学的教学与科研工作。先后在《当代法学》《河北法学》《河南师范大学学报（社科版）》等学术刊物上发表论文20余篇；出版专著《恢复性司法基本理念研究》（中国政法大学出版社2012年版），主编《治安部门管辖的刑事案件证明规范及实例指导》（中国人民公安大学出版社2012年版），副主编《刑法学》（第2版）（科学出版社2013年版），参著《国际恐怖主义及其防治研究》（中国政法大学出版社2011年版）等多部著作；独立主持、参与省部级课题多项。撰写本书第五章、第十章，并担任副主编。

邢冰，法学博士，济南大学讲师，主要研究方向为中国刑法与刑事政策。已发表CSSCI及其他期刊论文30余篇；主持地厅级课题多项，参与省部级课题多项，参与国家课题2项。曾获得中国警察法学研究会2016年年会暨首届警察法治论坛征文评选二等奖、第十一届环渤海区域法治论坛论文优秀奖、第22次全省法学优秀成果二等奖等奖项。撰写本书第六章 、第七章、第十二章第一节。

董桂武，副教授，法学博士，现任青岛大学法学院刑事法教研室主任，兼任中国法学会案例法学研究会理事、中国犯罪学会理事，山东省法学会党规研究会理事等。2008 年 1 月获中国政法大学经济法硕士学位，2012 年 7 月毕业于北京师范大学刑事法科学研究院，获刑法学博士学位。主要研究方向为中国刑法、证据法学、犯罪学。在《刑法论丛》《中国海洋大学学报》《法律适用》等学术刊物上发表论文多篇。主持最高人民检察院、司法部项目各一项，主持山东省省级重点教学项目一项，主持山东省文化厅项目一项。撰写本书第八章、第十二章第三节。

李小丹，刑法学博士，山东政法学院刑事司法学院讲师，职务犯罪侦查理论研究中心副主任，主要研究方向为刑法学、犯罪心理学。发表过《受贿案中犯罪嫌疑人的应讯心理、行为分析及讯问策略》《自我效能理论在罪犯矫治工作中的应用》《基于自我效能理论的黑社会性质组织犯罪研究》《基于复杂系统理论的犯罪心理成因研究》等多篇论文。主持山东政法学院科研计划项目《犯罪心理痕迹刻画研究》，参与山东省社会科学规划研究项目《犯罪心理痕迹的符号解码》等。撰写第十二章第四节。

徐西振，曲阜师范大学法学院副教授，硕士生导师。主要从事刑法学、刑事诉讼法学等课程的教学与研究工作，在《齐鲁学刊》《湖南师范大学社会科学学报》等刊物上发表论文十几篇。代表作《论刑法解释的内在规制》《刑法解释的制度设计与体制重建》等。主持、参与教育部、司法部、山东省社科项目多项。撰写本书第十二章第五节。

本书由主编拟定大纲，各位作者撰稿，副主编统稿，最后由主编统改定稿。

撰写本书，无前例可循，资料素材匮乏，困难甚多。然而，学术贵在探索，要敢于创新、敢于尝试，没有先例不能成为辍笔的托词，也不能因为困难大而止步。经过各位作者的艰苦努力，终成书稿，着实令人欣喜。但愿本书的出版能够掀起一轮刑法保护我国海洋环境资源、维护我国海洋法律秩序的热潮，为日益发展的中国刑法学的进一步繁荣丰富增砖添瓦！

作者水平有限，编撰时间仓促，书中错漏之处在所难免，恳请学界同仁、读者不吝批评指正。

牛忠志

2018 年 3 月 3 日

于青岛西海岸新区山海花园寓所

CONTENTS

# 目 录

前 言 …… 001

第一编 海洋刑法总论 …… 001

第一章 海洋犯罪和海洋刑法概述 …… 003

第一节 海洋犯罪概述 …… 003

第二节 海洋刑法概述 …… 015

第二章 我国海洋刑法的立法原则和立法方式 …… 022

第一节 我国海洋刑法的立法原则 …… 022

第二节 我国海洋刑法的立法方式 …… 032

第三章 海洋犯罪的刑事管辖权 …… 039

第一节 刑事管辖权概述 …… 039

第二节 海洋犯罪的属地管辖 …… 042

第三节 海洋犯罪的其他管辖 …… 050

第四章 海洋犯罪的犯罪构成 …… 055

第一节 海洋犯罪的犯罪客体要件 …… 055

第二节 海洋犯罪的犯罪客观要件 …… 057

第三节 海洋犯罪的犯罪主体要件 …… 063

第四节 海洋犯罪的犯罪主观要件 …… 067

第五章　海洋正当行为 …… 071
第一节　海洋行为中的正当防卫和紧急避险 …… 071
第二节　海洋其他正当行为 …… 080
第六章　故意犯罪未完成形态 …… 089
第一节　犯罪既遂形态 …… 089
第二节　犯罪预备形态 …… 091
第三节　犯罪未遂形态 …… 093
第四节　犯罪中止形态 …… 097
第七章　共同犯罪形态 …… 101
第一节　共同犯罪概述 …… 101
第二节　共同犯罪的形式 …… 105
第三节　共同犯罪人的刑事责任 …… 110
第八章　海洋犯罪的刑事责任 …… 117

■ 第二编　海洋刑法分论 …… 133
第九章　海洋刑法分论概述 …… 135
第一节　海洋刑法分则体系及其与总则的关系 …… 135
第二节　法条竞合 …… 137
第十章　国际条约中涉海犯罪及其与国内法的照应 …… 142
第一节　《联合国海洋法公约》规定的犯罪及其与国内法的照应情况评析 …… 142
第二节　《联合国禁止非法贩运麻醉药品和精神药物公约》规定的犯罪及其与国内法的照应情况评析 …… 151
第三节　《联合国禁止贩运人口议定书》规定的犯罪及其与国内法的照应情况评析 …… 156
第四节　《制止危及海上航行安全非法行为公约》规定的犯罪及其与国内法的照应情况评析 …… 159

第五节 《制止危及大陆架固定平台安全非法行为议定书》规定的犯罪及其与国内法的照应情况评析 …… 162
第十一章 以海洋环境资源为行为对象的犯罪 …… 166
第一节 破坏自然环境保护的犯罪 …… 166
第二节 破坏动物资源保护的犯罪 …… 179
第三节 破坏农用地矿产资源保护的犯罪 …… 192
第四节 破坏植物资源保护的犯罪 …… 205
第十二章 以海洋为场域的犯罪 …… 216
第一节 海上危害公共安全罪 …… 216
第二节 海上侵犯人身权利、财产权利的犯罪 …… 234
第三节 海上走私犯罪 …… 252
第四节 妨害海洋管理秩序罪 …… 281
第五节 海洋渎职犯罪 …… 293

主要参考文献 …… 316

第一编

# 海洋刑法总论 

PART ONE

# 海洋犯罪和海洋刑法概述

## 第一节　海洋犯罪概述

### 一、犯罪概念[1]的一般表述

犯罪概念是整个犯罪论体系的逻辑起点，任何刑法理论工作者都不能回避对它的研究。综合国内外文献，从刑法与刑法理论上看，对犯罪的表述大致分为以下几个情况。

1. 形式的犯罪概念

形式的犯罪概念是指仅从犯罪的法律特征来概括犯罪，而不揭示法律为何将该行为规定为犯罪行为。西方国家刑事立法和刑法理论上对犯罪的解释多属于此类型。如德国刑法学家宾丁认为，犯罪是违反刑事制裁法律的行为；贝林格认为，犯罪是用法律类型化了的行为。再如，1810 年的《法国刑法典》第 1 条曾规定："法律以违警刑所处罚之犯罪，称为违警罪，法律以惩治刑所处罚之犯罪，称为轻罪；法律以身体刑所处罚之犯罪，称为重罪。"1937 年的《瑞士刑法典》第 1 条规定："凡是用刑罚威胁所确实禁止的行为是犯罪。"

形式的犯罪概念是罪刑法定原则的必然要求和前提，其主要作用是防止法官的司法专横。由于形式的犯罪概念对于法律为什么将这种行为规定为犯罪没有进行说明，因而不能制约刑事立法者以防止"恶法"的产生。

---

〔1〕严格意义上，事物的概念与定义是不同的，定义是对事物本体的界定，而概念是主体对客体的认识，属于认识论的范畴。更进一步，概念是对事物的本质和特征的高度抽象概括：概念既揭示事物的本质，也揭示事物的外在特征。不过学界对二者并不做区分。

2. 实质的犯罪概念

实质的犯罪概念，旨在揭示犯罪的社会属性（本质）。即想要说明犯罪行为之所以被刑法规定为犯罪的理由和根据。如，在奴隶制社会、封建制社会中，法律被假借为神或者上帝的意志，由此犯罪被认为是违背天意的大逆不道；宗教国家则认为犯罪是魔鬼所作之孽，视犯罪为一种罪孽。再如，刑事古典学派创始人之一贝卡利亚认为，犯罪是危害社会的行为；而康德的犯罪（道德）不义论认为，刑法是一种绝对命令，犯罪违反了人类社会的这一绝对的、至上的、永恒的道德原则。又如，刑事实证学派的龙勃罗梭基于其“天生犯罪人理论”，认为犯罪是一种遗传变异现象；加洛伐罗则认为自然犯是“侵犯了人类社会的诚实和怜悯这两种最基本的道德情感的行为”；李斯特认为犯罪是行为人的社会危险性的结果，强调犯罪是一种行为，是行为人基于其社会危险性格实施侵害法律所保护的利益的行为。

实质的犯罪概念之目的在于揭露犯罪的本质，并以此来限制立法者对刑罚权的发动。但在完全实质意义上去理解犯罪，则应该允许法官类推适用法律，故实质的犯罪概念难以制约法官的司法专横。

3. 犯罪的实质与形式统一的概念

犯罪的实质与形式统一的概念，是指从犯罪的本质和法律特征两个方面给犯罪以概念。这种方法最早见于《苏联刑法》及其刑法理论。如早在1948年，苏联就有学者提出，犯罪的基本特征是社会危害性、违法性、罪过、应受惩罚性与不道德性，并将犯罪的实质与形式特征结合起来进行研究 。现行的《俄罗斯联邦刑法典》（1997年1月1日开始实行）第14条第1款规定：“本法典以刑罚相威胁所禁止的有罪过地实施的危害社会的行为，被认为是犯罪。”这就明确反映出了犯罪有两个基本特点——社会危害性和刑事违法性，是实质与形式的统一。

形式的犯罪定义强调了犯罪是行为，而不是思想，强调了犯罪的法律属性，但没有提示犯罪的本质；实质的犯罪定义强调了犯罪的反社会性，但没有提示犯罪的法律属性；实质特征与形式特征结合起来的定义，能兼有前两类定义的优点并克服其不足，是较为合理的。这种方法克服了犯罪的形式概念和实质概念所存在的片面性。既阐明了犯罪的社会危害本质又规定了犯罪的法律界限，有利于真正揭示犯罪的内涵和外延。

我国1979年《刑法》第10条将犯罪的社会危害性本质与法律特征结合

起来给犯罪以界定。1997 年修订的《刑法》第 13 条继承了这种做法。该条规定："一切危害国家主权、领土完整和安全，分裂国家、颠覆人民民主专政的政权和推翻社会主义制度，破坏社会秩序和经济秩序，侵犯国有财产或者劳动群众集体所有的财产，侵犯公民私人所有的财产，侵犯公民的人身权利、民主权利和其他权利，以及其他危害社会的行为，依照法律应当受刑罚处罚的，都是犯罪，但是情节显著轻微危害不大的，不认为是犯罪。"据此，我国刑法理论一般认为，犯罪是具有严重的社会危害性，触犯刑法，应当受刑罚惩罚的行为。

## 二、犯罪的基本特点

### （一）我国刑法理论上关于犯罪基本特征的争议

犯罪的基本特点有哪些？学者们的认识不一。

（1）三特征说认为，犯罪的基本特征是一定程度的社会危害性、刑事违法性和应受刑罚惩罚性。三个特征密切联系，其中，一定程度的社会危害性是最基本的属性，是刑事违法性和应受刑罚惩罚性的基础；这三个特征都是必要的，是任何犯罪都必然具有的，这三个特征把犯罪与不是犯罪、犯罪与其他违法行为区别开来。[1]这在目前是通说。

有的学者用"法益侵害性"代替"社会危害性"，由此，将犯罪的三个基本特征表述为法益侵害性、刑事违法性和应受刑罚惩罚性。[2]

（2）二特征说，一种观点认为，犯罪的本质特征是行为的严重社会危害性，法律特征是行为的违法性。[3]另一种观点则认为："犯罪有实质与形式两层含义：在立法政策意义上，犯罪是指应受刑罚惩罚的危害社会的行为；在司法准则意义上，犯罪是指刑法规定为应受刑罚惩罚的行为。"[4]

以上分歧的焦点在于：研究犯罪本质要不要有一个场域背景？刑事违法性和犯罪的社会危害性，哪一个是逻辑起点？要不要承认应受刑罚性是一个独立的基本特征？我们认为，犯罪是一个极其复杂的社会现象，分析犯罪的

---

〔1〕 高铭暄、马克昌主编：《刑法学》（第 7 版），北京大学出版社、高等教育出版社 2016 年版，第 45~48 页；赵秉志：《刑法新教程》（第 4 版），中国人民大学出版社 2012 年版，第 55~57 页。

〔2〕 李晓明：《刑法学总论》，北京大学出版社 2017 年版，第 175 页。

〔3〕 马克昌：《犯罪通论》，武汉大学出版社 1999 年版，第 14 页以下。

〔4〕 贾宇：《罪与刑的思辨》，法律出版社 2002 年版，第 51 页以下。

本质，有谈论话语的场域问题：是规范学，还是发生学？注释法学属于规范学；犯罪学属于发生学。由此，作为注释法学上的犯罪的社会危害性，首先是受到了刑事违法性限制的“社会危害性”。这也同时回答了刑事违法性和犯罪的社会危害性，哪一个是逻辑起点的问题：在立法学视野中，严重的社会危害性是逻辑起点，从严重的社会危害性可以“应然地”推导出应该具有触犯刑法性和应受刑罚惩罚性；在注释法学中触犯刑法性是逻辑起点，犯罪的社会危害性和应受刑罚惩罚性都“实然地”受到了刑事违法性限制——在罪行法定的原则下，一个行为具有严重的社会危害性并不一定就具有触犯刑法性和应受刑罚惩罚性。当然，在坚持这些逻辑关系的基础上，犯罪的基本特性之间是相互制约、相互贯通的，而不是片面的和互相割裂的。

笔者曾经提出犯罪具有四个基本属性：一是犯罪的行为性（物理属性）；二是犯罪的特定社会危害性；三是触犯刑法性；四是刑罚当罚性。〔1〕

（1）当这些基本属性被现象化之后，就形成了犯罪的相应的基本特征。笔者将属性与特征相区分，一是有助于克服无谓的争议；二是可以从实质与现象层面全面把握犯罪；三是可以加深理解，犯罪是被统治阶级认为是犯罪的行为，而不是纯客观的行为，即“犯罪是客观见之于主观”的命题。

（2）这里强调的犯罪之物理属性，是犯罪的最浅层次的属性。强调犯罪的自然属性，就是强调笔者所一贯坚持的“犯罪是主观见之于客观”信条中之“客观成分”。这就强调了犯罪是犯罪者的“实践活动”。这样，一则可以避免主观归罪，二则有助于认识“客观是犯罪之基”。“惩罚思想”“论心定罪”是奴隶制和封建制刑法野蛮性和干涉性的重要表现，“无行为即无犯罪”是刑法在近代文明化的结果，是现代刑法谦抑性或者说“不得已性”的重要表现之一，强调犯罪的行为性，其作用是防止主观归罪，保障言论自由。

（3）关于这几个属性的关系。从犯罪认定的过程来看，犯罪的行为性、特定危害性、触犯刑法性、刑罚当罚性是依次递进的。犯罪的行为属性是把握犯罪的自然存在形式；犯罪的特定危害性是对行为社会属性的定性考量；触犯刑法性是用法律标准对危害行为在定性基础上的定量考察；犯罪的刑罚当罚性是对危害行为犯罪性的最终要求。

〔1〕牛忠志：“我国犯罪概念的再探讨——兼评我国刑法典第十三条之立法”，载赵长青：《刑法适用研究》，重庆出版社2000年版，第88页以下。

哪一个属性最为根本？通说认为，社会危害性是最基本的属性。有的学者认为在规范法学层面、在罪刑法定原则之下，触犯刑法的属性具有本源性。[1]有的学者认为，“刑罚当罚性”是犯罪最本质的东西。[2]论者认为，刑罚当罚性是司法者确定犯罪的最为抽象的理性标准，司法者在依法认定犯罪时以“是否应当受刑罚制裁”作为根本的判定标准。无论是对犯罪的社会危害性的判断，还是对触犯刑法性的判断，都离不开对“该具体行为刑罚当罚与否”的衡量。因此，犯罪的刑罚当罚性，居于犯罪属性的最为深刻的层次。

我们认为：其一，我国严格区分一般违法与犯罪，所以，不可能像德日国家刑法理论中那样有形式的违法性与实质违法性之争。如果对“触犯刑法性”作形式意义的理解，那么，形式意义的“触犯刑法性”绝对不能作为犯罪的最根本属性。也就是说，我国的触犯刑法性与德日国家的形式违法性是不同的。

其二，在我国的刑法框架下，应该对“触犯刑法性”用法律标准对危害行为在定性基础上进行定量考察，即从实质与形式相统一的角度来理解“触犯刑法性”。这与我国是实质意义上的犯罪构成相协调：“触犯刑法性”应被理解为“从主客观统一的角度，行为的社会危害在质和量的两个方面都是符合刑法规定的”，是相统一的，所以构成刑事违法，是主客观的统一，是犯罪行为的社会危害性与该行为所表征出的行为人的社会危险性的统一。即只有达到法定刑事责任年龄，具有刑法意义上辨认和控制能力的人，在罪过心理支配下实施的严重危害社会的行为，才可能具有刑事违法性。

其三，从逻辑上看，行为属性、一定的社会危害性、刑事违法性与应受刑罚处罚性，这四个术语的外延依次缩小，其结果是只有“应受刑罚处罚性”才最能揭示犯罪的质和量。故“刑罚当罚性”是犯罪的最深层次的东西。

### （二）德日刑法理论关于犯罪法律本质的争鸣与评析

德日等大陆法系国家刑法理论对犯罪的法律本质，理解不同。从沿革上来看，曾经存在下述几种观点：

#### 1. 权利侵害说

该说认为，犯罪是侵害他人权利的行为。这种学说是以启蒙运动的人权

〔1〕 陈兴良：“社会危害性理论——一个反思性检讨”，载《法学研究》2000年第1期。

〔2〕 陈忠林：“应当受刑罚惩罚是犯罪的本质特征”，载《现代法学》1982年第2期。

思想为背景，由费尔巴哈所提出的，旨在限缩刑法的调整范围，其在18世纪末至19世纪上半期的刑法学中占统治地位。但是，如果把这里的“权利”归结为自然法上的权利，而不是实定法上的权利；只承认个人权利，而不承认社会权利、国家权力，则应该说就不能解释所有的犯罪现象，如赌博罪、没有被害人的犯罪、叛国罪等。该说已经退出历史舞台。

2. 法益侵害说

该说认为，犯罪的本质是对作为权利对象的、国家所保护的利益造成的侵害或者有造成侵害的危险。法益是指法律所保护的利益。所有的法益都是生活利益，包括个人利益与社会共同利益。产生这种利益的不是法秩序而是生活，但法律的保护使生活利益上升为法益。在德日国家，该说一度是通说，目前仍有较大影响。

3. 义务违反说

该说认为，犯罪的本质与其说是对法益的侵害，不如说是对义务的违反。该说产生的原因：一是进入20世纪后，人们逐渐对法益概念产生了不同认识：有人认为法益是刑法分则条文所认可的立法目的，有人认为法益是刑法解释与概念构成的目标，即这里的法益是先法律规范的法益，还是规范保护的法益？刑法的法益与其他法律调控的法益要不要区分？由于对这些问题存在原则上的分歧，最终导致了法益说在德国的衰落。二是纳粹时代德国的部分学者强调个人对国家、社会的义务，迎合了法西斯政权的政治需要，义务违反说因而被推崇。鉴于该说在二战期间被法西斯反动势力用作践踏人权的工具，二战后不久，这种学说陡然跌入低谷。

4. 以法益侵害说为主，辅之以义务违反说的折衷说

该说认为，犯罪的本质首先是对法益的侵害或者威胁，其次是对义务的违反。因为刑法并不只是根据行为对法益的侵害结果规定犯罪。刑法的某些条文因行为侵害或者威胁法益的样态不同而规定为不同的犯罪，因为主体身份不同而规定为不同的犯罪。这说明犯罪的本质不只是对法益的侵害，还包括对义务的违反。该说现已为不少日本学者所主张。

法益侵害说是德日刑法理论的通说。此说近几年在我国日益走红，国内许多学者采纳了这一学说。“刑法的目的与任务是保护合法权益。《刑法》第13条所规定的犯罪定义，指明了犯罪是侵犯合法权益的危害行为。如前所述，所谓社会危害性实际上就是对合法权益的侵犯性。这里的‘侵犯性’，包括对

合法权益造成的现实侵害，以及造成侵害的危险性。事实上，《刑法》分则所规定的各种犯罪都是对合法权益的侵犯。易言之，对任何具体犯罪都可以用‘侵犯合法权益’来说明；认为犯罪的法律本质是对合法权益的侵犯，与前述犯罪的本质特征也是完全一致的。因此，犯罪的法律本质是侵犯合法权益。”〔1〕陈兴良教授系统地论述了“法益侵害”比“社会危害性”的优越性。〔2〕

笔者认为，法益说存在根本的逻辑缺陷，故不可取，而主张对义务违反说加以改造。主要论据有〔3〕：

（1）法理告诉我们，违法与犯罪一样，从本质上讲都是义务违反行为。只有义务违反行为才产生刑事责任。笔者赞同“刑法的调整对象是违反国家整体法律秩序的行为”的见解，这一命题直接说明了“犯罪是行为人违反国家整体法律秩序的行为”。其核心的东西是“犯罪即严重的义务违反”。在大陆法系的刑法理论关于犯罪本质的诸个观点中，如果单纯从理论的科学性上讲，“义务违反说”最为可取。

（2）对行为的社会危害性的量定，尽管可以从被害人一端来设计，也可从加害人一端来设计。但是，应该首先考虑从加害人一端来设计。因为犯罪是加害人的行为，而不是被害人的行为或者其他什么东西，从加害人一端来设计、考量犯罪的反社会性相对来说更直接、精确。我们认为，1997年《刑法》把其中的不少条文对犯罪数额的标准由“违法所得”改为“非法销售金额”就是自觉不自觉地支持了本书观点。

（3）二战期间，义务违反说曾经被法西斯反动势力用于践踏人权的不光彩历史，不是义务违反说的本性所导致的。

事物是一分为二的。法律是双刃剑、原子能是双刃剑、科学技术是双刃剑。正确的、科学的理论也是双刃剑，它既可被进步势力用来造福人类，也可为反动势力所利用成为实现其个人野心的手段。但我们不能因噎废食，一朝被蛇咬，而十年甚至百年怕井绳。本书认为，刑法理论应该克服杯弓蛇影的余悸，正视义务违反说的科学性。

（4）法益侵害说最初主张“犯罪的本质是对作为权利对象的、国家所保护的利益造成的侵害”，后来为了说明处罚危险犯的合理性，又增加了“或者

〔1〕张明楷：《刑法学》（第2版），法律出版社2003年版，第188页。

〔2〕陈兴良：“社会危害性理论——一个反思性检讨”，载《法学研究》2000年第1期。

〔3〕牛忠志：“犯罪本质之义务违反说论纲”，载《山东社会科学》2014年第6期。

有造成法益侵害的危险”的内容。这样，刑法在调整范围的划定上，就显得与刑法的谦抑性相冲突了。如果采用以义务违反为主，兼采法益侵害的折衷说，就不会产生这一问题了。

(5) 法益说强调“法益”，而法益是有主体的。这样，犯罪就首先给人们一种对权利主体的侵害之感。因此，不能很好地说明犯罪行为对统治秩序的对抗性。相反，若采用义务违反说，就能联想到法律义务的国家强制性。

(6) 对不作为犯罪的犯罪性理解，义务违反说能够比法益侵害说更加直接、简单地予以说明。对疏忽大意犯罪的可罚性解释，义务违反说也比法益侵害说有说服力。

(7) 我国刑法学界通说认为“严重的社会危害性是犯罪的本质属性”，有的主张刑事违法性是最根本的属性，有的认为应受刑罚惩罚性是最根本的属性，但是如果进一步追问：具体的社会危害性是什么？是法益侵害，还是义务违反？怎么样才具有刑事违法性？什么样的行为才具有应受刑罚惩罚性？那么结论就是行为人违反了法律赋予他的重大的义务。

(8) 为了避免重蹈“危险刑法”和“忠实刑法”的覆辙，避免受“恶法亦法”的诘难，这一义务必须被限定为“正当的”义务。所以，在实定法意义上，犯罪的本质是指行为人违反了纳入刑法调整范围的重大、正当义务，即“构成国家整体法秩序的义务”，犯罪动摇了国家的整体法律秩序。

必须强调的是，“犯罪的本质”与对犯罪本质的“衡量标尺”是不同的。然而，国内外学者在这一问题上存在严重的混同现象。笔者主张犯罪的本质是对重大、正当义务的违反，其意义在于，犯罪的衡量标准——犯罪成立条件，首先要考虑从如何才能准确地衡量行为人的义务违反着手。只有在“有的犯罪的义务违反之衡量”很困难，甚至不可能（囿于当时社会的科技发展水平），才需要“求其次”转而求助于去衡量被害人的法益被害程度以间接的方式提供犯罪的成立标准。[1]因为，事物都不是绝对的，当我们考量行为人的义务违反性质和程度时，囿于当时的社会条件，在很困难或者根本无法进行的情况下，此时，就应转换角度从权利人的法益侵害及其程度角度来量定。

犯罪的本质是指行为人违反了纳入刑法调整范围的重大、正当义务，即“构成国家整体法秩序的义务”的见解，沟通了我国刑法关于犯罪本质的社会

---

〔1〕 牛忠志：“论犯罪本质的义务违反说优越于法益说”，载《法学论坛》2014年第1期。

危害性理论与德日刑法的犯罪的法律本质理论。

## 三、海洋犯罪的概念表述

对海洋犯罪内涵与外延的界定，目前几乎是一个学术空白。一些学者使用了“海上犯罪”和“海事犯罪”明显不同的称谓，对其内涵与外延的理解，存在着巨大的差异。

（一）关于海上犯罪的界定

（1）有的学者认为，海上犯罪，广义而言，是相对于陆上犯罪的一种笼统称谓；但在狭义上，国际海上犯罪是指违反有关国际海洋法公约，在公海上实施扰乱公海秩序，侵害国际社会公共利益的犯罪行为，属于海洋法中的一种国际犯罪。[1]笔者认为，该论者主张把狭义的海上犯罪等同于“公海”上实施的犯罪，殊不可取。

（2）有的学者鉴于《联合国海洋法公约》将海域划分为内水、领海、群岛水域、毗连区、专属经济区、大陆架、国际海底区域和公海，所以，认为发生于这些海域的犯罪都可被称为海上犯罪。[2]

（3）有的学者认为，海上犯罪是相对于陆上犯罪的概念，有狭义、广义之分。狭义是指所有发生在海域上的犯罪，包括发生在公海、专属经济区、领海以及与海相通的可航水域上的刑事犯罪；广义是指不仅包含狭义的刑事犯罪，而且还包括发生在不可航的内湖、内河等水域的刑事犯罪。我国海上犯罪体系应由国际刑法规范和我国刑法规范所调整的涉海犯罪构成。[3]

（4）有的学者主张将海上犯罪具体化为狭义与广义两种，前者是指与国际法中的“海域”对应的所有发生在海上的犯罪，具体包括如在公海、专属经济区、领海以及与海相通的可航水域上的刑事犯罪，后者则不仅包含狭义的海上犯罪，而且还包括发生在不可航的内湖、内河等水域的刑事犯罪。[4]

有的学者不赞同将发生在不可航的内湖、内河等水域的刑事犯罪也纳入

---

〔1〕何炬、覃珠坚：“略析国际海上犯罪刑法适用”，载《广西公安管理干部学院学报》2000年第3期。

〔2〕王君祥：“中国-东盟打击海上犯罪刑事合作机制研究”，载赵秉志主编：《刑法论丛》，法律出版社2010年版，第387页。

〔3〕许维安、叶芍：“我国海上犯罪体系亟需健全与完善”，载《河北法学》2012年第4期。

〔4〕赵薇：“海上刑法的理论定位与实践价值”，载《中国社会科学报》2010年9月7日。

海上犯罪的范畴之内，因为将所有与陆地犯罪或陆上犯罪在犯罪行为发生空间上不同的犯罪形态都纳入到了海上犯罪的范畴内，则与国际法与相关国际条约上对海洋有相对清晰的界定不吻合；对于对有关海上犯罪范围的界定以国际法与相关国际条约上对海洋的界定为准，可以更好地与国际公约相衔接。故狭义地对海上犯罪的界定“海上犯罪是内水、领海、群岛水域、毗连区、专属经济区、大陆架、国际海底区域和公海领域内所发生之犯罪行为的总称”是可取的。〔1〕

### （二）关于海事犯罪的界定

有的学者使用了“海事犯罪”一语。海事犯罪是指凭借海事活动实施的、危害有关海上运输的各种海事关系和秩序以及相关联的其他社会关系和秩序的，而为国际条约规范和国内刑法所禁止的应当承担刑事责任接受刑罚处罚的行为。〔2〕海事犯罪是一种领域性犯罪，海事犯罪与其他犯罪行为的本质不同，就在于海事犯罪总体上同时具有海事相关性和社会危害性。海事犯罪可作如下分类：①船员渎职罪，包括船舶非法悬挂国旗航行罪、海上交通肇事罪、海上交通见危不救罪、船长见危不救罪、船长临危脱逃罪、海上重大责任事故罪、重大海洋污染事故罪、海上非法倾倒固体废物罪、违反国境卫生检疫规定罪、逃避动植物检疫罪；②海事诈骗罪，包括信用证诈骗罪、保险诈骗罪、合同诈骗罪；③危害海上航行安全罪，包括海盗罪、劫持船舶罪、袭击船舶罪、破坏海上交通设施罪、海上抢劫罪；④海上走私、毒品、偷渡及非法运输特定物品罪。

### （三）本书的海洋犯罪内涵与外延

#### 1. 对目前研究的简评

（1）“海上犯罪”的称谓，只是注意到了犯罪的场所——海上——的特点横向平面场域中所发生的犯罪。无论是狭义的海上犯罪，还是广义的海上犯罪，都不涉及对海洋本身的侵害问题。

（2）“海事犯罪”的称谓，从字面上有进步之处。这一称谓给人们以具有“纵向横向立体界域”所发生的犯罪的印象。因为该论者认为：“广义的海

〔1〕 阎二鹏：“海洋刑法学的提出与国际海上犯罪的立法规制”，载《河南财经政法大学学报》2013 年第 1 期。

〔2〕 朴哲雄：“海事犯罪及其刑事管辖权问题研究”，大连海事大学 2003 年硕士学位论文，第 2 页。

事不限于狭义的海事（即海上民商事活动），泛指一切有关海上的事情。”[1] 这样的话，“海事犯罪”的涵摄范围要大于狭义的“海上犯罪”。而且，从前述论者所阐述的海事犯罪的外延来看，海事犯罪的外延不仅局限于“海上犯罪”，还涉及对海洋资源本身侵害的犯罪，这是可取的（尽管论者前述对海事犯罪的分类存在一定的幼稚和不少逻辑错误）。

2. 关于海洋犯罪内涵与外延的具体表述

（1）海洋犯罪内涵。本书不采用“海上犯罪”称谓，也不使用“海事犯罪”的提法，而是使用“海洋犯罪”一语，其意在扩大术语的涵摄。这里的“海洋犯罪”是指以海洋为犯罪场域的犯罪和以海洋为犯罪对象的犯罪。由此，海洋犯罪，是指自然人或者单位以海洋为犯罪场域或者以海洋为犯罪对象实施的具有严重的社会危害性，触犯刑法，应受刑罚惩罚的行为。

（2）海洋犯罪外延。对海洋犯罪外延的把握，可以借由对海洋犯罪的分类来达成。按照不同的标准，可以对海洋犯罪作如下分类：

第一，按照犯罪对象的不同，可把海洋犯罪分为两大类：一类是以海洋为场域实施的犯罪；一类是破坏国家管理海洋资源的法律秩序的犯罪。其中，以海洋为场域实施的犯罪，可以分为海上危害公共安全罪、海上侵犯人身权利罪、海上侵犯财产罪、海上走私犯罪、妨害海洋管理秩序罪、涉海渎职犯罪等；破坏国家管理海洋资源的法律秩序的犯罪，可以分为破坏海洋自然环境保护的犯罪、破坏海洋动物资源保护的犯罪、破坏海洋土地矿产资源保护的犯罪和破坏海洋植物资源保护的犯罪等。当然，上述每一类海洋犯罪之下，还可以进一步细分。本书对海洋犯罪的研究框架主要依据这一组分类来构建。

第二，按照有无涉外因素，可以把海洋犯罪分为国内海洋犯罪和国际海洋犯罪。这一组分类涉及具体海洋犯罪案件的刑事管辖和定罪量刑所依据的实体法等问题。

可见，这里的海洋犯罪，包括了“海上犯罪”，也在纵横两个维度上拓展了“海事犯罪”。

3. 海洋犯罪的特点

海洋的特点，主要体现在三大方面：一是海阔、海深，实施犯罪的场域，

---

〔1〕 朴哲雄：“海事犯罪及其刑事管辖权问题研究”，大连海事大学2003年硕士学位论文，第1页。

不仅广阔，而且海水深不可测，海洋是一个巨大的空间概念；二是广阔的大海包含着许多国家的边境线，是国家主权的地理界限；三是海洋资源，包括渔业经济资源、生物资源、矿产资源、海洋文化旅游资源等，十分丰富，具有十分巨大的资源、能源开发利用潜力。例如，地球人口不断增加，陆地资源日渐枯竭，同时，科学技术的发展使越来越多的“不可能”成为“可能”，于是，人们将眼光投向了浩瀚无边的大海，将海洋作为国家和民族生存与发展的新空间。这一空间是“浩瀚无边”的！又如，国家的疆域界限多与海洋有关，以至于国家的对外窗口、国家进出境的管理机关，被称为“海关”［海关，即依据本国（或地区）的法律、行政法规行使进出口监督管理职权的国家行政机关］。再如，以海岛的价值而言，海岛的价值在于其管辖海域的丰富资源。除了渔业生物资源外，有些海岛可以建港口，有些海岛可以搞包括油、气储备在内的大型仓储，有些海岛则具备很高的旅游开发价值。而存在于岛屿所辖海域中的石油、天然气、矿产等重要的战略资源储备，则是各国最为看重的资源。浩瀚的海水中存在 80 多种元素，生存着 17 万余种动物、2.5 万余种植物，仅水产品便足以养活 300 亿人口。[1]

所以，在这样的场域内实施犯罪，或者以十分巨大和丰富的海洋资源为犯罪对象使得海洋犯罪与一般陆地、陆上犯罪相比，具有明显不同的特点。比如：①海洋犯罪多有涉及跨国或者跨地区犯罪，加上海洋犯罪的地点不断移动和流动等特征，由此，一个具体的海洋犯罪案件与国内犯罪、国际犯罪往往交织在一起。②破坏海洋资源管理法律秩序的犯罪，其社会危害性，在很多情况下难以用海洋法益受损的程度来考量。如，以海洋之大、之深，九年无雨，也不见海水下降；连涝三年，也不见海水上涨！由此，对于海洋污染事件的社会危害性量度，如果不去考察排污量，而去检测海洋因污染而受到危害的程度，简直是不可能的。这也是诸如“康菲渤海漏油事故”“蓬莱海上油田漏油事件”等难以追究刑事责任的原因。③面对浩瀚无边令人生畏的海洋，个体的能力显得微不足道，所以，海洋犯罪往往是以共同犯罪，尤其是有组织的犯罪形式来呈现的，如常见的海盗、偷渡、走私犯罪、非法捕捞等。

---

〔1〕 阎二鹏：“海洋刑法学的提出与国际海上犯罪的立法规制”，载《河南财经政法大学学报》2013 年第 1 期。

## 第二节　海洋刑法概述

### 一、刑法的概念

国内学界关于刑法概念的表述有三种说法：第一种是，刑法是规定犯罪与刑罚的法律规范的总和；第二种是，刑法是规定犯罪、刑事责任与刑罚的法律[1]；第三种是，刑法是规定犯罪及其刑事责任的法律规范的总和。

在国外，对刑法的表述，既有使用“刑法”（penal law）一词的，也有使用“犯罪法”（criminal law）一语的，还有曾经被称为“社会防卫法”的。

如何评价呢？

（1）对刑法的不同称谓一方面反映出了刑法的发展变化，另一方面也折射出了论者不同的价值取向。其核心涉及刑事责任在刑法中的地位，也就是刑事责任与刑罚的关系问题。

（2）在使用“刑法”概念时，所重视的是规范的一面，而使用“犯罪法”概念时所重视的是事实的一面。但不管是“刑法”还是“犯罪法”，它们所指的法律都是相同的。

至于“社会防卫法”之称谓，则是深受刑事实证学派理论影响的“新社会防卫运动”倡导者们之主张。刑事实证学派都认为，犯罪不是基于行为人的自由意志的产物。如，实证学派之鼻祖意大利刑法学家龙勃罗梭提出的“天生犯罪人”观点。菲利认为，犯罪是犯罪人个人生物学因素、自然因素和社会因素三因素的综合作用之结果；犯罪是社会不可避免的副产品、赘生物。世界闻名的德国刑法学大师李斯特则强调社会因素的犯罪意义。新社会防卫者们受上述理论的影响，在关注保护社会的同时，又注重采取各项措施（不论是刑罚，还是保安处分）以使“作为目的的人”获得不可争议的利益，因而国家不应一味地惩罚犯罪人，而应当采取一切措施去矫治犯罪者，尽力使犯罪者（同样也是“作为目的的人”）能够很好地适应社会环境，重新回归社会，而不是立足惩罚。因此，对付犯罪应着力防止犯罪人再次侵害社会，即“防卫社会”。刑法的机能既然如此，故称其为“社会防卫法”。如20世纪

---

〔1〕高铭暄、马克昌主编：《刑法学》（第7版），北京大学出版社、高等教育出版社2016年版，第7页。

初，苏联的刑法就曾经改称为“社会防卫法”。

（3）第一种表述是将“刑法”的“刑”理解为“刑罚”，这本是纯粹的刑事古典学派的主张，也符合我国的历史传统。在我国古代社会，统治阶级突出刑法的镇压作用、刑罚的威慑作用。如封建社会特意将封建“五刑”置于律首，法律规范的设计是“以刑统罪”而不是“以罪统刑”，有的封建王朝甚至干脆把封建《律典》称为《刑统》。如唐宣宗大中七年（公元853年）颁行的《大中刑律统类》、宋太祖建隆四年（公元963年）颁行的《宋刑统》。可见，将我国古代刑法叫作“刑法”，即“刑罚法”，可谓名副其实。

这种表述在国内的教科书上曾经一统天下，现在由盛而衰，总体上很少有人坚持了。近来，有学者重新提倡之，认为：如果考虑到是否以刑罚作为制裁措施是我国现行法律体系中区别刑法与其他法律部门法的唯一标志，我国刑法的任务是“用刑罚同一切犯罪行做斗争”（《刑法》第2条），“应当受刑罚处罚的”行为是任何犯罪都必须具备的特征（《刑法》第13条），无论对犯罪人宣告有罪并判处刑罚，还是对犯罪人宣告有罪免除刑罚处罚，都是司法机关根据“犯罪事实、犯罪性质、情节和对社会的危害程度”，依法运用刑罚的具体结果（《刑法》第61条），那么用“刑法是规定犯罪与刑罚的法律规范的总和”这一传统的表述方式，就能更准确地发挥“刑法”概念解释的主要内容、说明刑法的本质属性的基本功能。[1]

第二种表述是鉴于保安处分和非刑罚处罚方法都属于刑事责任的承担方式，从而导致犯罪与刑罚之间的非一一对应性，故需引入“刑事责任”，以作为连接犯罪与刑罚之间的桥梁。这是目前大多数教科书所采纳的通说。但是，该观点不仅在逻辑上存在问题，而且有虚化刑事责任之嫌，不利于对刑事责任研究的深入。

第三种表述认为，应将“刑法”的“刑”理解为“刑事责任”。由于保安处分和非刑罚处罚方法都属于刑事责任的承担方式，因而认为仍然将“刑法”的“刑”理解为“刑罚”不符合实际。“刑事责任是犯罪的法律后果，刑罚只是刑事责任的实现方式之一，故刑法并不只是规定犯罪与刑罚的，刑罚也不能与刑事责任相并列。”故需要将刑法一词中的“刑”理解为“刑事

〔1〕 陈忠林：《刑法（总论）》，中国人民大学出版社2003年版，第3页。

责任”。[1]

既然刑事责任是犯罪的法律后果，刑罚是刑事责任的最主要的实现方式，刑法虽然不只是规定犯罪与刑罚的，刑罚也不能与刑事责任相并列，但是刑罚是刑法的特质又必须予以强调，所以，没有必要将“刑法”改为“犯罪法”或者“社会防卫法”。鉴于第一种表述已经落后于时代了，第二种表述认为应该引入“刑事责任”以作为连接犯罪与刑罚之间的桥梁，实际上没有给予刑事责任以恰当的地位，故本书倾向于采纳第三种表述，并适当加以改造将其表述为：刑法是规定犯罪及其刑事责任（其承担方式主要是刑罚）的法律规范的有机统一。这一表述符合当今各国所奉行的后期古典学派的基本立场，解决了逻辑问题，突出了刑罚的特质。

## 二、刑法的特殊性质

刑法是一个重要的部门法，因而具有法律的一般属性。这里只分析刑法的特殊性质，即刑法具有区别于其他法律的特有属性。

刑法的特殊性质主要表现在以下几个方面：

1. 调整对象的相对广泛性

一般的部门法都只是调整和保护某一方面的社会关系。如民法仅调整和保护平等主体之间财产关系以及平等主体之间与财产密切相关的人身关系；行政法仅调整和保护行政关系；等等。刑法所调整的社会关系相当广泛，包括政治的、经济的、财产的、婚姻家庭的、人身的、社会秩序等许多方面的社会关系。由于一般部门法所调整的社会关系刑法几乎都要进行调整，一般部门法所保护的合法权益刑法几乎都要予以保护。所以，刑法有“综合法”之称。

2. 调整对象的特殊性

目前，包括法理界在内的许多学者都认为刑法没有自己特殊的调整对象。据说，法理界是为了给刑法以部门法的地位，特地对部门法的划分标准作了修正。我们对此毫不领情。我们认为这一见解是肤浅的。

刑法是规定犯罪、刑事责任和刑罚的法律规范之总和，换言之，刑法禁止的是犯罪行为，规定的主要是刑罚的法律后果。所以，刑法所调整的社会

---

〔1〕 张明楷：《刑法学》（第2版），法律出版社2003年版，第24页。

关系是重要的社会关系，而且只有在这种社会关系受到严重损害，以至于统治者认为如果不动用刑罚来惩治破坏者，就不足以维护现行统治，或者如果任其发展下去，就会动摇现行的国家法律秩序时，才将其纳入刑法的调整范围。反之，对于非重要的社会关系（如友谊关系、同学关系等）刑法不去理会。而且，虽属重要的社会关系，但受损不严重时，刑法也不介入，如健康权、所有权被轻微侵害的情形便是如此。所以，我们认为，刑法调整的对象是属于整个社会关系网的“纲”和“目”，或者归纳为“关系到整体法秩序存亡的”的社会关系，或者称之为“国家整体法秩序”。用张明楷教授的话说就是，刑法调整的社会关系具有“片断性”；而陈忠林教授则总结为“刑法调整对象利益的整体性”。[1]我们认为，正是从这个意义上讲，刑法居于第二防线的地位。

3. 制裁手段的最为严厉性

一般部门法对一般违法行为也适用强制方法，如赔偿损失、警告、行政拘留等。相比而言，这些强制方法并不严厉，而且在许多情况下，当事人之间可以自行和解。刑法规定的法律后果主要是刑罚，刑罚是国家最严厉的强制方法，在绝大多数情况下，犯罪人与被害人之间不得自行协商处理犯罪事件。

4.（刑法的）补充性

有的教科书称为“不得已性”或者“谦抑性”。现代刑法的上述三个特性，决定了刑法的补充性。其含义是，在现代社会背景下，只有当一般部门法不足以抑止某种危害行为，不能充分保护某种合法权益时，才由刑法介入社会生活，适用刑法禁止该危害行为，以保护相应的法益。国家有许多部门法，需要保护的合法权益都首先由部门法来保护，只有当一般部门法不能充分保护合法权益时，才需要刑法保护。“刑法在根本上与其说是一种特别法，还不如说是其他一切法律的制裁力量。”[2]但是，刑法的强制方法主要是刑罚，而“刑罚如两刃之剑，用之不得其当，则国家与个人两受其害”。如果能够不使用刑罚，而以其他手段亦能达到维护社会生活秩序及保护社会与个人法益的目的时，则务必放弃刑罚的手段。这是现代民主、自由的内在要求。

---

〔1〕 陈忠林：《刑法（总论）》，中国人民大学出版社2003年版，第4页。

〔2〕［法］卢梭：《社会契约论》，何兆武译，商务印书馆1962年版，第63页。

否则，公民“动辄得咎”，陷入犯罪，则背离了现代法律的基本精神。

5. 保障性

刑法的保障性，有两重涵义：其一，刑法制裁方法的最为严厉性和调整对象的特殊性决定了刑法实际上成了其他法律实施的保障。没有刑法作后盾、作保证，其他部门法往往难以得到彻底的贯彻实施。其二，保障犯罪人的合法权益。保证无辜的人不受刑事追究，保证犯罪的人不受法外制裁。现代刑法保障犯罪人的合法权益不受非法剥夺，因而被誉为“保护犯罪人的宪章”。

强调刑法的共性与个性这对范畴的差异性，并对刑法的特殊性质深入研究，对我们有如下启示：

（1）刑法的上述法律特殊性质，使其在法律体系中处于一种特殊地位。刑法与其他部门都是处于宪法之下的子法，但刑法与其他部门法又不是一种平行并列关系，刑法保障宪法与其他部门法的实施，故刑法在法律体系中处于保障法的地位。

（2）刑法与其他法律部门的衔接，涉及两个问题：第一，是否所有法律关系在受到严重的侵害后都进入刑法的调整领域？第二，是否进入刑法调整领域的所有社会关系都必须先由其他部门法调整过？我们认为在理想状态下，在完善的法制条件下，上述两个问题的答案都应该是肯定的。但现实中，第一，往往存在有一些法律关系遭受严重的侵害，却没有被纳入现行刑法的调整领域的情况。这就需要立法机关对其进行犯罪化立法。第二，有的社会关系不经其他部门法的调整就直接由刑法来保护。这在刑法初创时期时有发生，法制越完备，这种情况就越少。在这种场合下值得注意的是，对其设定的惩罚力度要照顾到与相关危害行为法律后果的平衡和协调。

（3）正确把握刑法的阶级性质与刑法的法律性质之关系。首先，两者不同，阶级性是用阶级和阶级斗争的观点、用历史唯物主义的观点考察刑法的结果；法律性实际是指刑法的法律特性，是相对于一国现行法律体系的其他部门法而言的独特的性质。其次，两者又有联系。一方面，阶级性决定法律性——刑法之产生和存在是统治阶级意志的结果，它与特定的统治阶级同呼吸、共命运；另一方面，法律性体现、贯彻、保护阶级性——刑法是统治阶级地位得以巩固的重要武器。可见，刑法的阶级性质与其法律性质是对刑法属性不同层次的揭示。

## 三、海洋刑法的概念

1. 基于广义的海上犯罪的海上刑法概念

有的学者基于对海上犯罪的界定来把握“海上刑法”，认为：“海上刑法并非是一个专门的法律部门的称谓，而是理论界对惩治海上刑事犯罪的一系列法律规范的总称。具体可分为国内海上刑法和国际海上刑法。国内海上刑法的调整范围包括海上交通肇事罪、重大海洋环境污染事故罪，海洋运输中的危险物品肇事罪、破坏交通工具罪、破坏交通设施罪、以危险方法危害公共安全罪以及海上物流中的抢劫罪、盗窃罪、诈骗罪、杀人罪和伤害罪，等等。国际海上刑法的调整对象包括海上战争罪、海盗罪、暴力危及海上航行安全罪、破坏海底管道和电缆罪、破坏大陆架固定平台安全罪、海上贩毒罪、海上走私罪、海上恐怖主义犯罪以及相应的刑事诉讼程序法等等。”〔1〕

该论者的观点是国内为数很少的关于海上刑法的界定，所以当然能给我们的研究以帮助和参考。不过，也有不足之处：一是使用了“海上刑法”的提法，不能涵盖对以海洋环境资源为对象的犯罪；二是把程序法也包括其中，虽然有利于刑事一体化，但有将实体法与程序法混在一起的弊端。

2. 限定为以国际海上犯罪为调整对象的海洋刑法概念

有的学者虽然没有明确、直接地界定“海洋刑法”，但通过其对“海洋刑法学的研究对象”的阐述，我们能够了解到他的立场。该学者认为，海洋刑法学的研究对象是国际海上犯罪，其重点在于“国际”“海上”犯罪，较之一般犯罪在法律适用、行为方式、行为时空等方面存在明显区隔。〔2〕①关于国际性。论者认为，“国际海上犯罪”的重点首先在于国际犯罪，即危害整个国际社会共同利益的犯罪。②对“海上”的“限定”。论者认为，作为国际海上犯罪的第二个特征在于“海上”，即发生在海域内的犯罪行为，海洋从其物理特性上看，是一个连绵不断、统一的海水水体，其范围按照《联合国海洋法公约》的规定，被划分为10个海域，即内海、领海、毗连区、用于国际航行的海峡、群岛与群岛水域、闭海或半闭海、专属经济区、大陆架、公海和国际海底区域。③从外延上来看，根据有关国际条约等文件，涉海犯罪主要

〔1〕 赵薇：“海上刑法的理论定位与实践价值”，载《中国社会科学报》2010年9月7日。

〔2〕 阎二鹏：“海洋刑法学的提出与国际海上犯罪的立法规制”，载《河南财经政法大学学报》2013年第1期。

包括海上战争罪、海盗罪、暴力危及海上航行安全罪、破坏海底管道和电缆罪、危及大陆架固定平台安全罪、海上贩毒罪、海上走私罪、海上恐怖主义犯罪等具体罪名。可见，该论者把海洋刑法定位为国际刑法的一个分支，同时，不赞成把内水、内湖包含于“海上”范畴内，由此，在内水、内湖等水域发生的犯罪不应归属于“海上”犯罪。我们认为，对于海洋的范围的把握，将内河、内湖排除于“海洋”之外，是可取的。但是，将海洋刑法定位为国际刑法的一个分支，把涉海犯罪局限于那几种国际涉海犯罪，并不可取。

3. 本书的立场

前述笔者关于海洋犯罪内涵与外延，刑法的内涵与外延，以及关于刑法的特殊性质的基本观点，为这里进一步研究海洋刑法的性质和地位提供了理论基础。基本立场是：

（1）既然“刑法是规定犯罪及其刑事责任（其承担方式主要是刑罚）的法律规范的有机统一”，那么，海洋刑法就是规定海洋犯罪及其刑事责任（其承担方式主要是刑罚）的法律规范的有机统一。

（2）既然海洋犯罪是指自然人或者单位以海洋为犯罪场域或者以海洋为犯罪对象实施的具有严重的社会危害性、触犯刑法、应受刑罚惩罚的行为，那么，海洋刑法的范围首先被划分为调整以海洋为犯罪场域实施的犯罪和以海洋环境资源为犯罪对象的犯罪的刑法规范两大类别。为了避免重复，对于海洋刑法渊源的进一步细分，将在本书的第二章第二节展开，此不赘述。

# 我国海洋刑法的立法原则和立法方式

## 第一节　我国海洋刑法的立法原则

海洋刑法是刑法的分支，因此，罪责刑法定原则、刑法平等原则和罪责刑相适应原则等刑法的基本原则，当然是我国海洋刑法的立法原则。同时，鉴于海洋刑法所调整的海洋犯罪的特点，我们在这里只论述具有海洋刑法特色的立法原则，包括但不限于：海洋犯罪刑事立法应紧跟国家刑事政策和国家海洋政策并自觉接受其指导的原则，实害惩罚与风险预防相结合的原则，以及注重抑制海洋犯罪的贪利动机、扩大罚金刑的适用的原则等。

### 一、海洋犯罪刑事立法应回应国家海洋政策

我国海洋犯罪大多属于行政犯，这些犯罪大都因为行政措施无法有效预防才将其纳入犯罪圈。行政犯的犯罪圈与刑事政策紧密相关。对于刑事立法与国家政策之间的关系，一方面，政策不是法律，也不能代替法律。政策的精神实质是："政策入法需要经过法律规范的正当性检验以及经过多方博弈作为立法共识而出现。因此，刑法尽管往往体现了刑事政策的某些精神和思路，但显然不是刑事政策直接作用的结果。"另一方面，刑事政策对刑事立法具有指导作用。政策是法律的灵魂，"刑事政策作为刑事立法的先导，它起着灵魂作用的前置性引导力，并且驱动着刑事立法的直接走向与修改完善"。[1]

从本体论角度来看，刑事政策与刑法确实存在很大的差异。刑事政策是

〔1〕 陈伟："刑事立法的政策导向与技术制衡"，载《中国法学》2013年第3期。

在现有刑事立法或者司法措施无法有效打击犯罪的情况下制定的，制定刑事政策是为了凸显国家管理秩序的效率性；刑法既是公民的大宪章，也是罪犯的大宪章。立法机关制定具有普适性的刑法必须体现公平性、公正性。刑事政策一般是国家为落实特定目标制定的针对性措施，特定目标实现后刑事政策可能会落空，刑事政策具有易变性。刑法作为行为规范，必须具有稳定性，不能朝令夕改。行政机关实行科层管理体制，强调长官意志，刑事政策的制定过程受权力支配。立法机关是公民行使民主权利的代议制机关，刑法是由代表讨论共同协商制定的，刑事立法体现民主意识。基于刑事政策与刑法上述方面的差别，刑事政策不宜直接入刑，不能直接转变为刑事立法。如果刑事政策直接入刑，刑法就会受刑事政策变化性影响而变得亦步亦趋。刑法失去稳定性就无法承担作为行为规范的引导功能。如果刑事立法受刑事政策支配，刑法将失去公平解决社会纠纷的机能，刑法将成为刑事政策的附庸，立法机关将成为落实刑事政策的机器。这也是有的学者反对刑事政策入刑的原因。

在我国的权力结构下，党统领一切，党的意志就是国家的意志，政府意志反映党的意志。一般认为，刑事政策的制定主体是党中央、国务院及国家部委，党中央、国务院及中央部委制定特定刑事政策后，立法机关及司法机关都会配合贯彻落实。尽管刑事政策不能直接入刑，但刑事政策却能为刑事立法承担指导作用。刑事政策对刑事立法的指导作用体现在以下几个方面：首先，为刑事立法确立价值目标。任何刑事立法都需要指导目标，表明刑事立法的基本原则。刑事政策为刑事立法确定价值目标后，立法机关才能围绕价值目标推动刑事立法。例如，自中央政法委提出宽严相济刑事政策后，我国刑事立法就以该刑事政策作为目标指导刑事立法。《刑法修正案（八）》大幅度地削减死刑，并增加无期徒刑及数罪并罚的刑期就是为了贯彻宽严相济的刑事政策。其次，为刑事立法提供需要解决的问题的清单。刑事政策除了指明刑事立法的价值目标外，还为立法机关指明立法需要解决的问题。我国历次刑法修正案增加、修改条文无不是回应社会亟须解决的问题。例如，欠薪问题：农民工欠薪曾是我国的社会顽疾，国务院总理温家宝曾亲自为农民工讨要过年工资，欠薪是我国社会急需解决的问题，国家为此出台了许多的政策。为大力度地解决该问题，立法机关将欠薪行为入罪，通过司法程序解决欠薪问题。再次，为完善刑事立法提供路径。刑事政策来源于犯罪学对犯罪现象的研究，国家基于犯罪学研究并结合国家打击犯罪的策略形成刑事政策。刑事政策为刑事立法指明了犯罪化的路径，立法机关根据刑事政策指明的犯罪化路径再结合刑法价值要求将危害行为犯罪化。例如，对黑社会组织：黑社会组织是由黑社会性质组织逐步发展形成的，为阻止形成黑社会组织，刑事立法必须对黑社会组织"打早打小"，防止黑社会性质组织演变为黑社会组织，而"打早打小"就成了打黑刑事政策。根据"打早打小"刑事政策指明的犯罪化道路，立法需要提前介入，将组织、领导、参加黑社会性质组织行为拟定为犯罪。区别刑事政策对刑事立法价值目标指导与刑事政策直接入刑是为了界分刑事政策对刑事立法的指导方式。将刑事政策对刑事立法的指导限于观念层面是为了防止刑事政策价值与刑法价值冲突，避免刑事政策对刑事立法的支配。

我国的海洋刑事政策是国家海洋政策和国家刑事政策的偶合体，海洋刑事政策受制于国家的海洋政策。针对我国近年来比较严重的海洋生态环境，国家海洋局发布了"十个一律三个强化"。"十个一律"是指：违法且严重破坏海洋生态环境的围海，分期分批，一律拆除；非法设置且严重破坏海洋生态环境的排污口，分期分批，一律关闭；围填海形成的、长期闲置的土地，一律依法收归国有；审批监管不作为、乱作为，一律问责；对批而未填且不符合现行用海政策的围填海项目，一律停止；通过围填海进行商业地产开发的，一律禁止；非涉及国计民生的建设项目填海，一律不批；渤海海域的围填海，一律禁止；围填海审批权，一律不得下放；年度围填海计划指标，一律不再分省下达。"三个强化"即坚持"谁破坏，谁修复"的原则，强化生态修复；以海岸带规划为引导，强化项目用海需求审查；加大审核督察力度，强化围填海日常监管。国家海洋局2017年督察组调查发现：有些地方从资源环境监管部门到投资核准部门，从综合管理部门到具体审批单位，责任不落实、履职不到位问题突出；违反海洋功能区划审批项目，化整为零、分散审批等问题频发；基层执法部门对于政府主导的未批先填项目制止难、查处难、执行难普遍存在；违法填海罚款由地方财政代缴，或者先收缴再返还给违法企业，行政处罚流于形式。[1]2017年中央环保督察组对辽宁反馈情况为：

〔1〕"国家海洋局亮剑——将采取史上最强措施加强围填海管控"，载 http://news.sina.com.cn/o/2018-01-17/doc-ifyqtycw8707027.shtml，访问日期：2018年2月4日。

"一些地市和部门环境法治意识淡薄；一些部门不作为、乱作为问题突出。近年来，辽宁省大规模违法围海、填海问题突出，海洋管理等部门和有关地方政府虽然进行处罚，但基本没有按海域使用管理法规定要求恢复原状，也未追究相关人员责任，导致海洋生态破坏问题突出。"上述情况表明，我国一些地方政府为地方利益对破坏海洋环境的行为睁一只眼闭一只眼，放任不管。中央环保督察组反馈意见及国家海洋局"十个一律三个强化"向破坏海洋环境的行为发出了强烈的政策信号，国家将严格保护海洋生态环境。如果现有行政管理手段不能有效地遏制破坏海洋环境的行为，刑事立法可以考虑跟进将一些破坏海洋环境等的危害行为予以犯罪化，通过刑罚手段抑制破坏海洋环境的行为。

刑事立法将破坏海洋环境的危害行为犯罪化不是直接将违反海洋法规的行为作犯罪行为处理，而是根据法益的重要程度分别处理。例如，针对向海洋中排放有毒、有害物质等破坏海洋环境的行为，可直接将这类危害行为拟定为危险犯，只要实施了这类危害行为就推定对法益造成了侵害的危险，就构成犯罪。对无视国家海洋政策的行为，如恣意填海围地，如果危害行为没有造成严重危害结果，可将其作为一般行政违法行为由行政机关处理；如果危害行为造成严重危害结果，可将其拟定为犯罪。

海洋犯罪刑事立法尽管应回应海洋刑事政策的诉求，但海洋犯罪刑事立法对刑事政策应保持相对的独立性。海洋危害行为犯罪化应从法教义学角度进行理论反思，分析判断海洋违法行为犯罪化是否符合刑法的谦抑性原则、犯罪行为类型标准以及罪刑相适应原则等，防止立法机关根据刑事政策肆意地将海洋违法行为犯罪化，引发刑法理论体系冲突。在实务中，对海洋危害行为犯罪化还应从刑法个罪体系、相同性质犯罪行为刑罚量以及刑罚类型等角度进行判断，使海洋危害行为犯罪化符合刑法体系。

## 二、实害惩罚与风险预防相结合

### 1. 海洋刑事立法应以实害惩罚作为原则

我国立法将违法行为划分为民事违法行为、行政违法行为与刑事违法行为，当采取民事、行政手段无法有效预防违法行为时，刑法才能介入。刑罚以剥夺人的生命、自由等最弥足珍贵的权利作为惩罚措施，从罪刑相适应的角度，刑法只能处罚严重危害社会的行为。一般情况下，危害行为只有给社会造成实害结果，行为的社会危害性才有现实表征，刑罚才有介入的正当化依据。基于此，我国刑法以实害结果作为立法的基本原则。

对侵犯海洋权益的行为，我国刑事立法应以实害结果作为基本原则。首先，国家对破坏海洋权益的行为规定了较为严格的行政管理措施，这些行政管理制度能够有效地抑制海洋违法行为。但当行政管理措施失范，海洋违法行为造成严重实害结果时，行为的社会危害性就凸显出来了。例如，对捕捞珍贵濒危野生动物行为，行政机关可以通过加强行政执法、加强行政处罚等方式禁止捕捞。只有捕捞珍贵濒危野生动物行为造成严重危害社会结果，采取行政手段无法满足报应性要求时才能动用刑罚处罚。将实害结果作为海洋犯罪刑事立法基本原则限缩了公权力范围，扩大了民众自由，体现了刑法的谦抑性。其次，对法益到底采取何种保护措施取决于法益的重要程度，海洋权益是一个类概念，海洋权益可细分为若干具体法益，整体而言，相对于生命权、公共安全等法益，绝大多数海洋法益相对轻缓，侵害这些法益不会造成像侵害公共安全法益那么大的社会危害性，它对社会管理秩序及民众安全感的冲击力相对较小。将实害结果作为海洋犯罪刑事立法基本原则符合法益保护要求。最后，相对于行政处罚，刑事惩罚的成本较高，刑事立法除考虑报应与预防外，还要考虑惩罚的效益性。当危害行为没有造成实害结果，行政机关对危害行为采取行政处罚手段（如罚款）等能够抑制危害行为时，立法机关依然将这类行为作犯罪行为进行处理势必消耗大量司法资源，造成司法资源浪费。将破坏海洋法益犯罪限定于实害结果有利于将捉襟见肘的司法资源用于造成严重危害结果的行为，这既能提高刑罚的威慑性，增加民众对刑罚的敬畏，又能将大量没有造成严重社会危害的破坏海洋法益的行为留给行政机关快速处理，提高处理危害行为的效率。

2. 海洋刑事立法应将风险防范作为例外

在当今的中国社会，对风险的预防已经成为刑法的任务之一。尽管应将处罚实害结果作为海洋犯罪刑事立法的原则，但对一些重大法益，如果等危害行为造成实害结果刑法才介入保护，刑法对法益的保护会迟滞，这必然会影响刑法对法益的保护。为更好地保护特别重大的法益，刑法应提前介入，将保护的触角提前至造成实害结果的危险状态。因为对一些重大法益，一旦危害行为造成实害结果发生的危险状态，该危险状态就会合乎逻辑地发展为实害结果。为防止实害结果发生，立法必须阻止造成实害结果发生的危险状态。“潜在的危险是危害行为造成的，抑制潜在的危险可以通过禁止造成潜在危险的行为予以实现 。”[1]

随着国家经济的发展，我国环境污染问题日益突出。为改变我国粗犷的经济发展模式，保护环境，国家日益重视环保问题。习近平提出：“绿水青山就是金山银山。”但从环保部对海南、辽宁等地的督察报告来看，两地海洋环境污染行为非常严重。《2015 年中国海洋环境状况公报》显示：冬季、春季、夏季和秋季，劣于第四类海水水质标准的海域面积分别为 6.7 万、5.2 万、4.0 万、6.3 万平方公里，分别占我国管辖海域面积的 2.2%、1.7%、1.3%、2.1%；污染区域主要分布在辽东湾、渤海湾、莱州湾、江苏沿岸、长江口、杭州湾、浙江沿岸、珠江口等近岸海域；主要污染要素是无机氮、活性磷酸盐和石油类。面积在 100 平方公里以上的 44 个大中型海湾中，21 个海湾全年四季均出现劣四类海水水质。入海排污口邻近海域环境质量总体较差，88%的排污口邻近海域水质不能满足所在海洋功能区环境质量要求。[2]《2016 年中国海洋环境状况公报》显示，2016 年枯水期、丰水期和平水期，68 条河流入海检测断面水质劣于第五类地表水水质标准的比例分别为 35%、29%和38%。入海排污口邻近海域环境质量状况总体较差，91%以上无法满足所在海域海洋功能区的环境保护要求。[3]2016 全年共发现赤潮 68 次，累计面积约 7484 平方公里，分别较上年增加 33 次和 4675 平方公里。黄海海域浒苔绿潮分布面积近 5 年最大，约 57 500 平方公里。渤海滨海平原地区海水入侵和土壤盐渍化加重，砂质海岸局部地区海岸侵蚀加重。2016 年全年入海排污口达标排放次数占监测总次数的 55%，91%以上的入海排污口邻近海域无法满足所在海域海洋功能区的环境保护要求。[4]国家海洋局 2017 年督察组调查发现：“近岸海域污染防治不力，陆源入海污染源底数不清，局部海域污染依然严重；督察组排查出的各类陆源入海污染源，与沿海各省报送入海排污口数量差距巨大。”[5]

---

〔1〕 李林：“风险社会背景下我国危险犯立法趋势研究”，载《东北大学学报》2012 年第 2 期。

〔2〕《2015 年中国海洋环境状况公报》。

〔3〕《2016 年中国海洋环境状况公报》。

〔4〕 “为何近期中央密集出击这一领域?”，载 http://news.sina.com.cn/c/nd/2018-01-18/doc-ifyqtycw9488032.shtml，访问日期：2018 年 1 月 18 日。

〔5〕 “国家海洋局亮剑——将采取史上最强措施加强围填海管控”，载 http://news.sina.com.cn/o/2018-01-17/doc-ifyqtycw8707027.shtml，访问日期：2018 年 1 月 17 日。

海洋具有流动性，海洋环境污染不仅会对当地海洋生态环境造成侵害，还会对其他地区的海洋环境造成侵害，即海洋环境污染危害具有传导性。例如，日本福岛核电事故发生后，日本把受污染的核废水排向大海。随着海水的流动，该危害结果必然扩散到其他地区，包括我国在内的多个国家均对日本政府这种不负责任的行为表示谴责。向海洋倾倒、排放危害物质有对海洋环境造成侵害的危险，现有科学技术难以阻止这些危险状态转化为实害结果，海洋环境污染危险状态转化为实害结果的盖然性非常大。为了更好地保护法益，刑事立法应提前介入，将造成危险状态的危害行为直接拟定为犯罪。除海洋环境污染造成实害结果具有严重的社会危害性外，海洋环境污染造成的危险状态与实害结果之间是否存在因果关系还存在诉讼证明难的问题。因为环境污染是多种因素的结合，存在很多变量，特定危害行为是否造成实害结果的唯一因素或者主要因素难以形成科学论断。如果不能形成科学论断，就难以追究危害行为的刑事责任。为方便诉讼证明，降低公诉机关的证明责任，刑事立法应将造成危险状态的危害行为直接拟定为犯罪，简化公诉机关的证明责任，以期更好地保护海洋环境。随着国家海洋开发的深入，利用海洋资源给社会造成的风险也越来越大，致使传统实害风险衍生出制度性风险。对特别重大的法益，国家应制定严密的行政管理保护制度。行政管理制度背后体现的就是对这些重大法益的保护，破坏这些规章制度就会形成对法益造成侵害的风险。为阻止侵害重大法益造成的风险演变为实害结果，必须阻止破坏风险管理制度的危害行为。从重大海洋法益风险防控角度出发，刑事立法应将一些破坏海洋环境风险管理制度、造成海洋环境污染危险的行为直接拟定为犯罪。例如，只要向海水中倾倒有毒、有害物质，该危害行为就应构成犯罪。

基于上述分析，我国海洋犯罪刑事立法应以实害惩罚作为原则，将风险防范作为例外性补充，以期更好地保护海洋法益。

### 三、注重抑制海洋犯罪的贪利动机，扩大罚金刑的适用

罚金入刑前，我国学术界对罚金是否应该入刑争议较大。即使 1997 年《刑法》明确规定了罚金刑，仍有一些学者对罚金刑持否定态度。有观点认为罚金刑与罚款实质相似，立法规定罚金刑冲淡了刑罚的严肃性与威慑性。有的学者认为："罚金刑属于财产刑，是一种向国家支付金钱的责任承担方式——法律要求行为人为自己所实施的犯罪行为所实际承担的责任只是单纯

的财产责任。而这种责任承担方式，同对行政违法行为处以‘罚款’并无任何实质性区别。虽然我们可以说两种处罚的法律意义完全不同，一为‘犯罪’一为‘违法’，但这毕竟只是一种形式上的符号性差别；不同的符号如果并不记载不同的实质内容，那么久而久之这种差别自会在人们心中的符号系统中淡化和消失，最终势必出现一种‘不同的语词（罚金和罚款）表达同一的概念（缴纳金钱）’的思维逻辑现象。”〔1〕也有观点认为，国外罚金刑主要用于轻微犯罪，我国罚金刑除轻微犯罪外，一些重罪也适用罚金刑。这导致罚金刑在司法执行过程中执行难问题突出。为提高刑罚的威慑性，应限制罚金刑的适用。有学者认为，当前中国的罚金刑司法，或者不应通过并处罚金判处难以执行的罚金刑，而应赋予法官是否判处罚金刑的自由裁量权，从而尽量减少罚金刑的适用。〔2〕

除上述少数主张否定或限制罚金刑的观点外，更多的学者主张完善罚金刑的适用。有的学者从刑罚的报应性出发，主张罚金刑应限于轻微犯罪。这种观点认为：“应改变我国罚金刑过于追求对贪利性犯罪的特殊预防功能而导致刑罚趋厉化的现状，从报应刑角度着眼将罚金刑限定为主要适用于过失犯罪和社会危害性较小的轻微故意犯罪，而不是大面积适用于贪利性犯罪。”〔3〕也有学者主张应扩大适用罚金刑，罚金刑不仅适用于轻微犯罪，也要适用于贪利性犯罪。这种观点认为：“应坚持罚金刑主要适用于贪财图利的犯罪、过失犯罪、轻微的故意犯罪等犯罪种类上，立法方式上应坚持选科为主、并科为辅、扩大单处罚金选科制的适用范围。”〔4〕

刑罚作为最严厉的惩罚措施，其惩罚性来自于它给罪犯带来的痛苦，凡符合人道性且能给罪犯带来痛苦的措施理论上都可以作为刑罚措施。刑罚随时代的不同而变化，痛苦性与文明性是刑罚措施选用的两个主要变量。古代社会物资贫乏、民众生活艰难，与剥夺自由、财产相比，能给身体造成痛苦的刑罚更能惩罚民众。所以，身体刑是古代社会的重要刑种。将身体作为施刑对象，为严惩罪犯，国家需要不断地增加对身体施刑的严酷性以儆效尤。

〔1〕冯亚东：“罪刑关系的反思与重构”，载《中国社会科学》2006年第5期。

〔2〕熊谋林：“我国罚金刑司法再认识”，载《清华法学》2013年第5期。

〔3〕邢绡红：“论中国罚金刑的立法价值取向”，载《延边大学学报（社会科学版）》2013年第3期。

〔4〕高铭暄、孙晓：“宽严相济刑事政策与罚金刑改革”，载《法学论坛》2009年第2期。

且古代社会受传播方式的限制，国家需要在公共场合行刑让民众观看并口口相传。为提高传播的有效性，国家只有不断地提高刑罚的严厉性，通过血淋淋的场面告示社会、威慑社会。基于上述两方面原因，古代社会的身体刑必然导致刑罚残酷。尽管不同历史时期公正与文明的标准不同，但对受刑者身体施以难以忍受的痛苦也是违背刑罚的公正性与文明性的。为此，我国早在西汉时期就开始废除身体刑，西方国家在反封建社会时期也开始陆续废除身体刑。废除身体刑后，能够直接给罪犯带来痛苦的就是限制自由。自由活动是人作为高级动物的基本属性，限制人的自由，就限制了人作为高级动物的基本属性。罪犯在人身自由受到限制的同时，生活消费也受限制，剥夺人身自由将给罪犯造成巨大的痛苦。基于此，自由刑被作为当前最重要的刑罚措施。但自由刑特别是短期自由刑也存在不可回避的缺陷，罪犯因为轻微犯罪被判处短期自由刑，罪犯在执行刑罚的过程中可能不仅没有很好地改造自己的思想及行为，反而受其他罪犯的影响而沾染上更大的恶习。西方国家对轻微犯罪适用罚金刑就是为了抵消短期自由刑的缺陷，防止罪犯因执行短期自由刑而被交叉感染。

国外罚金刑主要用于轻微犯罪是为了避免短期自由刑的缺陷，将罚金限于轻微犯罪主要是基于单处罚金，即用单处罚金代替短期自由刑。作为短期自由刑的替代措施，国外罚金刑主要是基于刑罚的报应性。我国刑法将罚金作为附加刑，罚金刑一般与自由刑并处。按照我国《刑法》的规定，犯罪分子的违法所得应当追缴，罚金主要是剥夺罪犯的合法收入。对罪犯判处罚金，不仅让其犯罪目的不能得逞，还让其付出沉重的经济代价，我国的罚金刑主要是基于一般预防与特殊预防。罚金刑在我国与国外承担的功能不同，不能仅根据国外将罚金刑主要用于轻微犯罪就认定我国罚金刑也只能用于轻微犯罪。

财产是人生活的基本需要。当前，随着社会生产力水平的提高，人们物质生活水平也相应提高。相较于以前民众普遍贫穷，现在民众生活相对富裕。在物质较为丰富、民众生活水平相对较高的社会，财产已然成为人们生活的必备，剥夺罪犯的财产也能给其造成巨大的痛苦，罚金作为刑种应得到肯定。罚金刑虽然不像自由刑那样具有人身专属性，但被判处罚金后，如果罪犯没有经济实力缴纳而由其亲属缴纳，也会给罪犯的家庭生活造成非常大的痛苦，这种痛苦会通过亲情关系传导到罪犯本人身上，很多罪犯会因为自己的犯罪行为牵连了家属而感到后悔不已。实践中，不顾及家庭成员感受肆意妄为地从事犯罪行为的人极少。以罚金不具有人身专属性从而否定罚金刑的观点值得商榷。尽管罚金与罚款在形式上都体现为向国家缴纳一定钱财，但罚金与罚款在性质上有天壤之别。罚金表明危害行为构成犯罪，罚款表明危害行为属于行政违法。我国刑事违法不仅具有法律性质的评价，还有很重的伦理评价色彩。被判处罚金不仅意味着财产遭受损失，国家工作人员、国有企事业单位工作人员还会面临丧失工作机会等问题。罚金与罚款性质不同引发的功能差异决定了不能仅从缴纳财产角度否定罚金刑的功能。

我国有学者从罚金刑执行难角度出发主张限制财产刑。实际上，罚金刑执行难不是罚金刑本身造成的，而是司法机关疏于执行造成的。首先，法院判处罪犯自由刑，罪犯及其家属就没有动力再缴纳罚金了。因为很多罪犯及其家属是将罚金刑作为自由刑的选择性惩罚措施看待的，要么执行自由刑，要么执行罚金刑。既然罪犯已经执行自由刑，他们就不再愿意配合执行罚金刑了。这是罚金刑执行难最主要的原因。其次，与民事案件执行有特定申请主体不同，罚金没有申请执行的主体，法院执行罚金刑没有外在的执行压力，很多法院对罚金刑都采取事不关己高高挂起的态度。最后，罪犯及其家属没有能力缴纳罚金。实践中，很多罪犯是因为没有钱犯罪或者为节约成本而犯罪，这些人本来就面临较大的资金压力，犯罪被查获后根本就没有财产缴纳罚金。如对盗窃犯、非法吸收公众存款罪犯等，他们被判刑后基本上没有财产缴纳罚金。因此，罚金刑执行难、刑执行率低不是罚金刑本身造成的，不能以罚金刑执行难就否定罚金刑的功能。

当然，我国刑事立法对个罪增设罚金刑时存在片面增加罚金刑，忽视从个罪整体刑罚量角度权衡自由刑与罚金刑配比的问题。如，对“组织、领导黑社会性质组织罪”，《刑法修正案（八）》在没有减轻罪犯自由刑的情况下，直接增加了组织者、领导者的罚金刑。忽视个罪刑罚总量片面增加罚金刑增加了罪犯的刑罚量，违背了罪刑相适应原则。有学者认为：“罪刑相适应是刑罚适用的基本原则之一，即刑罚的量要与责任程度相适应。在自由刑并科罚金刑时，就应该是自由刑与罚金刑的总量与责任程度相适应。依此原则，若并科罚金，自由刑的量就应比单处自由刑时减少，因为罚金刑也是刑罚，是对犯罪者权益的剥夺，支付罚金当然是承担刑事责任的方式之一。”〔1〕罪犯

〔1〕 李洁：“论罚金刑的改革方向”，载《吉林大学社会科学学报》1997年第1期。

是否缴纳罚金一般会经过理性计算，片面地增加罚金刑不仅无助于罚金刑的执行，还会增加罪犯对刑罚公正性的质疑。因此，在肯定罚金刑的基础上，刑事立法为个罪增设罚金刑时，应适当调适自由刑与罚金刑的比例，使个罪的刑罚量保持整体平衡。

就海洋犯罪而言，犯罪目的往往是谋取非法经济利益，如非法捕捞是为了获取非法经济利益，向海洋中倾倒有毒有害物质是为了节约环保成本，获取更多的经济利益。只要有利益，犯罪分子就有实施犯罪的冲动。利益越大，实施犯罪的冲动越大，就越敢铤而走险。对贪利性犯罪，仅仅对犯罪分子处以自由刑虽能使罪行与刑罚达到价值上的平衡，但刑罚不仅具有报应功能，还具有一般预防与特殊预防功能。对贪利性犯罪分子，刑事立法既要给犯罪配置自由刑等主刑，对罪犯施以报应，威慑潜在的犯罪分子，还要给犯罪配置罚金刑，给罪犯在经济上予以惩罚，让犯罪分子付出沉重的经济代价，防止其再次犯罪。当然刑事立法对海洋犯罪配置罚金刑不是让罚金刑成为主刑，单处罚金刑，而是让罚金刑成为附加刑，司法机关在对罪犯判处自由刑等主刑时，附加对罪犯判处罚金。

## 第二节　我国海洋刑法的立法方式

从逻辑上讲，刑法的立法方式决定了刑法规范的渊源形式，所以，梳理刑法的渊源可以回望刑法的立法方式。我国海洋刑法的立法方式和海洋刑法渊源的关系亦然。

### 一、刑法的分类和渊源

1. 对刑法进行分类，有助于进一步理解刑法和适用刑法

（1）广义刑法与狭义刑法。广义刑法是所有关于犯罪、刑事责任和刑罚的法律规范的总称。包括刑法典、单行刑法与附属刑法。狭义刑法是指刑法典。“刑法”一词有时在狭义上使用，有时在广义上使用，必须结合上下文或者说话的背景区别清楚。我国刑法中的“本法”有时指的是广义刑法（如第9、10条等），有时指的是狭义刑法，即刑法典（如第6、12、233、234、235条等）。

（2）普通刑法与特别刑法。普通刑法具有普遍适用的性质与效力。刑法

典便是普通刑法。特别刑法是仅适用于特别人、特别时间、特别地区或特别事项（犯罪）的刑法。在我国，单行刑法与附属刑法均属于特别刑法。当某种行为同时符合普通刑法与特别刑法的规定时，应根据特别法优于普通法的原则仅适用特别刑法；如果某一行为同时符合两个特别刑法的规定，则应根据新法优于旧法的原则，适用新的特别刑法。

（3）传统刑法与行政刑法。一般来说，规定以违反伦理道德为前提的犯罪（刑事犯），以及其刑事责任和刑罚的刑法，是传统刑法。行政刑法则规定法定犯（行政犯），是行政（经济）法律中的刑事责任条款的总称。行政（经济）刑法是刑法的组成部分，而不属于行政（经济）法的范畴。不过，由于刑事犯和法定犯划分的相对性，传统刑法与行政刑法的划分也具有相对性。例如，“交通肇事罪”“偷税罪”在当今许多国家、在将来的我国就很难说是法定犯了。

2. 我国刑法的渊源

刑法的渊源分为直接渊源和间接渊源两类：

（1）刑法的直接渊源。第一，中央一级国家权力机关制定的刑法，包括刑法典、单行刑法和附属刑法，以及刑法的立法解释。第二，地方性的立法。这部分包括：其一，民族自治地方的省级人民代表大会根据当地民族的政治、经济、文化的特点和刑法典的基本原则制定的变通或补充规定，也可谓刑法的渊源；其二，香港、澳门特别行政区刑法；其三，我国台湾地区“刑法”。由于这些刑法只在特定地域适用，没有普遍效力，本书不探讨其具体内容。在此要强调的是，要摆正中国刑法与中国大陆地区刑法、香港地区刑法、澳门地区刑法、台湾地区“刑法”的关系。刑法典的“本法”应是指中国大陆地区刑法，而中国刑法应当包括中国大陆地区刑法、特别行政区刑法（香港地区刑法、澳门地区刑法）和台湾地区“刑法”。

（2）刑法的间接渊源。第一，宪法。有学者认为，宪法应该是刑法的直接渊源。笔者认为，宪法是国家的根本大法，是刑法的制定根据，宪法的一些内容直接被刑法重申或者细化规定。由此，宪法当然也是刑法司法的法律根据，对刑法的解释具有指导作用。尽管如此，由于宪法多是宣誓式规定，无法具体地指出是否构成犯罪或者应该判处什么样的刑罚，因此，宪法是刑法的间接渊源。第二，其他法律。在空白罪状的情况下，其他法律的内容直接影响着犯罪构成要件的具体内容，因此，这些法律作为刑法规范的前提性规范，可视为刑法的间接渊源。

有三个问题值得说明。一是党的政策的性质和地位问题。一方面，在我国，中国共产党是执政党，党的政策指导着刑法的制定，还对刑法的解释和刑事司法具有指导意义；另一方面，我们将党的政策作为刑法的渊源。二是我国签订或者加入的有关国际条约的地位问题。有的学者认为，我国加入的国际条约属于我国刑法的直接渊源，刑事审判完全可以而且应该直接援引我国已签署或者加入的国际条约规定的刑罚规范作为判定的法律依据。〔1〕本书不赞成这种观点，而是认为我国采用的是“转化”之接收模式，所以国际刑法规范不属于我国的刑法渊源范畴。三是司法解释算不算刑法渊源？在实践中，司法解释往往被当成是刑法的渊源而被判决书引用为定罪判刑的根据。我们认为，司法解释与立法解释一样，都当然地是法律条文的应有内涵，从而成为刑法规范的一部分，但在地位上，司法解释不属于直接渊源。

## 二、海洋刑法的分类和渊源

前文已述，海洋犯罪是指自然人或者单位以海洋为犯罪场域或者以海洋环境资源为犯罪对象实施的具有严重的社会危害性、触犯刑法、应受刑罚惩罚的行为。其范围包括以海洋为犯罪场域的犯罪和以海洋环境资源为犯罪对象的犯罪。海洋刑法是规定海洋犯罪及其刑事责任（其承担方式主要是刑罚）的法律规范的有机统一。

我们可以借由对海洋刑法的分类来把握海洋刑法的外延。以上刑法渊源的一般知识，对研究海洋刑法渊源有基础性意义。根据不同的标准，可以对海洋刑法的渊源加以分类：

（1）根据海洋刑法规范存在的法律文件形式，可以分为：刑法典中的海洋刑法规范、单行刑法中的海洋刑法规范和附属刑法的海洋刑法规范。这是从应然的角度作的阐述。

（2）根据海洋犯罪的基本分类可分为调整以海洋为场域的海洋犯罪的刑法规范、以海洋环境资源为犯罪对象的海洋犯罪的刑法规范。

（3）根据海洋犯罪是否具有涉外因素可分为国内海洋刑法和国际海洋刑法。值得说明的是，国际海洋刑法只有在国际层面才有存在的余地。在国内

〔1〕曲新久：《刑法的精神与范畴》，中国政法大学出版社2000年版，第370页。

法层面，这些国际刑法规范，要么纳入国内刑法体系，要么转化为国内刑法。所以，在本书所研究的海洋刑法意义上，“国际海洋刑法”只具形式意义，其实质内容已经“暗度陈仓”，被“接受”为“国内刑法规范”了。

## 三、我国海洋刑法的立法方式展望

### 1. 法典型立法的方式

这里的法典型立法方式，是指用刑法典的专编、专章、专节或者专条规定各种海洋犯罪及其刑事责任。

这种立法方式的优点有：①有利于强化海洋刑法规范的权威性和威慑力。众所周知，刑法区别于其他部门法的最重要的地方就在于处罚的最严厉性。一般来说，存在于刑法典中的刑法规范，比存在于经济法、行政法或者其他部门法中的附属刑法规范，具有更高的权威性。因此，将海洋刑法规范规定在刑法典中，就可以借助刑法典的性质、地位，获得足够的权威性，产生强烈的威慑力。②有利于扩大海洋刑法规范的宣传力度。触犯刑法典，会受到刑事制裁，这已成为人人皆知的常识。将海洋刑法规定在刑法典中，则能够借助刑法典的宣传、司法适用等来加强公民认识到某种侵害海洋权益、破坏海洋法律秩序的行为是海洋犯罪、将会受到严惩的。③有助于揭示海洋犯罪严重的社会危害性。海洋犯罪中有相当一部分属于经济犯罪。经济犯罪的发生往往伴随着生产经营活动，社会民众对经济犯罪的深恶程度远不如刑事犯罪，也就是说，对经济犯罪的社会道德谴责性相对较弱。将海洋犯罪规定在刑法典中可以直接揭示：犯罪是刑法规定的严重的危害社会的行为，海洋犯罪是犯罪的一类，那么，海洋犯罪也就是严重的危害社会行为。④有助于海洋犯罪的系统化。刑法典是刑法规范系统化的结果，刑法典是对各个刑法规范按照一定的标准的有序排列，本身是一个有机的统一体。在刑法典中，无论是以编、专章、专节还是以专条规定各种海洋犯罪及其刑事责任，无疑都是一种系统化的安排。在这样的体系中，海洋刑法规范借助于刑法典的系统整体，尽可能地发挥着其作为刑法规范的功能和作用。

这种立法方式的不足主要是：刑法典的稳定，不足以满足海洋刑法的复杂多变性。在过去相当长的时期内，囿于科学技术水平，人们面对大海总显得无能为力，对许多自然现象不能认识，无法作出科学解释，进而对大海望而生畏，造成了对大海的迷信和盲目崇拜。然而，当今科学技术飞速发展，人类不断在广度和深度上征服海洋：可以潜水到水下近7000米的深处；面对波涛汹涌的海洋，船舶几乎如履平地，人们如“走泥丸”；面对浩瀚无边的广阔海洋，人们几乎朝发夕至，往来两地如“弹指一挥之间”。伴随着人类海洋开发利用活动的深入、发展，针对海洋环境资源的犯罪和在海上的犯罪等也在日新月异地发展变化之中。根据马克思关于“犯罪催生刑法”的箴言，海洋刑法在当今时代获得了相当广阔的发展空间。由此，刑法典的相对稳定性与海洋刑法的发展变动性，形成了矛盾：科技、经济愈发达、活跃，催生的海洋犯罪和海洋刑法便愈丰富，海洋刑法与刑法典的矛盾也就愈突出。

就我国海洋刑法而言，未来还需要对一些海洋危害行为加以犯罪化，如本书在第十章“国际条约中涉海犯罪及其与国内法的照应评析”一章中就有所论述。

2. 单行刑法和附属刑法的立法方式

相对于刑法典，单行刑法和附属刑法是特别刑法。

单行刑法，是指国家立法机关对刑法规定进行部分补充、修改或废除部分刑法规定的单行规范性法律文件。

单行刑法立法方式的必要性：①刑法典的制定，源于立法者不是万能的，其本身可能存在不足；②社会生活是不断发展变化的，在一些特定时期，社会转型发展很快，在这种情况下，原来颁行的刑法典的内容满足不了社会快速发展的需求，便出现了严重的滞后性；③单行刑法的制定和颁行，除了具有特时、特地、特事的应对性之外，往往具有应急性的特点，即将某一方面的刑法规范加以梳理而制定单行法规，待将来时机成熟时为刑法典所吸收，并最终促进刑法典的系统化和科学化。当然，也有人主张不应该采用单行刑法的立法方式。其理由有二：一是单行刑法的存在，可能破坏刑法典的整体性、协调性和完整性；二是它与刑法典对某些刑法内容存在重叠规定，给刑法适用带来了混乱。

附属刑法是指规定在民法、经济法、行政法等非刑事法律中的有关犯罪的刑罚的附属刑法规范的总称。

由于附属刑法存在于非刑事法律文件中，故其最主要的不足就是权威性不如刑法典，而且大量的附属刑法规范的存在可能会扰乱刑法典的统一性。其最大的好处就是能够及时地反映刑事立法需要，及时把严重的违反其他法律法规的行为予以犯罪化，而且借助于非刑事法律规范，可以较清晰地给人展示相应的犯罪与一般违法的界限，准确地把握该犯罪的成立条件。

1979年旧《刑法》实施之后、1997年新《刑法》实施之前，为适应我国社会的急剧转型，立法机关一共颁布过24个单行刑法和107部附属刑法，其中有许多海洋刑法规范。典型的如：1988年11月8日全国人大常委会通过的《关于惩治捕杀国家重点保护的珍贵、濒危野生动物犯罪的补充规定》就创设了“非法捕猎、杀害珍贵、濒危野生动物罪”，同时把非法收购、运输、加工、出售、倒卖国家重点保护的珍贵、濒危野生动物及其制品的行为，拟制为“投机倒把罪”。再如1984年5月11日全国人大常委会通过的《中华人民共和国大气污染防治法》、1987年9月5日全国人大常委会通过的《中华人民共和国水污染防治法》、1984年5月11日全国人大常委会通过的《固体废物污染环境防治法》分别以类推立法的方式创设了“水污染罪”“大气污染罪”和“违反规定收集、贮存、处置危险废物罪”。

但是，当时大量存在的单行刑法和附属刑法在很大程度上架空了刑法典，所以，1997年修订刑法时，本着制定一个统一的刑法典的原则，我国将所有的单行刑法和附属刑法规范统统吸收到刑法典中。而且，为了维护刑法典的权威保持刑法典的统一性，自1997年以来，我国较少采用单行刑法和附属刑法的立法方式来创制刑法规范。迄今为止，只颁布了四个单行刑法：①1998年12月29日中华人民共和国第九届全国人民代表大会常务委员第六次会议通过的《关于惩治骗购外汇、逃汇和非法买卖外汇犯罪的决定》；②1999年10月30日第九届全国人民代表大会常务委员会第十二次会议通过的《关于取缔邪教组织、防范和惩治邪教活动的决定》；③2000年12月28日第九届全国人民代表大会常务委员会第十九次会议通过的《关于维护互联网安全的决定》；④2011年10月29日第十一届全国人民代表大会常务委员会第二十三次会议通过的《全国人大常委会关于加强反恐怖工作有关问题的决定》。就附属刑法立法方式而言，附属刑法中的罪刑规范基本上没有实质性内容而是照应性规定：“构成犯罪的，依法追究刑事责任。”在这种情况下，目前我国海洋刑法的罪刑规范集中在刑法典中，而没有存在于单行刑法和附属刑法中。

为及时回应社会经济发展的需要，克服刑法落后于社会发展的矛盾，刑法的修改多通过刑法修正案的方式来进行。刑法修正案，作为对刑法条文的具体修正，是对于现有法律条文内容的修改、补充。它不会改变现行法律的总条数，不改变刑法典的基本结构，较好地解决了刑法典的稳定性与适应性之间的矛盾。迄今为止，我国已经颁布了10个刑法修正案。

笔者认为，鉴于刑法典、单行刑法和附属刑法各有其优点和不足，在承认刑法修正案修改法律主导地位的同时，我们也不要走极端而禁绝单行刑法和附属刑法的立法方式。所以，在条件适合的情况下，可以对海洋刑法规范加以编纂而制定单行的海洋刑法。而且，附属海洋刑法规范也不要千篇一律地采用纯粹形式意义的照应性规定，应该使附属刑法规范切实具有应有的实质性罪刑规范内容。

# 海洋犯罪的刑事管辖权

## 第一节　刑事管辖权概述

### 一、刑事管辖权的概念

一个国家的刑事管辖权，是该国主权在刑事领域中的体现。我国大多数刑法教材通常把刑事管辖权等同于刑法的空间效力，即我国刑法在什么地域，对什么人发生法律拘束力的问题。也有部分学者认为，刑事管辖权与刑法的空间效力是既有联系又有区别的两个概念。其联系主要体现在，刑法空间效力的范围与刑事管辖权的范围是一致的。其区别主要表现在，刑事管辖权是一种国家权力，而刑法的空间效力则属于刑法效力的一部分。刑事管辖权随着国家的产生而产生，而刑法的空间效力则以刑法的存在为前提。刑事管辖权是国家确立刑法空间效力的主权依据，刑法的空间效力是刑事管辖权的具体表现。〔1〕

严格来说，广义的刑事管辖权应包括刑事实体管辖权和刑事诉讼管辖权，前者是指国家依据何种法律确定行为人的刑事责任，例如在我国领海通过的船舶上发生的强奸案应适用哪国刑法定罪量刑？后者是指具体由国家哪个专门机关对犯罪进行追究，包括职能管辖与审判管辖，例如通过海运走私动植物制品应由海警还是由海关缉私部门进行立案侦查？是由某一地方法院还是

---

〔1〕 参见王秀梅："刑事管辖权问题"，载赵秉志主编：《当代刑法理论探索·卷一·刑法基础理论探索》，法律出版社 2003 年版，第 482～483 页；李富友主编：《刑法效力论》，中国书籍出版社 2017 年版，第 188 页。

由海事法院进行审理?[1]

刑法学界提及的刑事管辖权是狭义的，仅指刑事实体管辖权。本书也在此种意义上讨论刑事管辖权。

## 二、确定刑事管辖权的原则

基于主权平等原则和不干涉内政的原则，各国刑事管辖权除非受到国际法的明确限制，否则其当然应由各国根据自己国家的情况自行确定。各国确定刑事管辖权可供选择原则有以下几种：

（一）属地原则

属地原则，是指国家刑事管辖权基于国家主权所及之范围而确定，凡是发生在该国领域内的一切犯罪行为均由该国刑事法律管辖。属地原则有利于维护国家主权，且方便搜集证据，追诉犯罪。

（二）属人原则

属人原则又称国籍原则，是指国家刑事管辖权及于所有具有该国国籍的人，凡是具有该国国籍的人犯罪，不论其居住于何地，均由该国刑事法律管辖。属人管辖权源自所有具有本国国籍的人均有遵守本国法律的义务。

（三）保护原则

保护原则，是指国家刑事管辖权应依保护国家或者国民的利益之必要性而设，对于不具有该国国籍的人在该国领域外对该国或者该国人犯罪的，由该国刑事法律管辖。由于各国对何种行为构成犯罪规定不一，保护原则通常会设置一定的限制，例如将该原则的适用范围限缩至各国公认的犯罪。

（四）普遍管辖原则

普遍管辖原则也称世界性原则，是指国家刑事管辖权依国际法而设，对特定的国际罪行，不论其行为地或者行为人、被害人的国籍为何，该国均有权管辖。

普遍管辖原则确立的法律依据不是本国刑法，而是国际条约、国际公约或者国际习惯法，其理念是保护国际社会的共同利益，最大限度地使实施了

[1] 也有学者将管辖权区分为立法性管辖权和执行性管辖权，前者是制定本国法律的管辖权，后者是执行本国法律的管辖权。参见宋杰："我国刑事管辖权规定的反思与重构"，载《法商研究》2015年第4期。

危害人类共同利益的行为人受到惩罚，不能因为某个国家不是行为地国、行为人和受害人国籍国而对犯下国际罪行的人束手无策，也不能让该国成为躲避犯罪追究的避难所。[1]需注意的是：第一，普遍管辖原则仅适用于海盗、种族灭绝、劫持航空器等公认的严重国际罪行，不应轻易扩大范围，例如因为对恐怖主义犯罪的定义难以取得共识，国际社会对恐怖主义犯罪是否适用普遍管辖原则仍存有争议；第二，对于国际条约、国际公约规定的严重国际罪行，确定刑事普遍管辖权需以具有缔约国身份为前提。而对于国际习惯法确立的国际罪行如"海盗罪"，各国均有普遍管辖权，不以缔约国为限；第三，普遍管辖权有绝对的普遍管辖权与有限的普遍管辖权之分，后者是指一国行使普遍管辖权必须以行为人进入该国领域或者被该国控制为前提，绝对的普遍管辖权则不受上述限制。

（五）永久居所或营业地原则

这是20世纪60年代以后发展起来的刑事管辖权的原则。二战后大量外国人特别是亚洲、非洲人士涌入欧洲大陆国家工作、居住，由此带来了适用国籍管辖的诸多问题。因此，欧洲国家首先在民事管辖领域发展出了以永久居所或者营业地来取代国籍的管辖原则。后来，通过关于防止劫持航空器的三个国际公约，即《关于在航空器内的犯罪和其他某些行为的公约》《关于制止非法劫持航空器的公约》和《关于制止危害民用航空安全的非法行为的公约》将这一原则引入了刑事管辖领域。[2]例如《关于制止危害民用航空安全的非法行为的公约》第5条规定，"罪行是针对租来时不带机组的航空器，或是在该航空器内发生的，而承租人的主要营业地，或如承租人没有这种营业地，则其永久居所，是在该国"，各缔约国应采取必要措施，对罪行实施管辖权。

上述原则各有所长，但也都各有局限，仅仅采用其中一种原则确定刑事管辖权，会造成刑事管辖的消极冲突。如属地原则无法解决在本国领域外对该国或该国人犯罪的问题，依属人原则不能对在本国领域内犯罪的外国人行使管辖权，保护管辖会造成各国主权及刑事管辖权的冲突，普遍管辖以及永久居所或营业地原则的适用需要以国际法为依据，且范围比较狭窄。所以，

---

〔1〕 高秀东："论普遍管辖原则"，载《法学研究》2008年第3期。

〔2〕 曲新久：《刑法学总论》，中国政法大学出版社2017年版，第44页。

时至今日，大陆法系国家（包括我国在内）的刑事管辖权都是以属地原则为主，兼采其他原则而确立的。

## 第二节 海洋犯罪的属地管辖

从理论上说，国家当然有权管辖其主权范围内的一切人、事、物，并不需要依据某一具体的法律。刑事管辖权作为国家主权不可或缺的一部分亦应如此。但是刑事管辖权涉及的事项为犯罪与刑罚，依罪刑法定原则与《立法法》第 8 条之规定，追究犯罪的刑事责任，必须依据事先制定的法律。因此，国家刑事管辖权的具体确定，仍需刑法予以规范。我国《刑法》第 6~11 条确定了我国刑事管辖权的范围，是对海洋犯罪追究刑事责任的基本依据。除此之外，海洋不同于陆地，我国有权管辖的海域也不以内水、领海为限，此外，海洋犯罪刑事管辖权的确定还涉及《联合国海洋法公约》等一系列国际法规则。

### 一、我国刑法规定的属地管辖

属地管辖直接体现国家主权，是确定海洋犯罪刑事管辖权的基础。我国《刑法》第 6 条第 1 款规定："凡在中华人民共和国领域内犯罪的，除法律有特别规定的以外，都适用本法。"对此应把握以下几点：

1. 中华人民共和国领域，是指我国国境以内的全部空间区域

包括：①领陆，即国境线以内的陆地及陆地以下的底土。②领水，即国家领陆以内和与陆地邻接的一定宽度的水域，包括内水、领海及其下的水床和底土。内水包括内河、内湖、内海以及同外国之间界水的一部分。界水通常以河流中心线或主航道中心线为界。领海是沿海国基线向海洋方向延伸出的一片狭窄水域，包括海床和底土。领海的宽度并无统一的标准，《联合国海洋法公约》规定上限为 12 海里，但仍有一些国家主张超过 12 海里的领海。根据我国 1958 年 9 月 4 日发表的声明，我国的领海宽度为 12 海里。③领空，即领陆、领水的上空。

2. 法律有特别规定的情况

（1）不适用中国刑法（包括《刑法》、单行刑法和附属刑法）的情况。我国《刑法》第 11 条规定："享有外交特权和豁免权的外国人的刑事责任问

题，通过外交途径解决。”据此，对享有外交特权和豁免权的外国人[1]即使在中国领域内犯罪，也不适用中国刑法，而是通过要求派遣国召回、建议派遣国依法处理、宣布其为不受欢迎人员或者不能接受等外交途径解决。如《维也纳外交关系公约》第9条规定：“接受国得随时不具解释通知派遣国宣告使馆馆长或使馆任何外交职员为不受欢迎人员或使馆任何其他职员为不能接受。”

需要注意的是，1961年《维也纳外交关系公约》规定，各国驻外大使馆、领事馆不受驻在国的司法管辖而受本国的司法管辖。不少刑法教材据此认为驻外使领馆是派驻国的“拟制领土”或者“领土的延伸”，并进而认为我国驻外使领馆亦应视同我国领域，在其内发生的任何犯罪都适用我国刑法。依此，外国驻中国使领馆也应视同派驻国领域，适用派驻国刑法。这一观点是值得商榷的。首先，我国刑法并未对使领馆内犯罪的刑事管辖作出特别规定，并不能直接得出派驻我国的使领馆内犯罪不能适用我国刑法的结论。相反，在法无明文规定的情况下，其原则上应受到我国《刑法》第6条第1款的约束。其次，将使领馆视为派驻国的“拟制领土”或者“领土的延伸”的观点也没有充足的国际法依据。事实上，使馆的特权和豁免来源于国际交往的需求，是派遣国与驻在国根据“对等”“互惠”原则而确定的。这种通过国际法赋予的特权和豁免显然不能与具有基于主权的领域混为一谈。国际法学界的“接受国领域说”认为使领馆仍属于驻在国的领域，在其中的犯罪，除非享有特权和豁免，仍应由驻在国法律管辖。最后，我国的相关国内法也未将使领馆视为派遣国的领域。如1986年《中华人民共和国外交特权与豁免条例》第25条第4款规定：“不得将使馆馆舍和使馆工作人员的寓所充作与使馆职务不相符合的用途。”

（2）整体不适用刑法的情况。这是指“一国两制”之下，港、澳、台地区的适用问题。香港、澳门特别行政区享有高度自治权，包括立法权、独立

---

〔1〕享有外交特权和豁免权的人员主要包括以下四类：第一，外国的国家元首、政府首脑、外交部部长。第二，充任使馆馆长的外交代表、使馆的其他外交人员以及武官等，包括他们的配偶和未成年子女；使馆的行政和技术人员及与其构成同一户口的家属，如非接受国国民而且不在该国长久居留的；外交使差。第三，依照我国与各国所订条约、协议应享受若干特权和豁免的商务代表。经我国外交部核定的下列人员：途经或者临时留在我国境内的各国驻第三国的外交官；各国派来中国参加会议的代表；各国政府来中国的高级官员；依照国际公约应享受外交特权与豁免的其他人员。第四，领事代表等。当然，上述人员的司法豁免权并不一致，例如，领事代表的司法豁免权就低于外交人员。

的司法权和终审权。因此，香港、澳门特别行政区不适用内地刑法。作为中国的一个省，台湾地区当然应该适用中国刑法。不过由于历史原因，目前台湾地区犯罪尚难以适用大陆地区刑法。将来若按照“一国两制”统一，台湾地区也可能拥有独立的司法权和终审权。在海洋犯罪领域，特别是涉及两岸渔民或者在台湾海峡犯罪的，会引发两岸的刑事司法管辖权的冲突和协调问题。

（3）不适用我国刑法部分条文的情形。根据我国《刑法》第 90 条的规定：“民族自治地方不能全部适用本法规定的，可以由自治区或者省的人民代表大会根据当地民族的政治、经济、文化的特点和本法规定的基本原则，制定变通或者补充的规定，报请全国人民代表大会常务委员会批准施行。”

3. 犯罪地的确定

我国《刑法》第 6 条第 3 款规定：“犯罪的行为或者结果有一项发生在中华人民共和国领域内的，就认为是在中华人民共和国领域内犯罪。”这显然比仅依据行为或者结果来确定犯罪地更有利于保障国家的刑事管辖权。对于不作为犯，其犯罪地应理解为作为义务地以及因不作为引发的结果地。对于未遂犯，其犯罪地是否应包括其希望的结果发生地尚存有争议。例如，A 从泰国向中国境内的 B 寄送含有毒药的食品，意图毒死 B。该食品包裹在泰国港口即被查获，我国刑法能否依属地原则获得管辖权？从最大限度地保障主权的角度，应将未遂犯的希望的结果发生地也认定为犯罪地。

4. 旗国管辖

我国《刑法》第 6 条第 2 款规定：“凡在中华人民共和国船舶或者航空器内犯罪的，也适用本法。”据此，应当将悬挂本国国旗的船舶与航空器，作为本国浮动的领土或者本国领土的延伸，不管其航行或停泊于何处，对在船舶与航空器内的犯罪，都适用旗国的刑法。这是多数学者的见解。

但这种理解受到部分学者的质疑，若将船舶视为船旗国“拟制领土”，适用船旗国属地管辖，在公海上尚无太多问题，但当①外国船舶进入我国管辖海域特别是领海、内水时，是否意味着在我国的领域中出现了船旗国的领土？这时船旗国管辖是否构成了对我国属地管辖的限制而非扩充？②我国船舶进入外国领海时，容易造成两国属地管辖的冲突，而属地管辖与国家的主权和领土完整又密切相关。因此，有的学者认为，船旗国管辖更多地具有“属人管辖”的性质。但这种理解也存在问题：一方面，属人管辖的依据是国籍，而船舶上的人员可能来自不同国家，将其统一视为船旗国国籍显然不妥；另一方面，将船旗国管辖理解为属人管辖，会造成与我国《刑法》第 7 条的冲突。

事实上，船旗国管辖是国际社会为了维持船舶内以及航行的安全与秩序而在长期的航行实践中逐步确立的。基于海洋上存在着公海、领海等不同的海域，沿海国对其领海上船舶及其航行秩序的维护能力显然与公海上不同，因此，船旗国管辖的重要性、内容等会因船舶所处的位置而有所不同。在本国领海上，不需要船旗国管辖，只需要属地管辖即可；在他国领海上，船旗国管辖则应受到沿海国法律的限制；在公海上，船旗国的管辖权最为充分，但仍应受到国际法规则的限制。因此，船旗国管辖与属地管辖、属人管辖有较大的差异，根据《联合国海洋法公约》等国际法的规定，将旗国管辖视为一种因为海洋和船舶的特殊性而设置的独立的特别管辖权似乎更为适宜。

## 二、我国管辖海域中的刑事管辖权

“我国管辖海域”与“我国领域”是不同概念，根据 2016 年 8 月 1 日《最高人民法院关于审理发生在我国管辖海域相关案件若干问题的规定（一）》（以下简称《涉海司法解释（一）》）第 1 条的规定，“我国管辖海域”为“内水、领海、毗连区、专属经济区、大陆架，以及中华人民共和国管辖的其他海域”。其中只有内水和领海属于《刑法》第 6 条第 1 款规定的我国“领域”。而且海域与陆地不同，我国刑法在领海的管辖权还受到特定的限制。此外，根据《联合国海洋法公约》等国际法以及《中华人民共和国专属经济区和大陆架法》，我国在领域之外的毗连区、专属经济区、大陆架等海域拥有特定的管辖权，其中当然包括相应的刑事管辖权。虽然我国刑法对此并无明文规定，但是，《中华人民共和国渔业法》《中华人民共和国海洋环境保护法》《中华人民共和国测绘法》《中华人民共和国矿产资源法》等法律均适用于“我国管辖海域”，这些法律中均有“构成犯罪的，依法追究刑事责任”的条款。[1]

### （一）我国内水、领海以及港口的刑事管辖权

内水是领海基线向陆地一侧的所有水域及水道，包括内海、河流、湖泊等。港口是船舶装卸和上下船之地。外国商船可遵照沿海国的规章驶入该国

〔1〕 如《中华人民共和国渔业法》第 46 条，《中华人民共和国海洋环境保护法》第 91 条，《中华人民共和国测绘法》第 51 条，《中华人民共和国矿产资源法》第 39、40、41、43、44、47、48 条。

对外开放的港口，外国军用船舶必须通过外交途径，获得许可方能驶入。获准驶入的军舰享有完全的豁免权，但仍应遵守港口国的法律。我国的港口、内水和领海属于我国领域，当然应适用我国《刑法》第6条第1款属地管辖之规定，在其上发生的犯罪应适用我国刑法。需要注意的有：

1. 外国船舶进入沿海国内水或者港口时船旗国管辖与沿海国属地管辖的关系

内水属于一国领域，该国当然得基于属地原则享有排他之刑事管辖权，但多数国家还会基于“港口和平主义”放弃或者部分放弃行使对并未涉及沿海国“和平宁静”的船舶内部事务的管辖权，当然放弃与否仍属一国自由裁量的范畴。[1]目前并没有完全统一的国际法规则，一般而言，国际社会认为如果外国商船自愿进入沿海国港口或者内水，则该船舶就应当完全受到该沿海国的刑事管辖权，除非两国之间另有约定。例如《中国与意大利领事条约》第18条第5项规定：“除非应船长或领事官员的请求或征得其同意，接受国主管当局不得对在船上所发生的行为或犯罪进行管辖，但下列情况除外：(一) 接受国国民犯罪或使该国国民受到损害的犯罪；(二) 破坏接受国安宁和安全的犯罪；(三) 违反接受国有关检疫、入出境、海上安全、海关事务、水域污染或禁止贩毒的法律的行为或犯罪；(四) 其他根据接受国法律应判不少于三年徒刑的严重犯罪。”《中国和美国领事条约》第38条第2项规定：“除非船长或领事官员提出要求，接受国的司法当局或其他主管当局在接受国的和平与安全不受破坏的情况下，不应在下述问题上干涉船只的内部事务：船员间的关系、劳资关系、纪律和其他属于内部性质的活动。”

2. 领海上的刑事管辖权

领海即沿海国基线向海洋方向延伸出的一片狭窄水域，包括海床和底土都是该国主权所及之领域，当然适用刑法之属地管辖，但应受到无害通过权的限制。根据《联合国海洋法公约》的规定，所有国家的船舶均享有无害通

---

[1] 多数国家的惯常做法是：第一，对于纯属船舶内部纪律的事务，沿海国通常不加干预，而交由船旗国按照该国的法律管辖；第二，如果发生在船上的海员犯罪没有影响到港口的和平与安宁或其居民，除非经船长或船旗国代表请求，沿海国一般也不行使管辖权，而交由船旗国管辖；第三，即使犯罪仅涉及船员，并不涉及船舶以外的人，事实上并不扰乱当地和平和安宁，如果罪行是严重的(如杀人罪)，那么，沿海国、港口国也有管辖权；第四，在任何情况下，对船舶上的犯罪是否进行管辖，都由沿海国当局决定。参见邵维国、邵晓帆：“位于他国内水外国船舶上犯罪之管辖权”，载《中国海商法年刊》2010年第4期。

过领海的权利。[1]通过是指为了下列目的通过领海的航行：穿过领海但不进入内水或者驶往或驶出内水。通过应继续不停和迅速进行。船舶可以停船和下锚，但以通常航行所附带发生的或由于不可抗力或遇难所必要的或为救助遇险或遭难的人员、船舶或飞机的目的为限。通过只要不损害沿海国的和平、良好秩序或安全，就是无害的。[2]《联合国海洋法公约》第 19 条第 2 款还列举了 12 项非无害通过的行为。[3]这些行为大都可以构成犯罪，应受我国刑法管辖。我国《领海及毗连区法》第 8 条规定："中华人民共和国政府有权采取一切必要措施，以防止和制止对领海的非无害通过。外国船舶违反中华人民共和国法律、法规的，由中华人民共和国有关机关依法处理。"《关于审理发生在我国管辖海域相关案件若干问题的规定（二）》[以下简称《涉海司法解释（二）》] 第 3 条也对非法进入领海构成我国《刑法》第 322 条偷"越国境罪"的具体情形作出了细化规定。[4]

当然，飞行器不享有领海上空的无害通过权。

不论是否无害通过，沿海国在领海的刑事管辖权方面还受到如下限制[5]：

(1) 对于外国船舶通过领海期间船上发生的罪行，沿海国不应行使刑事管辖权，但下列情形除外：①罪行的后果及于沿海国；②罪行属于扰乱当地安宁或领海的良好秩序的性质；③经船长或船旗国外交代表或领事官员请求地方当局予以协助；或④这些措施是取缔违法贩运麻醉药品或精神调理物质

---

〔1〕《联合国海洋法公约》第 17 条。

〔2〕《联合国海洋法公约》第 18、19 条。

〔3〕《联合国海洋法公约》第 19 条第 2 款规定："如果外国船舶在领海内进行下列任何一种活动，其通过即应视为损害沿海国的和平、良好秩序或安全：(a) 对沿海国的主权、领土完整或政治独立进行任何武力威胁或使用武力，或以任何其他违反《联合国宪章》所体现的国际法原则的方式进行武力威胁或使用武力；(b) 以任何种类的武器进行任何操练或演习；(c) 任何目的在于搜集情报使沿海国的防务或安全受损害的行为；(d) 任何目的在于影响沿海国防务或安全的宣传行为；(e) 在船上起落或接载任何飞机；(f) 在船上发射、降落或接载任何军事装置；(g) 违反沿海国海关、财政、移民或卫生的法律和规章，上下任何商品、货币或人员；(h) 违反本公约规定的任何故意和严重的污染行为；(i) 任何捕鱼活动；(j) 进行研究或测量活动；(k) 任何目的在于干扰沿海国任何通信系统或任何其他设施或设备的行为；(l) 与通过没有直接关系的任何其他活动。"

〔4〕《涉海司法解释（二）》第 3 条："违反我国国（边）境管理法规，非法进入我国领海，具有下列情形之一的，应当认定为刑法第三百二十二条规定的'情节严重'：（一）经驱赶拒不离开的；（二）被驱离后又非法进入我国领海的；（三）因非法进入我国领海被行政处罚或者被刑事处罚后，一年内又非法进入我国领海的；（四）非法进入我国领海从事捕捞水产品等活动，尚不构成非法捕捞水产品等犯罪的；（五）其他情节严重的情形。"

〔5〕《联合国海洋法公约》第 27 条。

所必要的。

（2）上述规定不影响沿海国为在驶离内水后通过领海的外国船舶上进行逮捕或调查的目的而采取其法律所授权的任何步骤的权利。这主要是指外国船舶在内水犯罪，则在其通过领海时仍可行使刑事管辖权。

（3）如果来自外国港口的外国船舶仅通过领海而不驶入内水，则对其驶进领海前所犯罪行，沿海国不得行使刑事管辖权，但下列两种情形除外：①船舶违反《联合国海洋法公约》第12部分“海洋环境的保护和保全”的规定；②外国船舶违犯了沿海国有关“专属经济区”的法律规章。

### （二）我国毗连区、专属经济区和大陆架的刑事管辖权

毗连区是指毗连领海并由沿海国对特定事项实施管制的区域。从测算领海宽度的基线量起，不得超过24海里。因此毗连区有一部分是与领海重合的，由于我国已经主张12海里的领海，故实际上我国领域外的毗连区宽度是领海外12海里。1958年日内瓦《领海及毗连区公约》与《联合国海洋法公约》是毗连区确立的国际法依据。根据《联合国海洋法公约》第33条第1款的规定：“沿海国可在毗连其领海称为毗连区的区域内，行使为下列事项所必要的管制：（a）防止在其领土或领海内违反其海关、财政、移民或卫生的法律和规章；（b）惩治在其领土或领海内违反上述法律和规章的行为。”因此，沿海国对毗连区的属地刑事管辖权仅限于涉及上述事项的犯罪行为。[1]

专属经济区从测算领海宽度的基线量起，不应超过200海里。因此毗连区是包含在专属经济区里的，去除12海里的领海，沿海国可以拥有领海外188海里的专属经济区。沿海国在专属经济区主要享有与海洋资源和环境有关的权利。根据《联合国海洋法公约》第56条第1款的规定，沿海国在专属经济区内有：“（a）以勘探和开发、养护和管理海床上覆水域和海床及其底土的自然资源（不论为生物或非生物资源）为目的的主权权利，以及关于在该区内从事经济性开发和勘探，如利用海水、海流和风力生产能等其他活动的主权权利；（b）本公约有关条款规定的对下列事项的管辖权：（1）人工岛屿、设施和结构的建造和使用；（2）海洋科学研究；（3）海洋环境的保护和保全。”因此，沿海国的刑事管辖权也限于涉及上述事项的犯罪行为。我国《涉海司

〔1〕这一限制是从属地管辖的角度而言的，在毗连区当然还可以依据属人、保护以及普遍管辖等行使我国的刑事管辖权。

法解释（一）（二）》所列的依照我国刑法处理的犯罪，也大多是涉及海洋资源和环境的犯罪。[1]

大陆架由陆架、陆坡和陆基的海床和底土构成，是领海以外依本国陆地领土的全部自然延伸，扩展到大陆边外缘的海底区域的海床和底土。如果从测算领海宽度的基线量起到大陆边的外缘的距离不到200海里，则扩展到200海里的距离。大陆架不应超过从测算领海宽度的基线量起350海里，或不应超过连接2500米深度各点的2500米等深线100海里。沿海国对大陆架的勘探及其自然资源的开发享有专属的、排他的主权权利。这一权利不影响上覆水域或水域上空的法律地位。[2]我国大陆架宽广，黄、渤海全部位于大陆架上，东海大陆架宽200公里~600公里，南海大陆架宽180公里~250公里。我国刑法对大陆架的管辖权仅限于涉及上述勘探、开发和利用大陆架及其自然资源的犯罪。需要明确的是，大陆架并不包括其上的水域，因此，对于领海之外的犯罪，在200海里内，刑事管辖权可以基于大陆架和专属经济区而确定，但超出200海里的大陆架，其上的水域便不能适用专属经济区的管辖权。例如，在超出200海里的大陆架实施《涉海司法解释（一）（二）》规定的一些犯罪，如非法猎捕、杀害珍贵、濒危野生动物的行为，我国刑法是否有管辖权，取决于其非法捕捞、杀害的野生动物是否属于《海洋法公约》第77条第4款规定的“定居种的生物，即在可捕捞阶段海床上或海床下不能移动或其躯体须与海床或底土保持接触才能移动的生物”。若不属于定居种的生物，则不受我国刑法管辖。

我国周边国家均在积极行使刑事管辖权，如2014年菲律宾在半月礁附近海域抓扣了一艘中国渔船及其船上的渔民，并以“非法捕捞海龟”为由，判处9名中国渔民每人缴纳10.3万美元罚款和抓捕野生动物罚款12万比索（约合2666美元）。[3]再如2012年，“鲁文渔”号中国渔船在权属未定的黄

---

〔1〕如《涉海司法解释（一）》第3条：“中国公民或者外国人在我国管辖海域实施非法猎捕、杀害珍贵濒危野生动物或者非法捕捞水产品等犯罪的，依照我国刑法追究刑事责任。”

〔2〕《联合国海洋法公约》第76~78条。

〔3〕参见“5·6菲律宾扣押中国渔民事件”，载https://baike.baidu.com/item/5·6菲律宾扣押中国渔民事件/13854045?fr=aladdin，访问日期：2018年3月1日。此类案件已经多次发生，如2005年，中国17名渔民因“非法捕捉海龟”在菲律宾被判刑6年；2007年，17名中国渔民因“非法捕捉海龟”在马来西亚被判刑18个月。根据TRAFFIC（国际野生物贸易研究组织）的不完全统计，2000~2008年菲律宾、马来西亚、印尼在本国海域共查获10起涉及中国人的海龟案件。而在2008年之后，

海专属经济区海域捕鱼时被韩国海洋警察扣押。船长程某某因涉嫌刺死一名韩国警察被逮捕，其后程某某被指控“杀人”和“妨害特殊公务执行”，其他8名船员被控“妨害特殊公务执行”。最后，韩国法院三审判定程某某有期徒刑23年，罚款2000万韩元。[1]我国却很少对发生在我国海域特别是领域以外的海域的犯罪适用我国刑法追究刑事责任。因此，制定或者修订相关刑事法律，进一步明确和完善对我国管辖的海域的刑事管辖权，对维护我国国家和人民的利益，对解决我国与周边国家海洋权属以及海洋犯罪管辖权的争议均有着积极的意义。

此外，公海并不属于任何一国的管辖海域，但公海上仍然存在着刑事管辖权，基于旗国管辖、属人管辖、保护性管辖和普遍管辖可以适用我国刑法。

## 第三节　海洋犯罪的其他管辖

### 一、属人管辖

属人管辖也叫国籍管辖，是指国家对一切具有本国国籍的人实施的犯罪都有权管辖，无论该犯罪行为发生在何处。[2]属人管辖的依据是犯罪行为人的国籍。既为一国之公民，自然应有服从本国法律、受本国法律拘束的义务。我国的国籍应依据《中华人民共和国国籍法》确认，根据我国《国籍法》第3、9条之规定，我国不承认双重国籍，定居外国的中国公民，自愿加入或取得外国国籍的，即自动丧失中国国籍。

对于本国公民在国外所犯任何罪行是否均适用属人管辖，各国有不同的选择：①任何罪行均适用本国刑法。如《德国刑法典》第3条第1款规定：

---

（接上页）东南亚各国查获类似案件的新闻更多。尤其是菲律宾的巴拉望岛附近海域，频频传出查获中国“捕海龟船”的消息。参见“‘捕海龟’是菲律宾栽赃中国渔民吗”，载http://view.news.qq.com/original/intouchtoday/n2790.html，访问日期：2018年3月2日。

〔1〕“12·12韩国海警被中国船员刺死事件”，载https://baike.baidu.com/item/12·12韩国海警被中国船员刺死事件，访问日期：2018年2月4日。韩国对中国渔船粗暴执法的事件更是比比皆是。

〔2〕学界亦有人将这种依据行为人的国籍确定的管辖称为被动的属人管辖，将依据受害人国籍确定的管辖称为主动的属人管辖。但因二者存有较大差异，本书还是根据我国《刑法》的体例，将后者放在保护性管辖中介绍。

“德国刑法，对于德国人的任何行为，不问其在德国或外国所为，均应适用。”②仅对严重罪行适用本国刑法，如美国只对本国公民在国外所犯的“叛国罪”“伪造货币罪”“海盗罪”“伪证罪”等适用属人管辖。③对本国公民按照其身份区别对待。如我国《刑法》第 7 条规定：“中华人民共和国公民在中华人民共和国领域外犯本法规定之罪的，适用本法，但是按本法规定的最高刑为三年以下有期徒刑的，可以不予追究。中华人民共和国国家工作人员和军人在中华人民共和国领域外犯本法规定之罪的，适用本法。”这主要是因为后两者身份特殊，管辖上对其从严要求。

需要明确的是，对于在我国领域外犯罪后，丧失中国国籍的人能否适用我国刑法的属人管辖？对于在我国领域外犯罪的外国人或无国籍人，其犯罪后又加入我国国籍的，能否适用我国刑法？我国刑法仅规定了我国公民在领域外犯本法规定之罪应适用本法，并未指明行为人中国国籍取得时间与犯罪时间的先后顺序。因此，从最大限度地维护刑法管辖权，防止犯罪人逃避惩罚的角度出发，应理解为不论犯罪时是中国人，还是犯罪后成为中国人，均应适用我国刑法。

学界一般将属人管辖理解为属地管辖的辅助性原则，但在海洋犯罪领域，属人管辖有其特殊的价值。本国人在本国领域内犯罪直接依据属地原则即可确定管辖，本国公民在本国领域外犯罪，可以分为两种情形：其一是在他国领域内犯罪，此时他国的属地管辖与本国的属人管辖就会存在冲突，一般属地管辖会优先行使，属人管辖要通过引渡等方式方能实现，在这个意义上属人管辖是辅助性的；其二是犯罪地不在任何一国领域，如发生在公海上的犯罪或者在专属经济区内又非第二节所列属于专属经济区国家管辖的犯罪，则属地原则无能为力，属人管辖的重要性就凸显出来了。海洋犯罪多发生于船舶上，一般会适用船旗国管辖，若我国公民在我国领海外的外国船舶上犯罪，我国就可以通过属人原则来主张管辖权。因此，诸多与海洋犯罪相关的国际条约、国际公约都专门对属人管辖作了规定。如我国 1988 年签署的《制止危及海上航行安全非法行为公约》第 6 条第 1 款规定：“在下列情况下，每一缔约国应采取必要措施，对第三条所述的罪行确定管辖权：……（c）罪犯是其国民。”《制止危及大陆架固定平台安全非法行为议定书》第 3 条第 1 款规定：“在下列情况下，每一缔约国应采取必要措施，确定其对第二条所述罪行的管辖权：……（b）罪行由其国民所犯。”《联合国海洋法公约》第 113 条规定：

“每个国家均应制定必要的法律和规章，规定悬挂该国旗帜的船舶或受其管辖的人故意或因重大疏忽而破坏或损害公海海底电缆，致使电报或电话通信停顿或受阻的行为，以及类似的破坏或损害海底管道或高压电缆的行为，均为应予处罚的罪行。”

## 二、保护管辖

保护管辖是针对外国人在我国领域外对我国犯罪而设的。因为外国人在国外犯罪，犯罪地国会适用属地管辖，行为人国籍国会适用属人管辖，在船舶上的犯罪还会适用船旗国管辖，如对其适用我国刑法，还需要将该外国人引渡到中国，但此时又会受到“本国人不引渡”原则的阻碍，因此对之适用保护管辖现实中是非常困难的。但是为了最大限度维护我国国家和公民的利益，仍有规定之必要。如震惊中外的“湄公河惨案”，在泰国湄公河水域残忍杀害我国13名船员的数名犯罪人被引渡到我国定罪处刑。〔1〕此案犯罪嫌疑人众多且国籍不同；犯罪地在外国的水域；多名犯罪嫌疑人分别在不同国家被抓获。因此泰国、缅甸均依据属地原则与属人原则主张管辖权，老挝也主张了普遍管辖权。我国主张管辖权的依据之一，即依据被害人均为我国公民而适用保护管辖。

我国《刑法》第8条规定：“外国人在中华人民共和国领域外对中华人民共和国国家或者公民犯罪，而按本法规定的最低刑为三年以上有期徒刑的，可以适用本法，但是按照犯罪地的法律不受处罚的除外。”可以看出，我国刑法对保护管辖的适用进行了限制，外国人在我国领域外所犯之罪必须同时符合：①侵犯我国国家或者公民法益；②双罚制，即按照犯罪地法律也应受处罚；③按我国刑法规定最低刑为三年以上有期徒刑。

此外，我国《刑法》第10条规定：“凡在中华人民共和国领域外犯罪，依照本法应当负刑事责任的，虽然经过外国审判，仍然可以依照本法追究，

---

〔1〕 糯康、桑康·乍萨、依莱三人因犯“故意杀人罪”“运输毒品罪”“绑架罪”“劫持船只罪”，数罪并罚被判处死刑立即执行；扎西卡因犯“故意杀人罪”“绑架罪”“劫持船只罪”，数罪并罚被判处死刑立即执行；扎波和扎拖波分别被判处死刑缓期二年执行和有期徒刑8年。参见昆明市中级人民法院［2012］昆刑一初字第162号刑事附带民事判决书。本案管辖权问题非常复杂，还引发了诸如“死刑犯不引渡”等原则的争议，对此案的详细分析可参见赵远：“糯康案件所涉刑事管辖权暨国际刑事司法合作问题研究”，载《法学杂志》2014年第6期。

但是在外国已经受过刑罚处罚的，可以免除或者减轻处罚。”可见，外国生效裁判以及刑罚权的消灭，不能成为阻断我国保护管辖的事由。

学界有观点认为，保护管辖应区分保护的法益不同而分别规定不同的条件。其中，外国人在本国领域外对国家犯罪，称之为国家保护原则；对公民犯罪的，称之为国民保护原则。对前者不必适用双罚制或者即使适用双罚制也不必选择优先适用轻法，外国生效裁判以及刑罚权的消灭也不影响适用本国刑法；对后者，则应适用双罚制，即在两国均构成犯罪应受处罚甚至主张轻法优先适用，在外国刑罚权已经消灭的，也不能再适用本国刑法。

## 三、普遍管辖

普遍管辖原则以保护世界各国共同利益为目的，对特定的国际罪行，不论其行为地在何处，也不论行为人、被害人的国籍为何，国家均有权管辖。普遍管辖的渊源可以上溯到格劳秀斯“或引渡或惩罚”的思想，甚至可以远溯到罗马法时期。随着近代以来国际交流特别是通过海洋航行的交流的密切、国家利益的趋同，各国普遍接受了这一原则。

因此，普遍管辖原则确立的法律依据是国际法，而非国内法。最早为国际习惯法确认适用普遍管辖的是“海盗罪”，多数学者认为依据国际习惯法应适用普遍管辖的犯罪还有“贩卖奴隶罪”“侵略罪”“战争罪”“灭绝种族罪”“酷刑罪”等。此外，国际社会还通过众多的国际条约、国际公约对一些国际罪行适用普遍管辖原则。

我国《刑法》第9条规定：“对于中华人民共和国缔结或者参加的国际条约所规定的罪行，中华人民共和国在所承担条约义务的范围内行使刑事管辖权的，适用本法。”本条规定了我国刑法的普遍管辖原则。据此，我国的普遍管辖需要注意以下几点：①我国普遍管辖确立的依据是我国缔结或者参加的国际条约，并未规定可以依据国际习惯法来适用普遍管辖。②适用的实体法依据是我国刑法，而非国际条约，也就是说，对国际条约确认适用普遍管辖的行为，仍然应适用我国刑法定罪量刑。③我国在条约义务范围内行使管辖权，若我国对加入的国际条约某些条款提出保留，则保留条款不能成为适用普遍管辖的依据。④普遍管辖的补充性，尽管普遍管辖不以行为地、行为人国籍、被害人国籍等为限，但实际上，若在一国管辖领域内犯罪，直接适用属地管辖即可；对于本国人犯罪，适用属人管辖即可；对于被害人是我国的，适用保护管辖即可。因此，普遍管辖主要发挥作用的领域是外国人（包括无国籍人）在公海等不属于任何国家的领域或者外国的领域、船舶、航空器内的犯罪，且该犯罪不直接侵害我国国家或者公民利益。根据《联合国海洋法公约》，我国具有普遍管辖权的犯罪包括在公海上发生的海盗、贩运奴隶、非法贩运麻醉药品或精神调理物质等罪行。〔1〕

1999年，泰国“暹罗差猜号”（Siam Chatchai）油轮在马来西亚海域被印度尼西亚人阿丹·奈姆（Atan Naim）等10人劫持，此后在驶入中国海域给中国杂货轮“正阳一号”输送柴油时被查获。因《联合国海洋法公约》对海盗罪的构成作了严格的限制〔2〕，因此，对其行为无法据此认定为“海盗罪”。但其符合我国1991年加入的《制止危及海上航行安全非法行为公约》规定的“危害海上航行安全罪”。故汕头市中级人民法院依据我国《刑法》第9条之规定，认为该行为触犯了我国《刑法》第263条之规定，以“抢劫罪”分别判处10名印度尼西亚人10年~15年不等的有期徒刑，并处罚金，附加驱逐出境。〔3〕本案中，泰国是船旗国，犯罪发生在马来西亚领海上，被害人是印度尼西亚公民，被劫持的油轮不属于中国公民或国家的财产，我国法院即是根据普遍管辖原则审判了这一海洋犯罪。

---

〔1〕《联合国海洋法公约》第99~108条。

〔2〕《联合国海洋法公约》第101条规定：“下列行为中的任何行为构成海盗行为：（a）私人船舶或私人飞机的船员、机组成员或乘客为私人目的，对下列对象所从事的任何非法的暴力或扣留行为，或任何掠夺行为：（1）在公海上对另一船舶或飞机，或对另一船舶或飞机上的人或财物；（2）在任何国家管辖范围以外的地方对船舶、飞机、人或财物；（b）明知船舶或飞机成为海盗船舶或飞机的事实，而自愿参加其活动的任何行为；（c）教唆或故意便利（a）或（b）项所述行为的任何行为。”据此，本案劫持行为发生在马来西亚海域，并非公海，因此不构成“海盗罪”。

〔3〕参见汕头市中级人民法院［2001］汕中刑一初字第22号判决书。

CHAPTER 04 第四章

# 海洋犯罪的犯罪构成

海洋犯罪，是指自然人或者单位以海洋为犯罪场域或者以海洋环境资源为犯罪对象实施的具有严重的社会危害性、触犯刑法、应受刑罚惩罚的行为。包括以海洋为犯罪场域的犯罪和以海洋环境资源为犯罪对象的犯罪两大类。本章将以此为逻辑起点，按照犯罪构成四要件——犯罪客体要件、犯罪客观要件、犯罪主体要件和犯罪主观要件的理论模型，分析海洋犯罪的成立条件。

## 第一节　海洋犯罪的犯罪客体要件

在我国，犯罪客体是犯罪构成四要件理论中的第一要件。有学者认为："犯罪客体是指刑法所保护的而为犯罪行为所侵害的社会主义社会关系，它是犯罪构成的必要要件，没有犯罪客体就没有犯罪的存在。"〔1〕"犯罪客体是犯罪构成系统结构的两极之一，是与犯罪主体以及主观要件和犯罪客观方面处于同一层次的构成要件，是任何犯罪构成的必要要件。"

对犯罪客体要件的研究有助于合理地划分犯罪类型，建立科学的刑法分则体系；有助于区分罪与非罪、此罪与彼罪；有助于正确地量刑等。

值得注意的是，近年来，我国刑法学界对作为通说的犯罪客体理论提出了不同的看法，有学者对"犯罪客体"持否定态度，主张将"犯罪客体"概念从我国犯罪构成理论中剔除出去；有学者对社会关系说进行改造，提出了利益说，即犯罪客体是犯罪主体的犯罪行为所侵害的、为我国刑法所保护的社会利益；〔2〕还有学者主张用法益说替代社会关系说，并且得到了相当多学

〔1〕 参见高铭暄主编：《刑法学》，法律出版社 1982 年版，第 1015 页。

〔2〕 何秉松主编：《刑法教科书》，中国法制出版社 2000 年版，第 284 页。

者的响应。

不过，法益说也有着致命的缺陷。在西方，关于犯罪客体要件的概念，一般称之为保护客体。早期的西方刑法理论一般都根据费尔巴哈关于“犯罪是违反别人权利的行为”的论断，认为犯罪的保护客体是权利。后来，毕伦鲍姆提出的犯罪是对法益的侵害，得到了宾丁格和李斯特等学者的有力支持，从而逐渐成为有力的学说。宾丁认为，立法者对一项法益提供法律保护的决定最重要。李斯特以及以迈尔和霍尼希为代表的新康德主义的刑罚论则试图提出“先法律的”标准。李斯特将法益定义为“生命自身产生的人类的利益”。但都未能更清楚地说明，哪些利益应该受到刑法保护，哪些不能。可想而知，这是以人类的物质生活条件为依据的。而新康德主义在确定法益的内容时，考虑到了文化上预定的价值观，却由此强调了规范的观点，但由于受当时文化观念的约束，恰好不能使法益论在此问题上发挥关键作用。[1]尽管如此，由于法益毕竟比“社会关系”更具体、更具操作性，用法益说代替社会关系说，无疑是犯罪客体理论的进步。

海洋犯罪是指以海洋为犯罪场域的犯罪和以海洋环境资源为犯罪对象的犯罪。因此，海洋犯罪所侵犯的客体分为以海洋为场域的犯罪所侵犯的我国传统刑法保护的客体，以及国家对海洋环境资源管理的正常法律秩序。海洋犯罪作为一类犯罪，其侵犯的犯罪客体是一个集合客体，既包含了发生在海洋领域的犯罪所侵害的传统类刑法所保护的客体，又包含国家对海洋环境资源管理的正常法律秩序。海洋犯罪的犯罪客体，既包含普通的刑法保护客体，又包含较为特殊的海洋环境资源管理秩序类法益。

犯罪客体按其抽象的程度，可以被分为直接客体、同类客体和一般客体三种。海洋犯罪的犯罪客体也分为直接客体、同类客体和一般客体三类。犯罪的直接客体是指某一犯罪行为所直接侵害的某种特定的法益（法律保护的利益）。根据海洋犯罪的分类，以海洋为场域实施的犯罪，可以分为“海上危害公共安全罪”“海上侵犯人身权利罪”“海上侵犯财产罪”“海上走私犯罪”“妨害海洋管理秩序罪”“涉海渎职犯罪”等。因此，海洋犯罪所侵犯的直接客体，包括海上公共安全秩序、海上人身财产安全秩序，以及海洋环境资源

---

〔1〕［德］冈特·施特拉腾韦特、洛塔尔·库伦：《刑法总论Ⅰ——犯罪论》，杨萌译，法律出版社2006年版，第30页。

管理秩序等。

海洋犯罪的一般客体为与海洋有关的犯罪行为所侵害的刑法所保护客体的有机统一体。

犯罪的同类客体，是指某一类犯罪行为所共同侵害的我国刑法所保护的社会关系的某一部分或某一方面。划分犯罪的同类客体，是根据犯罪行为侵害的刑法所保护的社会关系的不同进行的科学分类。作为同一类客体的社会关系，往往具有相同或相近的性质。例如，生命权、健康权、人格权、名誉权等都属于人身权利的范畴，只要这些权利受到犯罪危害，人身权利就成了这些犯罪的同类客体。只有依据同类客体，才能对犯罪作科学的分类，建立严密、科学的刑法分则体系。我国刑法分则正是根据同类客体的原理，将犯罪分为十大类的。例如，“故意杀人罪”“故意伤害罪”“非法拘禁罪”“侮辱罪”“诽谤罪”等，虽然各自侵犯的是生命权、健康权、人身自由权、人格权和名誉权等，但这些权利同时属于民法规定的人身权利的内容，人身权利也就成了此类犯罪的同类客体。我国刑法分则正是根据犯罪的同类客体而将四百多种具体的犯罪分为十个大类，分别形成刑法分则的各章。

本书在以刑法典犯罪客体分类的十个大类分类的基础上，对海洋犯罪的研究强调行为所侵害的法益与海洋这一场域，以及海事活动的关联性。海洋犯罪所侵害的客体，与传统的犯罪侵犯客体具有很大程度的重叠性。从总体上看，海洋犯罪所侵犯的客体，主要表现为人身、财产、秩序、公共安全，及涉船船员的职务犯罪等；从形式上看，海洋犯罪所侵害的客体并没有超越传统刑法所保护的客体。但另一方面，基于海洋犯罪自身的独特性，尤其是海洋犯罪的行为地点和行为对象都是海洋，而在海洋生态环境法律秩序，以及海洋动物、植物、矿物等资源利用的法律秩序等方面都表现出犯罪客体自身的特性。

## 第二节　海洋犯罪的犯罪客观要件

海洋犯罪的社会危害性直接表现为严重侵害了特定的有关海上运输的各种海事关系和秩序以及与其相关联的其他社会关系和秩序。而且，这种侵害行为，或者在本质上危害性极大，或者结果非常严重，达到了触犯国际条约和国内刑法，必须以刑罚处罚的程度。特定的社会危害性和特定的刑事违法性是海洋犯罪与其他海事违法行为相区别的本质特征。用犯罪构成的四要件理论进行分析，犯罪客观要件包括危害行为、行为结果、行为方式、时间地点、因果关系等。

（一）危害行为

海洋犯罪危害行为，是指海洋犯罪所包含的所有实行行为，该行为具有海洋犯罪所要求的特征，具有海事相关性和社会危害性，应受刑罚惩罚的行为。客观而言，海洋犯罪不是一个规范意义上的刑法学名词，它是为了对发生在海洋这一特定场域内的犯罪行为，以及与海事相关的犯罪进行较为系统化的划分而进行的社会学意义上的分类。因此，海洋犯罪行为，事实上是有关海洋这一特定场域及海事行为的犯罪行为的集合。行为本身首先是犯罪行为，其次为与海洋或海事有关的行为。

（二）行为方式

海洋犯罪的行为方式，是指海洋犯罪行为人为了实现犯罪的目的而采取的特定方式。海洋犯罪的行为方式与传统犯罪的行为方式相比，存在一定的差别。即海洋犯罪是一种社会类型性、领域性犯罪，其与其他犯罪行为的本质不同就在于海洋犯罪总体上同时具有海事相关性和社会危害性。因此，海洋犯罪在整体上所表现出来的行为特征与海洋或海事活动息息相关，行为方式也紧紧围绕海洋这一场域或海事活动这一特定领域进行。

（三）行为的危害结果

海洋犯罪的行为结果体现着犯罪行为对刑法所保护法益的侵害结果。行为和行为结果都是客观的。我们在观察一个行为是否应当由刑法进行评价时，最先看到的就是基于行为结果而追溯到行为及行为方式的恶劣程度。行为结果是犯罪行为带给社会的最直观的感受，也是刑法评价一个行为罪与非罪、罪重或罪轻等所接触到的第一直观结果。从刑法客观主义的立场进行考查，法益侵害结果是判断一个行为是否构成犯罪的重要指标。

（四）因果关系

哲学上的因果关系，是指行为与行为结果之间有因果上的关联：引起与被引起的关系。法学意义上的因果关系，不纯粹是自然的因果关系。刑法上的因果关系，也是对客观的因果关系进行刑法价值评判的结果，是指危害行为与危害结果之间的一种引起与被引起的关系。其中的“引起者”是原因（危害行为），“被引起者”是结果（危害结果），而因果“关系”本身不包括原因与结果，只包含二者之间的引起与被引起的关系。

我国刑法理论对因果关系有不同的称谓，如犯罪因果关系、刑法中的因果关系等。不同的称谓，反映出了人们对因果关系的不同看法。有人认为，刑法上的因果关系是研究犯罪行为与犯罪结果之间的因果关系；有人提出，刑法上的因果关系是研究行为与危害结果之间的因果关系；有人认为，刑法上的因果关系是研究违法行为与危害结果之间的因果关系；有人指出，刑法上的因果关系是研究危害行为与危害结果之间的因果关系。之所以出现上述不同观点，是由于有的人从认定的角度考察因果关系的研究范围，有的人从结局上考察因果关系的研究对象。可以认为，从认定的角度考察是研究人的行为与结果之间的关系；从结局上考察是研究犯罪行为与犯罪结果之间的因果关系。〔1〕

所谓因果关系，指有时间先后关系的事实间所存在的必然关系，而刑法上的因果关系则意味着对于一定犯罪的成立，行为（原因）与结果间所应存在的必然关系。基于此种概念，因果关系主要以实行行为至发生结果的因果历程之间所存在的必然关联事实为讨论对象，故在对结果具有重要意义的犯罪类型（例如结果犯、过失犯、结果加重犯等）上，始有因果关系问题的存在。而在结果犯的情形中，由于行为必须发生构成要件所预定的结果始能既遂，故若未发生结果者，只能成立未遂犯。因此，若外观上有该等结果发生，则必须判断该结果是否系因该行为人的实行行为所引起，若无法认定系由行为人的行为所引起时，行为人的实行行为与结果的发生并无因果关系，此时亦仅能成立未遂犯。目前，在学说上，过失系以“违反客观注意义务”为要件，并以“客观的预见可能性”与“客观的结果回避可能性”为其内容，故过失犯的成立必须判断违反注意义务行为与构成要件结果之间是否具有因果关系。〔2〕

关于刑法上的因果关系，有以下学说：

1. 条件说

条件说又称等值条件说认为，当行为与结果之间存在着“没有前者就没有后者”的条件关系时，前者就是后者的原因。条件说认为，条件关系是指

---

〔1〕 张明楷：《刑法学》（第5版）（上册），法律出版社2016年版，第174页。

〔2〕 余振华：《刑法总论》（第2版），三民书局2013年版，第154页。

实行行为与结果之间的关系，因此，即使预备行为产生了结果，也不存在因果关系。例如，甲为了毒死朋友乙，向装有红酒的酒杯中投放毒药后，将酒杯放在自己家里的书架上，但碰巧丙到甲家访问，发现书架上杯中的红酒，将红酒一饮而尽后死亡。由于甲没有故意杀人的实行行为，所以不成立故意杀人既遂，而是过失致人死亡与故意杀人预备的竞合。

条件关系所说的结果，只限于现实产生的结果。例如，甲开车撞了乙，依受伤的程度判断乙将在5小时后死亡，但2小时后乙被丙开车撞死。在此，作为条件关系的结果，是2小时后的死亡结果，而不是5小时后的死亡结果。〔1〕

条件说的优点是简单易行，不足是扩大了作为危害结果的原因的“行为”的范围。即存在“条件说过于扩大因果关系的范围”之嫌。

2. 原因说

作为对条件说批判的产物，原因说就是在对条件说的革命中产生的。原因说主张以某种规则为标准，从导致结果发生的条件中挑选出应当作为原因的条件，只有这种原因与结果之间才存在因果关系。但是，如何从众多的条件中选择出原因，则是难题。如有人主张最后的一个条件是原因；有人认为异常的行为是原因；有人提出决定结果发生方向的条件是原因；有人提倡最有利的条件是原因；等等。相对于其他原因说而言，相当因果关系说被广为接受，具有强大的生命力。

3. 相当因果关系说

相当因果关系说是原因说的一种。该说认为，根据一般社会生活经验，在通常情况下，在某种行为产生某种结果被认为是相当的场合，行为与结果之间就具有因果关系。“相当”是指该行为产生该结果在日常生活中是一般的、正常的，而不是特殊的、异常的。相当因果关系说具有两个特色：一是排除条件说中不相当的情况，从而限定刑法上的因果关系范围。因为对相当因果关系的认定，是在行为与结果之间具有条件关系的前提下，附加了“相当性”的要求。二是以行为时一般人的认识为标准判断行为与结果之间是否具有相当性。〔2〕关于相当性的判断基础，理论上有三种学说：客观说主张以

---

〔1〕 张明楷：《刑法学》（第5版）（上册），法律出版社2016年版，第176页。

〔2〕 张明楷：《刑法学》（第5版）（上册），法律出版社2016年版，第176页。

行为时的一切客观事实作为基础进行判断；主观说主张以行为人认识到或可能认识到的事实为基础进行判断；折中说主张以一般人能认识到的以及行为人特别认识到的事实为基础进行判断。

例如，甲的行为导致乙受轻伤，乙是血友病患者，因流血不止而死亡。客观说认为，既然行为时乙患有血友病，不管甲是否知道这一事实，甲的行为均与乙的死亡之间具有因果关系。主观说认为，如果甲知道或者应当知道乙是血友病患者，则甲的行为与乙的死亡之间具有因果关系，否则不具有因果关系。折中说认为，如果行为时一般人能知道乙是血友病患者或者甲特别知道乙是血友病患者，则甲的行为与乙的死亡之间具有因果关系，否则不存在因果关系。〔1〕

相当因果关系说是日本刑法理论的通说。在日本，相当因果关系说中的折中说曾占支配地位。但是，折中说与主观说一样，使因果关系的有无取决于行为人与一般人认识的有无，这与因果关系的客观性相矛盾，正因为如此，客观说成了有力的学说，有逐步取代折中说而占支配地位之势。

在因果关系的历程中，若有被害人或第三人的故意行为、抑或自然力（例如地震、台风、雷电等）的介入，则因果关系将被中断，该行为与结果之间即无因果关系存在。亦即，在一般人理智上所无法预知的第三者介入，或系被害人自行招惹的危险行为，会使原有的因果关系为之中断。〔2〕例如，甲殴打A，导致A受擦伤，而A在前往医院就医途中，乙因违规驾驶卡车而将A撞死。若依条件说的见解，甲与乙的行为皆与A的死亡结果具有因果关系。〔3〕在上述案例的情形中，甲的殴打行为与乙的违规驾驶肇事行为皆为导致A死亡的条件，而介入的乙的肇事行为，将甲殴打至A死亡结果的因果关系中断了。

甲男到医院探访友人，在友人住的病房内，与同住该病房的慢性肾衰竭病患A女发生冲突，生气之下，动手打了A女一巴掌，A女突然昏倒在地，经急救后发现颅内出血，变成植物人状态，两天后因并发败血性休克不治死亡。事后，经台大医院鉴定结果发现，慢性肾衰竭病患因凝血机能异常及外力撞击等因素，比正常人更容易发生自发性颅内出血。试问：甲的行为应如

〔1〕张明楷：《刑法学》（第5版）（上册），法律出版社2016年版，第177页。

〔2〕余振华：《刑法总论》（第2版），三民书局2013年版，第162页。

〔3〕余振华：《刑法总论》（第2版），三民书局2013年版，第161页。

何处断？问题关键在于：甲的行为与 A 的死亡有无相当因果关系？亦即，相当性如何判断？其判断的标准为何？[1]

上述案例若依折衷说的论点来判断，甲对于打一巴掌会导致死亡的结果，并无特别的认识（特别系对慢性肾衰竭患者的凝血机能异常情状），即使一般人亦无法认识该种事实，故甲的行为与 A 的死亡之间，应无相当的因果关系。[2]从以上案例来看，甲成立故意伤害罪，但不成立故意伤害致死罪。

甲在家中客厅与其妻乙发生口角，竟心怀杀意，拿猎枪向乙开枪。子弹射偏，朝天花板飞去，意外命中躲在天花板上方的小偷 A，子弹穿过 A 的心脏，A 当场死亡。试问：甲的行为应如何处断？问题关键在于：甲的行为与 A 的死亡之间是否具有相当因果关系？

甲喂食被害人 A 足以致死的毒物。在毒性未发作前，与甲无关系的乙偶然侵入屋内开枪将 A 射杀。试问：甲的行为应如何处断？问题关键在于：甲的喂毒行为与 A 的死亡之间有无相当因果关系？亦即，相当性如何判断？其判断的标准为何？

甲、乙二人各自以杀害 A 的意思，分别在 A 所喝的威士忌中加入足以致死分量的毒药，A 因喝下毒酒而死亡的情形。若甲、乙二人有意思联络，则成立共同正犯，可引用“一部行为全部责任”的法理来解释，故就因果关系而言，并不生另外的问题。然而，在择一竞合的情形中，若将“非 P 则非 Q”的条件公式适用在本案例，则纵使没有甲的行为，A 仍然会因乙的行为而死亡；反之，若没有乙的行为，A 亦会因甲的行为而死亡，故甲的行为、乙的行为与结果发生之间，不得不说各自均无条件关系。[3]

4. 客观归责（客观归属）理论

客观归责理论实际是对相当因果关系说的进一步细化。该说将因果关系与归责问题相区别，因果关系以条件说为前提，在与结果有条件关系的行为中，只有当行为制造了不被允许的危险，而且该危险是在符合构成要件的结果中实现（或在构成要件的保护范围内实现）时，才能将该结果归责于行为。所以，实行客观归责必须具备三个条件：一是行为制造了不被允许的危险；二

〔1〕 余振华：《刑法总论》（第 2 版），三民书局 2013 年版，第 164~165 页。
〔2〕 余振华：《刑法总论》（第 2 版），三民书局 2013 年版，第 165 页。
〔3〕 余振华：《刑法总论》（第 2 版），三民书局 2013 年版，第 158 页。

是行为实现了不被允许的危险；三是结果没有超出构成要件的保护范围。〔1〕客观归责理论缘起于德国对于责任归属进行考查的理论，在使用过程中，主要考查行为人是否对结果承担责任。

在行为犯的场合，由于行为与结果同时发生，所以不需要判断因果关系与客观归责的问题。在许多结果犯中，构成要件要素及其关系解决了因果关系与客观归责问题，故不需要另行判断。例如“盗窃罪”，被害人的财产损害当然是行为所导致的法益侵害结果，因此并不需要利用因果关系与客观归责理论，而是通过对客观构成要件的具体解释与判断，就可以得出妥当的结论。〔2〕在较为复杂的案例中，多行为、多原因导致了一个结果，责任的归属问题便成为刑法中需要讨论的重要议题。在德国则以客观归责理论（客观归咎理论）为判断责任归属的新兴学说。

总之，刑法上因果关系的认定，旨在选出值得在刑法上作出评价之因果关系，所以，当然要将事实面与规范面一并考虑，既包括客观层面的引起与被引起的因果关联，又包含价值层面的价值判断——危害行为与危害结果的等价性判断。

## 第三节　海洋犯罪的犯罪主体要件

海洋犯罪的犯罪主体和海洋犯罪的犯罪主体要件，是两个既相互区别又密切关联的概念。

犯罪主体是指实施危害行为，依法应当负刑事责任的自然人和单位。〔3〕任何犯罪都是一定的行为，任何行为都有实施者，犯罪主体就是危害行为的实施者。没有犯罪主体，就没有犯罪。具体的犯罪总是与特定的犯罪主体相联系，未实施危害行为者，就不是犯罪主体；未实施某种具体犯罪的危害行为者，就不可能是该种犯罪的主体。犯罪主体要件是犯罪构成不可缺少的重要因素。要判断任何一个犯罪是否成立，都必须认定主体符合特定的条件。因此，研究犯罪主体要件，对于犯罪构成理论及定罪实践都有重要而直接的

---

〔1〕 张明楷：《刑法学》（第5版）（上册），法律出版社2016年版，第178页。

〔2〕 张明楷：《刑法学》（第5版）（上册），法律出版社2016年版，第181页。

〔3〕 姚建龙主编：《刑法学总论》，北京大学出版社2016年版，第130页。

意义。

在四要件理论中，主体要件被独立为与其他三个要件同等重要的独立要件。对主体要件的考查，涵盖了主体的属性（自然人或单位）、主体的适格性（是否具备犯罪的资格）、主体的责任能力等。犯罪主体包括自然人主体和单位主体。自然人犯罪主体，就是具备刑事责任能力且实施了危害行为的自然人。实施行为时是否具备刑事责任能力，是判断自然人是否符合自然人犯罪主体资格的基本条件。由此，犯罪主体和犯罪主体要件是两个不同的概念。

犯罪主体要件是由刑法总则有关条文明文规定的。在刑法分则规定的罪名中，凡是以上述基本条件作为符合自然人犯罪主体资格的必要和充足条件的，为一般主体的犯罪；凡是在上述条件的基础上进一步要求自然人必须具备某种特定身份条件才符合自然人犯罪主体资格的，为特殊主体的犯罪。在刑法理论上，可以把这两种犯罪中的主体相应地称作一般的自然人主体和特殊的自然人主体，简称为一般主体和特殊主体；可以把上述两个基本条件称为自然人犯罪主体的一般条件和自然人犯罪主体的特殊条件。自然人犯罪主体的一般条件是任何犯罪的自然人主体都必须具有的，而自然人犯罪主体的特殊条件是某些犯罪的自然人主体必须具有的。由于刑法总则规定了自然人犯罪的一般主体，故刑法分则不再重复规定，刑法分则只是对自然人犯罪的特殊主体加以规定。

海洋犯罪的犯罪主体，既包括一般主体，又包括特殊主体。

（一）自然人犯罪主体

自然人犯罪主体是最常见，也是最典型的犯罪主体类型。按照我国《刑法》第17条的规定，不满14周岁，是完全不负刑事责任年龄的阶段。一般地说，不满14周岁的人尚处于幼年时期，还不具备辨认和控制自己行为的能力，即不具备责任能力。因而法律规定，对不满14周岁的人所实施的危害社会的行为，一概不追究刑事责任。但应当注意，对于因不满14周岁不予刑事处罚的实施了危害社会行为的人，应依法责令其家长或监护人加以管教，也可视需要对接近14周岁，如12周岁~13周岁的人由政府收容教养。此外，还可以根据《预防未成年人犯罪法》的规定送工读学校（专门学校）矫治。

按照我国《刑法》第17条第2款的规定，已满14周岁不满16周岁，是相对负刑事责任年龄阶段，也称相对无刑事责任年龄阶段。达到这个年龄阶段的人，已经具备了一定的辨别大是大非和控制自己重大行为的能力，即对某些严重危害社会的行为具备一定的辨认和控制能力。因此，法律要求他们对自己实施的严重危害社会的行为即“故意杀人、故意伤害致人重伤或者死亡、强奸、抢劫、贩卖毒品、放火、爆炸、投放危险物质罪”负刑事责任。此一年龄阶段的人如果实施的是上述八种犯罪以外的危害行为，并不负刑事责任，不具备犯罪主体资格。同样，对因不满 16 周岁而不予刑事处罚的实施了危害社会行为的未成年人，应依法责令其家长或者监护人加以管教，在必要的时候也可以由政府收容教养或根据《预防未成年人犯罪法》的规定送工读学校矫治。

（二）单位犯罪主体及其罚则

《刑法》第 30 条规定，公司、企业、事业单位、机关、团体实施的危害社会的行为，法律规定为单位犯罪的，应当负刑事责任。

对单位犯罪的处罚，世界各国刑事立法和刑法理论主要有两种原则：一是双罚制，即单位犯罪的，对单位和单位直接责任人员（代表人、主管人员及其他有关人员）均予以刑罚处罚；二是单罚制，即单位犯罪的，只处罚单位或只处罚单位的直接责任人员。单罚制具体又分为转嫁制和代罚制两种类型：转嫁制是指，单位犯罪的，只对单位予以刑罚处罚而对直接责任人员不予处罚；代罚制是指，单位犯罪的，只对直接责任人员予以刑罚处罚而不处罚单位。

我国《刑法》第 31 条规定：“单位犯罪的，对单位判处罚金，并对其直接负责的主管人员和其他直接责任人员判处刑罚。本法分则和其他法律另有规定的，依照规定。”这是我国刑法关于对单位犯罪处罚原则的规定。根据这一规定，对单位犯罪，一般采取双罚制的原则。即单位犯罪的，对单位判处罚金，同时对单位直接负责的主管人员和他直接责任人员判处刑罚。

**【案例】海上抢劫案**

1998 年 8 月至 11 月间，犯罪嫌疑人翁某某、索某·某、黄某一、朱某某密谋并纠集犯罪嫌疑人贾某某、李某一、郭某某等人利用曾用于缉私、已被停牌的“三无”铁壳船，冒充公安边防人员出海抢劫。其中，犯罪嫌疑人翁某某、索某·某、贾某某、李某一、陈某一、陈某二参加抢劫“露依莎”油轮、运载甘蔗汁的外籍货轮、“长胜”轮共 3 次。翁某某提供经费、“三无”铁壳船及船员、在陆上组织指挥和策应、销赃；索某·某、贾某某、李某一上船实施抢劫并杀害“长胜”轮上的23名船员；陈某一、陈某二看管电台，陈某一还上船抢劫1次，陈某二还负责提供食品和陆上交通、铁壳船的管理。

犯罪嫌疑人郭某某、杨某一、杨某二、马某某、刘某一、田某某、黄某二、徐某一、张某某参加抢劫外籍货轮和“长胜”轮共2次。郭某某、杨某一、杨某二、马某某、刘某一、田某某上船实施抢劫并杀害“长胜”轮上的23名船员；黄某二上船抢劫和安装对讲机；徐某一负责船上交通和后勤供应。犯罪嫌疑人尹某某、路某、黄某一、廖某某、林某参加抢劫“长胜”轮。尹某某、路某上船实施抢劫并杀害“长胜”轮上23名船员；黄某一提供“三无”铁壳船、销赃；廖某某、林某负责驾驶铁壳船。犯罪嫌疑人朱某某、陈某三、叶某某、吴某某、刘某二、苏某某、徐某、钟某二、徐某二、钟某二、钟某一、林某某参与抢劫“露依莎”油轮。朱某某提供经费；陈某三、叶某某、吴某某和刘某二上船抢劫；苏某某、徐某、钟某二、徐某二、钟某、钟某一驾驶铁壳船；林某某提供食品和负责陆上交通。犯罪嫌疑人蔡某某参加抢劫外籍油轮1次，负责驾驶铁壳船。

破案后，缴获犯罪嫌疑人郭某某交给犯罪嫌疑人李某二、李某藏匿的自制左轮手枪1支；犯罪嫌疑人索某·某藏匿在住处的仿“六四”式手枪1支、含有甲基苯丙胺（俗称冰毒）成分的药片156.1克；犯罪嫌疑人贾某某藏匿的“雷明灯”猎枪1支和仿“六四”式手枪2支；犯罪嫌疑人马某某藏匿的“五四”式手枪、仿“六四”式手枪各1支。经刑事科学技术鉴定：上述被缴获枪械，均具有击发发射功能，有杀伤力。1998年12月底至1999年1月间，犯罪嫌疑人黄某三明知犯罪嫌疑人黄某一涉嫌犯罪，仍为黄某一通风报信、提供隐藏处所，并转送人民币8000元及衣物供黄某一潜逃使用。1999年1月7日，犯罪嫌疑人翁某一转交由犯罪嫌疑人翁某二提供的人民币1000元给翁某某，并帮助翁某某在番禺市石棋镇租屋藏匿。1999年1月至8月，犯罪嫌疑人翁某二先后筹集人民币13.1万元供犯罪嫌疑人翁某某潜逃。案发后，犯罪嫌疑人徐某一、林某、苏某某、钟某、钟某一向公安机关投案自首；犯罪嫌疑人郭某某、马某某、刘某一、黄某一、徐某一、吴某某、苏某某、徐某二、钟某、钟某一、黄某三能协助公安机关抓获同案犯或检举、揭发他人的犯罪行为，经查证属实，有立功表现。

从上述案例可以看出，海洋犯罪的犯罪主体，在现实中存在多样化的特点。特别是以集团犯罪为代表的有组织犯罪，其犯罪主体并非由单一自然人组成，而是由一系列具有特定关系和特定身份的人组成。基于海洋犯罪的特点，很多犯罪都是由多人组成的共同犯罪，且涉及的罪名也不是简单的一罪，而是由相关的数罪构成。数人、数行为、数罪，共同构成一个有组织的犯罪集团。有组织犯罪，成了海洋犯罪的一个特征。

## 第四节　海洋犯罪的犯罪主观要件

犯罪主观方面是指犯罪主体在进行犯罪活动时的思想意识活动。在故意犯罪中，犯罪是一个有目的的活动过程。就犯罪的发生而言，犯罪主体在犯罪的动机或动因推动下，形成了犯罪目的，然后在头脑中设定犯罪的方式、方法、步骤和手段，并进一步形成犯罪的故意，着手实施犯罪。这个过程在突发性或偶发性的犯罪中是短暂的，在预谋犯罪中则要长得多。但是，无论长短，它都是一个过程，而且在这个过程中，犯罪活动的主观方面与犯罪活动的客观方面，总是紧密联系、相互作用的。[1]

犯罪主观方面与犯罪主观要件，是既相互区别，又密切联系的两个概念。

犯罪主观要件是联结犯罪主体与犯罪客体的精神中介，是犯罪构成整体结构中最高层次的一个必不可少的条件。[2]缺少了主观要素，就不可能组成犯罪构成这个具有特定的社会危害性的有机整体。犯罪主观要件，是不可缺少的主观方面的要素，是体现行为人行为当时心理状态的重要指标，也是衡量行为人主观恶性的重要参考。其中，犯罪故意和犯罪过失，合称罪过，是任何犯罪成立都不可缺少的要件，被称为必要要件，无罪过不为罪，无罪过不受罚。犯罪目的、犯罪动机是一些犯罪成立所需要的条件，属于选择要件。本章只讨论犯罪故意和犯罪过失。

（一）犯罪故意

我国《刑法》第 14 条规定："明知自己的行为会发生危害社会的结果，并且希望或者放任这种结果拨生，因而构成犯罪的，是故意犯罪。"根据这项规定，所谓犯罪故意，是指行为人明知自己的行为会造成危害社会结果并且

〔1〕何秉松主编：《刑法教科书》，中国法制出版社 2000 年版，第 297 页。

〔2〕何秉松主编：《刑法教科书》，中国法制出版社 2000 年版，第 298 页。

希望或放任这种结果发生的一种心理态度。

首先，犯罪故意是指主体对自己实施的犯罪行为及其结果的一种心理态度，由认识因素和意志因素这两个心理要素组成。所谓认识因素，是指主体明知自己的行为会发生危害社会的结果，即对行为、结果以及它们之间的因果关系有明确的认识。所谓意志因素，是指主体希望或放任危害结果的发生。因此，故意是知和欲的结合，是明知道行为会导致刑法的负面评价，依然希望或放纵结果的发生。这种明知基础上的希望和放纵，直接体现了行为人行为当时的主观心态和主观恶性，在刑法评价时，主观要件是对行为人人身危险性进行考查时必须考查的重要指标。

其次，犯罪故意是主体实施犯罪行为时的心理态度。缺少这个特征，就不属于犯罪构成主观要件的故意。例如，某甲决定利用与其妻一起参加团体狩猎的机会枪杀其妻，以便伪装为意外事件而逃避惩罚，但于狩猎前一天却因擦枪走火而击毙其妻。某甲虽早有杀妻之故意，但击毙其妻的行为与此故意并无同时性和关联性。因此，不能成立故意杀人罪而只能成立过失杀人罪或意外事件。[1]通过该案例可以知晓，认识因素与意志因素的结合是一种主观要素，体现的是行为人的主观恶性。而行为结果的发生，是一种客观事实，主观与客观之间的关系，客观结果是否要归责于行为人，则是因果关系所要考查的内容。可以看出，对主客观方面的考查是一个体系性考查，主观与客观之间很难绝对地分割。概言之，主观要件体现了行为人行为当时的主观恶性，是定罪量刑必须考查的重要指标。客观方面之行为、行为情状、行为结果、因果关系等，则是客观地考查行为发生当时的具体情况、行为客观上造成的结果，以及行为与结果之间的内在关联性，是刑法客观理性地评价一行为的重要参考指标。故随着刑法学界客观主义与主观主义的论争和相互融合发展，主观面和客观面都是刑法评价的重要内容，二者缺一不可。

（二）犯罪过失

我国《刑法》第15条规定：“应当预见自己的行为可能发生危害社会的结果，因为疏忽大意而没有预见，或者已经预见而轻信能够避免，以致发生这种结果的，是过失犯罪。”这个规定表明，所谓犯罪过失，是指行为人应当预见自己的行为可能发生危害社会的结果，因为疏忽大意而没有预见，或者

---

〔1〕 何秉松主编：《刑法教科书》，中国法制出版社2000年版，第311页。

已经预见而轻信能够避免的心理态度。

过失是主体对自己过失行为造成的结果的一种心理状态。具体而言，认识因素包括知道和不知道两种情况。当然，不管是知道还是不知道可能会发生侵害的结果，行为人都不希望，甚至是反对侵害结果的发生。但是因为种种原因，法益侵害的结果的确发生了。根据因果关系，对引起与被引起关系的分析，以及刑法的价值判断具有一定的相当性，从而追究行为人基于犯罪过失导致犯罪的刑法责任。从主观恶性方面考查，犯罪过失与犯罪故意的主观恶性程度相比较为轻微。

从海洋犯罪所包含的具体犯罪种类来看，有组织犯罪、集团犯罪等类别的海洋犯罪，其主观要件一般为故意。而具有一定侵财和占有目的的犯罪，比如发生在海上的诈骗罪等，其主观要件也表现为故意。“渎职类犯罪的责任形式大多为故意，少数为过失，故意与过失的具体内容因具体犯罪不同而不同。”[1]船员渎职类犯罪是海洋犯罪中非常重要的一类犯罪，也属于刑法中渎职犯罪的一个分支。刑法规定渎职罪，旨在保护国家机关公务的合法、公正、有效执行以及国民对此的信赖。国家机关的公务，是指各级国家机关执行国家职能、贯彻国家的法律、法规与政策的活动。国家机关的公务活动必须具有合法性，并且应当得到公正、有效的执行。国家机关的公务由国家机关工作人员具体实施。但是，国家机关工作人员所犯的渎职罪，从内部侵犯了国家机关公务的合法、公正、有效执行以及国民对此的信赖。正因为如此，一些国家的刑法将渎职罪规定为侵犯国家法益的犯罪。但是，由于国家机关工作人员是针对人而不是针对物行使职权，所以，渎职罪最终必然侵害国民的个人法益。

而船员渎职类犯罪，主观要件既包括故意，也包括过失。渎职类犯罪主观要件以故意为多数，过失为少数，故船员渎职类犯罪的主观要件，亦是故意为多数，过失为少数。船员渎职类犯罪包括“船舶非法悬挂国旗航行罪”“交通肇事罪”“交通见危不救罪”“船长见危不救罪”“临危脱逃罪”“重大责任事故罪”“重大海洋污染罪”“非法倾倒固体废物罪”“违反国境卫生检疫规定罪”“逃避动植物检疫罪”。此类犯罪主观要件以过失为主，有的可能为故意构成，比如非法倾倒固体废物罪、违反国境卫生检疫规定罪、逃避动

〔1〕 张明楷：《刑法学》（第5版）（下册），法律出版社2016年版，第1240页。

植物检疫罪等。

综上，根据海洋犯罪具体所涵盖的刑法类罪，海洋犯罪的主观要件以故意为多数，主观要件体现为过失的为少数。以故意为主的犯罪表现为主观恶性较大。因此，在惩处海洋犯罪方面，考虑到海洋犯罪惩处的难度和结果的严重性，刑事政策的倾向应为加大打击力度、重视预防。对犯罪主观要件的判断，需要根据行为所触及的具体罪名所规定的犯罪构成之主观要件规定而定。一般而言，海洋犯罪中所涉及的有目的的蓄谋犯罪或有组织犯罪等，在犯罪主观方面体现为故意。而在以海洋为场域的犯罪行为中，在海洋作业过程中出现的交通事故类犯罪等，犯罪主观要件体现为过失。

**【案例】陈某某、罗某非法进口固体废弃物案**

2014 年 9 月 24 日凌晨 1 时许，犯罪嫌疑人陈某某、罗某受他人雇请，分别驾驶闽 A××××9（闽 A×××2 挂）、闽 A××××3（闽 A×××3 挂）号牌的二部重型挂车在福建省某某码头，各装一车废物旧服装载往广东省陆丰市。当到达陆丰市某某加油站内休息时，被陆丰市打私办、陆丰市工商局联合行动组查获。当场从二辆货车上缴获进口的固体废物旧服装共计 430 包，约 40 吨。

公诉机关同时向法庭提交证据，认为犯罪嫌疑人陈某某、罗某的行为已触犯《中华人民共和国刑法》第 339 条第 1 款之规定，应当以“非法处置进口的固体废物罪”追究其刑事责任。鉴于犯罪嫌疑人陈某某、罗某主动到公安机关投案自首，根据《中华人民共和国刑法》第 67 条之规定，可以从轻或者减轻处罚。提请本院依法判处。

**思考：**分析以上案例的犯罪构成，并进行详细讨论。

CHAPTER 05 第五章

# 海洋正当行为

刑法中的正当行为，是指客观上造成一定的损害结果，形式上符合某些犯罪的客观要件，但实质上既不具备社会危害性，也不具备刑事违法性的行为，例如，正当防卫、紧急避险、依法执行职务、正当冒险行为等。[1]

由于海洋的特殊性，海洋上相关行为的权利义务关系与刑法通常所讨论的行为有着一定的差异。例如在普通的刑法中，不作为只有在以下情况下才可以视为一种犯罪：法律明文规定的义务；职务或业务上要求的义务；法律行为引起的义务；先行行为引起的义务。而在海洋行为中，船舶之间在任何情况下都具有救助义务，即海难救助义务，这就与海洋行为的特点密不可分。这一规则由早期的习惯法发展而来，早期海洋活动的不确定性和高度危险性要求人们在海洋活动中相互救助以减少损害。因此，我们在研究正当行为时，由于主体在海洋上享有的权利义务的特殊性，与通常刑法中研究的正当行为也有较大的差别。

## 第一节　海洋行为中的正当防卫和紧急避险

### 一、正当防卫的概念和意义

我国《刑法》第20条规定，正当防卫是指为了使国家、公共利益、本人或者他人的人身、财产和其他权利免受正在进行的不法侵害，而对不法侵害者实施的制止其不法侵害且不属于“明显超过必要限度、造成重大损害”的

〔1〕 高铭暄、马克昌主编：《刑法学》（第7版），北京大学出版社、高等教育出版社2016年版，第127页。

行为。

(一) 正当防卫的条件

1. 防卫起因

必须有不法侵害的实际发生和客观存在。如果不存在不法侵害，正当防卫就无从谈起，认定正当防卫的起因条件应注意三个方面。首先，必须有不法侵害存在。即排除了对任何合法行为进行正当防卫的可能性。不法侵害必须是危害社会的行为，对于没有社会危害性的合法行为，即使从当事人的立场看具有某种侵害也不允许当事人实施正当防卫。其次，不法侵害必须是违法行为。违法行为是法律对达到一定程度的危害社会行为所做的客观评价。最后，不法侵害的存在具有现实性。即不法侵害必须客观真实地存在，而不是行为人所臆想或推测的。如果行为人反击了主观臆测的“正在进行的不法侵害”的人，那他的行为就是假想防卫。在海洋行为中实施的正当防卫同样需要不法侵害的实际发生和客观存在。

2. 防卫时间

不法行为正处于已经开始并且尚未结束的进行阶段，是允许实施正当防卫的时间。不法侵害已经开始一般可以理解为侵害人已经着手直接实施侵害行为。在某些情况下，虽然不法侵害尚未着手实行，但合法权益已直接面临侵害的危险，不实行正当防卫就可能丧失防卫的时机，在这种情况下实行正当防卫也应当说是适宜的。换言之，当不法侵害尚未实施，但不法侵害者的行为已经对合法权益形成现实的紧迫性危害，即在不法侵害转入实施阶段后防卫者即刻丧失有效防卫可能性的条件下，应当认为防卫行为符合正当防卫的时间条件。不法侵害尚未结束，是指不法侵害行为或其导致的危险状态尚在继续中，防卫人可以用防卫手段予以制止或排除。

如何界定已经着手，如杀人犯持刀向受害人砍去，强奸犯对妇女施以暴力或者以暴力相威胁。尚未结束，是指不法侵害行为或其导致的危害状态持续进行，我国《刑法》第 20 条第 1 款对正当防卫的时间作出了严格的限制，这与规定正当防卫的立法目的有关。在海洋犯罪中，同样以“海盗罪”为例，一船面临严重的安全威胁时，如果一定要等对方实施行动之后才防卫很可能丧失反击能力，在这种情况下先实施的行动是否可以算正当防卫呢？其次，由于海洋的广袤，如在接下来的航行中与曾经对本船实施过不法侵害的海盗船相遇，主动对其进行打击的这一行为的性质如何界定？这都是海洋正当行为的独特之处。另外，在海洋环境类犯罪中，行为人一旦着手实施犯罪行为，就可能对海洋生态造成不可逆的后果，因此如行为人在对此类具体犯罪实施着手前的预备行为，在有确凿证据的前提下，对其预备行为正当防卫也是有必要的。

3. 防卫意图

防卫意图包括防卫认识和防卫意志。防卫认识，是指防卫人认识到不法侵害正在进行：防卫意志，是指防卫人出于保护国家、公共利益、本人或者他人的人身、财产或者其他权利免受正在进行的不法侵害的目的。防卫意图对认定正当防卫有着不可低估的意义。一般认为，正当防卫之所以被立法者视为排除犯罪的事由，就是因为在主观上正当防卫是行为人出于自身防卫的目的，这与犯罪行为有着本质的差别。就防卫意图而言，一般的正当防卫与海上的正当防卫没有明显的区别。海上正当防卫行为与一般正当防卫相比防卫对象的范围更大，其保护的利益不限于国家、公共和个人利益，也可能保护其他国际法承认的主体、区域乃至全球的利益，其中不乏安全、生态、环境等多种利益，保护全人类共同的福祉。

4. 防卫对象

正当防卫只能针对不法侵害人本人进行，这是由正当防卫的本质所决定的。正当防卫是制止不法侵害、保护法益的行为，不法侵害是由不法侵害人直接实施的，针对不法侵害人进行防卫，使其不再继续实施不法侵害行为，才可能制止不法侵害，从而保护法益。亦包括共同实施不法侵害的人，例如在现场的不法侵害人的组织者、指挥者以及直接参与者。由于其和不法侵害人成为一体，是共同侵害人，因此，对他们也可以正当防卫。在海洋行为中，以海盗活动为例，船舶在实施侵害行为时发挥着重要作用，是不可缺少的工具，为了对海盗分子进行有效打击，确定对船舶进行的打击是否是正当防卫，由此而引起的财产损失是否需要自卫方承担损害赔偿责任，这些问题都与一般的正当防卫行为存在明显的不同。除此之外，同样以海盗活动为例，如果对整个船舶实施正当防卫，如何认定船上的所有人员都是海盗或者哪些是海盗？例如，海盗分子劫持某商船进行劫掠，是否对所有的人进行的防卫行为都是正当防卫的范围？这些都是值得商榷的问题。本书认为，在界定海上正当行为时，防卫对象的范围不可随意扩大，对于防卫的范围可以扩大到财产（如船舶），但不可随意扩大到一船之上的所有人，这是根据比较所保护的法益而作出的判断，海盗罪侵犯的是海洋和平与秩序，损害人的生命财产安全，这类法益显然要高于财产性法益，但在人身安全方面一人的生命法益绝不能高于他人，因此对海盗的正当防卫可以扩大到其工具船舶，但不可对实施侵害的行为人随意扩大。只有在尽可能保证不伤及其他非不法行为人的前提下，才能对整只船进行正当防卫。

5. 防卫限度

正当防卫中的防卫限度是指不能明显超过必要的限度且对不法侵害人造成重大损害。如何理解正当防卫的必要限度，对此我国刑法学界主要存在三种观点：①必须说，该说认为只要防卫措施是制止不法侵害所必需的，即使防卫行为在强度、后果等方面超过不法侵害方可能造成的侵害，也不能认为是超过了必要限度。②基本相适应说，该说认为判断正当防卫是否超过必要限度，应将防卫行为与不法侵害行为在方式、强度和后果等方面加以比较，分析判断彼此是否相适应，彼此基本相适应的，即应判断没有超过必要限度，否则，即应视为超过必要限度。③相当说，该说认为必要限度原则上应以制止不法侵害所必需为标准，同时要求防卫行为与不法侵害行为在手段、强度、后果等方面，不存在过于悬殊的差异。

由于航海行动的不确定性，受影响的因素较多，风险大，因此不可控因素也较多，很可能出现防卫过当的情形，如何把握海洋正当防卫的限度有着比一般正当行为更高的要求。在这一问题上，如果一味地要求严格遵守正当防卫的条件，难免会限制受侵害方的权益。同样以海盗活动为例，在打击载有海盗的船舶的过程中，很可能伤及船上的无辜人员，这种情况是否可以视为防卫过当？即使正当防卫行动是完全可控的，那仅仅做到制止不法侵害的程度可以有效避免对自身的接下来的侵害吗？显然不能，在双方交战的过程中，只有海盗失去继续行动的能力才能有效地制止侵害，如仅仅达到制止侵害的程度海盗很可能会卷土重来。又如，防卫过当应该承担刑事责任，即使这种情况可以认定为防卫过当，那是否需要承担刑事责任？又或者只需要承担民事赔偿责任？这都是海洋正当行为要求我们思考的内容。笔者认为，在海洋犯罪行为中对必要限度的界定在一般情况下应与普通的正当防卫相同，即以相当说对防卫限度作出明确判断，如污染类、海洋资源破坏类等犯罪，但对具有强烈的暴力属性的犯罪，为全面保护受害人的权益，促进其合理、有效地对犯罪行为做出反击，可突破相对说理论，进而采用必须说。

### （二）防卫过当及其刑事责任

#### 1. 防卫过当的概念

防卫过当是指防卫明显超过必要限度造成重大损害应当负刑事责任的行为。防卫过当与正当防卫是两个既有本质区别又有密切联系的概念。首先，防卫过当是在主观罪过支配下实施的具有客观危害性的行为。从总体上说它是一种侵害行为，这是它区别于正当防卫的本质特征，也是刑法规定防卫过当应当负刑事责任的根据。其次，防卫过当与正当防卫一样，都具有行为的防卫性，这是他们密切联系之所在。要成立防卫过当，也必须是在不法侵害正在进行，为了制止不法侵害保护合法利益，针对不法侵害人的前提下实施的。只是因为防卫明显超过必要限度造成了重大的损害，才使防卫由正当变为过当，合法变为非法。简言之，防卫过当是符合防卫意图、防卫起因、防卫对象、防卫时间条件，但不符合范围限度条件的行为。针对海洋犯罪行为的防卫过当亦同，只不过针对某些特殊的海洋犯罪，如海盗罪防卫过当的标准应从严把握，不宜将所有明显超过必要限度且造成重大损害的行为均认为是防卫过当。

#### 2. 防卫过当的刑事责任

防卫过当的刑事责任包括两方面的内容：一是防卫过当的定罪；二是防卫过当的量刑。我国《刑法》第 20 条第 2 款规定，即“正当防卫明显超过必要限度造成重大损失的，应该负刑事责任，但是应当减轻或者免除处罚”，表明防卫过当是犯罪行为，应当依据该犯罪行为具体触犯的分则规范或者所符合的具体罪名承担相应的刑事责任，但是应当减轻或者免除处罚。所以防卫过当本身不是罪名，不能将防卫过当行为笼统地定为“防卫过当罪”。对防卫过当应根据防卫人主观上的罪过形式及客观上造成的具体危害结果来确定罪名。对于防卫过当的量刑，我国刑法规定“应当减轻或者免除处罚”。这一刑罚减免事由是基于防卫过当的社会危害性较通常犯罪的社会危害性要小。如前所述，由于航海行动的不确定性，受影响的因素较多，风险大，因此不可控因素也较多，很可能出现防卫过当的情形，如何把握海洋正当防卫的限度有着比一般正当防卫更高的要求，那正当防卫的定罪量刑应该更加宽松，特别是对于在危急情况下造成的损害，在无主观恶意的情况下，应尽量倾向于经济赔偿，减少刑事责任的承担。在这个基础之上，应如何确保防卫对象的利益，在这里就要强调正当防卫人的救助义务，在实施了防卫行为使得侵害

人失去侵害能力时，出于人道主义的考量不能任由侵害人在海上自生自灭，实行救助义务可适量减少防卫过当的刑事责任，

（三）由正当防卫而来的自卫权

个体具有正当防卫的权利，那么在海洋行为中，一般是以船舶或者国家为单位进行活动的，这样的集体也拥有类似个体正当防卫的权利即自卫权。根据《联合国宪章》第51条自卫权必须是在遭受实际的武力攻击时，针对正在进行的武力攻击而进行的反击。“遭受武力攻击”是行使自卫权的唯一合法原因。但宪章全文并没有对“遭受武力攻击”做出过任何明确的规定，只是在“尼加拉瓜军事与准军事行动案”的判决中，国际法院认为武力攻击行为应该包括一国直接或以其名义派遣非正规军对另一个国家实施的武力行为，并且该行动的严重性相当于该国正规部队所造成的严重后果。国际法学家奥本海认为国际法上的自卫权中所指的武力攻击包括直接的和间接的武力攻击，直接的武力攻击是指一国的正规部队跨越了国际边界并对他国发动的攻击行为（单纯的边境冲突不构成武力攻击）；间接的武力攻击是指一国的非正规武装团队或雇佣军在另一国的境内进行武力攻击行为，并且所进行的这种武力攻击行为造成的结果与由该国正规部队进行的结果是相同的。[1]但间接的武力攻击不包括向他国提供武器装备、财物等形式的支持，虽然这种行为可能是非法使用威胁或武力，或构成对其他国家内部或外部的主权或内政的干涉。此外，自卫权的性质决定了自卫权必须是在遭受到武力攻击时，并且安理会未作出任何决议采取必要的办法和措施之前行使。

在行使自卫权时，所采取的自卫措施需要与遭受的武力攻击保持一致，即自卫权行使的强度不能明显超出受到的武力攻击。在国际习惯法时期有非常著名的“加罗林原则”，即自卫权行使的强度包括必要性原则和相称性原则。必要性原则是指采取自卫措施已经到了刻不容缓的地步，并且已经没有任何其他的办法或措施可以选择。相称性原则是指行使自卫权时所采取的自卫办法或措施的规模与强度应该与所遭受到的武力攻击相对应和匹配。行使自卫权的唯一目的就是阻止所遭受的武力攻击行为，并且不以自卫权作为借口而攻击或干涉他国内政外交。

〔1〕［英］詹宁斯、瓦茨修订：《奥本海国际法》（第1卷第1分册），王铁崖等译，中国大百科全书出版社1995年版，第308~309页。

## 二、海洋行为中的紧急避险

### （一）概念和意义

我国《刑法》第 21 条规定，紧急避险是指为了使国家、公共利益、本人或者他人的人身、财产和其他权利免受正在发生的危险，不得已而采取的损害另一较小合法权益的行为。紧急避险的本质在于，在两个合法权益相冲突，又只能保全其中之一的紧急状态下，法律允许为了保全较大的权益而损害较小的权益。

### （二）紧急避险的条件

1. 避险起因

只有合法权益遭受损害危险时，才可以实施紧急避险。所谓危险，是指某种有可能立即对合法权益造成危害的紧迫事实状态。危险主要来源有四种：自然的力量，动物的侵袭，非法侵害行为，人的生理、病理过程。危险必须是客观现实的存在，而不是假想的、推测的存在。在海洋行为中，紧急避险的来源主要是自然力量和非法侵害行为，如恶劣天气和遭遇的突发状况、海盗袭击等。

2. 避险时间

紧急避险的时间条件，是危险正在发生或者迫在眉睫，对合法权益形成了紧迫的、直接的危险时。危险正在发生，是指已经发生的危险将立刻损害合法权益，或正在造成合法权益损害而尚未结束。但在海洋行为中，同样因为海洋活动的高度危险性，如果等到迫在眉睫再采取行动往往为时已晚，对生命财产将造成巨大的损失，特别是在航海行动中，对紧急避险的认定时间可以适当地扩大，以备人员在恶劣的天气下及时采取防范措施。

3. 避险意图

避险人对正在发生的危险有明确的认识，并希望以避险手段保护较大合法权益的心理态度。避险意图中包含有避险认识和避险目的两部分内容。避险认识，主要是对正在发生的危险的认识，认识到正在发生的危险的存在，认识到这种危险只能用紧急避险的方法来排除，认识到损害另一较小的合法权益可以达到避险效果。避险目的，即行为人实施避险行为希望达到的结果。根据刑法的规定，行为人只能出于避免国家、公共利益、本人或者他人的人身、财产和其他权利免受正在发生危险的正当目的，才能进行紧急避险，不能为了保护某种非法利益而实施所谓的紧急避险。就避险意图来说，一般的紧急避险与海上紧急避险的区别与两者防卫意图区别相同，在此不再赘述。

4. 避险对象

紧急避险的对象是第三者的合法权益。紧急避险的本质特征，就是为了保全一个较大的合法权益，而将其面临的危险转嫁给另一个较小的合法权益，因而紧急避险行为所指向的对象，不是危险的来源，而是第三者的合法权益。以共同海损为例，共同海损是指在同一航程中，船舶、货物和其他财产遭受共同危险时，为了共同的安全和利益采取的有益的、合理的措施，人为造成的特殊牺牲和额外支付的费用。这其实就是一种紧急避险，如货船在航行过程中遭遇风浪，为了使整个船舶不至于倾覆而向海里抛扔集装箱，这种损失就是一种紧急避险，由此而造成的损失应由受益者共同分担，且不能构成故意毁坏财物类的犯罪。

5. 避险限度

紧急避险不能超过必要的限度，造成不应有的损害。这是紧急避险的限度条件。刑法对此没有明确的规定，但刑法理论界和司法实务界对紧急避险的必要限度的认识是一致的，那就是：紧急避险造成的损害必须小于所避免的损害。换言之，为了保护一个合法权益而损害另一合法权益，既不能等于、更不能大于所保护的权益。

紧急避险只能在不得已的情况下才能实施，这是紧急避险的客观限制条件。刑法对紧急避险规定了特别严格的限制条件，只能在迫不得已的情况下实施，就是说，只有在行为人没有任何其他方法排除危险的情况下，才允许选择损害第三者合法权益的方法。如果当时尚有其他方法可以避险，行为人却不采取，而给无辜的第三者造成了不必要的损害，则其行为不能成立紧急避险，构成犯罪的应承担相应的刑事责任。

如前所述，同样因为海洋活动的高度危险性，为尽可能地使人的生命安全和财产得到保护，应扩大避险的要求。在紧急避险的情况下，如果是向海里抛扔集装箱，则损失除了托运人的财产以外无其他特别的损失，但如果丢弃的是原油，或者其他的紧急避险行为造成了海洋环境的严重污染，上述两种紧急避险情形显然存在较大的区分。如何判断避险的行为是否超过必要限度？这里同样应该坚持法益衡量原则，在涉及人员的生命安全的情况下，财产损失居于其次，但是在二者之间都是财产法益的情况下，应该尽量避免对海洋环境造成损害。一般的财产法益通常可以通过金钱来弥补，但对海洋环境的污染极易随着洋流大面积扩散，又很容易对海洋生物造成污染，这些都可能危及人类自身的健康安全，因此在对此类避险限度的衡量上应当更加谨慎。

6. 避险禁止

根据我国《刑法》第21条第3款的规定，紧急避险中“关于避免本人危险的规定，不适用于职务上、业务上负有特定责任的人”，这是紧急避险的禁止条件。所谓在职务上、业务上负有特定责任是指某些人依法承担的职务或所从事的业务本身要求他们在特定的危险环境或状态下坚守职责、履行义务。例如：军人、消防员等。

海事法传统有一条重要的俗语“船长与船共存亡”（The captain goes down with the ship）。这是指船长对他的船只以及所有船上的人员负有终极的责任（ultimate responsibility）。必要时，为了拯救船或者船上的人员，船长需要牺牲自己的生命。也就是说，在船沉没或者完全毁坏之前，船长将会是最后一个离开船的人；如果船长无法疏散所有的船员和乘客，船长自己将与船共存亡。即使是在现代社会，船长随意放弃自己的船只也是可能需要承担刑事责任的。韩国法律就明确规定船长必须最后才能撤离。《芬兰海事法》也明确要求：船长必须尽一切可能来拯救遇险船只上的所有人员，除非他的生命处于即时的危险之中，只要有拯救船只的“合理希望”（reasonable hope），那么他便不得离开船只。在美国，法律虽然没有明确规定船长放弃船只是一种犯罪，不过船长仍然可能因为弃船行为而被以“非预谋杀人”的罪名被起诉。实际上，在美国司法实践中确实有类似的判例，因此在同等情况下认定紧急避险时，船长应与其他一般人员有所不同。

（三）避险过当及其刑事责任

1. 避险过当的概念

我国《刑法》第21条第2款规定：“紧急避险超过必要限度造成不应有的损害的应当负刑事责任，但是应该减轻或者免除处罚。”据此，避险过当，是指避险行为超过必要限度造成不应有的损害的行为。避险过当具备避险性和过当性的双重属性。构成避险过当，必须具备主客观两方面的要件：其一，行为人在主观上对避险过当行为具有罪过。一般来说，避险过当的罪过形式通常是疏忽大意的过失，即行为人应当预见到自己的避险行为所损害的权益可能等于或者大于所保全的权益，因为疏忽大意而没有预见，以致超过必要限度造成了不应有的损害。其二，行为人在客观上实施了超过必要限度的避险行为，造成了合法权益的不应有的损害。在海洋行为中，由于不可控因素较多，较陆地有着更大的风险，在危急情况下很可能出现避险过当的情形，适当地放宽紧急避险过当的条件也是明智之举。

2. 避险过当的刑事责任

我国《刑法》第 21 条第 2 款的规定表明，避险过当是犯罪行为，应当依据该犯罪行为具体触犯的分则规范或者所符合的具体罪名承担相应的刑事责任，但是应当减轻或者免除处罚。所以避险过当不是独立的罪名，在追究避险过当的刑事责任时，应根据行为人主观上的罪过形式及过当行为特征，按照刑法分则中的相应条款定罪量刑。对于避险过当行为，量刑时应当减轻或者免除处罚。至于在何种情况下减轻处罚（包括减轻处罚的程度），在何种情况下免除处罚，应综合考虑避险目的、罪过形式、保护权益的性质、过当程度等诸种因素。

除此之外，对于紧急避险造成的危害结果，应强调避险人的补偿责任，如前所述，紧急避险行为造成的原油泄漏会严重危害海洋环境，而为了保护更高的生命法益又不得不这样做，因此在刑事责任方面可以适当减轻，但由此对海洋环境造成了损害，在危急过后，在经济赔偿上，应当严格落实，长期监督执行。

## 第二节　海洋其他正当行为

海洋其他正当行为是指与正当防卫和紧急避险一样，因其不具备违法性和社会危害性，而不将其作为犯罪行为处理的行为。除此之外海洋正当行为还因在海洋上所享有的权利义务不同而呈现出与一般的正当行为不同的特点。这里只讨论普遍管辖行为、海域正当通行行为、与自然资源有关的权利行为以及与海上自卫权有关的行为等。

### 一、普遍管辖行为

在一般刑法中，我们并不提倡普遍性管辖或者说普遍管辖的用武之地并不大，由于各国刑法的不同，而一国刑法又明确地适用于各国主权范围之内，所以在一般刑法中我们更多地强调属人管辖和属地管辖。而在海洋领域，由于地球表面70%的面积是海洋，除了处于一国完全主权范围之内的领海外，一国对毗连区、专属经济区和大陆架享有不同程度的主权，而公海和国际海底区域则在一国的主权范围之外，这就决定了在国际海洋领域普遍管辖规则的正当性和重要作用。

根据普遍管辖的规则，对于公海上发生的违反人类利益的国际罪行以及某些严重违反国际法的行为，任何国家都可以行使管辖权。换言之，这些普遍管辖行为就是一种正当化行为。[1]这些行为包括：

（一）贩卖奴隶行为

由航海技术的提高和资本主义的兴起而引发的猖獗至今的贩卖奴隶行为，是严重违反国际法的行为，自19世纪中后期以来，国际社会就取消了奴隶制度，禁止奴隶贸易在一定程度上达成了共识，1926年《废除奴隶制奴隶买卖的国际公约》和1956年《废止奴隶制、奴隶贩卖及类似奴隶制的补充公约》均要求各国禁止悬挂自己国家国旗的船舶贩卖奴隶。《公海公约》和《联合国海洋法公约》也都规定，各国要采取有效的措施来防止并惩罚在公海上贩卖奴隶的行为，防止有人利用非法悬挂本国国旗的船舶进行奴隶买卖。如果一个国家拿捕贩卖奴隶的船舶，无论哪一国的船舶，船上的奴隶一律无条件获得自由。这些规定均表明在公海上各国有权对贩卖奴隶的船舶进行管辖，也从侧面说明了在公海上对于贩卖奴隶行为实施普遍管辖的正当性。

（二）海盗行为

海盗行为长久以来都是严重扰乱公海航行和平秩序的严重犯罪行为，但是由于海洋面积辽阔，以及海盗活动的不确定性，对海盗的打击往往收效甚微。根据国际习惯法，海盗行为不受船旗国保护，任何国家均可以加以逮捕并处罚，但一般来说，只有军用的船舶、飞机或者执行公务的船舶才可以对其进行打击，商船无权对海盗进行逮捕。[2]

（三）贩卖毒品行为

贩毒是一种国际罪行。1961年《麻醉品单一公约》和1972年《修正1961年麻醉品单一公约的议定书》规定，贩毒等与毒品相关的非法行为构成犯罪，各国应采取严厉的措施制裁之。《联合国海洋法公约》也规定，所有国

〔1〕王虎华主编：《国际公法学》，北京大学出版社2015年版，第221页。

〔2〕梁西主编：《国际法》，武汉大学出版社1993年版，第181页。

家应进行合作，以制止船舶违反国际公约在海上从事非法贩运麻醉药品或精神调理物质的行为。

（四）非法广播行为

公海上的无线电波都是按照国际公约统一分配的，擅自非法使用将严重干扰海上正常的通信秩序，危及公海航行安全。《联合国海洋法公约》规定，所有国家应进行合作，以制止在公海上从事未经许可的广播的行为。

由于海洋幅员辽阔，以及上述海洋犯罪呈现出来的巨大危害性，在遇到上述犯罪行为时应该鼓励各国管辖或者尽可能将其行为纳入一国管辖范围之内，以实现打击海洋犯罪、维护海洋和平秩序的目的。

## 二、海域正当通行行为

（一）无害通过权

海洋自由对海上航海事业和商贸往来的发展是不可或缺的，但为了保护本国的沿海安全以及维护本国利益，沿海国建立和完善领海制度并要求一定的领海主权，也是必然结果。但是一味放纵沿海国家行使绝对主权，必然会对海上商业运输贸易有所阻碍，因此便需要一种制度解决此矛盾，这种制度就是无害通过制度。正如美国学者耶赛普教授所言，海上航行自由发达的国家与沿海国领海主权相互较量、妥协，最终导致了无害通过制度的产生。在领海制度的确定中，强调沿海国行使权力的单方性、自主性，重点在于维护领海主权，即在领海的无害通过制度中，强调通过船舶的不受妨碍性、“无害”性，侧重于维护国际贸易自由和保护航行利益。无害通过制度从产生到发展经历了漫长的过程，在此期间学者对无害通过的定义也日渐趋于一致。外国船舶穿越他国的领海或者从内水驶入或驶出，且不对沿海国造成任何危害，就是无害通过。英国法学家布赖尔利也给“无害通过”下过定义。他说：“‘无害通过’一词本身已确切说明了这个权利的性质的界限。首先，它是一项‘通过权’……其次，通过必须是无害。行使这种权利的船舶必须遵守当地有关航行、引航等规则，当然，它不能做出危害沿海国安宁的行为。”

本书认为，无害通过权，是指外国船舶在不损害沿海国和平、安全和良好秩序的原则下通过该国领海的权利。一国在其领海范围内享有完全主权，但由于海洋权利毕竟不能完全等同于一国领土权利，而是一国从领土上延伸出来的权利，所以在国际法上对一国在领海方面的权益有所限制。“无害”是指不损害沿海国的和平、安全和良好秩序。“通过”是指穿过领海但不进入内水，或从内水驶出或驶入内水的航行；航行必须是连续不断迅速通过的，除非有特殊情况如不可抗力、遇难、救助等原因无法连续、迅速通过。无害通过权只涉及领海水域的海面，不涉及领海的水体以及上空，潜水艇若要无害通过，必须在水面上行使并展示国旗，同样，飞机也不具有无害通过权。

《联合国海洋法公约》（简称《公约》）明确规定了无害通过权。其在第17条中规定：“在本公约的限制下，所有国家，不论为沿海国或内陆国，其船舶均享有无害通过领海的权利。”这里把无害通过权列为海洋正当行为，是因为在通常情况下一国船舶不可以未经申报经过他国的主权范围，而对领海进行了一定的限制之后，民用船舶享有无害通过他国领海的权利，军用船舶是否享有这一权利主要取决于各国对其的规定。《公约》在第19条第2款，则特别列举了一系列无害通过情况，这些情况的列举使得沿海国的主观因素被大大降低。换言之，此条款的规定大大削弱了沿海国的自由裁量权，但是条约并不能将所有情况一一列举，主观因素仍然存在。例如，条约中要求沿海国首先根据一定的标准来判断通过其领海的船舶的目的，依据此条款的规定仍需要沿海国来判断通过船舶的目的，沿海国仍受主观因素的影响。但相比于1958年《公约》，现《公约》削弱了沿海国的自由裁量权，其所列举的活动在很大的程度上限制了沿海国的自主判断。

（二）过境通行制

过境通行制，是指外国的船舶和航空器所享有的在用于国际航行的海峡中持续不断的和以通过为目的通过的权利的制度。过境通行制适用于在公海或者专属经济区的一个部分和公海或者专属经济区的另一个部分之间的用于国际航行的海峡。[1]

与无害通过权相比，二者之间主要有以下几点不同。①适用范围不同。无害通过制除了在领海适用外，还适用于采用直线基线获得的内水、除群岛国内水以外的群岛水域以及部分用于国际航行的海峡。根据《联合国海洋法公约》规定，如果采用了直线基线使原来并未认为是内水的区域被包围在内成为内水，则在这之间要区分用于国际航行的海峡。实行过境通行制的海峡，两岸属于一国或分别属于两国或两国之上，宽度不足24海里，这类海峡属于

〔1〕王虎华主编：《国际公法学》，北京大学出版社2015年版，第223页。

海峡沿岸国的领海范围。过境通行权不仅涉及水域表面，还涉及水域下面及其上空。②权利主体不同。享有无害通过权只限于水面上航行的船舶，而不适用于飞机。外国飞机飞越沿海国领海上空不仅要受沿海国相关法律的管辖，还要受1944年《国际民用航空公约》、1944年《国际航班过境协定》及有关国家双边协定的约束。潜水艇和其他潜水器行使无害通过权时，须在海面上航行并展示其旗帜。军舰是否享有无害通过权是个有争议的问题，各国的实践并不相同，中国要求外国军舰通过中国领海必须经中国政府批准。过境通行或驶出内水而通过领海的航行，除非遇到不可抗力或为救助遇难船舶等情况停船或下锚外，整个通过过程应继续不停和迅速进行。过境通行制不同于公海航行自由制度。外国船舶和飞机在过境通行时应毫不迟延地迅速通过或飞越，除因不可抗力或遇难而有必要外，不应从事继续不停和迅速过境的通常方式所附带发生的活动以外的任何活动。通过时，不得对海峡沿岸国的主权、领土完整或政治独立进行任何武力威胁或使用武力，也不得以任何其他违反《联合国宪章》所体现的国际法原则的方式进行武力威胁或使用武力。③沿岸国权利义务不同。关于无害通过，沿海国有权就航行安全及海上交通管理、保护助航设备和实施、养护海洋生物资源等若干事项制定有关无害通过领海的法律和规章，有权采取必要的步骤以防止非无害的通过或对港口设备的任何破坏。关于过境通行，海峡沿岸国对海峡的水域、海床和底土以及水域的上空享有主权和管辖权，外国船舶和飞机的过境通行权不应在其他方面影响构成这种海峡的水域的法律地位。海峡的沿岸国有权制定有关通过海峡的航行安全和海上交通管理，防止、减少和控制海峡内的船舶污染，防止捕鱼，防止违反海峡沿岸国海关、财政、移民或卫生等方面的法律和规章，并予以适当公布。

在12海里领海制度确立之前，国际海峡特殊的国际法地位便得以司法判例形式予以确认。这体现在1949年国际法院第一个案件“科孚海峡案”的判决中：“所有船舶，包括和平时期的军舰在内，有权航行通过国际海峡，只要通过为无害，则无需沿岸国的事先允许，即便该海峡部分或全部位于沿岸国的领海之内。”国际法院在该案判决中确立了判断国际海峡的两条标准，即该海峡须连接公海的一部分与另一部分，以及必须有利用该海峡作为国际航行的一些惯例。

海峡沿岸国在允许外国船舶和飞机行使过境通行权的时候通常情况下会

保留以下权利：首先，沿岸国可以制定有关过境通行制的有关法规来规范他国船舶、航空器过境通行的行为，以落实有关国际条约，落实该国的海关、财政、移民和卫生等法律法规；其次，沿海国可以在必要的时候为海峡航行指定海道和规定通航制度以此来规范通行行为，维护本国的合法权益。

（三）航行自由制度

（1）专属经济区。专属经济区是有别于领海和公海的自成一类的特殊海域。它不属于国家领土组成部分，不完全处于国家的主权管辖之下，因而沿海国仅对特定目的的活动享有主权权利。根据《公约》第58条的规定，在该海域，所有船舶和飞机均享有航行和飞越自由。

（2）大陆架。大陆架是沿海国的一个资源管辖区域。当以勘探大陆架和开发其自然资源为目的时，沿海国对大陆架享有主权权利，但其对大陆架的权利不影响上覆水域或水域上空的法律地位，因而根据《公约》第78条的规定，在大陆架区域，所有船舶和飞机均享有航行和飞越的自由。

（3）公海。根据《公约》第87条的规定，所有船舶和飞机均享有航行自由、飞越自由。公海不是任何国家的领土，因而任何国家不得声明将公海的任何部分置于其领土主权的支配之下。[1]

在这里，我们把国际海域通行制度归入海洋正当行为的其他情形，是因为处于一国完全主权之下的一国陆地领土，他国在任何情况下都不可以随意进入或者通行，因国际法对一国在海洋上的主权作出了一定的限制，所以他国享有的权益会进一步增大，原来一些在陆地主权范围下的一些不法的行为也被纳入了正当行为的范畴。

## 三、与自然资源有关的权利行为

在陆地主权上，根据国家的经济主权原则，国家对本国的全部财富、自然资源以及全部经济活动都享有完整的永久主权。其中最重要的一个方面就是各国对境内一切自然资源享有永久主权。各国境内的自然资源是该国民族生存和发展的物质基础。《永久主权宣言》明确规定："承认各国享有根据本国国家利益自由处置本国自然财富和自然资源的不可剥夺的权利，并且尊重各国的经济独立。""建立和加强各国对本国自然财富和自然资源的不可剥夺

---

〔1〕王苏君："国际海域通行制度之比较"，载《东南大学学报》2007年第2期。

的主权，能够增进各国的经济独立。”1970 年联合国大会第 25 届会议以及 1972 年联合国大会第 27 届会议先后通过决议，将各国对本国自然资源享有的永久主权，从陆上资源进一步扩展到该国邻接海域以及大陆架上覆水域的资源。1974 年 5 月联合国大会第 6 届特别会议通过的《建立国际经济新秩序宣言》明确指出：“每一个国家对本国的自然资源以及一切经济活动拥有完整的、永久的主权。”为了保护这些资源，各国有权采取适合本国情况的各种措施，对本国的资源及其开发事宜加以有效的控制管理，包括有权实行国有化或把所有权转移给本国国民。这种权利是国家享有完整的永久主权的一种体现。任何国家都不应遭受经济、政治或其他任何形式的胁迫，阻挠它自由地、充分地行使这一不容剥夺的权利。同年 12 月，联大第 29 届会议又通过了 3281 号决议，即《各国经济权利与义务宪章》。上述纲领性的法律文件，从全世界国际经济秩序实行重大变革和除旧布新的全局上，从作为调整全球国际经济关系的“根本大法”（宪章）的高度上，以更加鲜明的文字，不但再次确认和强调了各国对本国境内的全部自然资源享有完全的永久主权，而且确认和强调了各国对本国境内的一切经济活动也享有完整的永久主权。这就使发展中国家多年以来力争的经济独立和经济主权，上升到了更高的层次，包含了更广的内容。

但是，在一国的专属经济区中，内陆国或者地理条件不利的国家有权在公平的基础上参与开发同一区域的沿海国专属经济区内的生物资源的剩余部分，但这种参与应当由有关国家制定双边或者区域的协定。除此之外，在国际海底区域，因为国际海底区域的资源是全人类的共同遗产，所以任何国家都不能对其主张主权或者行使主权权利，国际海底区域对所有国家开放，各国都公平地享有海底资源收益的权利。因此对上述资源的获取和利用是海洋法中的正当行为。

### 四、与海上自卫权相关的行为

在国家的基本权利义务中，国家有一个最主要的权利就是自保权，是指国家保卫自己生存和独立地位不受侵犯的权利。它包括两个方面：国家在平时从事武装力量建设的权利和受到外来侵犯时武装自卫的权利，也就是我们通常所说的自卫权。这是由个体的正当防卫而引申出来的集体安全制度，参见第一节中的正当防卫的论述，此处不再赘述。根据《联合国宪章》第 2 条的规定，自卫权的行使只是在遭受外来武装进攻的情形下才是合法的，所谓的假想防卫很可能是非法的。

现代集体安全制度是以联合国为核心构建的，《联合国宪章》规定了联合国的宗旨、原则，联合国的组成机构，以及联合国会员国和非会员国的权利义务。海上自卫权是一种从个人的正当防卫延伸出来的集体安全制度，由《联合国宪章》予以明确规定。《宪章》的第51条是目前国际法中关于自卫权的唯一规定，这条规定清楚地表明了联合国已经把自卫权纳入了现代集体安全体制之下，并规定自卫权的行使必须满足以下条件：一是自卫权只能针对已经实际发生并且正在进行的武力攻击行为采取相对应措施；二是自卫权的行使时间为必须在安理会作出决议和采取必要的办法或措施之前；三是行使自卫权的主体需要将所采取的办法或措施及时向联合国安理会报告；四是行使自卫权时所采取的武力措施的规模和程度都应该适当。

《联合国宪章》第51条除了规定单独的自卫权外，也规定了集体自卫权，但是《联合国宪章》并没有对何谓集体自卫权、如何行使集体自卫权等作出任何规定。目前学者们对于集体自卫权主要持以下几种观点。一是“正当防卫论”，认为集体自卫不是为了本国进行防卫，而是为了他国进行防卫。国家为了他国而进行正当防卫，只要不承担互助条约所规定的义务，便带有集体和共同防卫权利的性质。二是“区域防卫论”，该理论认为集体自卫权的前提条件是《联合国宪章》中规定的区域办法，即通过区域或起综合作用的共同体组织作为安全保障的防卫单位。如果不承认区域防卫同区域办法性质一致性，就等于承认它对所有的联合国会员国都拥有自主的救济权利，以联合国为中心的集权性的现代集体安全保障体制就成了有名无实的东西。三是集体自卫权仅仅是由单独自卫权组合而成的，联合国各会员国可以联合起来行使联合国任一会员国都可以独自行使的自卫权，即一国必须在同样情况下可以合法地单独行使自卫权，才能保卫他国。集体自卫权是一种有前提的互助行为，该前提是指遭受武力攻击的国家宣布其行使自卫权，并请求其他国家与其一起行使自卫权，即所谓的集体自卫权，这些行使集体自卫权的国家不需要都遭受了相同的武力攻击，也不需要是因为武力攻击可能会遭受损害的国家，他们只是根据武力攻击受害国的请求，对武力攻击行为进行制止和击退，保护受害国的合法权益。联合国各会员国在行使集体自卫权时也必须遵守自卫权的各项行使条件，遵守必要性和相称性原则的程度要求。根据《关于侵略定义的决议》中第 3 条的规定，只有受害国有权宣布行使自卫权，不管是国际习惯法还是现代国际法，都没有规定一个国家可以直接只根据自己的判断而行使集体自卫权，其他国家只有在接到受害国的请求后才能决定是否行使集体自卫权来共同阻止武力攻击行为，即受害国向其他国家或联合国提出援助请求是联合国会员国行使集体自卫权的前提条件。

# 故意犯罪未完成形态

从犯罪发生的角度看，故意犯罪在犯罪人产生并确立犯意之后，从预备犯罪开始到实施犯罪，再到完成犯罪，是一个纵向的发展过程。作为复杂的社会现象，这一发展过程并不见得总是能够顺利完成，而往往会受到种种因素的影响和制约，呈现出不同的表现形态（即结局）。故意犯罪的停止形态，是指故意犯罪在其产生、发展和完成的过程或阶段中，因主客观原因而停止下来的各种犯罪状态。这种停止不是暂时性的停顿，而是终局性的停止，即该犯罪行为基于某种原因不再继续向前发展。针对同一犯罪行为而言，出现了一种犯罪形态之后，就不会再出现另一种犯罪形态。

与犯罪的既遂相对，犯罪预备形态、犯罪未遂形态和犯罪中止形态是未完成形态。

## 第一节 犯罪既遂形态

### 一、犯罪既遂形态的概念及特征

犯罪既遂即故意犯罪的完成形态。对于其概念，目前只有少数国家的刑法立法中作出了直接的规定，大多数国家的刑法立法（包括我国现行刑法典）并未作出直接规定，而是由刑法理论予以解释。

德日刑法理论关于何为犯罪既遂，主要有三种观点，即结果说、目的说和构成要件齐备说。一是结果说，认为犯罪既遂是指行为人故意实施犯罪行为并造成法律规定的犯罪结果，既遂与未遂的区别则在于是否发生了犯罪结果，实行故意犯罪并发生犯罪结果的是犯罪既遂，未能发生犯罪结果的是犯罪未遂。二是目的说，主张犯罪既遂是指行为人故意实施犯罪行为并实现了其犯罪目的，既遂与未遂的区别就在于行为人是否实现了其犯罪目的，实现则为既遂，未实现则为未遂。三是构成要件齐备说，认为犯罪既遂是指着手实行的犯罪行为具备了具体犯罪构成要件的全部要件，既遂与未遂的区别就在于犯罪实行行为是否具备了犯罪构成的全部要件，具备是既遂，未能完全具备是未遂。而犯罪构成要件全部要素是否具备的具体标志，在各类犯罪中则有不同的表现。其中，构成要件齐备说为德日国家刑法理论关于犯罪既遂与未遂区分的通行的观点。

不过，由于犯罪论体系不同，我国无法直接引用德日的学说。在我国，犯罪构成是判断罪与非罪、此罪与彼罪的唯一法律标准，因此，犯罪是否完成，取决于行为人的行为事实是否完全满足刑法所设定的某一犯罪的犯罪构成。因此，确认犯罪是否既遂应以行为人所实施的行为是否具备了刑法分则所规定的某一犯罪构成要件的全部要素作为标准，即犯罪构成齐备说。而构成要件齐备说、结果说或者目的说以构成要件是否齐备、犯罪结果是否发生，或者以犯罪目的是否实现作为犯罪既遂的标准，都是片面的。

## 二、犯罪既遂形态的类型

根据我国刑法分则对于各种海洋犯罪中的直接故意犯罪构成要件的不同规定，犯罪既遂模式主要有三种类型。

（1）结果犯。是指不仅要实施具体犯罪构成要求的客观要件的行为（即实行行为），而且必须发生法定的犯罪结果才既遂的犯罪，即以法定犯罪结果的发生与否作为犯罪既遂与未遂的区别标准。所谓法定的结果，是指犯罪实行行为通过对犯罪对象的作用，对犯罪客体造成的物质性的、可以具体测量确定的损害结果。在海洋犯罪中，典型的结果犯有“故意杀人罪”“故意伤害罪”“抢劫罪”等。

（2）危险犯。是以行为人实施的实行行为造成一定的具体危险状态为既遂标准的犯罪。有学者进而将危险犯分为具体危险犯和抽象危险犯，并认为具体危险犯中的危险是一种现实的危险，需要根据具体案情来进行判断；而抽象危险犯是一种推定的危险，只要行为人实施法定行为，便认为造成了一定的危险。〔1〕不过，也有学者认为这种观点不适当地扩大了危险犯的范围，

〔1〕 马克昌：《犯罪通论》，武汉大学出版社1999年版，第501页。

认为危险犯中不应当包括抽象危险犯。[1]本书认为，抽象危险犯是一种推定的危险，是行为危险，本质上属于行为犯。这里的危险犯不应当包括抽象危险犯。在海洋犯罪中，典型的危险犯有“放火罪”“爆炸罪”“以危险方法危害公共安全罪”等。

（3）行为犯。是指以实行行为的完成作为既遂标准的犯罪。这类犯罪的既遂并不要求造成物质性的和有形的犯罪结果，而是以实行行为的完成为标志，但并非是行为一经着手即告完成，而是按照刑法要求需要有一个过程、行为达到一定程度，才能视为实行行为完成。典型的行为犯有“强奸罪”“偷越国边境罪”“脱逃罪”等。

值得说明的是举动犯。举动犯（也称为即时犯），是指行为人一旦着手实施刑法分则规定的实行行为就既遂的犯罪。一般认为，举动犯包括两种情况：一是法律将一些“预备行为”独立设罪，作为“实行行为”的犯罪，比如，《刑法》第120条规定的组织、领导、参加恐怖活动组织罪等；二是教唆、煽动性质的犯罪，如《刑法》第249条规定的煽动民族仇恨、民族歧视罪等。本文认为，举动犯实际上属于行为犯的范畴。

### 三、既遂犯的处罚原则

我国刑法分则中的各罪的罪状和法定刑，是以单独犯罪的既遂为标准设立的，因此，对于既遂犯，直接按照刑法分则各个犯罪规范规定的法定刑幅度处罚即可。

## 第二节　犯罪预备形态

### 一、犯罪预备形态的概念和特征

#### （一）犯罪预备形态的概念

《刑法》第22条第1款规定：“为了犯罪，准备工具，制造条件的，是犯罪预备。”这是对犯罪预备行为的表述。据此，犯罪预备是在犯罪过程中，行为人为实施犯罪而进行的准备工具、创造条件的行为，由于行为人意志之外

---

〔1〕刘树德：《行为犯研究》，中国政法大学出版社2000年版，第96页。

的原因而未能着手实施实行行为的状态。

（二）犯罪预备形态的特征

1. 客观上实施了为了犯罪准备工具、制造条件的行为

犯罪预备行为只是为了着手实行犯罪而创造便利条件，处于犯罪过程的预备阶段，所以犯罪预备行为不可能造成实行行为所要造成的危害结果。不过，一旦预备行为准备就绪，接下来实施实行行为，就能导致特定法益损害的危险或者结果的发生。

2. 主观上是为了实施实行行为而进行准备的心态

犯罪预备的目的就是为了实施犯罪，因此，犯罪预备行为的发动、进行和完成，都要围绕这一目的。因此，犯罪预备主观上为直接故意，行为人在实施犯罪预备时就已经认识到自己的行为是为实行行为做准备。

3. 行为人意志之外的原因导致未能着手实行行为

由于行为人意志之外的原因，而使得预备行为并未进入到实行行为，从而停止在了犯罪预备阶段。意志之外的原因既包括行为人自身之外的客观原因，如被害人逃脱、防范措施严密无法下手等，也包括行为人自身的客观原因，如行为人自身疾病发作导致其犯罪行为停止在了预备阶段等。

## 二、犯罪预备形态的类型

根据《刑法》第22条的规定，犯罪预备形态有以下两种类型：

1. 准备工具的犯罪预备

为了着手实行犯罪而准备工具是一类常见的预备行为，犯罪工具是指实行犯罪所使用的一切物品。包括：用以杀伤被害人或者排除被害人反抗的物品；用以破坏、分离犯罪对象或者破坏、排除犯罪障碍物，接近犯罪对象的器械物品；用以达到或者逃离犯罪现场或进行犯罪活动的交通工具；用以掩护犯罪实施或者湮灭罪证的物品等。[1]

2. 制造条件的犯罪预备

是指除了准备工具之外的一切为了着手实行犯罪而制造条件的行为。一般包括：制定犯罪计划；为实施犯罪事先调查被害人行踪以及犯罪场所等；勾结其他共同犯罪人；排除实施犯罪的障碍；准备实施犯罪的手段，练习犯

---

〔1〕 赵秉志主编：《犯罪总论问题探索》，法律出版社2003年版，第423页。

罪技能等。

值得注意的是，犯罪预备与犯意表示不同。犯意表示是指具有犯罪意图的人通过一定方式将自己的犯罪意图单纯流露于外的活动，即行为人通过口头或者书面的方式，在实施具体犯罪活动之前将自己的犯罪意图表达出来。犯意表示具有三个特征：其一，是行为人所表现出来的真实的犯罪意图；其二，必须是通过一定行为方式表达出来；其三，没有对社会造成实际危害。

### 三、犯罪预备的处罚

各国对于犯罪预备的处罚原则并不一致，概括起来主要包括以下三种：同等原则，即犯罪预备与犯罪既遂承担同等的刑事责任，该原则在刑事立法不发达时期曾被采用，现在已被大多数国家放弃；必减原则，即对于犯罪预备必须按照同一犯罪既遂从轻、减轻或者免除处罚；得减原则，即对于犯罪预备可以按照同一犯罪既遂从轻、减轻或者免除处罚。

《刑法》第 22 条第 2 款规定："对于预备犯，可以比照既遂犯从轻、减轻处罚或者免除处罚。"由此可见，我国对于预备犯罪采取的是得减原则。在理解和适用这一原则时，需要注意三个问题：其一，从主客观相统一的角度出发，预备犯的危害性一般远远轻于既遂犯，也要比未遂犯要轻，因而我国刑法对于预备犯规定了比照既遂犯从宽处罚且轻于未遂犯的处罚原则；其二，在对预备犯定罪量刑时，应同时引用《刑法》第 22 条和刑法分则具体犯罪的条文；其三，在决定对实施犯罪预备行为者是否追究刑事责任以及是否从宽处罚及从宽幅度时，需要综合考虑行为人预备所犯罪行的性质和危害程度、行为人预备犯罪行为的性质及危害程度、行为人人身危险程度等。

## 第三节　犯罪未遂形态

### 一、犯罪未遂形态的概念和特征

#### （一）犯罪未遂形态的概念

《刑法》第 23 条第 1 款规定："已经着手实行犯罪，由于犯罪分子意志以外的原因而未得逞的，是犯罪未遂。"据此，犯罪未遂是指行为人已经着手实施具体犯罪构成的实行行为，由于其意志之外的原因而未能完成犯罪的一种犯罪停止形态。

（二）犯罪未遂形态的特征

根据《刑法》第23条第1款规定，我国刑法中的犯罪未遂具有以下三方面特征：

1. 行为人已经着手实行犯罪

所谓已经着手实行犯罪，是指行为人已经开始实施刑法分则所规定的犯罪实行行为。如“故意杀人罪”中的杀害被害人的行为，故意伤害罪中的伤害被害人的行为，“抢劫罪”中的实施暴力、胁迫或者其他方法劫取公私财物的行为等。着手实行犯罪，在主观上，行为人实施具体犯罪的意志已经通过其行为充分表现出来；在客观上，行为人开始直接实行具体犯罪构成客观方面的行为，这种行为使得刑法所保护的法益开始面临实际存在的威胁或开始受到损害。也就是说，如何正确地界定着手实行犯罪也需要将行为人的主观意志和客观行为有机地结合起来。主观上，行为人具有明确的犯意，客观上在这一犯意的支配之下已经实施了犯罪实行行为。

2. 犯罪未得逞

所谓犯罪未得逞，是指具体的行为事实尚未完全符合刑法分则所规定的某种犯罪的全部犯罪构成。与既遂形态相对，未遂形态具有三种表现形式：一是犯罪行为未能完成。比如，“强奸罪”中，如果已经对被害人实施了暴力或胁迫，但是未能进一步完成性交的行为，那么犯罪未得逞。二是法定的危险状态没有出现。比如，“破坏交通工具罪”中，如果行为人刚一开始着手破坏，就被当场制止，尚未能造成足以导致交通工具倾覆、毁坏的危险状态出现，那么便属于犯罪未得逞。三是法定的犯罪结果没有发生，如“故意杀人罪”中，刑法分则规定以死亡发生作为既遂的标志，行为人实施了杀人行为但是却未能造成死亡结果的发生，那么犯罪未得逞。

3. 犯罪未得逞是由于犯罪分子意志以外的原因

这是犯罪未遂与着手犯罪后的犯罪中止相区别的关键。“意志以外的原因”的因素可以划分为三类：其一，行为人自身所存在的不利于完成犯罪的因素。包括其在能力、力量、身体状况、技巧等的缺乏或者不佳的状态。比如，在盗窃过程中行为人突然休克。其二，行为人主观上对于犯罪对象的情况、犯罪工具性能以及犯罪结果是否已经发生或者必然发生等情况存在错误认识。比如，误将白糖当作砒霜来毒杀他人。其三，行为人本人以外的原因，包括被害人、第三者、自然力、物质障碍、环境时机等方面不利于完成犯罪的因素。比如，被害人的强烈反抗导致未能完成犯罪。犯罪未遂是“欲达目的而不能”，而犯罪中止是基于行为人的意志而自动放弃犯罪的情况。是“能达目的而不欲”的情形。

## 二、犯罪未遂形态的类型

我国理论上将犯罪未遂划分为两种类型：实行终了的未遂与未实行终了的未遂；能犯未遂与不能犯未遂。

### （一）实行终了的未遂与未实行终了的未遂

按照实行行为是否实行终了，将犯罪未遂形态区分为实行终了的犯罪未遂和未实行终了的犯罪未遂。

那么，如何界定实行终了的标准呢？理论界存在不同的主张。具体而言，有以下三种观点：①客观说。客观说认为，应当以一般人对犯罪行为发展程度的客观认识作为标准确定是否实行终了；法律规定说则主张，应当以犯罪人已经实施刑法分则所规定的某种犯罪客观方面的所有行为为标准确定是否实行终了。②主观说。可以分为绝对主观说和修正主观说。绝对主观说认为，应当完全以犯罪人的主观认识为标准区分是否实行终了；修正主观说认为，犯罪人的主观认识应当受到法定犯罪构成要件的限制。③折衷说。该说主张，应当从主观和客观两个方面来认定实行终了。

本书认为，应当按照修正主观说的标准来界定是否实行终了。行为是否实行终了，应当在法定犯罪构成所要求、限定的客观行为范围内，按照犯罪人是否将自认为实现犯罪意图所必要的全部行为都实行完毕作为标准，即犯罪人的主观认识需要受到法定犯罪构成的限制。按照这一标准，在法定犯罪构成所包含的实行行为的范围内，如果从主客观相一致的角度上看，犯罪行为尚未实行完毕，如犯罪人在实行犯罪的过程中就因意志以外的原因阻止而未能进行下去（如，犯罪人正在室内盗窃时被返回家中的事主当场抓获），这毫无疑问是未实行终了的未遂。而实行终了的未遂则可以存在两种表现状态：其一是犯罪人误认为其实现犯罪意图所必需的行为都已经实行终了，因此停止犯罪行为，但是却由于意志以外的原因而未能使其犯罪达到犯罪既遂状态（如，犯罪人以杀害的故意砍被害人数刀并导致被害人重伤昏迷，此时犯罪人误认为被害人必死无疑或已经死亡，因而放弃侵害离去，后被害人遇救幸存）；其二是犯罪人对完成犯罪所必要的犯罪行为已经实行终了的状态并未发生错误认识，但是犯罪行为距离犯罪既遂还有一段距离，此时犯罪行为已经实行终了，但由于犯罪人意志以外的原因导致犯罪未能达到犯罪既遂状态（如，犯罪人以毒杀的故意将毒药投入被害人水杯中，岂料被害人发觉水有异样未饮或者饮后经抢救及时脱险生存）。

从主客观相统一的观点出发，一般而言，实行终了的未遂的社会危害性要大于未实行终了的未遂。因此，根据罪责刑相适应的原则和刑罚目的的要求，实行终了的未遂量刑相比未实行终了的未遂量刑，往往要重些。

（二）能犯未遂与不能犯未遂

按照行为的实行能否达成犯罪既遂作为标准，可以把犯罪未遂形态划分为能犯未遂和不能犯未遂两种类型。

能犯未遂，是指实行行为有实际达到既遂的可能，但由于犯罪人意志之外的原因未能达到既遂而停止下来的情况。如，犯罪人用刀捅刺被害人且被害人被刺伤，后被他人制止并当场夺走刀子并将犯罪人制服，此即能犯未遂。在这种情况下，如果犯罪人不被当场制止，完全可能杀死被害人。

不能犯未遂，是指因犯罪人对有关犯罪事实认识错误而使得实行行为不可能达到犯罪既遂的情况。不能犯未遂又可以分为两种类型：工具不能犯的未遂和对象不能犯的未遂。所谓工具不能犯的未遂，是指犯罪人由于认识错误而使用了按照其客观性质不能达成既遂的犯罪工具所导致的犯罪未遂。如，误将白糖等无毒物当作砒霜等毒药去杀人；误用空枪、坏枪、臭弹射杀人等。所谓对象不能犯的未遂，是指由于犯罪人的错误认识，使得实行行为所指向的犯罪对象在行为当时不在犯罪行为的有效作用范围内，或者具有某种属性使得犯罪不能既遂而只能未遂。如，误认为被害人在卧室而在其窗外隔窗枪击（而实际上被害人并不存在）；误认为空包内有钱财而扒窃；误认为尸体为活人而开枪射杀、砍杀；误认为男子为女子而着手实行强奸行为等。

从主客观相统一的观点出发，在一般情况下，能犯未遂的社会危害性往往要大于不能犯未遂的社会危害性。因此，在量刑时，对于能犯未遂一般要比较不能犯未遂从重处罚。

### 三、犯罪未遂的处罚

对于未遂犯的处罚原则，各国刑法规定及刑法理论并不一致，主要存在三种规定与主张：必减主义、得减主义和不减主义（同等主义）。

我国采取的是得减主义的处罚规定和主张。《刑法》第 23 条第 2 款规定："对于未遂犯，可以比照既遂犯从轻或者减轻处罚。"要正确适用这一处罚原则，应当注意几个方面的问题：其一，对未遂犯定罪量刑时，应当同时引用《刑法》总则第 23 条和《刑法》分则的具体犯罪条文，并在罪名后加括弧注明未遂形态，如"故意杀人罪（未遂）"。其二，在对未遂犯处罚原则的理解和适用方面，"可以比照既遂犯从轻或者减轻处罚"是一种法律倾向性要求，但没有绝对化，极少数危害程度并不小于既遂犯的未遂犯应不予从轻或者减轻处罚。其三，对未遂犯确定是否可以因为犯罪未遂而从轻减轻处罚时，应当把未遂的情况放置于全案情节中予以统筹考虑。其四，在对未遂犯决定从宽处罚的基础上，要分别考虑到未遂形态距离犯罪完成的远近程度、犯罪未遂所属的类型、未遂形态所表现出来的犯罪人犯罪意志的坚决程度等方面，来正确确定从宽处罚的幅度。

## 第四节 犯罪中止形态

### 一、犯罪中止形态的概念和特征

#### （一）犯罪中止形态的概念

《刑法》第 24 条第 1 款规定："在犯罪过程中，自动放弃犯罪或者自动有效防止犯罪结果发生的，就是犯罪中止。"据此，犯罪中止是指在犯罪过程中，行为人自动放弃犯罪或者自动有效地防止犯罪结果发生，因而未完成犯罪的一种犯罪停止形态。

#### （二）犯罪中止形态的特征

根据《刑法》第 24 条第 1 款的规定及实践中犯罪中止成立的情况，犯罪中止形态存在两种类型：自动停止犯罪的犯罪中止和自动有效防止犯罪结果发生的犯罪中止。

1. 自动停止犯罪的犯罪中止的特征

自动停止犯罪的犯罪中止须具备三个特征：

（1）时空性。这是犯罪中止成立的客观前提。按照法律规定，必须是在犯罪过程中放弃犯罪，即在处于犯罪开始且尚未停止的情况下放弃犯罪。即从犯罪预备行为发生开始，到形成犯罪既遂形态之前的这段时间内，才有成立犯罪中止的可能。如果犯罪已经达到既遂状态，犯罪人不可能再中止犯罪；如果犯罪虽未达到既遂状态，但是在发展过程中由于犯罪人意志之外的其他原因而停止在犯罪预备形态或者犯罪未遂形态，犯罪人也不可能再成立犯罪中止形态。如果犯罪已经既遂，犯罪人又自动恢复原状或者主动赔偿犯罪所造成的损失的，由于其犯罪已经完成，失去了中止犯罪的时空条件，因而不属于犯罪中止而是犯罪既遂，但对这种情况可以作为从宽情节在量刑时予以考虑。

（2）自动性。这是犯罪中止的本质特征。即行为人必须是自动停止犯罪，这一特征也是犯罪中止与犯罪未遂及预备形态的根本区别。犯罪中止的自动性，是指行为人出于自己的意志而放弃了自认为当时可以继续实施和完成的犯罪：行为人在主观上自动放弃了犯罪意图，在客观上自动停止了犯罪的继续实施和完成。犯罪中止的自动性包括以下两个内容：其一，犯罪人自认为当时可以继续实施与完成犯罪，是自动性的前提条件。当然，犯罪人的这种判断应当基于行为时的主客观条件做出，而不能是没有任何根据的臆断。即使存在其他人认为不可能继续进行并完成犯罪或者客观上确实存在能够阻碍犯罪人继续实施并完成犯罪的情况，只要犯罪人认为可以完成并确实不了解这种客观情况，那么就不影响犯罪中止自动性的成立。反之，如果犯罪在客观上能够继续实施并完成，但是犯罪人误认为犯罪不能进行，在这种情况下停止犯罪也不能成立犯罪中止，因为此时犯罪人是基于错误认识被迫停止而不是自动停止犯罪。其二，犯罪人出于本人意志而停止犯罪，是自动性的关键条件。即犯罪人不管是受到什么因素的影响，基于什么考虑，最终都是在自认为可以继续实施并完成犯罪的情况下，基于本人意志而在继续犯罪或是放弃犯罪二种选择中，选择了放弃犯罪，并在这一主观意志支配之下，在客观上停止犯罪的继续实施和完成。

（3）彻底性。是指犯罪人彻底放弃了原来的犯罪，在主观上彻底消除了原来的犯罪意图，在客观上彻底放弃了自认为本可能继续进行的犯罪行为，而且从主客观相统一的角度出发，犯罪人也不打算以后再继续实施此项犯罪。彻底性表明了犯罪人自动停止犯罪的真诚性及其决心，表明犯罪人自动停止犯罪的坚决性、完全性，说明犯罪人不是因为准备不足或时机不成熟等原因而暂时中断犯罪。彻底性要求犯罪人必须彻底放弃正在进行的某个具体的犯罪，但并不是要求犯罪人在以后任何时候都不会再犯同种犯罪，也不是要求行为人在以后的任何时候都不再犯其他任何犯罪。

2. 自动有效防止犯罪结果发生的犯罪中止的特征

自动有效防止犯罪结果发生的犯罪中止形态，是指在实施某些犯罪的过程中，犯罪人已经着手实施的实行行为，并可能造成但尚未造成犯罪既遂所要求的法定结果，在此种状态下，犯罪人又积极采取措施努力阻断这一因果进程所成立的犯罪中止。这种类型的犯罪中止除了需要满足时空性、自动性和彻底性三个特征外，还需要具备有效性的特征：犯罪人必须有效地防止其已经实施的犯罪之法定危害结果的发生，使犯罪未达到既遂状态而停止下来。因为，这种犯罪中止所实施的犯罪行为有可能产生既遂形态的犯罪结果，从犯罪中止形态的立法目的考量，需要对这种犯罪中止的成立规定特殊的要求。

## 二、犯罪中止形态的类型

从不同的角度根据不同的标准，可以将犯罪中止划分为多种类型。按照犯罪中止发生的时空范围，可以将犯罪中止划分为预备中止、实行未终了的中止和实行终了的中止；根据对中止行为的不同要求，可以将犯罪中止划分为消极中止和积极中止。

### （一）预备中止、实行未终了的中止与实行终了的中止

根据犯罪中止发生的时空范围，可以将犯罪中止区分为预备中止、实行未终了的中止和实行终了的中止。

（1）预备中止。是指在犯罪的预备活动过程中，犯罪人在自认为可以继续实施犯罪活动的条件下，自动地将犯罪活动停止下来，不再继续实施犯罪预备行为或者没有着手实施犯罪实行行为的情况。其时空范围始于犯罪预备活动的开始，终于犯罪实行行为着手之前，即发生在犯罪预备阶段的中止。如犯罪人预备劫持船只，但在制作和准备劫持船只所需的作案工具时，因惧怕被警方发现会受到刑罚惩罚，因而自动停止了预备行为，未着手实施劫持行为。

（2）实行未终了的中止。是指犯罪人在实施实行行为的过程中，自动放弃了犯罪的继续实施和完成，因而使得犯罪停止在未达既遂的状态。其时空范围始于犯罪实行行为的着手，止于犯罪实行行为终了前，即发生在犯罪实行行为尚未终了时的中止。如，强奸犯在着手对被害妇女实施暴力行为的过

程中，基于被害妇女的劝说而放弃了对其进一步实施的奸淫行为，就属于强奸罪实行未终了的犯罪中止。

（3）实行终了的中止。其时空范围始于实行行为终了之时，止于既遂的犯罪结果发生之前，即发生在犯罪实行行为实施终了后的犯罪中止。是指犯罪人在实行行为终了后，出于本意以积极的行为阻止了既遂之犯罪结果的发生。如，投毒杀人者投下毒药之后，主动采取了积极措施未使得被害人吃下毒药的，或者在被害人中毒后积极抢救而未使其死亡的，就是故意杀人罪实行终了的犯罪中止。

（二）消极中止与积极中止

根据对中止行为的不同要求，可以将犯罪中止区分为消极中止和积极中止。

（1）消极中止，也即自动停止犯罪的犯罪中止。犯罪人仅需自动停止犯罪行为的继续实施便可成立的犯罪中止形态。在犯罪预备阶段和犯罪实行行为尚未终了的大多数情况下所成立的犯罪中止，均属于此种类型。

（2）积极中止，也即自动有效防止犯罪结果发生的犯罪中止。犯罪人不但需要自动停止犯罪的继续实施，还需要以积极的作为行为去防止既遂的犯罪结果发生的犯罪中止。这种类型的犯罪中止发生于实行行为尚未实施终了的少数情况下，以及实行行为实施终了的某些情况。

上述对犯罪中止形态的不同分类研究，对于具体案件的正确量刑有一定的指导意义。

## 三、犯罪中止的处罚

各国刑法对于中止犯大多采取的是减免处罚的原则，这一原则分为两种：必减免制和得减免制。

我国刑法采取的是必减免制。《刑法》第 24 条第 2 款规定：“对于中止犯，没有造成损害的，应当免除处罚；造成损害的，应当减轻处罚。”该条规定以损害结果作为对中止犯的减或者免的处罚标准。“没有造成损害的”，是指没有发生犯罪人追求的犯罪结果，也没有发生其他的危害结果；“造成损害”应当理解为虽未造成犯罪的法定危害结果，但发生了其他危害结果。我国刑法对于中止犯的处罚原则是“应当”即必须免除或者减轻处罚。

CHAPTER 07 第七章

# 共同犯罪形态

犯罪作为一种复杂的社会现象，可谓形形色色。有的犯罪是由一个人单独实施完成的，也有的犯罪是由多个人共同实施完成的。前者称为单独犯罪，后者称为共同犯罪。共同犯罪是由多人参与的犯罪，并非若干单独犯罪的简单相加，而是具有更大社会危害性的犯罪。特别是海洋刑法中所调整的相当一部分犯罪，往往以共同犯罪的形式存在。因此，有必要对共同犯罪形态加以详细研究。

## 第一节 共同犯罪概述

### 一、共同犯罪的概念

《刑法》第 25 条第 1 款规定："共同犯罪是指二人以上共同故意犯罪。"第 2 款规定："二人以上共同过失犯罪，不以共同犯罪论处；应当负刑事责任的，按照他们所犯的罪分别处罚。"这一定义揭示了共同犯罪的主要特征，同时也体现了这一定义表述的科学性、用词的明确性和内容的概括性。简言之，共同犯罪就是二人以上共同故意犯罪，二人以上共同过失犯罪不是共同犯罪，其刑事责任按照他们所犯的罪分别处罚。

### 二、共同犯罪的成立要件

相比较单独犯罪，构成共同犯罪必须具备三个方面的成立要件：

#### （一）共同犯罪的主体必须为二人以上

共同犯罪的主体，必须是两个以上达到刑事责任年龄、精神正常，因而具备刑事责任能力的人，或者是依刑法分则规定可以构成犯罪的单位。

其一，共同犯罪必须是二人以上共同实施犯罪，一个人单独犯罪，不发生共同犯罪的问题。其二，二人以上必须是达到刑事责任年龄、精神正常，因而具备刑事责任能力的人，或者是依刑法分则规定可以构成犯罪的单位。可以是两个以上自然人，可以是两个以上的单位，也可以是自然人与单位的结合。如果是一个达到刑事责任年龄的人和一个未达到刑事责任年龄的人，或者一个精神正常有完全刑事责任能力的人和一个因精神障碍而无刑事责任能力的人去共同实施危害行为，是不能构成共同犯罪的。一个有刑事责任能力的人，教唆或者帮助一个未达到刑事责任年龄的人或者精神病人，实施某种危害行为，不构成共同犯罪。其中，教唆者或者帮助者作为实行犯罪处理，被教唆者或被帮助者不构成共犯，这种情况在西方刑法理论上被称为间接正犯或间接实行犯。我国刑法理论上没有间接正犯的概念，但是这一犯罪现象却存在于我国的现实社会生活中。如教唆不满 14 周岁的儿童实施盗窃犯罪行为，帮助患有严重精神疾病的男子强奸妇女的案件等。在这些情况下，教唆者或者帮助者将儿童或精神病患者当作实施犯罪的工具实施自己的犯罪，审判实践中对犯罪人按照其所教唆或者所帮助实施的犯罪的实行犯定罪量刑，而不能将其作为共同犯罪论处。

由于我国刑法还规定了单位犯罪，因此，也有可能出现单位共同犯罪或者单位与自然人的共同犯罪。单位共同犯罪即两个以上的单位共同故意犯罪，如甲、乙两个公司共同故意走私，则构成“单位走私罪”的共同犯罪。单位与自然人的共同犯罪也可能出现，如某自然人甲教唆乙公司实施生产、销售伪劣产品的犯罪行为，即为单位与个人的共同犯罪。

（二）必须存在共同的犯罪行为

从犯罪的客观方面来看，构成共同犯罪必须二人以上具有共同的犯罪行为。所谓共同的犯罪行为，是指各个行为人的行为都指向同一犯罪，互相联系与配合形成一个统一的犯罪活动整体。如果共同实施的犯罪是结果犯并且发生了危害结果，那么，共同犯罪的行为整体与犯罪结果之间存在因果关系，各个共同犯罪人的行为也均与危害结果之间存在因果关系。

（1）各行为人所实施的行为，必须是犯罪行为，否则不可能构成共同犯罪。如，共同在不可抗力支配下实施的造成危害的行为，或者共同在正当防卫或者紧急避险条件下实施的造成损害的行为，或者共同实施的轻微违法行为等，均不属于构成共同犯罪的客观行为。

（2）按照不同行为在共同犯罪中的分工与作用，共同犯罪行为表现为四种方式：其一，组织、领导行为，即组织、领导、策划、指挥共同犯罪的行为；其二，实行行为，即实施实行行为；其三，教唆行为，即唆使他人故意犯罪的行为；其四，帮助行为，即故意提供工具或者排除障碍等协助他人实施故意犯罪的行为。共同犯罪的共同行为，可能是行为人共同实施实行行为，也可能是分别实施不同行为，即有的人实施实行行为，有的人实施组织行为、教唆行为或帮助行为，这些均构成共同犯罪。对于仅参与共谋而未参与犯罪实行行为是否构成共同犯罪，通说认为，共谋（二人以上为了实施特定的犯罪进行的谋议）本身就是共同犯罪行为，仅参与谋议而未参与犯罪实行的也构成共同犯罪。[1]

（3）根据共同犯罪中共同行为的表现形式，可以将共同犯罪的行为分为三种形式：其一是共同的作为，如甲、乙二人共同盗窃被害人丙的财物，这是共同犯罪行为的主要形式。二是共同的不作为，如甲、乙夫妻二人共同遗弃年老有病的父亲丙，导致丙因走投无路而自杀。三是作为与不作为的结合。如仓库保管员甲与小偷乙按事先约定，乙于夜晚去仓库盗窃，此时甲佯装熟睡不知，使乙窃得大量财物。

### （三）必须存在共同的犯罪故意

根据我国《刑法》第25条第1款的规定，构成共同犯罪必须二人以上具有共同的犯罪故意。所谓共同的犯罪故意，是指各共同犯罪人认识他们的共同犯罪行为和各自所实施的行为会导致的危害结果，并希望或者放任这种结果发生的心理态度。共同犯罪故意在认识因素与意志因素与单独的故意犯罪存在较大差异。

（1）共同犯罪故意的认识因素，包括如下内容：其一，共同犯罪人认识到自己的行为性质，并且认识到共同犯罪行为的性质；其二，共同犯罪人认识到自己与他人互相配合共同实施犯罪；第三，共同犯罪人概括地预见到共同犯罪行为与共同危害结果之间的因果关系，即认识到自己的行为会引起的危害结果以及共同犯罪行为可能导致的危害结果。

（2）共同犯罪的意志因素，即共同犯罪人希望或者放任自己的行为会引起的结果和共同犯罪行为会发生的危害结果。例如，甲教唆乙杀害丙，甲希

---

〔1〕 高铭暄、马克昌：《刑法学》（第8版），北京大学出版社2017年版，第165页。

望自己的教唆行为会引起乙对丙杀害的意图，并希望发生丙被乙杀害的结果。共同犯罪人对于共同犯罪行为所引起的犯罪结果的发生可以是持希望的心理态度，也可以是持放任的心理态度。

（3）为了成立共同犯罪，共同犯罪人之间必须存在意思联络。意思联络是共同犯罪人双方在犯罪意思上的互相沟通。意思联络可以存在于组织犯与实行犯之间、教唆犯与实行犯之间或者帮助犯与实行犯之间。但是，这并非是要求所有共同犯罪人彼此之间都全方位地存在意思联络。

## 三、共同犯罪的认定

### （一）不构成共同犯罪的情况

（1）二人以上共同过失犯罪不构成共同犯罪。我国《刑法》第 25 条第 2 款明文规定："二人以上共同过失犯罪，不以共同犯罪论处；应当负刑事责任的，按照他们所犯的罪分别处罚。"共同犯罪要求二人以上的共同犯罪人通过共同的犯罪故意，使其行为形成一个共同的有机整体，因而社会危害性更大。共同过失犯罪中的犯罪人缺乏意思联络，不能够形成共同犯罪所要求的有机整体性。因此，不应对他们以共同犯罪论处，而是根据各人的过失犯罪情况分别负刑事责任。

（2）同时犯不是共同犯罪。所谓同时犯，是指二人以上没有共同的犯罪故意而同时在同一场所实行同一性质的犯罪。同时犯的特点是行为人各有故意，但是缺乏共同的犯罪故意即缺乏意思联络，所以不是共同犯罪，是同时实行的单独犯，各个行为人仅对自己实施的犯罪行为承担刑事责任。

（3）过失地帮助或者引起他人实施故意犯罪，或者故意地教唆或帮助他人实施过失犯罪，均不构成共同犯罪。应当根据各个行为人的罪过形式和行为形态，分别承担相应的刑事责任。

（4）超出共同故意之外的犯罪（也即实行犯过限，有的称为实行过限、有的称为实行犯过当）不是共同犯罪。共同犯罪人的某人超出共同犯罪故意又实施了其他犯罪的，对其所实施的其他犯罪只能由行为人本人承担刑事责任，不能令其他共同犯罪人对此承担刑事责任。

（5）实施犯罪时各人故意内容不同的情况要具体分析。例如，甲、乙二人同时使用木棍击打被害人丙，但甲是伤害的故意，乙是杀害的故意，结果由于乙击中了丙的要害部位而导致丙死亡，由于甲、乙二人缺乏共同的杀人故意，因此不能按照共同故意杀人罪论处，只能按照部分犯罪共同说，在其故意重合的限度内定共同故意伤害罪，最终的结论是，对甲以“故意伤害罪”定罪处罚，对乙以“故意杀人罪”定罪处罚。

（6）事后通谋的窝藏、包庇、窝赃、销赃等行为不构成共同犯罪。这些行为缺乏意思联络而仅在事后通谋，事后通谋行为与已发生危害结果之间不存在因果关系，因此不构成共同犯罪。但事前通谋的窝藏行为或包庇行为支持和鼓励了实行犯的实行行为，有助于促进实行行为引起危害结果的发生，因此与危害结果的发生之间存在因果关系，且具有共同的犯罪故意，构成共同犯罪。《刑法》第 310 条第 2 款明确规定，犯窝藏、包庇罪，“事前通谋的，以共同犯罪论处”。

（二）片面共犯的问题

所谓片面共犯，是指行为人的一方与他人有共同实施犯罪的意思，并加功于他人的犯罪行为，但他人不知其给予加功的情况。就片面共犯是否能够成立的问题，中外刑法理论都存在争论。有的主张片面共犯不能成立；有的认为片面共犯能够成立。而在承认片面共犯的观点中，对其成立的范围又存在分歧：有的承认片面帮助犯、片面教唆犯和片面实行犯；有的承认片面帮助犯和片面教唆犯；有的则仅承认片面帮助犯。

本书认为，片面教唆犯和片面帮助犯是不可能发生的，而在他人不知道的前提下，单方面帮助他人犯罪的情况在社会生活中是客观存在的。在这种情况下，考虑到毕竟是帮助他人犯罪而不是直接实施犯罪的实行行为，因此以从犯处理较为妥当。

## 第二节　共同犯罪的形式

### 一、共同犯罪形式的概念及其划分意义

所谓共同犯罪形式，通常是指二人以上共同犯罪的存在方式、结构状况或者共同犯罪之间的结合形态。

准确划分共同犯罪形式，有助于深入地认识共同犯罪这一特殊形态，有助于准确界定共同犯罪和单独犯罪之间的界限，有助于司法实践的正确定罪和量刑。

## 二、共同犯罪形式的划分

对于共同犯罪的形式如何划分，刑法理论界存在着不同意见。通说认为，共同犯罪的形式可以从不同角度，使用不同标准，分为任意的共同犯罪和必要的共同犯罪、简单的共同犯罪和复杂的共同犯罪、事前通谋的共同犯罪和事中通谋的共同犯罪、一般的共同犯罪和特别的共同犯罪等。

### （一）任意的共同犯罪和必要的共同犯罪

以共同犯罪是否能够任意形成为标准，可以将共同犯罪划分为任意的共同犯罪和必要的共同犯罪。任意的共同犯罪，是指刑法分则规定的一个人单独可能实施的犯罪，由二人以上共同实施而形成的共同犯罪。根据刑法分则的规定，这种犯罪不以多数行为人实行犯罪为必要，可以一个人单独实施，也可以二人以上共同实施。刑法分则中规定的“故意杀人罪”“强奸罪”“盗窃罪”“放火罪”等，都满足上述条件，因此，当二人以上共同实施上述犯罪时，就是任意的共同犯罪。任意的共同犯罪由刑法总则加以规定，刑法理论上研究的共同犯罪主要就是这种共同犯罪。对这种共同犯罪，应当根据刑法总则规定共同犯罪的条款和刑法分则规定的有关犯罪的条文定罪。

必要的共同犯罪，是指刑法分则规定的犯罪构成以二人以上的行为作为成立要件的犯罪。根据我国刑法的规定，这种共同犯罪可以分为三类：

（1）集团性共同犯罪，是指以组织、领导或参加某种犯罪集团为犯罪构成要件的犯罪。例如，我国《刑法》第 120 条第 1 款规定的“组织、领导恐怖活动组织的”，第 294 条第 1 款规定的“组织、领导黑社会性质的组织的”等，均属于此类共同犯罪。

（2）聚合性共同犯罪，是指以向着同一目标的多数人的共同行为作为犯罪构成要件的犯罪。如“武装叛乱、暴乱罪”“聚众扰乱社会秩序罪”等，均属此类共同犯罪。这类共同犯罪的特点包括：人数较多、参与犯罪者的行为方向相同、参与的程度和形态有可能不同（如有的参与组织、策划或指挥，有的则可能只是参与实施犯罪活动）。

（3）对向性共同犯罪，是指基于二人以上的互相对向行为构成的犯罪。缺少任意一方的行为，该犯罪就不能成立。其特点是，各自触犯的罪名可能不同（如“行贿罪”“受贿罪”），也可能相同（如“重婚罪”）；各自实施各自的犯罪行为（如一个送、一个收）；双方的对向行为互相依存而成立（如受贿行为以存在行贿行为作为条件才能发生）；一方构成犯罪，另一方可能不构成犯罪（如甲、乙、丙每人向丁行贿3000元，丁共受贿9000元，构成“受贿罪”，而甲、乙、丙均不构成“行贿罪”）。对必要的共同犯罪，根据刑法分则规定的有关犯罪的条文处理，不必适用刑法总则共同犯罪的条款规定。

（二）简单的共同犯罪和复杂的共同犯罪

以共同犯罪人之间有无分工为标准，可以将共同犯罪划分为简单的共同犯罪和复杂的共同犯罪。

简单的共同犯罪，又称为共同正犯、共同实行犯，是指二人以上共同故意实施某一具体犯罪客观要件的行为。因此，在这种共同犯罪形式中，每一个共同犯罪人都是实行犯。构成简单的共同犯罪，除了需要具备共同犯罪所要求的主体要件之外，还需要具备几个方面的要件：

（1）在犯罪的客观方面，各个共同犯罪人必须共同实施犯罪。其一，实行同样的行为，即共同实行同一的犯罪客观要件行为（如甲、乙共同用刀将丙砍死）；其二，实行不同的行为，即各共同犯罪人实施同属于犯罪客观要件但不相同的行为（如甲、乙共同抢劫丙，甲持匕首对乙威胁，乙对丙搜身将其财物抢走）；其三，对不同对象分别实行犯罪，即各共同犯罪人共同实施某一犯罪，但分别对不同的对象实行犯罪行为（如甲、乙相约分工杀害丙、丁兄弟二人，甲杀死哥哥丙，乙杀死弟弟丁）。

（2）在犯罪的主观方面，各共同犯罪人必须具有共同实行犯罪的故意。其一，各共同犯罪人对其所具体实施的犯罪具有共同的认识（如，甲、乙二人都认识到共同实施故意杀人的行为）；其二，各共同犯罪人具有共同实施犯罪的意思联络，即行为人自己实施犯罪的同时也认识到与他人共同实施犯罪，同时他人也认识到对方与自己共同实施犯罪；其三，各个共同犯罪人都希望或放任共同犯罪结果的发生，即简单共犯通常由直接故意构成，但也可能出于间接故意。

在确定简单共同犯罪中的各个共同犯罪人的刑事责任时，需要注意几个问题：一是各个共同犯罪人对共同实施的犯罪行为整体负责，而不是只对自己实施的犯罪行为负责，即部分行为全部责任；二是超出共同故意的犯罪要由实施该行为的犯罪人单独承担；三是要根据各共同犯罪人在共同犯罪中的作用大小、社会危害程度以及人身危险性、悔罪态度等，实行区别对待。

复杂的共同犯罪，是指各共同犯罪人之间存在一定分工的共同犯罪。这种分工表现为：有的教唆他人使他人产生实行犯罪的故意；有的帮助他人实行犯罪使他人所要实施的犯罪易于实行；有的直接实行犯罪即实行该种犯罪构成客观要件的行为。由于共同犯罪人的行为各不相同，因而称之为复杂的共同犯罪。复杂共犯与简单共犯之间的区别在于：在简单共犯中，各共同犯罪人都参与实行犯罪构成客观要件的行为，都是实行犯；而在复杂共犯中，各共同犯罪人中，有的实施犯罪构成客观要件的行为，有的实施非犯罪构成客观要件的行为，因此，有的是实行犯，有的是教唆犯，有的则是帮助犯。在刑法理论上，使用广义的共犯和狭义的共犯的概念，前者包括共同正犯、教唆犯和帮助犯；后者仅指除了正犯之外的教唆犯和帮助犯。

（三）事前通谋的共同犯罪和事中通谋的共同犯罪

以共同犯罪故意形成的时间为标准，可以将共同犯罪划分为事前通谋的共同犯罪和事中通谋的共同犯罪。事前通谋的共同犯罪，是指共同犯罪人着手实施犯罪以前形成共同犯罪故意的共同犯罪。通谋通常是指共同犯罪人之间用语言或文字互相沟通犯罪意思，通谋的内容可能是拟定实施犯罪的时间、地点、方法、分工等，也可能是犯罪毁灭罪证、分配赃物等；通谋的方式既可以表现为言语交流，也可以是以书面文字交换意见，还包括同意其他共同犯罪人的建议或点头表示赞同等。总之，只要共同犯罪故意是在着手实施犯罪之前形成的，不论是采取什么方式形成的，都不妨碍事前通谋的共同犯罪的成立。在现实社会生活中，事前通谋的共同犯罪比较常见，一般而言，其社会危害性也要大于事中通谋的共同犯罪。

事中通谋的共同犯罪，是指共同犯罪人在着手实施犯罪之时或实施犯罪过程中，形成共同犯罪故意的共同犯罪。过去也称为事前无通谋的共同犯罪，这是不准确的。在事中通谋的共同犯罪中，由于各共同犯罪人是在着手实施犯罪之际或者着手之后临时形成的共同犯罪故意，往往缺乏周密的谋划，因此，其社会危害性比事前通谋的共同犯罪要小一些。

（四）一般的共同犯罪和有组织的共同犯罪

以共同犯罪人之间结合的紧密程度为标准，可以将共同犯罪划分为一般的共同犯罪和有组织的共同犯罪。一般的共同犯罪，是指各个共同犯罪人之间不存在组织形式的共同犯罪。这种共同犯罪形式的特点是，各个共同犯罪人仅为实施某一具体犯罪而临时结合在一起，他们之间不存在组织，一旦具体犯罪实行完毕，这种共同犯罪形式也就不再存在了。一般的共同犯罪可以是事前通谋的共同犯罪，也可以是事中通谋的共同犯罪；可以是简单的共同犯罪，也可以是复杂共犯。

有组织的共同犯罪，即犯罪集团，是指各共同犯罪人之间建立起组织形式的共同犯罪。《刑法》第26条第2款规定："三人以上为共同实施犯罪而组成的较为固定的犯罪组织，是犯罪集团。"构成犯罪集团必须具备三方面的条件：①犯罪集团的组成人数达到三人以上。所谓三人以上包括三人在内，这是在人数上犯罪集团成立的条件。也就是说，二人共同进行犯罪活动的，是一般的共同犯罪，只有三人或超过三人进行共同犯罪活动的，才可能是犯罪集团。在社会现实生活中，成员多达十几人或者几十人，甚至更多人的犯罪集团屡见不鲜，只有三人的犯罪集团往往只是个别情况。②犯罪集团的成立目的就是为了实施共同犯罪。犯罪集团是以实施某种或某几种犯罪为目的而组成的，否则便不称其为犯罪集团。例如，基于追求低级趣味或出于封建习俗而纠合在一起的，或者基于落后思想或共同对某一具体事项不满而纠合在一起的，则不能被认定为犯罪集团。③犯罪集团的组织性。所谓犯罪组织，是指以犯罪为目的而建立起来的较为固定的集体。组织中的成员之间存在着领导与被领导的关系，组织中有组织者、领导者、指挥者，有普通成员，后者服从于前者的领导与指挥，前者领导、指挥后者进行犯罪活动。犯罪集团的性质不同，组织的严密程度也不一样。按照犯罪集团的组织严密程度来划分，可分为普通犯罪集团、黑社会性质组织等。所谓较为固定，是指犯罪集团的组织是以实施多次犯罪为目的而组织起来的，并非是以实施某次具体犯罪为目的而临时纠集在一起，待该具体犯罪实施完毕即不再存在的。犯罪集团是否较为固定并不以事实上长期存在为必要，只要是为了实施犯罪而准备长期存在的就可以认定。因此，只要查明各共同犯罪人是以实施多次还是以不定次数犯罪为目的而集合形成的组织，即使没有来得及实施犯罪，也不影响认定其为犯罪集团。犯罪集团是最危险的共同犯罪形式，历来是我国刑法打击的重点。

对于犯罪集团，刑法分则中有规定的，即属于必要的共同犯罪中的集团性共同犯罪，按照刑法分则的有关规定处理；刑法分则中没有规定的，则应按照刑法总则关于共同犯罪的规定，区别首要分子、首要分子以外的主犯、从犯、胁从犯，分别予以相应处罚。值得注意的是，犯罪集团不同于司法实践中经常提及的犯罪团伙，犯罪团伙是指三人以上结成一定组织或纠合比较松散的共同犯罪形式。我国刑法中并未规定犯罪团伙，对于犯罪团伙，在审判实践中应当具体情况具体分析，按照条件能构成犯罪集团的，按照犯罪集团处理；不能构成的，则应当按照一般的共同犯罪处理。

## 第三节　共同犯罪人的刑事责任

### 一、刑法关于共同犯罪人的分类标准

鉴于各共同犯罪人在共同犯罪中的地位和作用不同，对各共同犯罪人的处理要区别对待，因而有必要对共同犯罪人进行分类。对共同犯罪人采用什么标准分类，从各国刑法关于共同犯罪的立法例来看，大致可以分为两种：

#### （一）作用分类法

作用分类法是以共同犯罪人在共同犯罪活动中所起的作用为标准，对共同犯罪人进行的分类。在采用这种标准分类的国家中，有的采用二分法，分为主犯和从犯。有的采用三分法，分为首要、从犯和胁从。

#### （二）分工分类法

分工分类法是以共同犯罪人在共同犯罪活动中的分工为标准，对共同犯罪人进行分类。在采用这种标准分类的国家中，有的采用二分法，分为正犯与从犯；有的采用三分法，分为实行犯（正犯）、教唆犯和帮助犯；有的采用四分法，分为实行犯（正犯）、组织犯、教唆犯和帮助犯。

上述两种标准的分类各有利弊。以作用为标准的分类，比较客观地反映了共同犯罪人在共同犯罪中所起作用的大小，反映了他们各自不同的社会危害程度，便于对他们量刑，解决其刑事责任。但它不能反映出各共同犯罪人在共同犯罪活动中的分工，对共同犯罪人定罪的一些问题难以解决，如教唆他人犯罪但他人并未实施被教唆的犯罪。以分工为标准的分类，比较客观地反映了共同犯罪人在共同犯罪中从事什么样的活动，便于对共同犯罪人的行为定罪，但它没有揭示其在共同犯罪活动中起了什么样的作用，不利于正确解决各自的刑事责任。

从根本上说，对共同犯罪人的分类，是为了解决各共同犯罪人的刑事责任问题，因而我国刑法向来比较重视以作用为标准对共同犯罪人进行分类。

因此，我国的刑法立法以共同犯罪人在共同犯罪中所起的作用为标准，将共同犯罪人分为主犯、从犯、胁从犯。同时，考虑到这一分类没有反映出以分工为标准分类的教唆犯，因此在胁从犯之后又规定了教唆犯，并确定了不同情况下的对教唆犯的处罚原则。可见，我国刑法是以作用为主兼顾分工对共同犯罪人进行分类的。

## 二、主犯、从犯、胁从犯的特征及其刑事责任

### （一）主犯的特征及其刑事责任

《刑法》第26条第1款规定："组织、领导犯罪集团进行犯罪活动的或者在共同犯罪中其主要作用的，是主犯。"据此，主犯可以分为两种：

（1）犯罪集团的首要分子。是指组织、领导犯罪集团进行犯罪活动的犯罪人。这种主犯只存在于犯罪集团这种高级的共同犯罪中，没有犯罪集团也就没有此种主犯。组织、领导犯罪集团进行犯罪活动，是这种主犯的特征。组织，是指纠集、串联他人建立犯罪集团。领导，是指率领犯罪集团成员进行犯罪活动，为犯罪集团的犯罪活动出谋划策、作出决定，指使、安排、调配犯罪集团成员的分工和活动等。作为犯罪集团首要分子的主犯是建立、领导犯罪集团成员进行犯罪活动的核心，因而具有更大的社会危害性，是我国刑法打击的重中之重。犯罪集团的首要分子可能是一人，也可能是多人，要按照法律的规定对具体的案件加以确定。

（2）犯罪集团首要分子之外的主犯。这种主犯有以下几种：其一，在犯罪集团中起主要作用的犯罪人。这里所说的起主要作用，应理解为除组织、领导犯罪集团进行犯罪活动之外的，在共同犯罪中起主要作用的犯罪人。主要表现为积极参加犯罪集团，在犯罪集团中特别卖力地进行犯罪活动，或者在犯罪集团中直接实施犯罪、罪行重大等。具有上述情况之一的，即构成犯罪集团的主犯。其二，在一般共同犯罪中起主要作用的犯罪分子。主要是指在一般共同犯罪中起主要作用的实行犯，主要表现为在共同犯罪中直接造成严重危害结果，积极献计献策，在完成共同犯罪中起着关键作用，在共同犯罪中罪行重大或情节特别严重等。其三，在聚众犯罪中起主要作用的犯罪分子。根据我国《刑法》第97条的规定："本法所称首要分子，是指在犯罪集团或者聚众犯罪中起组织、策划、指挥作用的犯罪分子。"据此可见，总体上，首要分子分为两类，第一类是在犯罪集团中起组织、策划、指挥作用的

犯罪分子，即犯罪集团的首要分子，这类主犯的特征前文已述，此处不再赘述。在处置此类首要分子时，可直接援引刑法分则的条文而不必再援引《刑法》总则第26条。如我国《刑法》第240条规定：“……有下列情形之一的，处十年以上有期徒刑或者无期徒刑……（一）拐卖妇女、儿童集团的首要分子……”可见，对拐卖妇女、儿童集团的首要分子的处置应直接援引第240条。第二类即聚众犯罪的首要分子，是指在聚众犯罪中起组织、策划、指挥作用的犯罪人。此类首要分子并非都一律能够被认定为主犯，如当刑法只处罚首要分子（《刑法》第291条），并且某一具体的案件中的首要分子只有一人时，则无所谓共同犯罪，也就不存在主犯的情形。

刑法对于主犯刑事责任的规定，也按照其分类进行了分别规定：

（1）首要分子的刑事责任。我国《刑法》第26条第3款规定：“对组织、领导犯罪集团的首要分子，按照集团所犯的全部罪行处罚。”因此，犯罪集团的首要分子，不仅要对自己直接实施的犯罪承担刑事责任，还要承担其他成员按集团预谋及安排实施的其他犯罪的刑事责任。

（2）首要分子以外的主犯的刑事责任。我国《刑法》第26条第4款规定：“对于第3款规定以外的主犯，应当按照其所参与的或者组织、指挥的全部犯罪处罚。”因此，对在犯罪集团、一般共同犯罪和聚众犯罪中起主要作用的主犯，应分为两种情况进行处罚：其一，组织、指挥共同犯罪的，如聚众犯罪中的首要分子，应按照其组织、指挥的全部犯罪承担刑事责任；其二，没有进行组织、指挥活动，但参与实施犯罪的，应按照其所参与的全部犯罪负刑事责任。

需要指出，对必要共同犯罪中犯罪集团的首要分子和聚众犯罪的首要分子，刑法分则均规定有相应的法定刑，对这种主犯，根据刑法分则的有关规定进行处罚即可。

### （二）从犯的特征及其刑事责任

《刑法》第27条第1款规定：“在共同犯罪中起次要或者辅助作用的，是从犯。”根据这一规定，可以将从犯分为两类：

（1）在共同犯罪中起次要作用的犯罪分子，即次要的实行犯。所谓在共同犯罪中起次要作用，指虽然参与实施了某一犯罪构成客观要件的行为，但在共同犯罪活动中所起的作用比主犯小。如，在犯罪集团的首要分子领导下从事犯罪活动，罪恶不够重大或情节不够严重，或者在一般共同犯罪中虽然直接参加、实行犯罪，所起作用不大，其所实施的行为对法定结果的原因力很小等。

（2）共同犯罪中起辅助作用的犯罪分子，也即帮助犯。所谓辅助作用，指为共同犯罪人实施犯罪创造便利条件，帮助实施犯罪，而不直接参加实施犯罪构成客观要件的行为。辅助可能表现为有形的帮助，如提供犯罪工具、排除犯罪障碍、事前答应事后窝藏赃物、隐匿罪犯等，也可能表现为无形的帮助，如指点实施犯罪的时机、对象，协助拟定犯罪计划等。帮助行为既可以在实施犯罪之前进行，也可以在实施犯罪之时进行，甚至可以是事前通谋而在事后予以帮助。不过，传授犯罪方法的行为尽管也是为实施犯罪创造便利条件，但因为我国《刑法》第 295 条将其作为独立的犯罪即传授犯罪方法罪加以规定，故此类行为应当按照传授犯罪方法罪论处而不作为共同犯罪的从犯处理。

《刑法》第 27 条第 2 款对于从犯的刑事责任问题作出了规定："对于从犯，应当从轻、减轻处罚或者免除处罚。"对于从犯，不仅规定了"应当"从宽，而且规定从宽的幅度较大，既可以从轻、减轻处罚，也可以免除处罚。在具体的案件中，对于从犯是从轻还是减轻甚至是免除处罚，应当根据案件的实际情况，综合考虑案件的性质和从犯对犯罪结果所起的作用等具体因素来决定。

（三）胁从犯的特征及其刑事责任

依据《刑法》第 28 条的规定，被胁迫参加犯罪的，是胁从犯。所谓被胁迫参加犯罪活动，是指受到暴力威胁或精神威胁、被迫参加犯罪活动。也即行为人知道自己参加的是犯罪行为，虽然他主观上不愿参与犯罪，但为了避免遭受现实的危害或不利而不得不参加犯罪。虽然胁从犯是在他人威胁下不完全自愿地参加共同犯罪，但仍然具有一定程度的自由意志，参加犯罪仍是自行选择的结果，所以对其参加的犯罪活动应负刑事责任。当然，如果是在身体受到强制的情况下完全失掉了自由意志，其身体动静就不是自己的行为，那就不能构成胁从犯。如民航客机在飞行中遭遇武装歹徒劫持，机长为避免机毁人亡而不得已驾驶飞机飞往歹徒指定的地点，此时，机长的行为属于紧急避险而不能将其视为"劫持航空器罪"的胁从犯。

在现实生活中，有的共同犯罪人最初是被胁迫参加共同犯罪的，后来发生变化，变为积极主动地实施犯罪，甚至成为共同犯罪中的骨干分子。在这种情况下就不能再以胁从犯论处，而应按照他在共同犯罪中所起的实际作用是主要作用，还是次要、辅助作用，分别以主犯或从犯论处。

《刑法》第 28 条规定："对于被胁迫参加犯罪的，应当按照他的犯罪情节减轻处罚或者免除处罚。"可见，刑法对于胁从犯刑事责任的规定，是轻于从犯的。之所以这样规定，是因为胁从犯主观上并不完全愿意参加犯罪，客观上在共同犯罪中所起的作用较小，罪行相对较轻。对胁从犯究竟是减轻处罚，还是免除处罚，则需要综合考虑其被胁迫程度的轻重、参加犯罪的性质、犯罪行为危害性的大小以及在共同犯罪中所起的作用等情况来加以确定。

## 三、教唆犯的特征及其刑事责任

### （一）教唆犯的概念和特征

教唆犯是故意唆使他人实施犯罪的人。《刑法》第 29 条的规定："教唆他人犯罪的，是教唆犯。"据此，构成教唆犯，必须满足主观方面和客观方面的特定条件。

（1）从主观方面说，必须有教唆他人犯罪的故意。这种故意也包括意识因素与意志因素两方面。其意识因素包括：其一，认识到被教唆人是具备刑事责任能力的人。明知他人不具有刑事责任能力而教唆其犯罪，不构成教唆犯而成立间接正犯。但如行为人误将无刑事责任能力人当作有刑事责任能力人而实施教唆，则仍构成教唆犯。因为这种误认对教唆犯的故意不发生影响。其二，认识到自己的教唆行为将引起被教唆人产生实施某种犯罪的故意，并实施该种犯罪。也即能够认识到自己的行为是教唆行为，也能预见到会引起他人产生犯罪的故意，还能预见到教唆行为与被教唆人产生犯罪意图之间存在因果关系。其三，教唆人认识到被教唆人实施该种犯罪且被教唆人实施的犯罪应与教唆人教唆实行的犯罪相一致，才成立该种犯罪的教唆犯。否则，教唆人教唆他人犯甲罪，被教唆人实际犯乙罪，两者故意的内容不一致，教唆者只能构成其所能预见的犯罪的教唆犯，而不能是他未预见的犯罪的教唆犯。

教唆犯故意的意志因素是希望的心理态度，是为大家所公认的观点，但是否包括放任的心理态度，则存在不同意见。有的认为，教唆犯故意的意志因素还包括放任，有的则认为不应当包括放任的心理态度。对此，本书认为，教唆犯故意的意志因素在通常情况下是希望，但是也不排除存在放任的心理态度，也即教唆犯的犯罪故意通常为直接故意，但在有些情况下也包括间接故意。其一，我国《刑法》第29条第1款规定的教唆犯，通常为直接故意，但也可能出于间接故意，在间接故意的心理态度的支配下，教唆人明知自己的行为会引起被教唆人实施被教唆之罪并放任这一结果的发生，且被教唆人实施了该犯罪。其二，我国《刑法》第29条第2款规定的教唆犯，则只有出于直接故意才能构成。在直接故意的心理态度的支配下，即使被教唆人没有犯被教唆的罪，教唆人也构成教唆犯。而如果是出于间接故意，被教唆人是否犯被教唆的罪都不违背行为人的本意，既然被教唆人没有犯被教唆的罪，也不违背行为人的意思，那就不能认定行为人构成教唆犯。

(2) 从客观上讲，必须有教唆他人犯罪的教唆行为，即引起他人实行犯罪决意的行为。教唆行为的内容必须是教唆他人犯罪，教唆行为必须是具体的、明确的，如果是抽象的、笼统的、无具体内容的，就不是教唆行为。

教唆行为必须是引起和坚定被教唆人实施犯罪行为的原因。即教唆行为与被教唆人实施的犯罪行为之间具有刑法上的因果关系。这种因果关系包括唆使没有犯罪意图的人产生犯罪意图，也包括对初步具有犯罪意图，但尚犹豫不决的人以言词鼓励，促使其下定犯罪决心。

教唆行为的方式必须是积极的作为，消极的不作为是不能成为教唆行为的。教唆行为的方法多种多样，例如：授意、劝说、请求、收买、命令等等。教唆行为可以用口头、书面表达，也可以用打手势、使眼神等动作表达。教唆的方式可以是公开的，也可以是秘密的；可以当面教唆，也可以托人转达间接教唆；可以一人实行教唆，也可以两人以上共同教唆。

教唆的对象，即被教唆的他人必须是具有刑事责任能力的人。否则就不能成立教唆犯罪。如教唆未成年人或精神病人实行犯罪，实质上只是利用他们作为犯罪的工具，形同自己实行犯罪，这种情形在刑法理论上称为间接正犯。

(二) 教唆犯的刑事责任

《刑法》第29条分三种情况对教唆犯的刑事责任加以规定：

(1) 该条第1款前段规定："教唆他人犯罪的，应当按照他在共同犯罪中所起的作用处罚。"这是指被教唆人实施了被教唆的罪，即被教唆人已经进行犯罪预备，或者已着手实行犯罪而未遂，或者已经完成犯罪而既遂。所谓"按照他在共同犯罪中所起的作用处罚"，是指对教唆犯的处罚，要依照教唆犯自身在共同犯罪中所起的作用来进行。如果教唆犯在共同犯罪中起主要作用，就作为主犯处罚。反之，如果起次要作用，就作为从犯处罚。一般而言，大多数共同犯罪中的教唆犯一般都作为主犯处罚。但在少数情况下，教唆犯在共同犯罪中所起到的作用也可能是次要的，如从犯的教唆即教唆他人帮助别人犯罪，这种情况就应当作为从犯处罚。正因如此，我国刑法并未对教唆犯作出一律按照主犯处罚的规定。

（2）该条第 1 款后段规定："教唆不满 18 周岁的人犯罪的，应当从重处罚。"这是因为未成年人思想尚不成熟，具有很大的可塑性，一旦受到不良影响，则容易被教唆走上犯罪道路，因此该种教唆行为的社会危害性较大，应当从重处罚。但是要先确定教唆犯在共同犯罪中的作用，确定教唆人是主犯还是从犯，然后再确定是主犯的从重，还是从犯的从重。

（3）该条第 2 款规定："如果被教唆的人没有犯被教唆的罪，对于教唆犯可以从轻或者减轻处罚。"所谓"被教唆的人没有犯被教唆的罪"，可以包括几种情形：被教唆人拒绝了教唆犯的教唆，即根本没有接受教唆犯的教唆；被教唆人当时接受了教唆，但随后又打消了犯罪意图，没有进行任何犯罪活动；被教唆人当时接受了教唆，但实际上所犯的罪并不是被教唆的罪；教唆者教唆时他人已经有了犯罪决意。这些情形，要么根本没有引起被教唆者的犯意，要么实际上没有造成危害结果，要么虽然造成了危害结果但与教唆犯的教唆行为不存在刑法上的因果关系。因此，法律规定对此种情况的教唆犯，可以从轻或者减轻处罚。

CHAPTER 08 第八章

# 海洋犯罪的刑事责任

现行《刑法》第一编总则的第三章刑罚、第四章刑罚的具体运用，规定了我国刑罚的种类、刑罚的裁量、刑罚的执行、刑罚的消灭等制度。

刑罚的种类包括主刑、附加刑、非刑罚的处理方法。其中，主刑有管制、拘役、有期徒刑、无期徒刑、死刑。附加刑有罚金、没收财产、剥夺政治权利、驱逐出境。非刑罚的处理方法主要包括判处赔偿经济损失和责令赔偿经济损失、训诫、责令具结悔过和责令赔礼道歉、由主管部门予以行政处罚或者行政处分、职业禁止等。非刑罚的处理方法中是否包括禁制令存在争议。有学者认为禁制令属于管制或者缓刑的执行方式或内容，〔1〕有学者认为禁制令属于保安处分。〔2〕笔者认为，无论是作为管制或缓刑的执行内容或方式，还是作为保安处分，其都可以看作是一种刑事责任的承担，应该归属于刑罚结构体系。

刑罚的裁量主要包括量刑的原则、量刑情节、累犯、自首、立功和缓刑等规定。缓刑虽然不属于刑罚，但是其本质上属于刑事责任承担的方式，因此，笔者更倾向于其作为刑罚结构之一种。

鉴于本教材的海洋刑法限定，本章对于刑事责任承担的一般问题不再进行一一的介绍，基于对海洋犯罪的判决书的观察，本章主要集中对刑罚结构和刑罚处罚结构、量刑情节的适用等两个问题展开具体探讨。

## 一、刑罚结构和刑罚处罚结构

刑罚结构和刑罚处罚结构是决定与被决定、反映与被反映的关系。考察

---

〔1〕 参见高铭暄：《中华人民共和国刑法的孕育诞生和发展完善》，北京大学出版社 2012 年版，第 220、264 页。

〔2〕 参见张明楷：《刑法学》（第 5 版）（上册），法律出版社 2016 年版，第 640 页。

我国海洋刑法的量刑实践必须先对我国的刑罚结构和刑罚处罚结构有所认识。

（一）刑罚结构

刑罚结构是指刑法中刑罚体系在个罪上的配置及其配置在整体上所形成的比例情况。〔1〕刑罚结构既可狭义理解，也可广义界定。狭义刑罚结构是指个罪的法定刑幅度。如《刑法》第232条规定："故意杀人的，处死刑、无期徒刑或者十年以上有期徒刑，情节较轻的，处三年以上十年以下有期徒刑。"这样，故意杀人罪的刑罚结构就包括了死刑、无期徒刑、十年以上十五年以下有期徒刑、三年以上十年以下有期徒刑等四个刑种刑度。广义刑罚结构是指基于刑种刑度在个罪中的分布，从而形成刑法分则整体的刑种刑度的配置比例，如1997年《刑法》中，我国死刑罪名共有68个，占所有罪名的15.32%，其中44个属于非暴力犯罪死刑罪名，占所有罪名的9.9%，〔2〕这是作为刑种的死刑被运用于个罪后配置比例的具体体现。

从刑罚史的视角观察，广义刑罚结构主要存在着以死刑和肉刑为中心的刑罚结构、以死刑和自由刑为心的刑罚结构、以自由刑为中心的刑罚结构、以自由刑和财产刑为中心的刑罚结构等四种刑罚结构。根据对我国刑法刑种刑度配置的观察，我国刑罚结构是以自由刑和死刑为中心的重刑刑罚结构。〔3〕

我国刑法规定了主刑和附加刑两种刑罚：主刑包括死刑、无期徒刑、有期徒刑、拘役和管制五种；附加刑包括罚金、剥夺政治权利和没收财产三种，主刑独立适用于被告人，附加刑可以独立或者附加适用，此外，附加刑还包括对外国人单独或者附加适用的驱逐出境。主刑和附加刑构成了我国刑罚体

---

〔1〕 刑罚结构概念的表述有以下几种：①刑罚结构指各种刑罚方法在刑罚系统中的组合形式，即刑种配置比例（参见储槐植："刑罚现代化：刑法修改的价值定向"，载《法学研究》1997年第1期）；②刑罚结构是指刑罚方法的组合形式，即刑罚方法的排列顺序和比例份额，这种组合形式反映刑罚结构内部各要素相互联的稳定状态和相互作用的基本方式（参见梁根林、黄伯胜："论刑罚结构改革"，载《中外法学》1996年第6期）；③刑罚结构是刑罚方式的组合配置形式（参见陈兴良："刑罚改革论纲"，载《法学家》2006年第1期）。第一种观点认为刑罚结构是配置比例；第二种观点强调了刑罚体系在刑罚处罚结构中的作用，仍认为是一种配置比例；第三种观点虽在字面含义上可以认为是刑罚方式在个罪以及整体的配置，但纵观上下文，也是指配置比例。因此，在我国，刑罚结构基本是指刑罚的配置比例。

〔2〕 参见赵秉志："当代中国刑罚制度改革论纲"，载《中国法学》2008年第3期。当然，需要说明的是，《刑法修正案（八）》公布和实施之后，我国死刑罪名减少了13个，共有55个死刑罪名，《刑法》规定的罪名也从444个增加到了450个。

〔3〕 参见梁根林、黄伯胜："论刑罚结构改革"，载《中外法学》1996年第6期。

系，虽然这种刑罚体系具有一定的合理性，但在刑种刑度的综合运用上却存在着一定的不足之处。在《刑法修正案（八）》实施前，正如有学者指出的，根据1997年11月8日《最高人民法院关于办理减刑、假释案件具体应用法律若干问题的规定》，死刑缓期二年执行，经过一次或几次减刑后，其实际执行的刑期只需不少于12年（不包括死刑缓期二年执行的2年），实践中死缓犯被剥夺自由的年限，平均一般为17年~18年；无期徒刑实际执行的上限是22年，下限是10年，实践中通常实际执行15年~16年。如此一来，作为死刑立即执行替代措施的死缓制度，其严厉程度与死刑立即执行相比明显不足，无期徒刑的严厉性也不足以作为死刑废止后的替代措施。[1]

《刑法修正案（八）》颁布后，根据2012年《最高人民法院关于办理减刑、假释案件具体应用法律若干问题的规定》，死刑缓期二年执行多次减刑后的刑期不能少于15年（不包括死刑缓期二年执行的2年），死刑缓期二年执行罪犯减为无期徒刑后，确有悔改表现，或者有立功表现的，服刑2年以后可以减为25年有期徒刑；有重大立功表现的，服刑2年以后可以减为二十三年有期徒刑，同时对被判处死刑缓期二年执行的累犯以及因故意杀人、强奸、抢劫、绑架、放火、爆炸、投放危险物质或者有组织的暴力性犯罪被判处死刑缓期执行的犯罪分子可选择适用限制减刑，被处限制减刑的死刑缓期二年执行的犯罪分子，缓期执行期满后依法减为无期徒刑的，不能少于25年，缓期执行期满后依法减为25年有期徒刑的，不能少于20年。对于无期徒刑罪犯，经过一次或几次减刑后，其实际执行的刑期不能少于13年，无期徒刑罪犯在刑罚执行期间，服刑2年以后，确有悔改表现，或者有立功表现的，一般可以减为二十年以上二十二年以下有期徒刑，有重大立功表现的，可以减为十五年以上二十年以下有期徒刑。《刑法修正案（八）》通过提高死刑缓刑执行和无期徒刑最低刑期和控制减刑刑期，以增加死刑缓期二年执行和无期徒刑的刑期，进而增强死刑缓期二年执行和无期徒刑的严厉性程度。随着死刑缓期二年执行和无期徒刑刑期的规范性增长，死刑缓期二年执行犯和无期徒刑犯在刑罚执行过程的刑罚量也会随之增加。

与我国以自由刑和死刑为中心的重刑刑罚结构不同，德国是以自由刑和财产刑为中心的刑罚结构。《德国刑法》规定了主刑和附加刑，主刑包括自由

---

〔1〕 参见赵秉志："当代中国刑罚制度改革论纲"，载《中国法学》2008年第3期。

刑、罚金刑、剥夺自由的处分（包括收容于精神病院、收容于戒毒机构和保安监督）、不剥夺自由的处分（监督、吊销驾驶执照）等四种，附加刑包括禁止驾驶和职业禁止等两种。〔1〕德国的刑罚结构代表着未来的发展趋势。

（二）刑罚处罚结构

刑罚处罚结构是指经验量刑中量刑幅度分布以及可量化量刑幅度体现出的状况。这里的量刑幅度包括但不限于狭义刑罚结构。由于监禁刑和非监禁刑存在迥然之别，所以在量刑实践活动中，当被告人面临必然受刑罚处罚的情况时，他可能不关心是被判处有期徒刑还是被判处拘役，而更关心的是能否被判处缓刑。拘役6个月与有期徒刑1年6个月缓期执行，对于多数犯罪被告人来说，如果能自由选择，他会认为最优选择是有期徒刑1年6个月缓期执行。在此情况下，一个犯罪人最关心的不是自己被判处了什么样的刑罚，而是自己的人身自由是否受到了限制。而免予刑事处罚（即定罪免刑）在被告人看来，是除了无罪释放之外的最轻的量刑结果。因此，缓刑和定罪免刑虽不是刑种刑度，但其应该被包括于刑事处罚结构中。此外，虽然死刑立即执行和死刑缓刑二年执行是我国刑法死刑的两种执行方式，但是，对于犯罪被告人来说，这两种执行方式的差别是明显的，死刑立即执行代表着被告人从人间就此消失，死刑缓期二年执行则意味着被告人从地狱走了一遭又回到了这个世上，仅是保留了重新回到地狱的可能，并且这种返回的可能性还非常小。〔2〕因而量刑幅度不仅包括法定刑中的刑种刑度，也包括缓刑和免予刑事处罚，死刑立即执行和死刑缓期二年执行也应该被视为是两种量刑幅度。

量刑幅度因其是否可细分为月数（或其他时间度量）的数理特性不同可分为可量化量刑幅度和非量化量刑幅度。

（1）量刑幅度中的管制、拘役、有期徒刑因其可以转换为具体月数，是可量化量刑幅度。我们可凭借其所具有的可细分的数理特性对其进行统计，进而观察该类量刑幅度中是否具有集中适用区域以及刑罚量均值的大小。如某一地区有10件故意伤害致人轻伤的案件，共有10位被告人，每位被告人的宣告刑均为有期徒刑，具体刑罚量为6个月、8个月、10个月、11个月、

〔1〕参见《德国刑法》（2002年修订），徐久生、庄敬华译，中国方正出版社2004年版，第12~16页。

〔2〕有学者认为："在立法与司法实践中，死缓实际上被看作是比死刑立即执行低一个档次的刑罚。"黎宏："死刑缓期执行制度新解"，载《法商研究》2009年第4期。

12个月、13个月、14个月、15个月、24个月、30个月。首先，根据宣告刑刑罚量定大小，我们可以对每个被告人的宣告刑轻重进行比较。其次，根据宣告刑的具体刑罚量可以计算刑罚量均值，上例中的刑罚量均值为14.3个月。最后，可以根据宣告刑刑罚量大小，观察三年以下有期徒刑中最被常用的刑期区间，上例中80%的具体刑罚量低于15个月，因此，该地区三年以下有期徒刑具体刑期存在着15个月以下的集中适用的区域。

（2）死刑立即执行、死刑缓期二年执行、无期徒刑、缓刑和免予刑事处罚因其只能代表类别，是非量刑化的量刑幅度，其同类之间大小不可比较，都是相同的分类变量，不具有具体的刑罚量，也就无法观察其是否存在聚集区域和刑罚量均值大小。[1]如某地区有5件故意伤害致人死亡案件，共有5名被告人，其中，1位被告人被判处死刑缓期二年执行，4位被告人被判处无期徒刑。我们可以说，在刑罚量定时，被判处死刑缓刑二年执行的被告人所受到的刑罚处罚重于被判处无期徒刑的被告人，但是4位被判处无期徒刑的被告人所受到的刑罚处罚是相同的，且无期徒刑在刑罚量定时不存在具体刑罚量，因此，我们无法观察无期徒刑的集中适用区域和刑罚量均值。其他非量化量刑幅度均具有此特点。正是因为量刑幅度存在可量化和不可量化的特点，对于非量化量刑幅度，只能观察其分布，而对于可量化量刑幅度，既可观察其分布，又可观察其集中适用区域和刑罚量均值。

（三）走私普通货物、物品罪的刑罚结构与刑罚处罚结构

海洋犯罪所涉罪名较多，一一分析所有罪名的刑罚结构与刑罚处罚结构显然不现实。选择一个相对较为常用的罪名示例性进行分析是一个较为可取的方式。基于海洋走私罪属于典型的海洋犯罪，且走私罪为多发犯罪，因此，这里选定走私罪作为示例性罪名。

笔者以口岸、海关、走私、海运为关键词检索中国裁判文书网相关案例，得“走私罪”判决、裁定共153份，其中，判决126份、裁定27份；“走私

---

〔1〕 有学者把死刑和无期徒刑虚拟为60个月（参见赵廷光：《量刑公正实证研究》，武汉大学出版社2005年版，第19页），也有把死刑虚拟为600个月，死刑缓期执行虚拟为400个月，无期徒刑虚拟为300个月。（参见白建军：《公正底线——刑事司法公正性实证研究》，北京大学出版社2008年版，第16页）。笔者认为，死刑、死刑缓期二年执行和无期徒刑，无论其实际执行刑期是多少，首先在审判结果上是不同的，在执行方面，死刑立即执行和其他执行方式更不具有可比性，人死不能复生，终身监禁人还是活着的，死刑立即执行是人已经不存在于这个世上了。因此，笔者认为仅为去量纲化而对死刑、死刑缓期二年执行和无期徒刑虚拟为月数是不可取的。

普通货物、物品罪”判决、裁定共131份；“走私国家禁止进出口的货物、物品罪”判决、裁定共11份；“走私废物罪”判决、裁定共9份；“走私淫秽物品罪”判决、裁定共1份；“走私珍贵动物、珍贵动物制品罪”判决、裁定共1份。因此，集中分析走私普通货物、物品罪又是较为可取的选择。

1. “走私普通货物、物品罪”的刑罚结构

《刑法》第153条规定：“走私本法第一百五十一条、第一百五十二条、第三百四十七条规定以外的货物、物品的，根据情节轻重，分别依照下列规定处罚：（一）走私货物、物品偷逃应缴税额较大或者一年内曾因走私被给予二次行政处罚后又走私的，处三年以下有期徒刑或者拘役，并处偷逃应缴税额一倍以上五倍以下罚金。（二）走私货物、物品偷逃应缴税额巨大或者有其他严重情节的，处三年以上十年以下有期徒刑，并处偷逃应缴税额一倍以上五倍以下罚金。（三）走私货物、物品偷逃应缴税额特别巨大或者有其他特别严重情节的，处十年以上有期徒刑或者无期徒刑，并处偷逃应缴税额一倍以上五倍以下罚金或者没收财产。单位犯前款罪的，对单位判处罚金，并对其直接负责的主管人员和其他直接责任人员，处三年以下有期徒刑或者拘役；情节严重的，处三年以上十年以下有期徒刑；情节特别严重的，处十年以上有期徒刑。对多次走私未经处理的，按照累计走私货物、物品的偷逃应缴税额处罚。”因此，走私普通货物、物品罪的狭义自然人的刑罚结构为拘役、三年以下有期徒刑、三年以上十年以下有期徒刑、十年以上有期徒刑和无期徒刑，罚金刑和没收财产刑与以上量刑幅度并用。剥夺政治权利对无期徒刑必然适用，走私普通货物、物品罪被判处无期徒刑后，可能被处剥夺政治权利，因此“走私普通货物、物品罪”刑罚结构中包括剥夺政治权利。外国人犯“走私普通货物、物品罪”除判处主刑外，也可以单独或附加适用驱逐出境，“走私普通货物、物品罪”的刑罚结构中包括驱逐出境。

因此，“走私普通货物、物品罪”刑罚处罚结构的量刑幅度在理论上存在拘役罚金、三年以下有期徒刑罚金、三年以上十年以下有期徒刑罚金、十年以上有期徒刑罚金、十年以上有期徒刑没收财产、无期徒刑罚金、无期徒刑没收财产、拘役罚金缓刑、有期徒刑罚金缓刑、免予刑事处罚、剥夺政治权利、驱逐出境等12种量刑幅度。

2. “走私普通货物、物品罪”的刑罚处罚结构

“走私普通货物、物品罪”的刑罚处罚结构的量刑幅度虽然理论上存在着

12种量刑幅度，但在量刑实践中，上述量刑幅度的适用是非常不均衡的，驱逐出境少之又少，近乎无法观察，剥夺政治权利一般附加适用于死刑、无期徒刑，对其观察也就失去一定意义。因此，笔者对走私普通货物、物品罪量刑幅度的观察主要集中于拘役罚金、三年以下有期徒刑罚金、三年以上十年以下有期徒刑罚金、十年以上有期徒刑罚金、十年以上有期徒刑没收财产、无期徒刑罚金、无期徒刑没收财产、拘役罚金缓刑、有期徒刑罚金缓刑、免予刑事处罚等10种量刑幅度。

以方便简明计，笔者以中国裁判文书网2017年的一审24份“走私普通货物、物品罪”判决书统计该罪的刑罚处罚结构。统计结果如表8-1：

**表8-1　走私普通货物、物品罪的刑罚处罚结构**

| 量刑幅度 | 适用次数 |
|---|---|
| 三年以下有期徒刑罚金 | 3 |
| 三年以上十年以下有期徒刑罚金 | 3 |
| 十年以上有期徒刑罚金 | 7 |
| 有期徒刑罚金缓刑 | 40 |
| 定罪免刑 | 13 |
| 罚金（单位） | 1 |

从统计结果可以看出，10种量刑幅度只出现了5种，并且出现了一个异常情况，仅对单位判处了罚金，未对单位的直接负责或主管人员进行处罚。在5种量刑幅度中，有期徒刑缓刑是绝对的处于优势数量的量刑幅度。

## 二、量刑情节

合理量刑结果的取得有赖于两个基本条件：一是正确量刑起点的选择；二是影响量刑结果轻重因素影响力大小的合理确定。以某一犯罪的具体个罪的基本犯罪构成选择量刑起点后，该犯罪一般还会有剩余的犯罪构成事实和量刑情节存在，只要把这些犯罪构成剩余事实和量刑情节的影响力大小合理确定，并按照一定规则进行加减，就会得出公正、合理的量刑结果。因此，如何确定量刑情节的影响力大小是量刑活动重要的环节。

### （一）量刑情节影响力确定

#### 1. 量刑情节影响力释疑

量刑情节，指在某种行为已经构成犯罪的前提下，人民法院对犯罪人裁量刑罚时应该考虑的，据以从宽、从重量刑或免除刑罚处罚的各种量刑事实因素。根据不同标准，量刑情节有多种分类：犯罪构成事实以内的量刑情节和犯罪构成事实以外的量刑情节、定罪情节和量刑情节，应当型量刑情节和可以型量刑情节、责任型量刑情节和预防型量刑情节、单功能量刑情节和多功能量刑情节、从宽量刑情节和从严量刑情节、法定量刑情节〔1〕和酌定量刑情节〔2〕。基于以上分类，对于我们实证研究有意义的问题是：①犯罪构成事实以内的量刑情节与定罪情节差别在何处？②应当型量刑情节和可以型量刑情节对案件刑罚量的影响力是否相同？③法定型量刑情节和酌定型量刑情节对案件刑罚量的影响力是否等同？

根据《人民法院量刑指导意见（试行）》的规定，量刑情节可分为犯罪构成事实以内的量刑情节和犯罪构成事实以外的量刑情节。犯罪事实可以分为基本的犯罪构成事实、剩余的犯罪构成事实和犯罪构成事实以外的事实。在《人民法院量刑指导意见（试行）》中，基本犯罪构成事实是定罪事实，其决定着量刑起点。剩余的犯罪构成事实则就是基本犯罪构成事实以内的犯罪构成事实，这部分犯罪构成事实转化为犯罪构成以内的量刑情节，其增减量刑起点，是确定基准刑的根据。犯罪构成事实以外的事实则是不属于犯罪构成事实的量刑情节，其作用是对基准刑进行直接调节。因此，定罪事实和犯罪构成内的量刑情节没有重合，犯罪构成内的量刑情节和犯罪构成外的情节可以统称为量刑情节。

应当型量刑情节和可以型量刑情节、法定量刑情节和酌定量刑情节均在

---

〔1〕 刑法总则中，法定量刑情节有：4个“应当减轻或免除处罚情节”、4个“应当从轻、减轻或者免除处罚”情节、1个“可以从轻、减轻或者免除处罚”情节、2个“应当减轻或者减轻处罚”情节、5个“可以从轻或者减轻处罚”情节、2个“应当从重处罚”情节、2个“可以减轻处罚”情节、2个“应当不适用死刑”情节、2个“可以减轻或者免除处罚”情节、1个“可以从轻处罚”情节。刑法分则中具6类法定量刑情节：“应当从重处罚”情节、“可以减轻或免除处罚”情节、“可以免除处罚”情节、“不追究刑事责任”情节、“酌情处罚”情节。（参见陈庆：《量刑理论若干问题探究》，知识产权出版社2011年版，第91~96页。）

〔2〕 我国刑法学界大致认同的酌定量刑情节：犯罪动机，犯罪方法、手段，犯罪的时间、地点，犯罪侵害对象，犯罪的危害后果，犯罪人的主体情况，犯罪后的表现等。（参见陈庆：《量刑理论若干问题探究》，知识产权出版社2011年版，第117~118页。）

不同程度上对案件刑罚量产生着影响，但是，是否根据不同的属性就能认为其对刑罚量大小的决定有影响呢？应当型量刑情节都是法定的量刑情节，一般认为，其对量刑结果产生的影响是必然性的；可以型量刑情节既可是法定量刑情节，也可是酌定量刑情节，一般认为，其对量刑结果的影响是或然性的。基于必然性和或然性的衡量，一种观点认为，应当型的量刑情节对具体案件的刑罚量的影响力要大于可以型量刑情节的影响力。〔1〕法定量刑情节是法律对在内容和功能上都明确作出界定的情节，酌定量刑情节是法律未对其具体内容和功能作出明确界定的情节。因此，一种观点基于量刑情节具备内容明确和功能确定的特点，认为法定量刑情节对案件刑罚量的影响力大于酌定量刑情节。〔2〕笔者认为，在量刑情节的影响力上，应当型量刑情节和可以型量刑情节、法定量刑情节和酌定量刑情节并不必然存在大小之分，这是因为影响力大小和可采性大小是两个概念，两者是不同的事情。我们无法根据量刑情节对刑罚量的必然影响和或然影响推断出影响力的大小，但我们可以据此判断必然性的量刑情节必然采信，不能排除适用。而或然性情节却可以在一定规则下排除适用。同样的道理，法定情节因为内容明确和功能确定，应该必然被采纳，而酌定量刑情节却因其内容和功能的非法定化，在特殊情况下可以不被采信。当然，这仅是学理上的推测，其具体作用力大小有待于经验量刑的观察。但是，笔者注意到刑事判决书中不采用某量刑情节的时候，常常用“不足以对其从轻处罚”来排除对量刑情节的适用。但有疑问的是，这样论述是否合适呢？如在“李昌奎案”中，主审法官认为：“被告人李昌奎报复杀害王家飞、王家红，其间强奸王家飞的行为，已分别构成了故意杀人罪、强奸罪，对被告人李昌奎应实行数罪并罚。被告人李昌奎所犯故意杀人罪，犯罪手段特别残忍，情节特别恶劣，后果特别严重，其罪行特别严重，社会危害极大，应依法严惩，虽李昌奎有自首情节，但依法不足以对其从轻处罚。”〔3〕根据主审法官的叙述，主审法官在很大程度上是排除了自首情节的适用的，笔者认为，这种排除适用是不妥当的。李昌奎之所以被判处死刑，是

---

〔1〕 熊选国主编：《〈人民法院量刑指导意见〉与两高三部〈关于规范量刑程序若干问题的意见〉理解与适用》，法律出版社 2010 年版，第 114~115 页。

〔2〕 熊选国主编：《〈人民法院量刑指导意见〉与两高三部〈关于规范量刑程序若干问题的意见〉理解与适用》，法律出版社 2010 年版，第 113 页。

〔3〕《云南省昭通市中级人民法院刑事附带民事判决书》（［2010］昭中刑一初字第 52 号）。

因为其客观危害和主观恶性极大，即使考虑自首情节，从轻处罚，也不能免除其死刑。正如网上论坛中某帖子所说，一个能被判死两次的罪犯和一个只能被判死一次的罪犯应该是有差别的，被判死两次的人即使被考虑从轻处罚，其仍旧应该被判处死刑。该说法虽然不确切，却道出来一个道理——有些犯罪的社会危害性极大，即使考虑了从轻减轻处罚并降低相应的刑罚量，其减少的刑罚量对宣告刑刑罚量的确定并不产生影响。因此笔者认为，在量刑过程中，我们应该区别两种情况：一种是排除某量刑情节的适用；一种是虽然适用了某量刑情节，但其对量刑结果的作用力没有显现。第二种情况，在一些宣告刑中，我们之所以没有看到酌定情节或可以情节的作用，那不是因为其没有起到作用，而是因为该犯罪人应当被判处的刑罚量远远超过因其量刑情节而从轻的刑罚量，以致即使考量从轻情节并减少相应刑罚量之后，我们依然没有觉察到其适用的效果。如在“李昌奎案”中，李昌奎的犯罪行为应该受到的刑罚是最严厉的死刑，即使从其所受的刑罚量刑中减掉因自首而应减掉的刑罚量，其仍应被判处死刑。因此，笔者认为，应将“虽李昌奎有自首情节，但依法不足以对其从轻处罚”表述为“虽李昌奎有自首情节，但即使考虑依法对其从轻处罚且减少相应刑罚量，从轻幅度仍无法在量刑结果中显示”。

2. 量刑情节影响确定

《人民法院量刑指导意见（试行）》根据司法实践经验，确定了14种常见量刑情节的影响力，以规范量刑情节的适用。具体量刑情节及其影响力请参见表8-2：

**表8-2 《人民法院量刑指导意见（试行）》量刑情节影响力一览表**

<table>
<tr><th colspan="2">量刑情节</th><th>影响力</th><th>量刑情节</th><th>影响力</th></tr>
<tr><td rowspan="2">未成年人</td><td>已满14周岁不满16周岁的未成年人</td><td>可以减少基准刑的30%～60%</td><td rowspan="2">退赃、退赔的</td><td rowspan="2">可以减少基准刑的30%以下</td></tr>
<tr><td>已满16周岁不满18周岁的未成年人</td><td>可以减少基准刑的10%～50%</td></tr>
<tr><td colspan="2">未遂犯</td><td>以比照既遂犯减少基准刑的50%以下</td><td>积极赔偿被害人经济损失</td><td>可以减少基准刑的30%以下</td></tr>
</table>

续表

<table>
<tr><th colspan="3">量刑情节</th><th>影响力</th><th>量刑情节</th><th>影响力</th></tr>
<tr><td rowspan="2">从犯</td><td colspan="2"></td><td>可以减少基准刑的20%～50%</td><td rowspan="2">取得被害人或其家属谅解</td><td rowspan="2">可以减少基准刑的20%以下</td></tr>
<tr><td colspan="2">犯罪较轻的</td><td>可以减少基准刑的50%以上或者依法免除处罚</td></tr>
<tr><td rowspan="2">自首</td><td colspan="2">一般情况</td><td>可以减少基准刑的40%以下</td><td rowspan="2">累犯</td><td rowspan="2">可以增加基准刑的10%～40%</td></tr>
<tr><td colspan="2">犯罪较轻的</td><td>可以减少基准刑的40%以上或者依法免除处罚</td></tr>
<tr><td rowspan="3">立功</td><td colspan="2">一般立功的</td><td>可以减少基准刑的20%以下</td><td rowspan="3">前科</td><td rowspan="3">可以增加基准刑的10%以下</td></tr>
<tr><td rowspan="2">重大立功</td><td>一般情况</td><td>可以减少基准刑的20%～50%</td></tr>
<tr><td>犯罪较轻的</td><td>可以减少基准刑的50%以上或者依法免除处罚</td></tr>
<tr><td colspan="3">坦白</td><td>可以减少基准刑的20%以下</td><td>犯罪对象为未成年人、老人、残疾人、孕妇等弱势人员的</td><td>可以增加基准刑的20%以下</td></tr>
<tr><td colspan="3">当庭自愿认罪</td><td>可以减少基准刑的10%以下</td><td>在重大自然灾害、预防、控制突发传染病疫情等灾害期间犯罪的</td><td>可以增加基准刑的20%以下</td></tr>
</table>

（二）走私普通货物、物品罪量刑情节的适用

笔者对24份判决书的量刑情节考量进行了统计，具体情况如表8-3：

**表 8-3 走私普通货物、物品罪量刑情节的适用统计表**

| 序号 | 量刑因素 |
| --- | --- |
| 1 | 在共同犯罪中，被告人梁某起到辅助、次要的作用，是从犯，依法应当减轻处罚。此外，被告人梁某归案后能如实交代犯罪事实，认罪态度较好，在庭审上能认罪认罚，庭后通过亲友向本院退缴了全部偷逃的税额，挽回了国家的税收损失，且缴交了罚金 5 万余元，确有悔罪表现。 |
| 2 | 吴某雄归案后如实供述自己的罪行，可以从轻处罚。吴某雄向本院缴纳了人民币 294 075. 88 元，可以酌情从轻处罚。 |
| 3 | 李某甲在共同犯罪中，起次要作用，系从犯，依法应当减轻处罚。李某甲如实供述自己罪行，可以从轻处罚。鉴于李某甲积极提供线索配合办案机关追回赃款 38 万余元，有悔罪表现，没有再犯罪的危险，故可对其适用缓刑。 |
| 4 | 被告人刘某文自动投案，如实供述犯罪事实，属于自首，依法予以从轻处罚。被告人刘某文退缴了部分违法所得，一定程度上挽回了因走私犯罪给国家造成的经济损失，并预缴了罚金人民币 80 万，又可酌情对其从轻处罚。考虑到此前玉石毛料进口业务的整体市场环境的特殊性，可酌情对刘从轻处罚。 |
| 5 | 鉴于被告人林某某具有自首情节，且在共同犯罪中起次要作用，系从犯，依法予以减轻处罚。被告人林某某的辩护人关于被告人林某某具有自首情节，在共同犯罪中主观恶性较小，系从犯的辩护意见，经查，与事实、法律相符，予以采纳；关于被告人林某某目前家庭经济十分困难，请求法院在判处罚金时能够充分考虑其家庭经济状况，从轻处罚的辩护意见，经查，与事实相符，予以采纳。 |
| 6 | 鉴于案发后被告人孙某能如实供述主要犯罪事实，认罪悔罪，且能积极配合侦查机关查办其他刑事案件；被告人汪某惠自动投案，如实供述主要犯罪事实，具有自首情节，亦能认罪悔罪；同时考虑到艺创嘉诚公司未从走私行为中获利，本案的走私行为涉及多个环节，其他相关主体亦有一定责任，以及偷逃的税款已退缴在案、艺创嘉诚公司能预缴部分罚金等具体情节，根据罪刑相适应原则，依法可对艺创嘉诚公司、孙某从轻处罚，对汪某惠减轻处罚，并对孙某、汪某惠均适用缓刑，对扣押在案的物品依法处理。 |
| 7 | 在共同犯罪中，被告人王某起主要作用，系主犯；被告人柴某在共同犯罪过程中，起辅助作用，系从犯，依法予以减轻处罚。关于被告人王某及其辩护人提出的“其系从犯，应对其减轻处罚，并适用缓刑”的辩解辩护意见，与本院查明的事实不符，且被告人王某没有认罪悔罪表现，不具有法定减轻处罚的情节，不符合适用缓刑条件，该辩解、辩护意见不能成立，本院不予采纳。 |
| 8 | 被告人叶某郎的犯罪情节较轻，能坦白认罪，退缴部分违法所得，有悔罪表现，宣告缓刑对其所居住社区没有重大不良影响，依法可对其宣告缓刑。 |

续表

| 序号 | 量刑因素 |
| --- | --- |
| 9 | 被告人崔某刚将涉案货物转委托给灏顺公司代理进口，并积极对涉案货物的外包装予以伪装，与灏顺公司一起商议、确定涉案货物的报关品名和价格，并伪造相关报关单证提供给灏顺公司用于向海关伪报品名报关进口，在共同走私犯罪中起主要作用，是主犯，依法应当按照其所参与的全部犯罪处罚。对被告人崔某刚提出的其在共同犯罪过程在起次要作用的辩解意见，因理由不成立，不予采纳。被告人崔某刚归案后如实供述自己的罪行，依法予以从轻处罚。鉴于灏顺公司退缴了违法所得人民币 30 万元，挽回了本案国家税款流失的大部分损失，对被告人崔某刚酌情从轻处罚。被告人崔某刚提出请求从轻处罚的辩解意见有事实和法律依据，予以采纳。 |
| 10 | 鉴于被告人陈某兴归案后能如实供述罪行，依法可以从轻处罚。 |
| 11 | 被告人陈某犯罪以后自动投案，如实供述自己的罪行，是自首，依法可以从轻或者减轻处罚。作为被告单位奥奇公司直接负责的主管人员陈某自首，应当认定被告单位奥奇公司自首，作为被告单位奥奇公司其他直接责任人员的周某东，归案后，如实交代自己知道的犯罪事实，可以视为自首。案发后，被告单位奥奇公司能主动退出违法所得，被告人陈某、周某东归案后能如实供述自己的罪行，并当庭认罪，故依法对被告人陈某、周某东某予以减轻处罚。被告人赵某惠归案后能如实供述自己的罪行，依法可以从轻处罚。 |
| 12 | 被告单位城金玻璃有限公司、被告人王某甲是从犯，自愿退出偷逃应缴税款，本院依法对其减轻处罚。 |
| 13 | 在共同犯罪中，各被告单位、被告人均起主要作用，是主犯，应按照其组织、参与的全部犯罪处罚。被告人吴某某、印某某归案后如实供述自己的罪行，对两被告人及被告单位杭州某某贸易有限公司可从轻处罚。其余两被告单位的诉讼代表人及两被告人当庭认罪，均予从轻处罚。被告单位杭州某某贸易有限公司的诉讼代表人、被告人吴某某、印某某、黄某某的辩护人就此节所提辩解、辩护意见成立，予以采纳。被告单位杭州某某贸易有限公司主动退缴违法所得人民币 500 万元，可酌情从轻处罚。 |
| 14 | 在走私共同犯罪中，被告人李某起主要作用，是主犯，依法应当按照其所参与的全部犯罪处罚；被告单位云南信威食品有限公司、被告人李某诵、李某敏、童某春、杨某起次要作用，是从犯，依法应当减轻处罚。被告人李某、李某诵归案后如实供述罪行，依法可以从轻处罚。被告人李某诵协助司法机关抓捕其他犯罪嫌疑人，有立功表现，依法可以从轻处罚。被告人童某春自动投案，并如实供述自行的罪行，其后虽翻供，但在一审判决前又能如实供述，具有自首情节，依法可以从轻处罚。被告人李某敏、杨某自愿认罪，可酌情从轻处罚。被告单位云南信威食品有限公司、被告人童某春、杨某主动退缴违法所得，可酌情从轻处罚。 |

续表

| 序号 | 量刑因素 |
| --- | --- |
| 15 | 被告单位惠某公司在共同犯罪中起次要作用，是从犯，应当从轻或减轻处罚。 |
| 16 | 根据被告人孙某春的犯罪事实和悔罪表现，对其适用缓刑确实不再危害社会，可以对其适用缓刑。认定被告单位直接负责的主管人员自首的，对被告单位北京万某博公司亦应认定为单位自首，依法从轻处罚。 |
| 17 | 张某峰、孙某甲在走私共同犯罪中起次要作用，均是从犯，应当减轻处罚，其中孙某甲在共同犯罪中所起作用小于张某峰。 |
| 18 | 鉴于被告人林某甲到案后能如实交代犯罪事实，认罪态度好，在法庭上认罪认罚，确有悔罪表现，在庭前主动退缴了全部的偷逃税额，挽回了国家的经济损失，且被告人林某甲年事已高，体弱多病，社会危害性较小，对被告人林某甲依法可以宣告缓刑。 |
| 19 | 本院审理期间，被告单位退缴违法所得20万元，可依法从轻处罚；被告人谢某向本院提交认罪书，并在庭审中当庭认罪，鉴于其如实供述自己的罪行，有认罪、悔罪表现，可依法从轻处罚。 |
| 20 | 无 |
| 21 | 在走私共同犯罪中，被告单位中山市亿霖灯饰有限公司、被告人林某敬、区某乾、被告单位天津永和物流有限公司、被告人胡某岩均起主要作用，是主犯，依法应当按照其所参与的全部犯罪处罚；被告人谭某华、王某喜、洪某华、陈某敏、邓某键均起次要作用，是从犯，对被告人谭某华、王某喜、洪某华、邓某键依法均应减轻处罚，对被告人陈某敏依法应当从轻处罚。被告人胡某岩、洪某华在接到办案人员电话通知后到案接受调查，可视为自动投案，其归案后如实供述主要罪行，均可认定为自首，依法可分别对其从轻、减轻处罚。被告单位天津永和物流有限公司具有自首情节，依法可以对其从轻处罚。被告人王某喜归案后协助侦查机关抓获同案犯洪某华，可认定为有立功表现，依法可以对其减轻处罚。被告人区某乾、胡某岩、谭某华、王某喜、邓某键归案后如实供述主要罪行，依法可以对其从轻处罚。 |
| 22 | 对公诉机关提出被告人夏某勇系自首，被告人丁某在羁押场所阻止他人自杀，具有立功表现，被告人杨某、焦某辉、孙某双、刘某、王某、肖某、赵某、董某、杨某婷、刘某、徐某丽、谭某、徐某系从犯的意见予以采纳，本院量刑时依法予以考虑。<br>被告人刘某、徐某丽在侦查机关未采取强制措施时，到案如实供述犯罪事实，均构成自首，依法从轻处罚。<br>被告单位及被告人到案后均认罪，全额或部分缴纳了罚金，结合其在犯罪中 |

续表

| 序号 | 量刑因素 |
| --- | --- |
|  | 的作用地位，酌情从轻处罚。<br>对法定代表、诉讼代理人、辩护人提出的被告人具有自首、立功、从犯、认罪态度好及犯罪数额等相关辩护意见，均予以采纳。<br>中运公司犯罪数额刚达到起刑点，被告人丁某虽作为主管人员，但犯罪情节轻微；被告人刘某、王某、肖某、赵某、董某、杨某婷、刘某、徐某丽、谭某、徐某、焦某辉均系被告单位的员工，在犯罪中系从犯，情节轻微，可对上述被告人定罪免刑。 |
| 23 | 鉴于被告人杜某霖归案后，能够如实供述犯罪事实，有坦白情节，归案后及庭审期间，能深刻认识到自己行为的社会危害性，积极代被告单位退缴违法所得，有悔罪表现，综合考虑上述情节及本案的具体情节，对被告人杜某霖可依法免于刑事处罚，被告单位案发后，退缴违法所得，认罪悔罪，可依法从轻处罚。 |
| 24 | 尹某滨在未被采取强制措施时，主动到案，如实供述自己的罪行，依法应当认定被告人尹某滨自首。应依法认定被告单位泽慧公司自首，对被告单位可从轻判处罚金。考虑尹某滨具有自首情节，同时结合被告单位和被告人尹某滨主动退缴违法所得等情节，对尹某滨依法从轻处罚并适用缓刑。 |

通过真实判决书的量刑情节的适用，我们可以直接感受到走私普通货物、物品罪量刑过程中量刑情节的适用过程。除了自首、坦白、从犯、立功、自愿认罪、悔罪、退赃退赔等法定量刑情节外，身体情况、家庭经济情况、市场情况等酌定量刑情节也被考量在内。其中，在走私普通货物、物品罪的量刑过程中，退赃退赔在量刑过程中有明显的作用。这些结论对其他犯罪的量刑有一定的参考。

第二编

# 海洋刑法分论

PART TWO

CHAPTER 09 第九章

# 海洋刑法分论概述

## 第一节　海洋刑法分则体系及其与总则的关系

### 一、海洋刑法分则的体系

本书认为，海洋犯罪是指自然人或者单位以海洋为犯罪场域或者以海洋为犯罪对象实施的具有严重的社会危害性、触犯刑法、应受刑罚惩罚的行为。海洋刑法就是规定海洋犯罪及其刑事责任（其承担方式主要是刑罚）的法律规范的有机统一。海洋刑法调整的范围，包括以海洋为犯罪场域实施的犯罪和以海洋环境资源为犯罪对象的犯罪两大类别。

（一）破坏国家管理海洋资源的法律秩序的犯罪

（1）破坏海洋自然环境保护的犯罪，主要包括：“污染环境罪”“非法处置进口固体废物罪”“擅自进口固体废物罪”。

（2）破坏海洋动物资源保护的犯罪，主要包括：“非法捕捞水产品罪”“非法猎捕、杀害珍贵、濒危野生动物罪”“非法收购、运输、出售珍贵、濒危野生动物及其制品罪”“非法狩猎罪”等。

（3）破坏海洋植物资源保护的犯罪，主要包括：“非法占用农用地罪”“非法采矿罪”“破坏性采矿罪”等。

（4）破坏海洋土地矿产资源保护的犯罪，主要包括：“非法采伐、毁坏国家重点保护植物罪”“非法收购、运输、加工、出售国家重点保护植物及其制品罪”“盗伐林木罪”“滥伐林木罪”“非法收购、运输盗伐、滥伐的林木罪”等。

（二）以海洋为场域实施的犯罪

（1）海上危害公共安全罪，主要包括“放火罪”“失火罪”“爆炸罪”

“过失爆炸罪”“决水罪”“过失决水罪”“以危险方法危害公共安全罪”“过失以危险方法危害公共安全罪”“破坏交通工具罪”“破坏交通设施罪”“破坏广播电视设施”“公用电信设施罪”“准备实施恐怖活动犯罪”“非法持有宣扬恐怖主义”“极端主义的物品罪”“非法制造、买卖、运输、储存危险物质罪”“盗窃、抢夺、抢劫枪支、弹药、爆炸物、危险物质罪”“交通肇事罪”“重大责任事故罪”“劫持船只、汽车罪”等。

（2）海上侵犯人身权利罪，主要包括：“故意杀人罪”“故意伤害罪”“绑架罪”“拐卖妇女儿童罪”等。

（3）海上侵犯财产罪，主要包括：“抢劫罪”“抢夺罪”“盗窃罪”“故意毁坏财物罪”等。

（4）海上走私犯罪，主要包括：“走私普通货物、物品罪”“走私武器、弹药罪和走私核材料罪”“走私文物罪和走私贵重金属罪”“走私珍贵动物、珍贵动物制品罪”“走私淫秽物品罪”“走私废物罪”“走私、贩卖、运输、制造毒品罪”“非法生产、买卖、运输制毒物品、走私制毒物品罪”“非法买卖、运输、携带、持有毒品原植物种子、幼苗罪”等。

（5）妨害海洋管理秩序罪，主要包括：“组织他人偷越国（边）境罪”“运送他人偷越国（边）境罪”“偷越国（边）境罪”“破坏界碑界桩罪”“破坏永久性测量标志罪”“妨害公务罪”“入境发展黑社会组织罪”“盗掘古人类化石、古脊椎动物化石罪”“妨害国境卫生检疫罪”“妨害动植物检疫罪”等。

（6）涉海渎职犯罪，主要包括：“滥用职权罪”“玩忽职守罪”“环境监管失职罪”“放纵走私罪”“动植物检疫徇私舞弊罪”“放行偷越国（边）境人员罪”“帮助犯罪分子逃避惩罚罪”“失职造成珍贵文物损毁流失罪”等。

以上分则体系，形成了本书分论体系的基本框架。

考虑到海洋犯罪，涉及许多国际犯罪，且我国缔结或者参加了许多国际条约。因此，在讨论各个具体的海洋犯罪之前，对我国缔结或者参加的有关国际条约中的涉海犯罪及其国内法照应情况予以评析。由此，本书第二编海洋刑法分论由下列四章构成：

第九章　海洋刑法分论概述

第十章　国际条约中涉海犯罪及其与国内法的照应

第十一章　以海洋环境资源为犯罪对象的犯罪

第十二章　以海洋为场域的犯罪

## 二、海洋刑法罪刑规范与刑法总则关系

刑法总则与分则是普遍与特殊的关系：一方面，分则规范只有以总则规范为指导并与之结合，才能正确实施；另一方面，总则的一般性规定必须通过分则的具体规定才能实现并进一步丰富和发展。例如，对具体犯罪的客体要件、客观要件、主体要件、主观要件以及法定刑的理解与确定，都必须以总则规定为指导，受总则的制约；当分则条文没有规定主体要件、主观要件时，应以总则规定予以补充。

《刑法》第 101 条规定："本法总则适用于其他有刑罚规定的法律，但是其他法律有特别规定的除外。"据此，不仅刑法的分则部分，即使是单行刑法和附属刑法原则上都要以刑法典总则为指导、制约和补充。但是，由于单行刑法和附属刑法是特别法，刑法典属普通法，根据特别法优于普通法的原则，行为同时触犯单行刑法、附属刑法与刑法分则时，或者特别刑法有特别规定时，应适用特别刑法的规定。

海洋刑法的罪刑规范，散见于刑法、单行刑法和附属刑法之中。其与刑法总则的关系，遵照《刑法》第 101 条的规定执行。

正是这样，海洋刑法学分论与总论也是密切相关、相互制约、相互促进的关系。一方面，分论贯彻并体现总论的原理、原则；促进总论的实践效用；成熟的、带有普遍性的分论观点可能升华为总论的内容。另一方面，总论对各论具有概括作用、指导作用、制约作用。这些相互关系，在后面的内容中都能得到验证。

# 第二节　法条竞合

## 一、法条竞合的概念、特征和情形

法条竞合，是指一个行为同时符合了数个法条规定的犯罪构成，但从数个法条之间的逻辑关系（交叉或者包容关系）看，只能适用其中一个法条，当然地排除其他法条适用的情况。

法条竞合具有三个特征：①行为人实施了一个犯罪行为；② 一个犯罪行

为，从形式上看，同时符合了数个法条规定的犯罪构成；③数个法条之间具有一定的逻辑关系，因而只能适用其中一个法条。

现实社会中的犯罪现象千姿百态，有的犯罪行为是另一犯罪中的一部分，有的犯罪行为的一部分也是另一犯罪行为的一部分。错综复杂的犯罪现象，反映在刑事立法上便是错综复杂的规定。在刑法上，此一法条规定的犯罪，可能是另一法条规定的犯罪的一部分，或者，此一法条规定的犯罪的一部分情况，也可能是另一法条规定的犯罪的一部分情况。这就导致一个犯罪行为可能同时符合数个法条规定的犯罪构成。例如，军人故意泄漏国家军事秘密的，既符合《刑法》第398条的“故意泄漏国家秘密罪”的构成要件，又符合《刑法》第432条的“故意泄漏军事秘密罪”的构成要件。一个行为，行为符合数个法条规定的犯罪构成是由刑法错综复杂的规定所致，故不可能同时适用数个法条，只能适用其中一个法条。

法条竞合的形成原因可归结为以下几种情况：①因犯罪主体形成的法条竞合。如环境监管失职行为，既符合《刑法》第408条规定的“环境监管失职罪”的犯罪构成，又符合《刑法》第397条规定的“玩忽职守罪”的犯罪构成。②因犯罪对象形成的法条竞合。如非法捕捞娃娃鱼的行为，既符合《刑法》第340条规定的“非法捕捞水产品罪”的犯罪构成，又符合《刑法》第341条规定的“非法猎捕珍贵濒危野生动物罪”的犯罪构成。③因犯罪目的形成的法条竞合。如以牟利为目的传播淫秽物品的行为，既符合《刑法》第363条第1款规定的“传播淫秽物品牟利罪”的犯罪构成，又符合《刑法》第364条规定的“传播淫秽物品罪”的犯罪构成。④因犯罪手段形成的法条竞合。如冒用他人名义签订合同骗取财物的行为，既符合《刑法》第224条规定的“合同诈骗罪”的犯罪构成，又符合《刑法》第266条规定的“诈骗罪”的犯罪构成。⑤因危害结果形成的法条竞合。如非法处置进口固体废物并且导致公私财物遭受重大损失或者严重危害他人身体健康的，就“过失导致公私财物遭受重大损失或者严重危害他人身体健康”的结果而言，既符合《刑法》第115条规定的“过失以危险方法危害公共安全罪”的犯罪构成，又符合《刑法》第339条规定的“非法处置进口的固体废物罪”的犯罪构成。⑥同时因手段、对象等形成的法条竞合。如以特定手段诈骗贷款的行为，既符合《刑法》第266条规定的“诈骗罪”的犯罪构成，又符合第193条规定的“贷款诈骗罪”的犯罪构成等。

对法条竞合的处理，在现行刑法上有所反映。例如，《刑法》第235条规定：“过失伤害他人致人重伤的，处三年以下有期徒刑或者拘役。本法另有规定的依照规定。”该规定表明，如果某种行为虽然符合过失致人重伤的构成要件，但又符合其他法条规定的犯罪构成要件，则应依其他法条论处，不再适用《刑法》第235条。这不仅肯定了法条竞合的存在，而且肯定了法条竞合时只能适用其中一个法条。

## 二、法条竞合的适用原则

禁止重复评价原则要求法条竞合时只能适用一个法条。但到底选择适用哪一个法条则必须确立一定的原则。

中外刑法理论对法条竞合的概括以及适用原则尚存争议。我们对此持赞同态度，从法律上看，法条竞合分为两种情况：①一个行为同时符合“相异法律”中的普通刑法与特别刑法，“相异法律”指仅从形式上而言不是一个法律文件，但实质上都是刑法；②一个行为同时触犯同一部法律的普通条款与特别条款，并且赞同“将所有的法条竞合概括为特别法与普通法的关系”。[1]以此为前提，法条竞合的具体适用原则如下：

（1）一个行为同时符合相异法律之间的普通法与特别法规定的犯罪构成时，应严格贯彻特别法优于普通法的适用原则。

这是由特别刑法与普通刑法的关系决定的。普通刑法，是在一般范围内普遍适用的刑法；特别刑法，是在特定范围内适用的刑法。特别刑法的效力，或者仅及于具有特定身份的人或者仅及于特定区域，或者仅及于特定犯罪。国家在普通刑法之外又制定特别刑法，是为了惩治特定犯罪，保护特定的法律秩序。其用意是将特定犯罪依照特别刑法论处，从而对特定的法律秩序予以特殊保护。所以，在这种情况下应适用特别刑法，而不适用普通刑法，没有例外。

（2）一个行为同时符合同一法律的普通条款与特别条款规定的犯罪构成时，应以适用特别条款优于普通条款为原则，以适用重法优于轻法为例外。

同一部法律的内部条款之间，也可能存在普通条款与特别条款的关系。这种情况既会发生在刑法之内，也会发生在特别刑法之内。普通条款是指在一般场合普遍适用的刑法条款；特别条款是指在普通条款基础上附加特定条

---

〔1〕 张明楷：《刑法学》（第2版），法律出版社2003年版，第524页以下。

件、在特别场合适用的刑法条款。例如，《刑法》第 233、235 条是过失致人死亡、重伤的普通条款；刑法中其他事故类犯罪包含致人死亡、重伤结果的条款，则是过失致人死亡、重伤的特别条款。

对这类法条竞合，法条的选择应视具体情况，分如下情况处理：①当一个行为同时触犯同一部法律的普通条款与特别条款时，在通常情况下，应依照特别条款优于普通条款的原则论处。这是因为立法者在普通条款之外又设特别条款，是为了对特定犯罪给予特定处罚，或因为某种犯罪特殊而予以特别规定。因此，通常情况下应按特别条款的规定论处。②当一个行为同时触犯同一部法律的普通条款与特别条款时，在特殊情况下，应当适用重法优于轻法来论处，即按照行为所触犯的法条中法定刑最重条款（即普通条款）定罪量刑。这里的“特殊情况”是指以下两种情况：第一，法律明文规定按重罪定罪量刑。例如，《刑法》分则第三章第一节第 149 条第 2 款规定：“生产、销售本节第一百四十一条至第一百四十八条所列产品，构成各该条规定的犯罪，同时又构成本节第一百四十条规定之罪的，依照处罚较重的规定定罪处罚。”该节第 140 条规定的是生产、销售一般伪劣产品行为，第 141~148 条规定的是生产、销售特定伪劣产品的行为。因此，第 140 条是普通条款，第 141~148 条是特别条款。行为既符合特别条款的规定又符合普通条款的规定时，原则上依照特别条款的规定定罪量刑，但如果普通条款处刑较重，则按照普通条款的规定定罪量刑。第二，法律虽然没有明文规定按普通条款规定定罪量刑，但对此也没有作禁止性规定，而且按特别条款定罪不能做到罪责刑相适应时，就要按照重法（即普通条款）优于轻法来定罪量刑。从我国刑法的规定来看，许多特别条款规定的犯罪的法定刑轻于普通条款的法定刑，如果绝对采取特别条款优于普通条款原则定罪量刑，就会造成罪责刑不均衡的现象。在这种情况下，只要刑法没有禁止适用重法（即普通条款），或者说只要刑法没有指明必须适用轻法（即特别条款），为了贯彻罪责刑相适应的基本原则，就应按照重法优于轻法来定罪量刑。例如，中华人民共和国国旗、国徽具有财产价值，规定“侮辱国旗、国徽罪”的第 299 条，与规定“故意毁坏财物罪”的第 275 条，存在特别法条与普通法条的关系，前者为特别法条，后者为普通法条。假设行为人在公共场合故意焚烧、毁损非本人所有的中华人民共和国国旗、国徽（行为人同时具有侮辱国旗、国徽的故意），且所毁坏的国旗、国徽的财产价值数额巨大，由于法条竞合，导致该行为同时触犯了上述两个条文。如果严格按照特别法条优于普通法条的原则处理，就会出现以下局面：焚烧、毁损一般财物数额巨大的，根据《刑法》第275条，“处三年以上七年以下有期徒刑”；焚烧、毁损中华人民共和国国旗、国徽的，无论其财产数额多大，都只能根据《刑法》第299条，“处三年以下有期徒刑、拘役、管制或者剥夺政治权利”，不合理之处显而易见。倘若依照重法优于轻法的原则，将故意焚烧、毁损非本人所有、财产价值数额巨大的中华人民共和国国旗、国徽的行为，认定为“故意毁坏财物罪”，则可以避免上述不合理现象，并做到罪责刑相适应。

根据以上分析，适用重法（即普通条款）优于轻法（即特别条款）的情况必须符合以下三个条件：其一，行为触犯的是同一法律的普通条款与特别条款，否则，应严格适用特别法优于普通法的原则；其二，同一法律的特别条款规定的法定刑明显低于普通条款规定的法定刑，而且，根据案件的情况，适用特别条款明显不符合罪责刑相适应原则；其三，刑法没有禁止适用普通条款，或者说没有指明必须适用特别条款，否则必须适用特别条款。如果刑法条文规定了“本法另有规定的，依照规定”，那么，就要禁止适用普通条款，或者虽然没有这样的规定，但从立法精神来看，明显只能适用特别条款的，禁止适用普通条款，如军人犯违反职责罪的行为，同时触犯普通条款，只能适用刑法分则第十章的条款，不得适用普通条款。

### 三、法条竞合与想象竞合的区别

法条竞合与想象竞合都是实施了一个行为，却触犯了数个罪名。两者的区别是：

（1）法条竞合是实施一个犯罪行为，只是出于一个罪过，并且产生一个结果；而想象竞合是实施一个自然意义的行为，出于数个罪过，并且产生数个结果。

（2）法条竞合不以具体案件的发生为存在前提；想象竞合必须以具体案件的发生为存在前提。

（3）法条竞合时竞合的相关罪名之间具有交叉或者包容关系的逻辑关系；想象竞合时竞合的相关罪名之间不具有交叉或者包容关系的逻辑关系，而是并列关系。

（4）法条竞合是“刑”的竞合；想象竞合是“罪”的竞合。

此外，对二者处理的原则也不同。

# 国际条约中涉海犯罪及其与国内法的照应

## 第一节 《联合国海洋法公约》规定的犯罪及其与国内法的照应情况评析

### 一、条约签订情况

《联合国海洋法公约》的签订和生效经历了一个漫长的过程。为稳定国际海洋秩序和保障海洋安全，联合国总共举行过三次海洋法会议。联合国第一次海洋法会议于 1958 年 2 月 24 日至 4 月 27 日在日内瓦召开，会议通过了《领海与毗连区公约》《公海公约》《捕鱼与养护生物资源公约》和《大陆架公约》。但由于历史条件的限制，参会国家中亚洲、非洲和拉丁美洲的发展中国家只占半数，这对发展中国家的海洋权益保护十分不利。联合国第二次海洋法会议于 1960 年 3 月 17 日至 4 月 27 日同样在日内瓦召开，此次会议由于各国对第一次联合国海洋法会议未能解决的领海宽度和渔区问题的意见仍分歧较大，无果而终。[1]联合国第三次海洋法会议于 1973 年 12 月 3 日在纽约开幕，有 100 多个国家和 50 多个实体（一些未独立领土、民族解放组织和国际组织等）派出的观察员出席了会议，此后，历经长达 9 年的协商与谈判，才在 1982 年 12 月 10 日的牙买加会议上通过了《联合国海洋法公约》案文，以供各国开放签署。该公约依次经各缔约国批准于 1994 年 11 月 16 日达到生效条件。后来，联合国又先后于 1994 年、1995 年通过了《关于执行 1982 年 12 月 10 日〈联合国海洋法公约〉第十一部分的协定》和《执行 1982 年 12

〔1〕 王贵勤主编：《国际法导论 = Introduction to international law》，光明日报出版社 2015 年版，第 115 页。

月10日〈联合国海洋法公约〉有关养护和管理跨界鱼类种群和高度洄游鱼类种群的规定的协定》作为补充[1]，最终形成了目前的《联合国海洋法公约》。公约不仅对旧的法律制度做了进一步的修改和完善——例如对领海宽度的确定、对大陆架边缘的界定等——还建立了一些新的制度，如群岛水域制度、专属经济区制度和国际海底制度等。截至2017年12月，《联合国海洋法公约》共有167个缔约国，其中包括澳大利亚、英国、日本等，我国于1996年5月15日批准加入该公约。美国迄今仍然没有加入该公约。

## 二、条约实体内容与国内立法的照应分析

联合国《海洋法公约》由序言、正文17部分及9个附件组成，正文共320个条款，连同附件共有446个条款，主要规定了领海、毗邻区、专属经济区、大陆架、用于国际航行的海峡、群岛国、岛屿制度、闭海或半闭海、内陆国出入海洋的权益和过境自由、国际海底以及海洋科学研究、海洋环境保护与安全、海洋技术的发展和转让等方面的海洋法律制度。

一国一旦缔结或加入某个国际条约，就必须依照国际法条约信用原则遵守条约规定，履行条约所约定的义务。然而，国际条约在国内如何适用，国际法中并无明确规定。从各国实践来看，国际条约的国内适用一般分为直接适用和转化适用两种。联合国《海洋法公约》关于海洋法律制度的规定内容庞大，体系复杂，就其国内适用是直接适用还是转化适用不能一概而论。首先，在联合国《海洋法公约》的法律体系中，原则性、抽象性的规定一般需要国内法进一步具体化而适宜转化适用，具体性、定义性、直接赋予国际法主体权利义务的规定则适宜直接适用。其次，我国宪法虽未直接规定我国对国际条约的适用方式，但就我国适用国际条约的实践来看，我国一般对国际条约的民事法律规定采用直接适用的方式，刑事和行政法律规定一般采用转化适用的方式。从我国批准《海洋法公约》后相继制定的《领海及毗连区法》《专属经济区与大陆架法》《海洋环境保护法》《渔业法》等法律法规来看，我国目前对《海洋法公约》主要采用的是间接适用方式。所以《海洋法公约》中定义和规定的相关海上犯罪行为应该以转化适用的方式为我国刑法

---

〔1〕 中共中央组织部干部教育局、中国法学会研究部编著：《领导干部法治读本》，党建读物出版社2016年版，第291页。

所调整。不过，我国刑法对海上犯罪的相关规定并不完善。

（一）《联合国海洋法公约》中的救助行为与国内法的照应分析

目前来看，海上运输因其成本低、运量足的优点仍是世界各国主要的运输方式之一，是联通世界各州物质、文化交流的重要枢纽。然而海上运输与作业与陆上运输与作业差距很大，即使操作严谨，海上运输和作业的风险仍是无法避免的，且概率比陆上大得多。由于水上环境的特殊性，海上运输与作业一旦发生事故就将面临孤立无援的处境，十分危险。海上作业事故还会因为水的流动性而迅速扩散，造成不可逆转的严重后果。因此，海上救助对于控制海难发生而言显得尤为重要，且必须争分夺秒。

为维护海上航行的安全，各缔约国在《海洋法公约》中约定了相应的救助义务，即：①每个国家应责成悬挂该国旗帜航行的船舶的船长，在不严重危及其船舶、船员或乘客的情况下：其一，救助在海上遇到的任何有生命危险的人；其二，如果得悉有遇难者需要救助的情形，在可以合理地期待其采取救助行动时，尽速前往拯救；其三，在碰撞后，对另一船舶、其船员和乘客给予救助，并在可能情况下，将自己船舶的名称、船籍港和将停泊的最近港口通知另一船舶。②每个沿海国应促进有关海上和上空安全的足敷应用和有效的搜寻和救助服务的建立、经营和维持，并应在情况需要时为此目的通过相互的区域性安排与邻国合作。由此可见，虽然公约约定每个国家对于海上事故均有救助义务，但在实际操作中，由于船长身份的特殊性和职责，对实际发生的海上事故救助与否往往取决于船长的意志，所以从《海洋法公约》条文来看，海上事故救助的义务主体应当为船长。救助的前提是不严重危及其船舶、船员或乘客，即在其力所能及的情况下，对海上事故进行合理的救助，以尽力避免海难的发生，共同促进海上安全和繁荣。

缔约国若不依照条约履行救助义务，将会面临国际社会的谴责和舆论的压力。我国刑法虽未规定不予救助罪，但我国《海上海事行政处罚规定》第45~48条规定对违反海难救助管理秩序行为，将依照《海上交通安全法》的规定处以罚款和扣留或吊销船员适任证书的行政处罚。

海上不予救助行为与近年来我国学者提倡的“见危不救罪”具有一定的相似性，学界对“见危不救罪”立法的呼声渐高，主要是由于风险刑法理论在我国的深入与发展。该理论认为：当某个或者某部分个体的人身和财产受到重大威胁，其他个体的不予救助行为将导致社会风险的持续和扩大。不予救助行为违背社会共同体相互保护、相互救助的责任，不利于人的安全保障，因而是一种具有社会危害性的行为。[1]因此，为避免风险的持续与扩大，见危不救行为应当作为一种不作为犯罪入刑且应为轻罪。为防止其入刑范围过宽而造成负面影响，应当对救援义务的产生设置限制性条件。另一方面，反对见危不救行为入刑的学者认为，若将见危不救行为入刑，法律就会超越道德的底线，使得人人自危，反而不利于社会的稳定和发展。这就是说，见危不救行为入刑这一问题仍存在争议。

笔者认为，海上不予救助行为虽与见危不救罪具有相似性，但两者救助行为本质上是有区别的。首先，海上事故对于海上救助行为的依赖性极高。即使对普通见危不救行为的义务来源进行限制，其犯罪行为所包含的情形与海上事故发生的情形也不可比拟。可以说，海上事故对于救助行为的依赖具有普遍性，一旦在合适的时机错过合适的救援船只，待救援的船只便只能处于绝对的被动地位。其次，如前所述海上不予救助犯罪的主体是船长，并非所有有救助义务的人群。而船长就其身份的特殊性、操作的专业性以及在海上航行的判断，赋予其救助义务也是合理的。因此我们应当考虑设置“海上不予救助罪”或“船长见危不救罪”。此外，《德国刑法》第 323 条 C 款关于不予救助犯罪（Unterlassene Hilfeleistung）规定：对于处于事故或普通的危险或痛苦者不提供帮助，虽然当时的情况要求、期待他提供帮助，尤其是对自己没有重要的危险并且不违反其他重要职责，其提供帮助是可能的，而不提供帮助，那么行为人就有可能被判处一年监禁或罚金。[2]德国刑法典对于不予救助犯罪的行为方式和限制条件以及行为后果均作出了明确且合理的规定，对我国不予救助犯罪的探讨和研究具有借鉴意义。

### （二）《联合国海洋法公约》中的海盗行为与国内法的照应分析

海盗行为是一种古老且严重的国际犯罪。有资料表明，古罗马帝国执行官恺撒年轻时就曾被海盗绑架过。不同时期的海盗也体现出了不同的特点，古代的海盗主要是指古希腊罗马时期活跃于地中海一带的海盗。至中世纪，海上贸易频繁，海盗进入兴盛期，当时欧洲一些国家为了对付敌国，甚至通

〔1〕 唐子艳、齐文远：“非传统安全视野中不予救助问题的刑法思考”，载《四川大学学报（哲学社会科学版）》2016 年第 4 期。

〔2〕 唐子艳、齐文远：“非传统安全视野中不予救助问题的刑法思考”，载《四川大学学报（哲学社会科学版）》2016 年第 4 期。

过颁发私掠许可证的形式授权海盗去攻击敌国的商船队或海军。17 世纪大航海时代到来也使海盗进入快速发展阶段。至 18 世纪末 19 世纪初各国海军加大对海盗的打击力度，才使得海盗在一段时间内销声匿迹。随后，20 世纪 80 年代，海盗行为又开始猖獗起来。海盗的出现严重危及了海上航行安全，制约着海上经济发展，国际社会便逐渐确认“海盗罪”是一种国际罪行，并达成了每个国家都有权惩罚海盗行为的国际习惯。各国刑法典中也制定了有关“海盗罪”和其他海洋犯罪的规定。

现代海盗不同于传统意义上的海盗。与传统海盗相比，现代海盗具有以下几种特点：一是组织严密。现代海盗具有严密的组织性、集中性，不再像传统海盗那样分散，其犯罪行为也逐渐体现出分工明确、行动有序的特点。二是技术装备精良。现代海盗借助科学技术的发展，对轻重武器装备、船舶配置以及现代技术的运用，是传统海盗所不能比拟的。三是往往具有恐怖主义的特点。现代海盗组织犯罪，不再以掠夺钱财为唯一目的，武器的发展也使得受害方在海盗行为中伤亡惨重，目前受到国际社会普遍关注的索马里海盗其实质也是一种海上恐怖主义。四是危害性更大。海盗行动范围的扩大以及其实施犯罪行为不计后果的特点，使海盗行为成了危及海洋安全的一个重要因素，对于海上航行安全、海洋生态安全、海洋环境安全均十分不利。

《联合国海洋法公约》约定所有国家应尽最大可能进行合作，以制止在公海上或在任何国家管辖范围以外的任何其他地方的海盗行为。并在第 101 条中，对海盗行为作出了如下定义：

> 下列行为中的任何行为构成海盗行为：
>
> （a）私人船舶或私人飞机的船员、机组成员或乘客为私人目的，对下列对象所从事的任何非法的暴力或扣留行为，或任何掠夺行为：
>
> （1）在公海上对另一船舶或飞机，或对另一船舶或飞机上的人或财物；
>
> （2）在任何国家管辖范围以外的地方对船舶、飞机、人或财物；
>
> （b）明知船舶或飞机成为海盗船舶或飞机的事实，而自愿参加其活动的任何行为；
>
> （c）教唆或故意便利（a）或（b）项所述行为的任何行为。

同时，第 102 条规定，军舰、政府船舶或政府飞机由于其船员或机组成员发生叛变而从事的海盗行为，军舰、政府船舶或政府飞机由于其船员或机组成员发生叛变并控制该船舶或飞机而从事第 101 条所规定的海盗行为，视同私人船舶或飞机所从事的行为。

根据以上的规定，可以看出海盗犯罪的客体是海上的船舶航行、人身安全、海上贸易秩序。“海盗罪”的犯罪客观方面必须是客观上非法实施了以船舶飞机及其所载的人或财物为犯罪对象的任何非法的暴力、扣留或掠夺行为。除了这些海盗的实行行为外，还包括“明知船舶或飞机成为海盗船舶或飞机的事实”，而自愿参加其活动的“任何行为”和“唆使他人产生实施海盗行为故意的任何行为”以及“故意便利上述行为的任何行为”。“海盗罪”的犯罪主体一般主要是私人船舶或私人飞机的船员、机组成员或乘客。在例外情况下已发生叛变的军舰、政府船舶或政府飞机的船员或机组成员，控制该船舶或飞机并从事海盗行为，也可以成为“海盗罪”的犯罪主体；“海盗罪”的犯罪主观方面为故意，行为人主观上必须“明知”船舶或飞机已经成为海盗船舶或飞机的事实，同时必须是“自愿”参加其活动，才构成“海盗罪”。因教唆或便利海盗犯罪的任何其他行为而构成的“海盗罪”，其主观方面也必须具有“明知”“故意”，无论哪种情况都必须具有明确的“私人目的”。〔1〕

对于公海上的刑事犯罪，非因特殊条件，一般只有船旗国才对其案件具有刑事管辖权。而就海盗犯罪，《海洋法公约》突破了船旗国管辖原则，规定各国对于海盗犯罪具有普遍管辖权。在公海上，或在任何国家管辖范围以外的任何其他地方，每个国家均可扣押海盗船舶或飞机，或为海盗所夺取并在海盗控制下的船舶或飞机，和逮捕船上或机上人员并扣押船上或机上财物。扣押国的法院可判定应处的刑罚，并可决定对船舶、飞机或财产所应采取的行动，但受善意第三者的权利的限制。这也是国际法中普遍管辖原则对于国家主权原则的突破。

对于“海盗罪”的国内法适用问题，《中华人民共和国刑法》第 9 条规定：“对于中华人民共和国缔结或参加的国际条约所规定的罪行，中华人民共和国在所承担的条约义务的范围内行使刑事管辖权的，适用本法。”然而，我国刑法并没有明确规定“海盗罪”。对于海盗犯罪的处罚，只能将其行为方式

〔1〕 王秋玲：“国际公约中海盗罪构成要件的修改与完善”，载《中国海商法年刊》2007 年第 1 期。

和后果分解为我国刑法分则各章节已经规定的犯罪来进行规制。具体而言，就是将“海盗罪”分解为我国《刑法》第二章、第四章中规定的“劫持船只、汽车罪”“破坏交通工具罪”“暴力危及飞行安全罪”“故意杀人罪”“故意伤害罪”“抢劫罪”“绑架罪”等。这些罪虽然与“海盗罪”具有一定联系，但是其与“海盗罪”的本质、客体和涵盖内容却有很大的不同，不能准确体现国际法对“海盗罪”的界定。总之，由于我国现行刑法中没有“海盗罪”，也没有基本可以涵盖国际法中“海盗罪”的其他罪名，如果按照现有的“近似”罪名对海盗犯罪加以审判，其结果必然导致相当一部分的海盗行为得以逃避法律制裁，不仅达不到严厉打击海盗的目的，反而可能造成放纵海盗行为的恶劣后果，甚至使国际社会对我国法律产生不必要的不信任感。[1]所以在我国刑法中增设“海盗罪”，对完善我国海洋刑法十分必要。

（三）《联合国海洋法公约》中的非法广播行为与国内法的照应分析

非法广播的对象通常是某一国家的特定群体（通常为年轻人），为了避免遭到这些国家有关部门的取缔，将许多非法电台设置在边境上，或是从停泊在外海的船只上向目标国家广播。[2]无线电波通信是海上通信的主要方式之一，在航线引导、信息交换、危机处理等方面都起着至关重要的作用。因此，国际社会对无线电波的使用进行了公平的统一分配，以保证船舶在航行中进行正常的通信联系，保持良好的无线通信质量和秩序。而非法广播没有按照国际公约同意分配的无线电波进行广播，其行为是不被国际公约允许的，且未经合法程序批准的广播在选择波段、频率上的随意性，极容易造成对正常广播的严重干扰，影响船舶航行中正常的通信联系，阻碍海上信息的交换，将对国际社会构成某种实际威胁。若非法广播影响到重要信息的传递，如海底暗礁避行、正确航线引导等，那么其行为将使海上船舶陷入一种危险的状态，且这种危险状态极易转变为严重后果。因此，制止在公海上从事非法广播，是各国应当共同承担的责任。

《联合国海洋法公约》中的非法广播就是在公海上从事未经许可的广播。该公约第109条规定了从公海从事未经许可的广播的行为，所有国家应进行

〔1〕 黄立：“我国刑法与国际刑法的衔接——以海盗罪为研究样本”，载《法学杂志》2009年第4期。

〔2〕［美］罗伯特·福特纳（Robert S. Fortner）：《国际传播·国际传播：全球都市的历史、冲突及控制》，刘利群译，华夏出版社2000年版，第239页。

合作，以制止在公海从事未经许可的广播。并指出“未经许可的广播”是指船舶或设施违反国际规章在公海上播送、旨在使公众收听或收看的无线电传音或电视广播，但遇难呼号的播送除外。对于在公海从事未经许可的广播的任何人，向船旗国、设施登记国、广播人所属国、可以收到广播的任何国家、得到许可的无线电通信受到干扰的任何国家的法院起诉均可。且上述有管辖权的国家在公海上可依照登临权逮捕从事未经许可的广播的任何人或船舶，并扣押广播器材。由此可见，国际公约中的海上非法广播行为主要有以下特征：①将这种行为定义在公海之上，如果在一个国家领土或领海内进行非法广播，可根据其国内法的规定，依一国主权行使权利而非普遍管辖权。②这种行为是行为人在公海上航行的船舶或者其他设施通过无线电台发送电信号的形式来完成的。③这种行为并没有得到国际上的合法许可。

就非法广播行为的国内法转化，我国主要是通过《中华人民共和国无线电管理条例》和《中华人民共和国刑法》第 288 条“扰乱无线电管理秩序罪”来完成的。《中华人民共和国无线电管理条例》第 6 条规定任何单位或者个人不得擅自使用无线电频率，不得对依法开展的无线电业务造成有害干扰，不得利用无线电台（站）进行违法犯罪活动。第 70 条规定，违反本条例规定，未经许可擅自使用无线电频率，或者擅自设置、使用无线电台（站）的，由无线电管理机构责令改正，没收从事违法活动的设备和违法所得，可以并处 5 万元以下的罚款；拒不改正的，并处 5 万元以上 20 万元以下的罚款；擅自设置、使用无线电台（站）从事诈骗等违法活动，尚不构成犯罪的，并处 20 万元以上 50 万元以下的罚款。《中华人民共和国刑法》第 288 条则规定，违反国家规定，擅自设置、使用无线电台（站），或者擅自占用频率，经责令停止使用后拒不停止使用，干扰无线电通讯正常进行，造成严重后果的，处三年以下有期徒刑、拘役或者管制，并处或者单处罚金。单位犯前款罪的，对单位判处罚金，并对其直接负责的主管人员和其他直接责任人员，依照前款的规定处罚。由此可见，我国对于非法广播行为的规制，主要分为两部分，即行政规制和刑法规制。行政规制主要规制非法广播的行为，即只要实施了未经许可擅自使用无线电波频率或者擅自设置使用无线电台的行为，一经查处就可对其处以罚款和没收违法所得。而刑法规制，不仅要求行为人实施了擅自设置使用无线电台或者擅自占用频率的行为，还要求其行为干扰了无线电的正常通信并造成严重后果，才能构成犯罪行为。国际公约中的非法广播也只规定行为。依照其行为是否造成严重后果，对我国有管辖权的公海上的非法广播行为进行分层次的转化适用，具有一定的合理性。但就陆上非法广播行为和海上非法广播行为而言，两者在实践细节上还是有一定差异的。例如，实施海上非法广播行为的主体一般为某些团体——特别是政治团体——也可能是国家或国家授权的机关，个人一般很少从事这种活动。海上非法广播行为的动机虽然多种多样，但政治动机占有很大比例，例如，宣传恐怖主义言论、宣传意识形态相反的政治意图等，以此来破坏国家安全和社会稳定。而陆上非法广播行为，就多数实践报道来看，往往是实施诈骗行为或非法经营行为的媒介，是实施其他犯罪行为的一种手段，因此，其行为可能触犯多个罪名。《最高人民法院关于审理扰乱电信市场管理秩序案件具体应用法律若干问题的解释》第 5 条亦规定，违反国家规定，擅自设置、使用无线电台（站），或者擅自占用频率，非法经营国际电信业务或者涉港澳台电信业务进行营利活动，同时构成“非法经营罪”和《刑法》第 288 条规定的“扰乱无线电通讯管理秩序罪”的，依照处罚较重的规定定罪处罚。因此，实践中，我国审理此类案件时，应注意其差别并给予相适应的刑罚。

（四）《联合国海洋法公约》中的其他行为与国内法的照应分析

《联合国海洋法公约》体系庞杂，对很多与海洋相关的行为均作出禁止性的规定。各缔约国应当依照公约所确立的制度，履行各国间相互的承诺。当然，依据公约中禁止性的规定以及实施违法行为的严重程度，为保护一国海洋权益，在公约转化为国内法适用的过程中，均可将禁止性规定对应刑法中的犯罪。例如，《联合国海洋法公约》中违反保护和保全海洋环境的行为、违反海洋研究制度的行为、海底文物非法贩运的行为以及破坏海底生物资源的行为等等。这些行为在我国行政法上有《海洋环境保护法》《海关法》《海底区域资源勘探开发法》以及《海域使用管理法》等进行行政规制，并与我国刑法中的“破坏环境资源保护罪”“走私罪”“侵犯知识产权罪”“破坏矿产资源罪”等相适应。由于在《联合国海洋法公约》中此类行为只作出禁止性规定，还不是严格意义上的国际犯罪，作为犯罪与否由授权缔约国自主裁夺处置。

## 第二节　《联合国禁止非法贩运麻醉药品和精神药物公约》规定的犯罪及其与国内法的照应情况评析

### 一、条约签订情况和条约实体内容

#### （一）条约签订情况

20 世纪中叶，国际毒品犯罪活动十分猖獗，毒品种类增多，吸毒人数不断上升，吸毒范围不断扩大，吸毒方式多样化，严重影响着正常的经济往来和人类的健康，也威胁着国际社会的安全。全球的药物管制重点相应地被全面转移至毒品生产和贩运管制的领域，并形成了以反洗钱为核心手段的毒品控制策略。在《联合国禁止非法贩运麻醉药品和精神药物公约》制定之前，联合国已经制定通过了《1961 年麻醉品单一公约》和《1971 年精神药物公约》，但这两个公约在内容上仅仅侧重规定了在国际贸易、合法使用、制止非法产销等方面的管制措施，尚不足以遏制日益严重的国际贩毒活动。[1]为了加强和补充《1961 年麻醉品单一公约》，经由《修正 1961 年麻醉品单一公约的 1972 年议定书》修正了该公约和《1971 年精神药物公约》中规定的措施，以便对付非法贩运的规模和程度及其严重后果，重申麻醉药品和精神药物领域现有各项条约的指导原则及其包含的管制制度。1984 年 12 月，第 39 届联合国大会通过了拟订《联合国禁止非法贩运麻醉药品和精神药物公约》的 141 号决议，经联合国和各国政府 4 年时间的努力，1988 年 12 月 19 日，《禁止非法贩运麻醉药品和精神药物公约》在奥地利维也纳联合国第六次全会上通过，并供各国开放签署。该公约于 1990 年 11 月 1 日生效，也称《维也纳公约》。

《维也纳公约》是国际社会在麻醉药品和精神药物管制规定方面的集大成者，该公约为执行 1961 年通过的《麻醉品单一公约》和 1971 年《精神药物公约》提供了另外的法律机制，明确规定了毒品洗钱犯罪的概念，强调了打击毒品洗钱犯罪的刑法手段和缔约国承担的强制性义务，并初步规范了侦查、识别毒品洗钱犯罪案件的国际合作机制等，是迄今为止针对国际毒品犯罪规制最全面的公约，此外，该公约还是国际社会也是联合国制定的第一个惩治跨国洗钱犯罪的国际性法律规范文件，是当代国际社会反洗钱犯罪的纲领性

---

〔1〕 张友干等主编：《特殊管理药品的应用与管理》，中国中医药出版社 2008 年版，第 397 页。

法律文献。我国于 1988 年 12 月 20 日签署该公约，中国全国人大常委会于 1989 年 9 月 4 日批准了该公约，我国成了该公约 70 个原始缔约国之一。目前，该公约已有 170 个缔约国。

（二）条约实体内容

《联合国禁止非法贩运麻醉药品和精神药物公约》共 34 条，其中第 1~19 条为实质性条款，第 20~25 条为执行条款，第 26~34 条为最后条款，《联合国禁止非法贩运麻醉药品和精神药物公约》对于犯罪行为规定主要体现在第 3 条的第 1、2 款。《联合国禁止非法贩运麻醉药品和精神药物公约》第 3 条犯罪和制裁第 1、2 款的规定如下：

（1）各缔约国应采取可能必要的措施将下列故意行为确定为其国内法中的刑事犯罪：

（a）（一）违反《1961 年公约》、经修正的《1961 年公约》或《1971 年公约》的各项规定，生产、制造、提炼、配制、提供、兜售、分销、出售、以任何条件交付、经纪、发送、过境发送、运输、进口或出口任何麻醉药品或精神药物；（二）违反《1961 年公约》和经修正的《1961 年公约》的各项规定，为生产麻醉药品而种植罂粟、古柯或大麻植物；（三）为了进行上述（一）目所列的任何活动，占有或购买任何麻醉药品或精神药物；（四）明知其用途或目的是非法种植、生产或制造麻醉药品或精神药物而制造、运输或分销设备、材料或表一和表二所列物质；（五）组织、管理或资助上述（一）（二）（三）或（四）目所列的任何犯罪。

（b）（一）明知财产得自按本款（a）项确定的任何犯罪或参与此种犯罪的行为，为了隐瞒或掩饰该财产的非法来源，或为了协助任何涉及此种犯罪的人逃避其行为的法律后果而转换或转让该财产；（二）明知财产得自按本款（a）项确定的犯罪或参与此种犯罪的行为，隐瞒或掩饰该财产的真实性质、来源、所在地、处置、转移、相关的权利或所有权。

（c）在不违背其宪法原则及其法律制度基本概念的前提下：（一）在收取财产时明知财产得自按本款（a）项确定的犯罪或参与此种犯罪的行为而获取、占有或使用该财产；（二）明知其被用于或将用于非法种植、生产或制造麻醉药品或精神药物而占有设备、材料或表一和表二所列物质；（三）以任何手段公开鼓动或引诱他人去犯按照本条确定的任何罪行或非法使用麻醉药品或精神药物；（四）参与进行，合伙或共谋进行，进行未遂，以及帮助、教唆、便利和参谋进行按本条确定的任何犯罪。

（2）各缔约国应在不违背其宪法原则和法律制度基本概念的前提下，采取可能必要的措施，在其国内法中将违反《1961年公约》、经修正的《1961年公约》或《1971年公约》的各项规定，故意占有、购买或种植麻醉药品或精神药物以供个人消费的行为确定为刑事犯罪。

由此可见，该公约第3条第1、2款主要规定两种犯罪，即毒品犯罪及与其收益有关的洗钱犯罪。针对毒品犯罪，该公约第3条第1款采用列举的形式对毒品犯罪的概念进行了界定，还对毒品犯罪的帮助犯、教唆犯作出具体规定。此规定较为全面，对毒品犯罪的行为方式规定得最为详细具体，对缔约国修改或制定国内有关毒品犯罪的立法提供了参考依据，是国际上通行的毒品犯罪的概念。值得注意的是，该公约将供个人消费的对毒品的占有、购买和种植行为亦规定为犯罪，占有、购买或种植基本涵盖了吸食毒品者获取毒品的方式，其实，公约相当于把除赠与获取毒品方式外的其他吸毒行为间接地规定为犯罪行为。此外，如果行为人只是占有购买、种植、毒品，供他人无偿消费，那么，依据该公约，行为人的行为也构成犯罪。其实，单纯的购买毒品行为并不能对公民的身心健康造成直接，现实的损害，但是购买毒品行为本身已经具有一定的危险性，因为它使毒品进入到了购买者的支配范围，增加了他人使用毒品的可能性，同时也增加了他人身心健康遭受毒品侵害的可能性，因此也应当对其行为加以规制。虽然犯罪分子往往因为巨额利益而实施贩运毒品的行为，但是该公约规定所成立的贩运毒品犯罪行为，并不以牟利为目的，在犯罪主体上也不区分个人还是单位。主观上除制造、运输或分销设备、材料或该公约表一和表二所列物质外也不要求明知，可见其消除滥用麻醉药品和精神药物问题之决心。

而针对与毒品犯罪收益相关的洗钱犯罪，该公约首次给出了明确的定义，即将“明知财产来源于毒品犯罪或参与犯罪的行为，为了隐瞒或掩饰该财产的非法来源，或为了协助任何参与毒品犯罪的人逃避法律责任而转换或转移该财产”的行为，以及“明知财产来源于毒品犯罪或参与犯罪的行为，隐瞒或掩饰该财产的真实性质、来源、所在地，处分、转移相关的权利或所有权”的行为等都规定为犯罪，并要求各缔约国在本国的立法中将洗钱行为规定为犯罪。该公约的特点是针对毒品犯罪、洗钱犯罪的成立要以清洗毒品犯罪所得及其收益为限。该公约强调通过反洗钱遏制毒品非法供应的刑事政策原则，要求各缔约国的立法充分关注国内非法金融交易与毒品犯罪之间的相互联系，采取切实有效的措施减少和消除毒品资金的非法转移和流通。此项原则措施，将堵截毒品收益的流动置于控制毒品泛滥的首要地位，通过全球性反洗钱政策的贯彻落实来消除毒品犯罪的内在动力，削弱毒品犯罪集团的能量和势力，从而达到遏制毒品非法供应的政策目的。〔1〕

此外，该公约对麻醉药品和精神药物进行了全面的定义，对易制毒物品以及用于制造毒品的材料和设备做出了明确的限定，并制定了详细的清单。该公约还重申和强化了有关毒品犯罪的没收制度和犯罪人引渡制度，认为缔约国应尽可能制定必要的措施，没收犯罪得来的收益或价值相当的财产以及用于此类犯罪的麻醉药品和精神药物、材料和设备或其他工具；缔约国应对贩毒犯罪的引渡提供便利，如对在其境内的罪犯不予引渡，在一般情况下则应提交本国主管当局，以便起诉。该公约对其他涉及毒品的犯罪及其惩罚原则也进行了全面的规范，并要求法院或其他主管当局对于已判定毒品犯罪的行为人，在考虑其将来可能的早释或假释时，顾及这种罪行的严重性质和公约中规定的犯罪构成特别严重犯罪的事实情况。

对于毒品犯罪和洗钱犯罪，其实在其他公约中也有规定。例如《联合国海洋法公约》第108条就规定所有国家应进行合作，以制止船舶违反国际公约在海上从事非法贩运麻醉药品和精神调理物质。任何国家如有合理根据认为一艘悬挂其旗帜的船舶从事非法贩运麻醉药品或精神调理物质，可要求其他国家合作，制止这种贩运。在公海上，适用于商船和用于商业目的的政府船舶的规则中，针对取缔违法贩运麻醉药品或精神调理物质所必要的行为更是突破其船旗国的刑事管辖权，可以逮捕与在该船舶通过期间，船上所犯罪行有关的任何人或进行与该罪行有关的调查。

## 二、国内立法的照应分析

目前我国规制与毒品相关行为的法律依据主要是2008年《中华人民共和国禁毒法》和《刑法》第六章第七节“走私、贩卖、运输、制造毒品罪”第

〔1〕 陈浩然：《反洗钱法律文献比较与解析》，复旦大学出版社2013年版，第40页。

347~357 条的规定，在审理案件时还需要依据 2016 年《最高人民法院关于审理毒品案件适用法律若干问题的解释》。

国内法规定的有关毒品的犯罪与《联合国禁止非法贩运麻醉药品和精神药物公约》中的毒品犯罪在种类上并不相同，《联合国禁止非法贩运麻醉药品和精神药物公约》规定的毒品主要包括三类：第一类，麻醉药品。即《1961 年麻醉品单一公约》及经《修正 1961 年麻醉品单一公约的 1972 年议定书》修正的该公约附表一或附表二所列的任何天然或合成物质，如鸦片、大麻等。第二类，精神药物。即《1971 年精神药物公约》附表一、二、三或四所列的任何天然或合成物质或任何天然材料，如巴比士酸盐、非巴比士酸盐镇静剂和安定剂等。第三类，经常用于非法制造麻醉药品或精神药物的物质。即《联合国禁止非法贩运麻醉药品和精神药物公约》附表一或附表二所列的该类物质。如麻黄碱、麦角新碱、醋酸酐、丙酮、邻氨基苯甲酸等。我国《刑法》第 347~357 条相关毒品犯罪中的规定中涉及的毒品有鸦片、海洛因、甲基苯丙胺（冰毒）、吗啡、大麻、可卡因，用于制造毒品的原料或配剂有醋酸酐、乙醚、三氯甲烷，毒品原植物有罂粟、大麻。虽然我国刑法中列举的麻醉药品和精神药物的种类没有《联合国禁止贩运麻醉药品和精神药品公约》中列举的多，但在实际审理案件中仍需依照相关解释才能对案件进行判决。我国 2016 年生效的《最高人民法院关于审理毒品案件适用法律若干问题的解释》中又列举了 16 大类毒品应当认定为《刑法》第 347 条第 2 款第 1 项、第 348 条规定的“其他毒品数量大”，并设置了第 17 项作为对于这 16 类毒品以外的其他数量较大毒品种类的兜底条款。这些种类的毒品，虽然没有按照公约中那样将毒品分为麻醉药品和精神药物，但是总体上能与公约中所涵盖的毒品种类持平，在实践中并不会因毒品的种类而影响对毒品犯罪的定罪。

国内法规定的有关毒品的犯罪与《联合国禁止非法贩运麻醉药品和精神药物公约》中的毒品犯罪，在行为方式上，如前所述，《联合国禁止非法贩运麻醉药品和精神药物公约》列举的毒品犯罪十分全面，其中包括非法生产、制造、提炼、配制、提供、兜售、分销、出售、以任何条件交付、经纪、发送、过境发送、运输、进口或出口运麻醉药品和精神药物；为生产麻醉药品而种植罂粟、古柯或大麻植物；为实施毒品犯罪占有或购买任何麻醉药品或精神药物；组织、管理或资助毒品犯罪；在共犯层面上还包括帮助、教唆、便利、参谋毒品犯罪和公开鼓动或引诱他人实施毒品犯罪；还包括故意占有、购买或种植麻醉药品或精神药物以供个人消费的行为。我国刑法包含的毒品犯罪的行为方式主要有生产、走私、贩卖、运输、制造、非法持有毒品或制毒物品；非法种植毒品原植物；非法买卖、运输、携带、持有毒品原植物种子、幼苗；引诱、教唆、欺骗、强迫、容留他人吸毒；专业人员非法提供麻醉药品、精神药品的行为，其中利用、教唆未成年人走私、贩卖、运输、制造毒品，或者向未成年人出售毒品的，从重处罚。显然，我国刑法中规定的行为方式不如该公约中规定的种类齐全。在司法实践中，尤其是面对海上毒品犯罪时，我国刑法在适用方面可能在一定程度上造成国内外法律的不对等，不利于我国针对毒品犯罪的国际合作和严厉打击。此外，该公约将故意占有、购买或种植麻醉药品或精神药物以供个人消费的吸毒行为视为犯罪，我国却只在《中华人民共和国禁毒法》中将吸毒行为视为行政违法行为，帮助吸毒人员进行戒毒治疗，教育和挽救吸毒人员。这种行政处罚只是一种教育挽救措施，在实践中的施行效果并不理想，吸毒人员往往在戒毒所戒毒治疗重返社会后继续复吸。而且毒品一般都具有致幻效果。行为人在实行吸毒行为的同时，往往会诱发盗窃、抢劫、故意伤害、故意杀人等其他暴力性刑事犯罪。近年来，毒驾引起的交通肇事案件也曾出不穷，因此，将吸毒行为犯罪化具一定的合理性。

《联合国禁止非法贩运麻醉药品和精神药物公约》中与毒品收益有关的洗钱犯罪，在研究国际刑法时具有纲领性的意义，在其转化为国内法适用时，与之对应的是我国《刑法》第 349 条规定的“包庇毒品犯罪分子罪”和“窝藏、转移、隐瞒毒品、毒赃罪”，即包庇走私、贩卖、运输、制造毒品的犯罪分子的，为犯罪分子窝藏、转移、隐瞒毒品或者犯罪所得的财物的行为。它与我国《刑法》第 191 条所规定的“洗钱罪”是包含与被包含的关系，只不过将“洗钱罪”的上游犯罪设定为毒品犯罪，此罪的转化适用并无大碍。

## 第三节　《联合国禁止贩运人口议定书》规定的犯罪及其与国内法的照应情况评析

### 一、条约签订情况和条约实体内容

#### （一）条约签订情况

贩运人口是古老的犯罪，早在古代和中世纪，黑人就经由撒哈拉商道、尼罗河及印度洋被贩卖到南欧、阿拉伯世界、波斯、南亚等地。如今，传统的奴隶制度已经退出了人类历史舞台，但是目前世界范围内的人口贩运形势非常严峻。根据国际劳工组织的估计，从 2016 年全球人口贩运执法数据来看，全球执法过程中被害人数高达 66 520 人，其中包括用于强迫劳动和性剥削的人口贩运受害者，而这只是犯罪黑数中的冰山一角。要结束一切形式的贩运人口行为，我们必须采取一个共同的、全球相互协调的、一致的办法，全球行动计划刚好能够帮助我们实现这一点。2000 年之前，针对人口贩运，虽然有《禁奴公约》《废止奴隶制、奴隶贩运及类似奴隶制的制度与习俗补充公约》《禁止贩卖人口及取缔意图营利使人卖淫的公约》《儿童权利公约》等，以上公约虽有各项载有打击剥削人特别是剥削妇女和儿童行为的规则和实际措施的国际文书，但尚无一项处理人口贩运问题所有方面的国际文书。为采取有效行动预防和打击国际贩运人口特别是妇女和儿童，2000 年，在意大利巴勒莫市通过了《联合国打击跨国有组织犯罪公约关于预防、禁止和惩治贩运人口特别是妇女和儿童行为的补充议定书》（简称《联合国禁止贩运人口议定书》或者《巴勒莫议定书》）。《巴勒莫议定书》是世界上第一个专门应对人口贩运犯罪的全球性国际文件，它是打击人口贩运的全球性国际法文件中最为核心的法律文件。我国于 2010 年 3 月批准加入该公约。

（二）条约实体内容

《巴勒莫议定书》对人口贩运的术语做出了如下规定：

（一）“人口贩运”系指为剥削目的而通过暴力威胁或使用暴力手段，或通过其他形式的胁迫，通过诱拐、欺诈、欺骗、滥用权力或滥用脆弱境况，或通过收受酬金或利益取得对另一人有控制权的某人的同意等手段招募、运送、转移、窝藏或接收人员；剥削应至少包括利用他人卖淫进行剥削或其他形式的性剥削、强迫劳动或服务、奴役或类似奴役的做法、劳役或切除器官。

（二）如果已使用本条第(一)项所述任何手段，则人口贩运活动被害人对第(一)项所述的预谋进行的剥削所表示的同意并不相干。

（三）为剥削目的而招募、运送、转移、窝藏或接收儿童，即使并不涉及本条第(一)项所述任何手段，也应视为“人口贩运”。

（四）“儿童”系指任何 18 岁以下者。

可以看出，议定书中规定的人口贩运主要有以下三个特点：①“行为”：招募、运输、转移、藏匿或者接收人口；②“方式”：使用或者威胁使用暴力或者其他形式的强制、诱拐、欺诈、蒙骗、滥用权力或者脆弱境况，通过接受酬金或者利益取得对另一人有控制权的某人的同意。③“目的”：基于剥削的目的。剥削至少应当包括对他人卖淫的剥削，或者其他形式的性剥削，强制劳动或服务，奴役或者与奴役类似的行为，奴役状态或者摘取器官。而且以以上行为贩运儿童不因被害人承诺而改变其犯罪性质。

议定书对贩运活动予以刑事定罪并对受害人进行保护，如《巴斯莫议定书》第6条强调人权保护为基础的对受害者的帮助保护机制，同时第7条要求缔约国赋予被害人某种程度的居留地位，给予其临时的或者永久的居留地位，第8条则要求缔约国在遣返被害人返回其拥有永久居留权的国家时，还应当注意到被害人返回之后可能遇到的困难和危险情况、考虑被害人的健康状况、是否出于自愿而遣返、是否能够获得永久居留资格及给予适当的旅行证件，以防止遣返给被害人造成不必要的痛苦和麻烦。[1]

值得说明的是，《联合国海洋法公约》第99条亦规定了贩运奴隶的禁止，该公约认为每个国家都应采取有效措施，防止和惩罚准予悬挂该国旗帜的船舶贩运奴隶，并防止为此目的而非法使用其旗帜。在任何船舶上避难的任何奴隶，不论该船悬挂何国旗帜，均当然获得自由。为人口贩运的重获自由的解救提供了依据。

## 二、国内立法的照应分析

人口贩运行为不仅侵害人权，在人口贩运过程中，还有可能对被害人造成其他身体和财产上的伤害，是一种人与人之间进行剥削的行为，必须尽一切努力遏制这种犯罪。关于人口贩运行为在我国国内法的转化适用，一般对照我国《刑法》第240~242条规定的“拐卖妇女、儿童罪”“收买被拐妇女、儿童罪”“强奸罪”“非法拘禁罪”与“故意伤害罪”“侮辱罪”“妨碍公务罪”“聚众阻碍解救被救妇女儿童罪”。在上述列举的我国刑法中有关于人口贩运的犯罪中，关于法律所保护的对象，我国刑法中只规定了保护妇女和儿童的利益，而忽略了保护男性的利益，与实践中贩运男性的现象不符，也不

〔1〕 谢文斌：“打击人口犯罪的国际法律制度研究”，湖南师范大学2014年博士学位论文。

符合男女权利平等的规则。为与《巴勒莫议定书》实现完全对接，可考虑在我国规定的人口贩运犯罪中，适当增加保护男性的利益。

## 第四节　《制止危及海上航行安全非法行为公约》规定的犯罪及其与国内法的照应情况评析

### 一、条约签订情况和条约实体内容

#### （一）条约签订情况

《制止危及海上航行安全非法行为公约》最早源于一场海上船舶劫持案件。20 世纪 80 年代，各种形式的恐怖主义行为在全球范围内愈演愈烈。海上暴力抢劫、杀人等恐怖犯罪严重扰乱着海上航运治安秩序，侵犯着海上人身、财产安全，阻碍着海上贸易与海上经济的有序发展。1985 年 10 月 7 日晚，意大利一豪华客轮“阿基莱·劳罗”号从埃及的亚历山大港驶向塞得港的途中被 7 名自称是巴勒斯坦武装突击队员的人劫持，船上共有乘客和船员 400 多人。劫持者要求释放被以色列当局监禁的 50 名巴勒斯坦人，否则，将全部处死船上的人质。虽然经过巴基斯坦解放组织和意大利代表与武装分子谈判，最终于 10 月 9 日下午 5 时，劫持意大利豪华客轮“阿基莱·劳罗”号的 4 名巴勒斯坦人无条件地向埃及当局投降，使这场持续了 44 小时的严重劫船事件化险为夷。但是在之前武装分子就已经杀害了一名美籍犹太人。[1]事件发生后，国际社会纷纷予以谴责，并对组织专门针对暴力攻击行为，保护海上航运安全制定相关的公约进行讨论，1985 年 12 月，联合国大会通过第 40/61 号决议，号召国际海事组织研究在船上发生的针对船舶的恐怖主义问题。根据联合国大会第 40/61 号决议，国际海事组织于 1988 年 3 月 1 日通过了《制止危及海上航行安全法行为公约》文案以供各国开放签署。该公约旨在国家间开展国际合作，拟定和采取切实有效的措施，防止一切危及海上航行安全的非法行为，对凶犯起诉并加以惩罚。该公约于 1992 年 3 月 1 日达到条件而生效。我国是该公约的缔约国之一，至今该公约共有 166 个缔约国。

2001 年“9·11 事件”的发生，使人们再次意识到海上安全局势的严峻，必须采取更为严密的防控措施，才能进一步控制海上恐怖主义行为的发生。

---

〔1〕 http://www.people.com.cn/GB/historic/1007/3320.html，访问时间：2018 年 3 月 21 日。

2002年7月，美国向国际海事组织法律委员会第85届会议提交了《制止危及海上航行安全法行为公约》的协议书草案，委员会对该草案进行了深入的研究和审议，最终于2005年10月召开外交大会审议并通过《制止危及海上航行安全法行为公约》2005年公约议定书。该议定书于2010年7月28日生效，我国还没有加入该议定书。截至2015年3月，该议定书共有33个缔约国。议定书在1988年公约的基础上，明确了公约的适用范围，界定了“生物武器”“化学武器”“核武器”的概念等，一定程度上增强了打击恐怖分子的可操作性。

（二）条约实体内容

1988年《制止危及海上航行安全法行为公约》由序言和22条正文组成。对于公约的适用范围、危及海上航行安全罪的认定、刑事管辖权和国际合作等内容作出了详细的规定。比较特殊的是在适用范围方面，公约适用的“船舶”系指任何种类的非永久依附于海床的船舶，包括动力支撑船、潜水器或任何其他水上船艇。并不适用于军舰、国家拥有或经营的用作海军辅助船或用于海关或警察目的的船舶和已退出航行或闲置的船舶。

关于危及海上航行安全的行为，该公约第3条规定：

1. 任何人如非法并故意从事下列活动，则构成犯罪：

（a）以武力或武力威胁或任何其他恐吓形式夺取或控制船舶；

（b）对船上人员施用暴力，而该行为有可能危及船舶航行安全；或

（c）毁坏船舶或对船舶或其货物造成有可能危及船舶航行安全的损坏；或

（d）以任何手段把某种装置或物质放置或使之放置于船上，而该装置或物质有可能毁坏船舶或对船舶或其货物造成损坏而危及或有可能危及船舶航行安全；或

（e）毁坏或严重损坏海上导航设施或严重干扰其运行，而此种行为有可能危及船舶的航行安全；或

（f）传递其明知是虚假的情报，从而危及船舶的航行安全；或

（g）因从事（a）至（f）项所述的任何罪行或从事该类罪行未遂而伤害或杀害任何人。

2. 任何人如从事下列活动，亦构成犯罪：

（a）从事第1款所述的任何罪行未遂；或

(b) 唆使任何人从事第 1 款所述的任何罪行或是从事该罪行者的同谋；或

(c) 无论国内法对威胁是否规定了条件，以从事第 1 款 (b) 项 (c) 项和 (e) 项所述的任何罪行相威胁，旨在迫使某自然人或法人从事或不从事任何行为，而该威胁有可能危及船舶的航行安全。

依据上述，“危及海上航行安全罪”是指故意非法使用暴力、暴力威胁或其他恐怖活动，危害国际民用船舶航行安全，破坏海上航行秩序的行为。该罪既遂既有可能是实害犯，也有可能是危险犯。该公约第 3 条第 1 项 a、c、g 三款规定的夺取控制船舶、毁坏或损坏船舶及货物、伤害和杀害任何人均是实害犯的表现。而第 3 条第 1 项剩余条款主要规定实施了条款所规定的行为，且行为有可能危及船舶航行安全，就可以成立犯罪。可以看出，成立犯罪所需要的危险应为具体危险，这种危险必须达到足以危及船舶航行安全的程度才能构成犯罪。

《制止危及海上航行安全法行为公约》2005 年议定书意在强化《1988 年制止危及海上航行安全法行为公约》，以应对日益增加的恐怖主义犯罪带来的海上航行之风险。在“危及海上航行安全犯罪”的认定上，增加了对生化武器的界定。从生化武器的角度，完善了危及海上航行安全罪的构成。即利用爆炸性或者放射性材料或生物化学或核武器、船上排放的油气、液化天然气等生化武器，对船舶实施暴力、暴力威胁或其他恐怖活动，造成死亡或严重伤害、损害的行为也能构成“危及海上航行安全罪”。此外公约还扩大了恐怖主义非法行为的涵盖范围，扩大登临权的行使范围等。

## 二、国内立法的照应分析

1988 年《制止危及海上航行安全非法行为公约》及其 2005 年议定书在我国实践中亦采用间接性的方式。即通过我国刑法相互协调、完善，转化适用公约中的相关规定，以履行我国的国际义务。我国《刑法》没有直接规定“危及海上航行安全罪”，而是针对国际条约的罪行采取分解方法，对应我国刑法相关犯罪的方式来实现。“危及海上航行安全罪”根据其行为可以被分解为我国《刑法》第 122 条“劫持船只罪”，第 116 条“破坏交通工具罪”，第 117 条“破坏交通设施罪”，第 291 条“编造、故意传播虚假恐怖信息罪”，

第120条"组织、领导、参加恐怖组织罪""帮助恐怖活动罪""准备实施恐怖活动罪",第232条"故意杀人罪",第234条"故意伤害罪",以及第114条和第115条规定的"以危险方法危害公共安全罪"。[1]

不过,危及海上航行安全罪具有自己的特性,在适用时必然不能完全与我国法律契合,例如"危及海上航行安全罪"的犯罪构成条件与"劫持船只罪""破坏交通设施、交通工具罪"有很大差距,适用中会出现难以处理的问题。"危及海上航行安全罪"除对船上人员施用暴力,以武力或武力威胁危及船舶的航行安全,毁坏、夺取或控制船舶外,还包括在船舶上放置可能损坏船舶危及海上航行安全的物品、故意传播虚假信息的行为等,而我国《刑法》中的"劫持船只罪"或"破坏交通设施、交通工具罪",对此类行为都没有予以规制,若再依照其他犯罪与劫持船只罪或破坏交通设施、交通工具罪数罪并罚,往往会忽略其危及海上航行安全的本质,因此可以考虑在"危及海上航行安全罪"类罪下,将具有海洋犯罪特性的行为在刑法中予以规制,例如"暴力危害海上航行安全罪"和"海上航行安全事故罪"等。

## 第五节 《制止危及大陆架固定平台安全非法行为议定书》规定的犯罪及其与国内法的照应情况评析

### 一、条约签订情况和条约实体内容

#### (一)条约签订情况

随着勘探开发技术的进步,20世纪40年代起,许多国家都对大陆架蕴含的丰富的自然资源,特别是石油资源,进行了勘探和开发。于是不可避免地在大陆架搭建了许多人工岛屿、设施、结构等固定平台,这些固定平台在保证海上勘探和开发的正常进行、保障正常经营活动、保护施工人员的生命财产安全等方面具有重要作用。但是,针对这些固定平台的犯罪活动却时有发生,并成了国际社会普遍关注的问题。因此,《制止危机大陆架固定平台安全非法行为议定书》便应运而生。《制止危及大陆架固定平台安全非法行为议定书》的诞生与《1988年制止危及海上航行安全非法行为公约》颇有渊源。前述国际海事组织根据联合国大会决议,着手制定《1988年制止危及海上航行

[1] 赵微、王赞:《海上国际犯罪研究》,法律出版社2015年版,第223页。

安全非法行为公约》草案时，在研究和审议公约草案的过程中，美国主张这一公约也适用于海上固定平台，但荷兰、日本等国家并不赞同，这些国家认为海上固定平台不属于公约中适用的“船舶”的范畴。因此，经过讨论，国际海事组织依据《1988年制止危及海上航行安全非法行为公约（草案）》的内容，拟定了《制止危及大陆架固定平台安全非法行为议定书》。1988年3月，各国在签订《1988年制止危及海上航行安全非法行为公约》的同时，在“认识到制订该公约的理由同样也适用于大陆架固定平台”的基础上，同时签订了《制止危机大陆架固定平台安全非法行为议定书》。该公约需3个国家签字并批准、接受或核准或已交存了有关批准、接受、核准或加入文书之后90天才能生效，同时不能在《1988年制止危及海上航行安全非法行为公约》之前生效，该公约于1992年3月1日生效。我国是该公约的缔约国之一，至今该公约共有152个缔约国。

2005年，《1988年制止危及海上航行安全非法行为公约》修订的同时，《制止危及大陆架固定平台安全非法行为议定书》也经历了一次修订，国际海事组织在2005年10月14日伦敦会议上通过了2005议定书，以确保公约议定后更适用于大陆架平台。该议定书需3个国家签字并批准、接受或核准或已交存了有关批准、接受、核准或加入文书之后90天才能生效，同时不能在《1988年制止危及海上航行安全非法行为公约》2005年议定书之前生效，该议定书于2010年7月28日生效，我国还没有加入该议定书。至2016年3月，该议定书共有40个缔约国。

（二）条约实体内容

《制止危及大陆架固定平台安全非法行为议定书》与《1988年制止危及海上航行安全非法行为公约》的内容基本一致。议定书规定共10条。分别对适用范围、犯罪行为界定、管辖权、生效方式等内容作出了相关规定。

关于公约中的“危及大陆架固定平台安全罪”，该公约第2条规定：

1. 任何人如非法并故意从事下列活动，则构成犯罪：

（a）以武力或武力威胁或任何其他恐吓形式夺取或控制固定平台；或

（b）对固定平台上的人员施用暴力，而该行为有可能危及固定平台的安全；或

（c）毁坏固定平台或对固定平台造成可能危及其安全的损坏；或

(d) 以任何手段将可能毁坏固定平台或危及其安全的装置或物质放置或使之放置于固定平台上；或

(e) 因从事 (a) 项至 (d) 项所述的任何罪行或从事该类罪行未遂而伤害或杀害任何人。

2. 任何人如从事下列活动，亦构成犯罪：

(a) 从事第 1 款所述的任何罪行未遂；或

(b) 唆使任何人从事任何该类罪行或是从事该类罪行者的同谋；或

无论国内法对威胁是否规定了条件，以从事第 1 款 (b) 项和 (c) 项所述的任何罪行相威胁，旨在迫使某自然人或法人从事或不从事某种行为，而该威胁有可能危及该固定平台的安全。公约吸收了《1988 年制止危及海上航行安全非法行为公约》的精神，关于危及大陆架固定平台安全罪的规定于前述危及海上航行安全罪如出一辙，在此不再赘述。

2005 年议定书对 1988 年《制止危及大陆架固定平台安全非法行为议定书》的主要修订体现在扩大了犯罪行为的范围。其一，规定若某人行动目的在本质和动机上为非法故意恐吓民众，或是强迫政府或国际组织采取或放弃采取任何行动，对固定式平台或在固定式平台使用或从固定式平台上卸下任何爆炸性、放射性材料或 BCN 武器，其方式可能会造成人员死亡、严重伤害；或从固定平台卸下油品、液化天然气或其他有毒有害物质，其数量和浓度可能会造成死亡、严重伤害，均视为犯罪。其二，规定在任何犯罪行为中有意非法伤害或杀害他人的；犯罪未遂的；从犯；组织或指示他人犯罪的均属于犯罪。使修改后的协议书适用于大陆架平台。

## 二、国内立法的照应分析

我国刑法分则尚未设置专门罪名惩治危及大陆架固定平台安全犯罪，但有包容性的罪名即以“危险方法危害公共安全犯罪”来惩治，例如《刑法》第 114 条规定和第 115 条规定“放火罪”“决水罪”“爆炸罪”“投放危险物质罪”“以危险方法危害公共安全罪”。由此可见，我国作为《议定书》缔约国在国内法中并未对“危及大陆架固定平台安全罪”做出正面的、直接的回应，而是通过扩大解释的方法适用“以危险方法危害公共安全罪”的条文惩治。这种国内法化模式虽然使条文比较简练，但通过学理解释的方法将条文扩大适用于固定平台易产生歧义，且两罪在犯罪客体、犯罪客观方面等方面有较大出入，易引起司法审判的矛盾和混乱。[1]为惩治海上恐怖主义犯罪，避免作为可引渡罪行的“危及大陆架固定平台安全罪”面临我国因双重犯罪而无法引渡之尴尬，有必要在我国刑法中增设《议定书》所确立的“危及大陆架固定平台安全罪”。

---

〔1〕 王赞：“危及大陆架固定平台安全罪国内法化研究”，载《中国海洋大学学报（社会科学版）》2014年第5期。

# 以海洋环境资源为行为对象的犯罪

犯罪构成“四要件”之下的“行为对象”，区别于作为犯罪客体要件之载体的“犯罪对象”，是危害行为直接指向对象的客观的、非价值的、中性的认知。本章所讨论的“以海洋环境资源为行为对象”的犯罪，是现行刑法所规定的，可能以海洋自然环境为污染对象和以海洋自然资源为对象的不可持续的开发利用所导致的犯罪。结合海洋刑法的特点，这一章讨论的犯罪包括11个罪名，分为四小类：一是破坏自然环境保护的犯罪（“污染环境罪”“非法处置进口固体废物罪”“擅自进口固体废物罪”）。二是破坏动物资源保护的犯罪（“非法捕捞水产品罪”“非法猎捕、杀害珍贵、濒危野生动物罪”“非法收购、运输、出售珍贵、濒危野生动物、珍贵、濒危野生动物制品罪”，以及“非法狩猎罪”）。三是破坏植物资源保护的犯罪（“非法采伐、毁坏国家重点保护植物罪”“非法收购、运输、加工、出售国家重点保护植物、国家重点保护植物制品罪”，以及“盗伐林木罪”“滥伐林木罪”，以及“非法收购、运输盗伐、滥伐的林木罪”）。四是破坏农用地矿产资源保护的犯罪（“非法占用农用地罪”“非法采矿罪”“破坏性采矿罪”）。以下，本书将分四节加以阐述。

## 第一节　破坏自然环境保护的犯罪

### 一、污染环境罪

#### （一）污染环境罪的概念和犯罪构成

根据《刑法修正案（八）》所修订的《刑法》第338条之规定，污染环境罪，是指自然人或者单位违反国家的规定，排放、倾倒或者处置有放射性的废物、含传染病病原体的废物、有毒物质或者其他有害物质，严重污染环境的行为。

本罪的犯罪构成要件：

（1）客体要件为国家环境保护的法律秩序。本罪的犯罪对象是环境。根据《环境保护法》第2条的规定，这里的环境，是指影响人类生存和发展的各种天然的和经过人工改造的自然因素的总体。学理上，一般把环境要素分为生存型环境要素和资源型环境要素。这里所指的是生存环境。

本罪是法定犯。鉴于环境犯罪的两面性，污染环境行为是否构成本罪由当时的社会生产发展状况、科学技术、内政外交等多方面的情况所决定。因为只要生活，就会产生垃圾，就会污染环境；只要生产，就会产生废物和其他污染物，就会污染环境。由此，本罪的罪与非罪的标准，关键是国家按当时社会的情况制定相应的排污标准，以供一体遵行，从而确定行为人的排污行为是否严重违反排污标准。这些排污标准被法定化并贯彻实施，形成了国家环境保护的法律秩序。基于刑法的保障法地位，本罪就是污染行为对这一法律秩序的严重破坏：危害了构成国家整体法秩序中的“环境保护的法律秩序”。

有的学者把本罪的客体要件表述为“国家环境保护制度”[1]。笔者认为，这一认识需要深化。考察犯罪本质，需要进一步揭示出制度所承载的是什么，而不是制度本身。

有的学者认为，本罪保护的法益是维持人类存续的生态环境[2]。笔者认为：一方面，把犯罪本质归结为对法益的侵害，本身是落后的观点；另一方面，生态法益的观念，则又过于超前。因为在生态利益的主体除了人（类）外，是否还包括动物、植物、石头、山川、河流、大海等环境要素存在巨大争议的情况下，从目前的世界范围内看，生态法益是一个不确定的概念。

（2）客观要件为行为人违反国家规定，非法排放、倾倒或者处置有放射性的废物、含传染病病原体的废物、有毒物质或者其他有害物质，严重污染环境的行为。其具体包含有以下要素：

第一，违反了国家规定。按照《刑法》第96条的规定：“本法所称违反国家规定，是指违反全国人民代表大会及其常务委员会制定的法律和决定，国务院制定的行政法规、规定的行政措施、发布的决定和命令。”具体而言，

---

〔1〕赵秉志：《刑法新教程》（第4版），中国人民大学出版社2012年版，第566页；高铭暄、马克昌主编：《刑法学》（第7版），北京大学出版社、高等教育出版社2016年版，第581页。

〔2〕周光权：《刑法各论》（第3版），中国人民大学出版社2016年版，第421页。

即违反了国家为保护环境所制定的法律、行政法规。如《环境保护法》《水污染防治法》《大气污染防治法》《固体废物污染环境防治法》《海洋环境保护法》等法律，以及《放射保护条例》《工业“三废”排放试行标准》等法规。

第二，实施了排放、倾倒或者处置有害物质的行为：

首先，所谓有害物质，是指有放射性的废物、含传染病病原体的废物、有毒物质或者其他有害物质。这里的“放射性废物”，是指放射性元素含量超过国家规定阈值的固体、液体和气体废弃物。这里的“含传染病病原体的废物”，是指含有传染病病原体的污水、粪便等废弃物。这里的“有毒物质”，根据最高人民法院、最高人民检察院 2016 年 11 月发布的《关于办理环境污染刑事案件适用法律若干问题的解释》（法释［2016］29 号）（该解释 2017 年 1 月 1 日生效）第 15 条规定，下列物质应当认定为《刑法》第 338 条规定的“有毒物质”：①危险废物，是指列入国家危险废物名录，或者根据国家规定的危险废物鉴别标准和鉴别方法认定的，具有危险特性的废物；②《关于持久性有机污染物的斯德哥尔摩公约》附件所列物质；③含重金属的污染物；④其他具有毒性，可能污染环境的物质。这里的“其他有害物质”，是指除上述有害物质之外的，对环境、人身有害的各种污染物（包括普通污染物）。

其次，“排放”，是指将有害物质排入环境中，包括泵出、溢出、泄出、喷出和倒出等行为；“倾倒”，是指通过船舶、航空器、汽车、平台或者其他运载工具将有害物质弃置于环境中；“处置”，是指以环境保护法律法规禁止的方式来处理有害物质。根据 2016 年 11 月发布的《最高人民法院、最高人民检察院关于办理环境污染刑事案件适用法律若干问题的解释》（法释［2016］29 号）第 16 条，无危险废物经营许可证，以营利为目的，从危险废物中提取物质作为原材料或者燃料，并具有超标排放污染物、非法倾倒污染物或者其他违法造成环境污染的情形的行为，应当认定为“非法处置危险废物”。

最后，本罪行为量度的界限是“是否达到严重污染环境”。根据前述（法释［2016］29 号）第 1 条的规定，实施污染的行为，具有下列情形之一的，应当认定为“严重污染环境”：①在饮用水水源一级保护区、自然保护区核心区排放、倾倒、处置有放射性的废物、含传染病病原体的废物、有毒物质的；②非法排放、倾倒、处置危险废物 3 吨以上的；③排放、倾倒、处置含铅、汞、镉、铬、砷、铊、锑的污染物，超过国家或者地方污染物排放标准 3 倍以上的；④排放、倾倒、处置含镍、铜、锌、银、钒、锰、钴的污染物，超过国家或者地方污染物排放标准10倍以上的；⑤通过暗管、渗井、渗坑、裂隙、溶洞、灌注等逃避监管的方式排放、倾倒、处置有放射性的废物、含传染病病原体的废物、有毒物质的；⑥2年内曾因违反国家规定，排放、倾倒、处置有放射性的废物、含传染病病原体的废物、有毒物质受过2次以上行政处罚，又实施前列行为的；⑦重点排污单位篡改、伪造自动监测数据或者干扰自动监测设施，排放化学需氧量、氨氮、二氧化硫、氮氧化物等污染物的；⑧违法减少防治污染设施运行支出100万元以上的；⑨违法所得或者致使公私财产损失30万元以上的；⑩造成生态环境严重损害的；⑪致使乡镇以上集中式饮用水水源取水中断12小时以上的；⑫致使基本农田、防护林地、特种用途林地5亩以上，其他农用地10亩以上，其他土地20亩以上基本功能丧失或者遭受永久性破坏的；⑬致使森林或者其他林木死亡50立方米以上，或者幼树死亡2500株以上的；⑭致使疏散、转移群众5000人以上的；⑮致使30人以上中毒的；⑯致使3人以上轻伤、轻度残疾或者器官组织损伤导致一般功能障碍的；⑰致使1人以上重伤、中度残疾或者器官组织损伤导致严重功能障碍的；⑱其他严重污染环境的情形。第17条规定，本解释所称“2年内”，以第一次违法行为受到行政处罚的生效之日与又实施相应行为之日的时间间隔计算确定。其中的“重点排污单位”是指设区的市级以上人民政府环境保护主管部门依法确定的应当安装、使用污染物排放自动监测设备的重点监控企业及其他单位。“违法所得”，是指实施《刑法》第338、339条规定的行为所得和可得的全部违法收入。“公私财产损失”，包括实施《刑法》第338、339条规定的行为直接造成财产损毁、减少的实际价值，为防止污染扩大、消除污染而采取必要合理措施所产生的费用，以及处置突发环境事件的应急监测费用。“生态环境损害”，包括生态环境修复费用，生态环境修复期间服务功能的损失和生态环境功能永久性损害造成的损失，以及其他必要的合理费用。“无危险废物经营许可证”，是指未取得危险废物经营许可证，或者超出危险废物经营许可证的经营范围。

（3）犯罪主体要件是自然人已满16周岁且精神正常。本罪除自然人外，也可由单位构成。有许多学者不注意刑事责任年龄和刑事责任能力的种属逻辑关系。如有学者表述为：“犯罪主体是一般主体，包括已满16周岁且具有刑事责任能力的自然人和单位。"[1]

(4) 关于本罪的主观要件，学界认识不一。有的认为是犯罪过失[2]；有的认为是犯罪故意[3]；有的认为大多数情况下行为人对污染环境的结果怀有过失的心理态度，但也不排除行为人主观上出于故意（大多数是间接故意）的情形，特别是行为人多次排污的情况下，虽经制止仍然实施生产经营活动，而导致重大污染事故发生的情形。[4]在《刑法修正案（八）》之前，本罪是过失犯罪，没有疑问；《刑法修正案（八）》把本罪的入罪条件由"造成重大环境污染事故，致使公私财产遭受重大损失或者严重危害人体健康"，修改为"严重污染环境"，由此导致了本罪罪过的变化。仔细分析前述法释［2016］29 号关于"严重污染环境"的具体标准，笔者认为，本罪主观要件可以是犯罪故意，也可以是犯罪过失：凡是以传统的法益作为入罪衡量标准的，行为人对于传统法益的损害结果，持过失心态（至于对污染行为本身，则可以是故意而为，也可以是过失）；凡是不以传统的法益的损害作为入罪衡量标准的，行为人对污染环境的心态均是犯罪故意。

（二）污染环境罪的刑事责任规定

《刑法》第 338 条规定，犯本罪的，处三年以下有期徒刑或者拘役，并处或者单处罚金；后果特别严重的，处三 年以上七年以下有期徒刑，并处罚金。

根据前述法释［2016］29 号第 3 条，具有下列情形之一的，应当认定为"后果特别严重"：①致使县级以上城区集中式饮用水水源取水中断 12 小时以上的；②非法排放、倾倒、处置危险废物 100 吨以上的；③致使基本农田、防护林地、特种用途林地 15 亩以上，其他农用地 30 亩以上，其他土地 60 亩以上基本功能丧失或者遭受永久性破坏的；④致使森林或者其他林木死亡 150 立方米以上，或者幼树死亡 7500 百株以上的；⑤致使公私财产损失 100 万元以上的；⑥造成生态环境特别严重损害的；⑦致使疏散、转移群众 15 000 人以上的；⑧致使 100 人以上中毒的；⑨致使 10 人以上轻伤、轻度残疾或者器官组

[1] 高铭暄、马克昌主编：《刑法学》（第 7 版），北京大学出版社、高等教育出版社 2016 年版，第 582 页。

[2] 高铭暄、马克昌主编：《刑法学》（第 7 版），北京大学出版社、高等教育出版社 2016 年版，第 582 页。

[3] 张明楷：《刑法学》（第 5 版）（下册），法律出版社 2016 年版，第 1131 页。

[4] 李晓明：《刑法学分论》，北京大学出版社 2017 年版，第 347 页。

织损伤导致一般功能障碍的；⑩致使 3 人以上重伤、中度残疾或者器官组织损伤导致严重功能障碍的；⑪致使 1 人以上重伤、中度残疾或者器官组织损伤导致严重功能障碍，并致使 5 人以上轻伤、轻度残疾或者器官组织损伤导致一般功能障碍的；⑫致使一人以上死亡或者重度残疾的；⑬其他后果特别严重的情形。

根据法释［2016］29 号第 4 条，实施本罪，具有下列情形之一的，应当从重处罚：①阻挠环境监督检查或者突发环境事件调查，尚不构成妨害公务等犯罪的；②在医院、学校、居民区等人口集中地区及其附近，违反国家规定排放、倾倒、处置有放射性的废物、含传染病病原体的废物、有毒物质或者其他有害物质的；③在重污染天气预警期间、突发环境事件处置期间或者被责令限期整改期间，违反国家规定排放、倾倒、处置有放射性的废物、含传染病病原体的废物、有毒物质或者其他有害物质的；④具有危险废物经营许可证的企业违反国家规定排放、倾倒、处置有放射性的废物、含传染病病原体的废物、有毒物质或者其他有害物质的。

根据法释［2016］29 号第 5 条，实施《刑法》第 338 条规定的行为，刚达到应当追究刑事责任的标准，但行为人及时采取措施，防止损失扩大、消除污染，全部赔偿损失，积极修复生态环境，且系初犯，确有悔罪表现的，可以认定为情节轻微，不起诉或者免予刑事处罚；确有必要判处刑罚的，应当从宽处罚。

根据法释［2016］29 号第 6 条，无危险废物经营许可证从事收集、贮存、利用、处置危险废物经营活动，严重污染环境的，按照污染环境罪定罪处罚；同时构成非法经营罪的，依照处罚较重的规定定罪处罚。实施前款规定的行为，不具有超标排放污染物、非法倾倒污染物或者其他违法造成环境污染的情形的，可以认定为非法经营情节显著轻微危害不大，不认为是犯罪；构成生产、销售伪劣产品等其他犯罪的，以其他犯罪论处。

根据法释［2016］29 号第 7 条，明知他人无危险废物经营许可证，向其提供或者委托其收集、贮存、利用、处置危险废物，严重污染环境的，以共同犯罪论处。

根据法释［2016］29 号第 8 条，违反国家规定，排放、倾倒、处置含有毒害性、放射性、传染病病原体等物质的污染物，同时构成污染环境罪、非法处置进口的固体废物罪、投放危险物质罪等犯罪的，依照处罚较重的规定定罪处罚。

《刑法》第346条规定，单位犯本罪的，对单位判处罚金，并对直接负责的主管人员和其他直接责任人员按照自然人犯罪的规定处罚。

## 二、非法处置进口的固体废物罪〔1〕

### （一）概念和犯罪构成

2002年12月28日通过的《刑法修正案（四）》对本罪有所修改。根据修正后的《刑法》第339条第1款，非法处置进口的固体废物罪，是指自然人或者单位违反国家规定，将境外的固体废物进境倾倒、堆放、处置的行为。

本罪的犯罪构成要件：

（1）客体要件为国家对固体废物进口利用的污染防治管理的法律秩序。有的学者把本罪的客体要件表述为“国家对固体废物进口利用的污染防治管理制度”。〔2〕有的学者表述为“国家对固体废物污染防治的管理活动”。〔3〕笔者认为，相对而言，后一种表述较好，但都需要深化：考察犯罪本质，需要进一步揭示出制度或者活动所承载的是什么，而不是制度和活动本身。本罪的犯罪对象是生存环境。

（2）客观要件为违反国家规定，将境外的固体废物进境倾倒、堆放、处置的行为。首先，该行为违反了国家规定，即《固体废物防治法》《废物进口环境保护管理暂行规定》等法律、法规。《固体废物防治法》第24条规定，禁止中国境外的固体废物进境倾倒、堆放、处置。其次，行为人实施了将境外的固体废物进境倾倒、堆放、处置的行为。本罪的行为对象是固体废物。所谓固体废物，根据《固体废物污染环境防治法》第88条的规定，是指在生产、生活和其他活动中产生的丧失原有利用价值或者虽未丧失原有利用价值但被抛弃或者放弃的固态、半固态和置于容器中气态物品物质，以及法律、行政法规规定纳入固体废物管理的物品、物质；所谓境外固体废物，即人们

---

〔1〕司法解释对本罪的罪名归纳并不科学：一是把进境概括为“进口”不妥；二是把“倾倒”“堆放”“处置”归结为“处置”也是不妥的。笔者认为，将本罪罪名归纳为“非法进境固体废物罪”。

〔2〕高铭暄、马克昌主编：《刑法学》（第7版），北京大学出版社、高等教育出版社2016年版，第583页。

〔3〕赵秉志：《刑法新教程》（第4版），中国人民大学出版社2012年版，第568页。

通常所称的“洋垃圾”，是指从中国（边）境以外的其他国家或地区（包括香港、澳门、台湾等地区）运进的日常生活、生产建设以及其他的各种活动中产生的污染环境的固态、半固态废弃物质。最后，本罪是行为犯，即只要行为人具有违反国家规定，将境外的固体废物进境倾倒、堆放、处置的行为，就构成本罪。不以发生环境污染的结果为条件，如果没有进境倾倒、堆放、处置的，不构成既遂。将境外的固体废物进境倾倒，是指将境外固体废物进境倾泻、排放；将境外的固体废物进境堆放，是指将境外固体废物进境直接弃置的行为；将境外的固体废物进境处置，是指将境外固体废物进境焚烧和用其他改变固体废物的物理、化学、生物特性的行为。

（3）主体要件是自然人已满16周岁且精神正常。本罪除自然人外，也可由单位构成。

（4）主观要件为犯罪故意。可表述为：行为人明知将境外的固体废物进境倾倒、堆放、处置的行为，违反国家规定、会污染环境，仍然希望或者放任污染环境结果的发生的心理态度。

（二）关于本罪的刑事责任

《刑法》第339条第1款规定，犯本罪的，处五年以下有期徒刑或者拘役，并处或者单处罚金；造成重大环境污染事故，致使公私财产遭受重大损失或者严重危害人体健康的，处五年以上十年以下有期徒刑，并处罚金；后果特别严重的，处十年以上有期徒刑，并处罚金。

这里的“造成重大环境污染事故，致使公私财产遭受重大损失或者严重危害人体健康”，根据法释［2016］29号第2条，实施《刑法》第339条规定的行为。“致使公私财产损失三十万元以上，或者具有本解释第一条第十项至第十七项规定情形之一的”，应当认定为“致使公私财产遭受重大损失或者严重危害人体健康”。其中，法释［2016］29号第1条规定的“第十项至第十七项”是指：“（10）造成生态环境严重损害的；（11）致使乡镇以上集中式饮用水水源取水中断十二小时以上的；（12）致使基本农田、防护林地、特种用途林地五亩以上，其他农用地十亩以上，其他土地二十亩以上基本功能丧失或者遭受永久性破坏的；（13）致使森林或者其他林木死亡五十立方米以上，或者幼树死亡二千五百株以上的；（14）致使疏散、转移群众五千人以上的；（15）致使三十人以上中毒的；（16）致使三人以上轻伤、轻度残疾或者器官组织损伤导致一般功能障碍的；（17）致使一人以上重伤、中度残疾或者器官组织损伤导致严重功能障碍的。”

这里的“后果特别严重”，根据前述法释［2016］29号第3条，具有下列情形之一的，应当认定为“后果特别严重”：①致使县级以上城区集中式饮用水水源取水中断12小时以上的；②非法排放、倾倒、处置危险废物100吨以上的；③致使基本农田、防护林地、特种用途林地15亩以上，其他农用地30亩以上，其他土地60亩以上基本功能丧失或者遭受永久性破坏的；④致使森林或者其他林木死亡150立方米以上，或者幼树死亡7500株以上的；⑤致使公私财产损失100万元以上的；⑥造成生态环境特别严重损害的；⑦致使疏散、转移群众15 000人以上的；⑧致使100人以上中毒的；⑨致使10人以上轻伤、轻度残疾或者器官组织损伤导致一般功能障碍的；⑩致使3人以上重伤、中度残疾或者器官组织损伤导致严重功能障碍的；⑪致使1人以上重伤、中度残疾或者器官组织损伤导致严重功能障碍，并致使5人以上轻伤、轻度残疾或者器官组织损伤导致一般功能障碍的；⑫致使1人以上死亡或者重度残疾的；⑬其他后果特别严重的情形。

根据法释［2016］29号第4条，实施本罪，具有下列情形之一的，应当从重处罚：①阻挠环境监督检查或者突发环境事件调查，尚不构成妨害公务等犯罪的；②在医院、学校、居民区等人口集中地区及其附近，违反国家规定排放、倾倒、处置有放射性的废物、含传染病病原体的废物、有毒物质或者其他有害物质的；③在重污染天气预警期间、突发环境事件处置期间或者被责令限期整改期间，违反国家规定排放、倾倒、处置有放射性的废物、含传染病病原体的废物、有毒物质或者其他有害物质的；④具有危险废物经营许可证的企业违反国家规定排放、倾倒、处置有放射性的废物、含传染病病原体的废物、有毒物质或者其他有害物质的。

根据法释［2016］29号第5条，实施《刑法》第339条规定的行为，刚达到应当追究刑事责任的标准，但行为人及时采取措施，防止损失扩大、消除污染，全部赔偿损失，积极修复生态环境，且系初犯，确有悔罪表现的，可以认定为情节轻微，不起诉或者免予刑事处罚；确有必要判处刑罚的，应当从宽处罚。

根据法释［2016］29号第8条，违反国家规定，排放、倾倒、处置含有毒害性、放射性、传染病病原体等物质的污染物，同时构成污染环境罪、非法处置进口的固体废物罪、投放危险物质罪等犯罪的，依照处罚较重的规定定罪处罚。

根据法释［2016］29号第17条的规定，本解释所称“违法所得”，是指实施《刑法》第339条规定的行为所得和可得的全部违法收入。本解释所称“公私财产损失”，包括实施《刑法》第339条规定的行为直接造成财产损毁、减少的实际价值，为防止污染扩大、消除污染而采取必要合理措施所产生的费用，以及处置突发环境事件的应急监测费用。本解释所称“生态环境损害”，包括生态环境修复费用，生态环境修复期间服务功能的损失和生态环境功能永久性损害造成的损失，以及其他必要合理费用。本解释所称“无危险废物经营许可证”，是指未取得危险废物经营许可证，或者超出危险废物经营许可证的经营范围。

《刑法》第346条规定，单位犯本罪的，对单位判处罚金，并对直接负责的主管人员和其他直接责任人员按照自然人犯罪的规定处罚。定罪量刑标准依照《解释》的有关规定执行。

## 三、擅自进口固体废物罪

### （一）概念和犯罪构成

根据《刑法》第339条第2款的规定，擅自进口固体废物罪，是指自然人或者单位未经国务院有关主管部门许可，擅自进口固体废物用作原料，造成重大环境污染事故，致使公私财产遭受重大损失或者严重危害人体健康的行为。

本罪的犯罪构成要件：

（1）客体要件为国家对固体废物进口利用的污染防治管理的法律秩序。有的学者把本罪的客体要件表述为“国家对固体废物进口利用的污染防治管理制度”[1]。有学者表述为“国家对固体废物进口利用的污染防治管理活动”。[2]笔者认为，相对而言，后一种表述较好。但都需要深化：考察犯罪本质，需要进一步揭示出制度或者活动所承载的是什么，而不是制度和活动本身。本罪的犯罪对象是生存环境。

（2）客观要件为未经国务院有关主管部门许可，擅自进口固体废物用作原料，造成重大环境污染事故，致使公私财产遭受重大损失或者严重危害人

［1］高铭暄、马克昌主编：《刑法学》（第7版），北京大学出版社、高等教育出版社2016年版，第584页。

［2］赵秉志：《刑法新教程》（第4版），中国人民大学出版社2012年版，第568页。

体健康的行为。详言之，具有以下内容：

第一，进口固体废物行为，没有经过国务院有关主管部门的许可。《固体废物环境防治法》第 25 条明确规定，对于不能作原料的废物，国家禁止进口；对于可以用作原料的固体废物，国家限制进口。国家授权有关部门指定、调整、公布可以用作原料进口的固体废物目录，未被列入的，禁止进口；确有必要进口的，必须经国务院有关部门审查许可。本罪的“进口行为”就是没有经过国务院有关主管部门的许可，属擅自进口。

第二，进口了固体废物，并且目的是用作原料。本罪的行为对象是固体废物。所谓固体废物，根据《固体废物污染环境防治法》第 88 条的规定，是指在生产、生活和其他活动中产生的丧失原有利用价值或者虽未丧失原有利用价值但被抛弃或者放弃的固态、半固态和置于容器中的气态物品物质，以及法律、行政法规规定纳入固体废物管理的物品、物质。这里的固体废物只限于可以用作原料的固体废物。对于不能作原料的废物，国家禁止进口；如果以利用原料为名，进口不能用作原料的固体废物、液态废物、气态废物的，则可构成走私废物罪。

至于进口本身的形式要件，并不违反规定。如果进口行为本身构成走私的，则不属于本罪涵摄的范围。

第三，擅自进口固体废物行为造成严重的危害结果。本罪是结果犯，必须是擅自进口行为造成重大环境污染事故，致使公私财产遭受重大损失或者严重危害人体健康或者更为严重的结果。

这里的“造成重大环境污染事故，致使公私财产遭受重大损失或者严重危害人体健康”，根据法释［2016］29 号第 2 条，实施《刑法》第 339 条规定的行为，“致使公私财产损失三十万元以上，或者具有本解释第一条第十项至第十七项规定情形之一的”，应当认定为“致使公私财产遭受重大损失或者严重危害人体健康”。其中，法释［2016］29 号第 1 条规定的“第十项至第十七项”是指：“（10）造成生态环境严重损害的；（11）致使乡镇以上集中式饮用水水源取水中断十二小时以上的；（12）致使基本农田、防护林地、特种用途林地五亩以上，其他农用地十亩以上，其他土地二十亩以上基本功能丧失或者遭受永久性破坏的；（13）致使森林或者其他林木死亡五十立方米以上，或者幼树死亡二千五百株以上的；（14）致使疏散、转移群众五千人以上的；（15）致使三十人以上中毒的；（16）致使三人以上轻伤、轻度残疾或者器官组织损伤导致一般功能障碍的；（17）致使一人以上重伤、中度残疾或者器官组织损伤导致严重功能障碍的。”

（3）犯罪主体要件是自然人已满16周岁且精神正常。本罪除自然人外，也可由单位构成。

（4）主观要件为犯罪过失。即行为人应该预见到擅自进口固体废物的行为可能造成重大环境污染事故，致使公私财产遭受重大损失或者严重危害人体健康或者更为严重的结果，因疏忽大意而没有预见，或者虽然有所预见，但轻信能够避免，以致发生了这种结果的心理态度。不过，行为人对其擅自进口固体废物的行为，具有违反国家规定的故意，并且进口固体废物的目的是用作原料。

有的学者认为，本罪属于故意犯罪。[1]这种观点的错误在于把行为人对行为本身的认识和意志内容，与我国刑法的故意的认识和意志混同了。因此，在中国刑法语境下，有别于德日和英美国家，刑法上的罪过内容不限于行为人对行为本身的心理态度，其要害在于对“行为能够产生危害社会结果”的认识和意志。

（二）关于本罪的刑事责任

《刑法》第339条第2款规定，犯本罪的，处五年以下有期徒刑或者拘役，并处或者单处罚金；后果特别严重的，处五年以上十年以下有期徒刑，并处罚金。

这里的“后果特别严重”，根据前述法释［2016］29号第3条，具有下列情形之一的，应当认定为“后果特别严重”：①致使县级以上城区集中式饮用水水源取水中断12小时以上的；②非法排放、倾倒、处置危险废物100吨以上的；③致使基本农田、防护林地、特种用途林地15亩以上，其他农用地30亩以上，其他土地60亩以上基本功能丧失或者遭受永久性破坏的；④致使森林或者其他林木死亡150立方米以上，或者幼树死亡7500百株以上的；⑤致使公私财产损失100万元以上的；⑥造成生态环境特别严重损害的；⑦致使疏散、转移群众15 000人以上的；⑧致使100人以上中毒的；⑨致使10人以上轻伤、轻度残疾或者器官组织损伤导致一般功能障碍的；⑩致使3人以上

〔1〕高铭暄、马克昌主编：《刑法学》（第7版），北京大学出版社、高等教育出版社2016年版，第584页。

重伤、中度残疾或者器官组织损伤导致严重功能障碍的；⑪致使1人以上重伤、中度残疾或者器官组织损伤导致严重功能障碍，并致使5人以上轻伤、轻度残疾或者器官组织损伤导致一般功能障碍的；⑫致使1人以上死亡或者重度残疾的；⑬其他后果特别严重的情形。

根据法释［2016］29号第4条，实施本罪，具有下列情形之一的，应当从重处罚：①阻挠环境监督检查或者突发环境事件调查，尚不构成妨害公务等犯罪的；②在医院、学校、居民区等人口集中地区及其附近，违反国家规定排放、倾倒、处置有放射性的废物、含传染病病原体的废物、有毒物质或者其他有害物质的；③在重污染天气预警期间、突发环境事件处置期间或者被责令限期整改期间，违反国家规定排放、倾倒、处置有放射性的废物、含传染病病原体的废物、有毒物质或者其他有害物质的；④具有危险废物经营许可证的企业违反国家规定排放、倾倒、处置有放射性的废物、含传染病病原体的废物、有毒物质或者其他有害物质的。

根据法释［2016］29号第5条，实施《刑法》第339条规定的行为，刚达到应当追究刑事责任的标准，但行为人及时采取措施，防止损失扩大、消除污染，赔偿全部损失，积极修复生态环境，且系初犯，确有悔罪表现的，可以认定为情节轻微，不起诉或者免予刑事处罚；确有必要判处刑罚的，应当从宽处罚。

根据法释［2016］29号第17条，本解释所称“违法所得”，是指实施《刑法》第339条规定的行为所得和可得的全部违法收入。本解释所称的“公私财产损失”，包括实施《刑法》第339条规定的行为直接造成财产损毁、减少的实际价值，为防止污染扩大、消除污染而采取必要合理措施所产生的费用，以及处置突发环境事件的应急监测费用。本解释所称“生态环境损害”，包括生态环境修复费用，生态环境修复期间服务功能的损失和生态环境功能永久性损害造成的损失，以及其他必要合理费用。本解释所称“无危险废物经营许可证”，是指未取得危险废物经营许可证，或者超出危险废物经营许可证的经营范围。

《刑法》第346条规定，单位犯本罪的，对单位判处罚金，并对直接负责的主管人员和其他直接责任人员按照自然人犯罪的规定处罚。定罪量刑标准依照司法解释的有关规定执行。

## 第二节　破坏动物资源保护的犯罪

### 一、非法捕捞水产品罪

（一）概念和犯罪构成

非法捕捞水产品罪，是指违反保护水产品资源法规，在禁渔区、禁渔期或者使用禁用的工具、方法捕捞水产品，情节严重的行为。

本罪的犯罪构成要件：

（1）客体要件为作为国际整体法律秩序有机组成部分的“国家保护水产品资源的法律秩序”。犯罪对象是水产品。

有学者表述为“国家对水产品资源的管理秩序”。[1]这一见解如果能进一步将管理秩序提升到“国家整体法律秩序”的高度，则是可取的。有的教材表述为国家和渔民的渔业利益。[2]这一见解本是法益说的具体化。笔者认为，法益说从根本上讲，并不可取。

（2）客观要件为违反保护水产品资源法规，在禁渔区、禁渔期或者使用禁用的工具、方法捕捞水产品，情节严重的行为。

首先，行为人违反了特定法律、法规，如《渔业法》《水产资源繁殖保护条例》等。

其次，实施了特定的捕捞行为，即在禁渔区、禁渔期或者使用禁用的工具、禁用的方法捕捞水产品。禁渔区是指由国家或地方政府的法令，或国际渔业协定，对重要的经济水生动物等的产卵场所、越冬场所、洄游通道以及繁殖场所等划定的一定范围，禁止渔业生产的区域。禁渔期是指由国家或地方政府的法令，或国际渔业规定协定，对重要的经济水生动物，根据其生长繁殖周期规定在一定的期限内禁止捕捞，以保护幼体免遭捕捞。禁用工具是指超过国家对不同捕捞对象所分别规定能够使用的最小网目尺寸的渔具或者其他禁止使用的渔具。禁用的方法是指禁止使用的炸鱼、毒鱼、电鱼等严重损害水产资源的方法。

最后，危害行为必须达到情节严重。《最高人民检察院、公安部关于公安

〔1〕赵秉志：《刑法新教程》（第4版），中国人民大学出版社2012年版，第569页。

〔2〕李晓明：《刑法学分论》，北京大学出版社2017年版，第348页。

机关管辖的刑事案件立案追诉标准的规定（一）》（公通字［2008］36号）第63条规定，非法捕捞水产品案（《刑法》第340条），违反保护水产资源法规，在禁渔区、禁渔期或者使用禁用的工具、方法捕捞水产品，涉嫌下列情形之一的，应予立案追诉：①在内陆水域非法捕捞水产品500公斤以上或者价值5000元以上的，或者在海洋水域非法捕捞水产品2000公斤以上或者价值20 000元以上的；②非法捕捞有重要经济价值的水生动物苗种、怀卵亲体或者在水产种质资源保护区内捕捞水产品，在内陆水域50公斤以上或者价值500元以上，或者在海洋水域200公斤以上或者价值2000元以上的；③在禁渔区内使用禁用的工具或者禁用的方法捕捞的；④在禁渔期内使用禁用的工具或者禁用的方法捕捞的；⑤在公海使用禁用渔具从事捕捞作业，造成严重影响的；⑥其他情节严重的情形。

最高人民法院于2016年8月2日发布的《关于审理发生在我国管辖海域相关案件若干问题的规定（二）》第4条规定："违反保护水产资源法规，在海洋水域，在禁渔区、禁渔期或者使用禁用的工具、方法捕捞水产品，具有下列情形之一的，应当认定为《刑法》第340条规定的'情节严重'：①非法捕捞水产品一万公斤以上或者价值十万元以上的；②非法捕捞有重要经济价值的水生动物苗种、怀卵亲体二千公斤以上或者价值二万元以上的；③在水产种质资源保护区内捕捞水产品二千公斤以上或者价值二万元以上的；④在禁渔区内使用禁用的工具或者方法捕捞的；⑤在禁渔期内使用禁用的工具或者方法捕捞的；⑥在公海使用禁用渔具从事捕捞作业，造成严重影响的；⑦其他情节严重的情形。"

（3）犯罪主体要件是自然人已满16周岁且精神正常。本罪除自然人外，也可由单位构成。2016年8月1日公布，自2016年8月2日起施行的《最高人民法院关于审理发生在我国管辖海域相关案件若干问题的规定（一）》第3条规定："中国公民或者外国人在我国管辖海域实施非法猎捕、杀害珍贵濒危野生动物或者非法捕捞水产品等犯罪的，依照我国刑法追究刑事责任。"其第1条规定："本规定所称我国管辖海域，是指中华人民共和国内水、领海、毗连区、专属经济区、大陆架，以及中华人民共和国管辖的其他海域。"其第2条规定："中国公民或组织在我国与有关国家缔结的协定确定的共同管理的渔区或公海从事捕捞等作业的，适用本规定。"

（4）主观要件为犯罪故意。明知是在禁渔区、禁渔期或者明知是使用禁用的工具、方法，而故意捕捞水产品。过失不构成本罪。

（二）关于非法捕捞水产品罪的刑事责任

《刑法》第 340 条规定，犯非法捕捞水产品罪的，处三年以下有期徒刑、拘役、管制或者罚金。

本罪是选择罪名，包括行为的时间、地点、方式、方法选择。行为只要违反一个方面即可，即使一个人的行为全部违反了四个方面，也只构成一罪而不并罚。

根据最高人民法院于 2000 年 11 月 27 日发布的《关于审理破坏野生动物资源刑事案件具体应用法律若干问题的解释》，使用爆炸、投毒、设置电网等危险方法破坏野生动物资源构成非法捕捞水产品罪、非法狩猎罪，同时又构成爆炸、投放危险物质以及其他危险方法危害公共安全犯罪的，依照较重的犯罪定罪处罚；以暴力、威胁等方法抗拒查处，构成其他犯罪的，依照数罪并罚的规定处罚。行为人的行为构成本罪，同时也构成盗窃罪的，应从一重罪论处。

最高人民法院于 2016 年 8 月 2 日发布的《关于审理发生在我国管辖海域相关案件若干问题的规定（二）》第 7 条规定，对案件涉及的珍贵、濒危水生野生动物的种属难以确定的，由司法鉴定机构出具鉴定意见，或者由国务院渔业行政主管部门指定的机构出具报告。珍贵、濒危水生野生动物或者其制品的价值，依照国务院渔业行政主管部门的规定核定。核定价值低于实际交易价格的，以实际交易价格认定。本解释所称珊瑚、砗磲，是指列入《国家重点保护野生动物名录》中国家一、二级保护的，以及列入《濒危野生动植物种国际贸易公约》附录一、附录二中的珊瑚、砗磲的所有种，包括活体和死体。其第 8 条规定，实施破坏海洋资源犯罪行为，同时构成非法捕捞罪，非法猎捕、杀害珍贵、濒危野生动物罪，组织他人偷越国（边）境罪，偷越国（边）境罪等犯罪的，依照处罚较重的规定定罪处罚。有破坏海洋资源犯罪行为，又实施走私、妨害公务等犯罪的，依照数罪并罚的规定处理。

《刑法》第 346 条规定，单位犯本罪的，对单位判处罚金，并对直接负责的主管人员和其他直接责任人员按照各条规定处罚。定罪量刑标准依照司法解释的有关规定执行。

## 二、非法捕猎、杀害珍贵、濒危野生动物罪

### （一）概念和犯罪构成

非法捕猎、杀害珍贵、濒危野生动物罪，是指违反野生动物保护法规，非法捕杀国家重点保护的珍贵、濒危野生动物的行为。

本罪的犯罪构成要件：

（1）客体要件为珍贵野生动物资源的保护和管理秩序。对于珍贵、濒危野生动物资源的特殊保护，有利于维护生态平衡，改善我们的生存环境。非法捕猎、杀害珍贵、濒危野生动物罪违反了《中华人民共和国野生动物保护法》对珍贵、濒危野生动物予以重点保护、禁止捕杀的规定。本罪的犯罪对象是国家重点保护的珍贵、濒危野生动物。

（2）客观要件为非法捕猎、杀害国家重点保护的珍贵、濒危野生动物的行为。

第一，本罪的行为对象与犯罪对象具有统一性。珍贵、濒危野生动物是指在生态平衡、科学研究、文化艺术、发展经济以及国际交往等方面具有重要意义，因而纳入国家重点保护范围的陆生、水生野生动物，如大熊猫、金丝猴、中华鲟、扬子鳄等。所谓濒危动物，是指品种和数量稀少且濒临灭绝或者有灭绝危险的陆生、水生野生动物，如丹顶鹤、云豹、天鹅、野骆驼等。这些珍贵、濒危的野生动物需要国家采取特别的措施予以特别呵护。其具体的范围，根据2000年11月27日最高人民法院发布的《关于审理破坏野生动物资源刑事案件具体应用法律若干问题的解释》第1条的规定，国家重点保护的珍贵、濒危野生动物是指列入联合国《濒危野生动植物种国际贸易公约》附录一、附录二的野生动物资源及驯养繁殖的上述物种。当然，今后随着情况变化，国家重点保护的珍贵、濒危野生动物的范围可能会有调整，所以，要实时关注有无新的变化。

第二，行为方式包括非法捕猎、杀害行为。猎捕包括狩猎、捕捉和捕捞等在内。杀害行为不论在什么时间、什么地点，采用什么方法、工具等都不影响犯罪的成立。

第三，与非法捕捞水产品罪和非法狩猎罪相比，由于犯罪对象的差异，本罪不需要有“情节严重”为构成条件。相反，情节严重属于结果加重或情节加重的内容。当然，具体的入罪标准要依据司法解释而定。

（3）犯罪主体要件是自然人已满 16 周岁且精神正常。本罪除自然人外，也可由单位构成。2016 年 8 月 1 日公布，自 2016 年 8 月 2 日起施行的《最高人民法院关于审理发生在我国管辖海域相关案件若干问题的规定（一）》第 3 条规定："中国公民或者外国人在我国管辖海域实施非法猎捕、杀害珍贵濒危野生动物或者非法捕捞水产品等犯罪的，依照我国刑法追究刑事责任。"其第 1 条规定："本规定所称我国管辖海域，是指中华人民共和国内水、领海、毗连区、专属经济区、大陆架，以及中华人民共和国管辖的其他海域。"其第 2 条规定："中国公民或组织在我国与有关国家缔结的协定确定的共同管理的渔区或公海从事捕捞等作业的，适用本规定。"

（4）主观要件为犯罪故意。明知是国家重点保护的珍贵、濒危野生动物而非法捕猎、杀害。行为人确实不知道是国家重点保护的珍贵、濒危野生动物而非法捕猎、杀害的，不构成本罪。至于行为动机，可以是贩卖牟利、食用、驯养等，动机如何，不影响犯罪的成立。

（二）关于非法捕猎、杀害珍贵、濒危野生动物罪的刑事责任

依据《刑法》第 341 条第 1 款的规定，犯非法捕猎、杀害珍贵、濒危野生动物罪的，处五年以下有期徒刑或者拘役，并处或者单处罚金；情节严重的，处五年以上十年以下有期徒刑，并处罚金；情节特别严重的，处十年以上有期徒刑，并处罚金或没收财产。

本罪的"情节严重""情节特别严重"的具体标准，依据 2000 年 11 月 27 日最高人民法院发布的《关于审理破坏野生动物资源刑事案件具体应用法律若干问题的解释》第 3、4 条规定来认定。该解释第 3 条规定，非法猎捕、杀害、收购、运输、出售珍贵、濒危野生动物具有下列情形之一的，属于"情节严重"：①达到本解释附表所列相应数量标准的；②非法猎捕、杀害、收购、运输、出售不同种类的珍贵、濒危野生动物，其中 2 种以上分别达到附表所列"情节严重"数量标准一半以上的。

非法猎捕、杀害、收购、运输、出售珍贵、濒危野生动物具有下列情形之一的，属于"情节特别严重"：①达到本解释附表所列相应数量标准的；②非法猎捕、杀害、收购、运输、出售不同种类的珍贵、濒危野生动物，其中 2 种以上分别达到附表所列"情节严重"数量标准一半以上的。其第 4 条规定，非法猎捕、杀害、收购、运输、出售珍贵、濒危野生动物构成犯罪，具有下列情形之一的，可以认定为"情节严重"；非法猎捕、杀害、收购、运

输、出售珍贵、濒危野生动物符合本解释第 3 条第 1 款的规定，并具有下列情形之一的，可以认定为“情节特别严重”。①犯罪集团的首要分子；②严重影响对野生动物的科研、养殖等工作顺利进行的；③以武装掩护方法实施犯罪的；④使用特种车、军用车等交通工具实施犯罪的；⑤造成其他严重损失的。

最高人民法院于 2016 年 8 月 2 日发布的《关于审理发生在我国管辖海域相关案件若干问题的规定（二）》第 5 条规定：非法采捕珊瑚、砗磲或者其他珍贵、濒危水生野生动物，具有下列情形之一的，应当认定为《刑法》第 341 条第 1 款规定的“情节严重”：①价值在 50 万元以上的；②非法获利 20 万元以上的；③造成海域生态环境严重破坏的；④造成严重国际影响的；⑤其他情节严重的情形。实施前款规定的行为，具有下列情形之一的，应当认定为《刑法》第 341 条第 1 款规定的“情节特别严重”：①价值或者非法获利达到本条第 1 款规定标准 5 倍以上的；②价值或者非法获利达到本条第 1 款规定的标准，造成海域生态环境严重破坏的；③造成海域生态环境特别严重破坏的；④造成特别严重国际影响的；⑤其他情节特别严重的情形。其第 6 条规定，非法收购、运输、出售珊瑚、砗磲或者其他珍贵、濒危水生野生动物及其制品，具有下列情形之一的，应当认定为《刑法》第 341 条第 1 款规定的“情节严重”：①价值在 50 万元以上的；②非法获利在 20 万元以上的；③具有其他严重情节的。其第 7 条规定，对案件涉及的珍贵、濒危水生野生动物的种属难以确定的，由司法鉴定机构出具鉴定意见，或者由国务院渔业行政主管部门指定的机构出具报告。珍贵、濒危水生野生动物或者其制品的价值，依照国务院渔业行政主管部门的规定核定。核定价值低于实际交易价格的，以实际交易价格认定。本解释所称珊瑚、砗磲，是指列入《国家重点保护野生动物名录》中国家一、二级保护的，以及列入《濒危野生动植物种国际贸易公约》附录一、附录二中的珊瑚、砗磲的所有种，包括活体和死体。其第 8 条规定，实施破坏海洋资源犯罪行为，同时构成非法捕捞罪，非法猎捕、杀害珍贵、濒危野生动物罪，组织他人偷越国（边）境罪，偷越国（边）境罪等犯罪的，依照处罚较重的规定定罪处罚。有破坏海洋资源犯罪行为，又实施走私、妨害公务等犯罪的，依照数罪并罚的规定处理。

本罪是选择罪名，包括犯罪对象的选择和行为方式的选择。当然，在具体办案时，要对猎捕行为和杀害行为区别对待，一般而言，杀害行为重于猎捕行为。

最高人民法院于2000年11月27日发布的《关于审理破坏野生动物资源刑事案件具体应用法律若干问题的解释》第7条规定，使用爆炸、投毒、设置电网等危险方法破坏野生动物资源，构成非法猎捕、杀害珍贵、濒危野生动物罪，同时构成《刑法》第114条或者第115条规定之罪的，依照处罚较重的规定定罪处罚。这就是说，如果使用爆炸、投毒、设置电网等捕猎、杀害珍贵、濒危野生动物，同时危害公共安全的，构成本罪与相应的危害公共安全罪的想象竞合，从一重罪处罚。行为人犯本罪又以暴力、威胁方法抗拒检查的，二罪并罚。非法捕猎、杀害珍贵、濒危野生动物同时又构成盗窃罪的，属于想象竞合犯，从一重罪处罚。

最高人民法院于2016年8月2日发布的《关于审理发生在我国管辖海域相关案件若干问题的规定（二）》第7条规定，对案件涉及的珍贵、濒危水生野生动物的种属难以确定的，由司法鉴定机构出具鉴定意见，或者由国务院渔业行政主管部门指定的机构出具报告。珍贵、濒危水生野生动物或者其制品的价值，依照国务院渔业行政主管部门的规定核定。核定价值低于实际交易价格的，以实际交易价格认定。本解释所称珊瑚、砗磲，是指列入《国家重点保护野生动物名录》中国家一、二级保护的，以及列入《濒危野生动植物种国际贸易公约》附录一、附录二中的珊瑚、砗磲的所有种，包括活体和死体。

本罪的既遂以行为人猎捕到或者杀死国际重点保护的珍贵、濒危野生动物为准。如果在实施猎捕、杀害时动物逃脱，或者因管理人员、其他人的制止等，未得逞的，只能成立犯罪未遂。

最高人民法院于2016年8月2日发布的《关于审理发生在我国管辖海域相关案件若干问题的规定（二）》第8条规定："实施破坏海洋资源犯罪行为，同时构成非法捕捞罪、非法猎捕、杀害珍贵、濒危野生动物罪、组织他人偷越国（边）境罪、偷越国（边）境罪等犯罪的，依照处罚较重的规定定罪处罚。有破坏海洋资源犯罪行为，又实施走私、妨害公务等犯罪的，依照数罪并罚的规定处理。"

《刑法》第346条规定，单位构成本罪的，对单位判处罚金，并对直接负责的主管人员和其他直接责任人员按照各条规定处罚。定罪量刑标准依照司法解释的有关规定执行。

## 三、非法收购、运输、出售珍贵、濒危野生动物、珍贵、濒危野生动物制品罪

### （一）概念和犯罪构成

非法收购、运输、出售珍贵、濒危野生动物、珍贵、濒危野生动物制品罪，是指非法收购、运输、出售国家重点保护的珍贵、濒危野生动物及其制品的行为。

本罪的犯罪构成是：

（1）客体要件为珍贵野生动物资源的保护和管理秩序。对于珍贵、濒危野生动物资源的特殊保护，有利于维护生态平衡，改善我们的生存环境。非法收购、运输、出售珍贵、濒危野生动物、珍贵、濒危野生动物制品，违反了《中华人民共和国野生动物保护法》对珍贵、濒危野生动物予以重点保护的规定。本罪的犯罪对象是国家重点保护的珍贵、濒危野生动物及其制品。

（2）客观要件为非法收购、运输、出售珍贵、濒危野生动物、珍贵、濒危野生动物制品的行为。

第一，本罪的行为对象与犯罪对象具有同一性。这里的“珍贵、濒危野生动物”是指在生态平衡、科学研究、文化艺术、发展经济以及国际交往等方面具有重要意义，因而纳入国家重点保护范围的陆生、水生野生动物，如大熊猫、金丝猴、中华鲟、扬子鳄等。所谓濒危动物，是指品种和数量稀少且濒临灭绝或者有灭绝危险的陆生、水生野生动物，如丹顶鹤、云豹、天鹅、野骆驼等。这些珍贵、濒危的野生动物需要国家采取特别的措施予以特别呵护。其具体的范围，根据最高人民法院于2000年11月27日发布的《关于审理破坏野生动物资源刑事案件具体应用法律若干问题的解释》第1条的规定，国家重点保护的珍贵、濒危野生动物，“包括列入国家重点保护野生动物名录的国家一、二级保护野生动物、列入《濒危野生动植物种国际贸易公约》附录一、附录二的野生动物以及驯养繁殖的上述物种”。这里的“珍贵、濒危野生动物的制品”，即以上述珍贵、濒危野生动物为原料所制作的物品。

当然，今后随着情况变化，国家重点保护的珍贵、濒危野生动物的范围可能会有调整，所以，要实时关注有无新的变化。

第二，行为方式包括非法收购、运输、出售行为。根据最高人民法院发布于2000年11月27日的《关于审理破坏野生动物资源刑事案件具体应用法

律若干问题的解释》，“收购”包括以营利、自用等为目的的收购行为；“运输”包括采用携带、邮购、利用他人、使用交通工具等方法进行运送的行为（这里的运输仅限于在中国境内的空间移动，否则构成走私犯罪）；“出售”包括出卖和以营利为目的的加工利用行为。2014 年 4 月 24 日全国人大常委会《关于〈中华人民共和国刑法〉第 341 条、第 312 条的解释》对这里的收购行为又作了扩大解释：“知道或者应当知道是国家重点保护的珍贵、濒危野生动物及其制品，为食用或者其他目的而非法购买的，属于刑法第 341 条第 1 款规定的非法收购国家重点保护的珍贵、濒危野生动物及其制品的行为。”在这里，立法解释把“为食用或者其他目的而非法购买的”，纳入非法收购行为。

第三，与非法捕捞水产品罪和非法狩猎罪相比，由于犯罪对象的差异，本罪不需要以“情节严重”为构成条件。而且，情节严重、情节特别严重，法定刑升格。

（3）犯罪主体要件是自然人已满 16 周岁且精神正常。本罪除自然人外，也可由单位构成。2016 年 8 月 1 日公布，自 2016 年 8 月 2 日起施行的《最高人民法院关于审理发生在我国管辖海域相关案件若干问题的规定（一）》第 3 条规定：“中国公民或者外国人在我国管辖海域实施非法猎捕、杀害珍贵濒危野生动物或者非法捕捞水产品等犯罪的，依照我国刑法追究刑事责任。”其第 1 条规定：“本规定所称我国管辖海域，是指中华人民共和国内水、领海、毗连区、专属经济区、大陆架，以及中华人民共和国管辖的其他海域。”其第 2 条规定：“中国公民或组织在我国与有关国家缔结的协定确定的共同管理的渔区或公海从事捕捞等作业的，适用本规定。”

（4）主观要件为犯罪故意。明知收购、运输、出售国家重点保护的珍贵、濒危野生动物及其制品是破坏生态的违法行为，而希望或者放任这种危害结果发生的心理态度。这里的“明知”包括确实知道和推定知道两种情形。如果行为人确实不知道是国家重点保护的珍贵、濒危野生动物及其制品而收购、运输、出售的，则不构成本罪。至于行为动机，可以是贩卖牟利、食用、驯养等，动机如何，不影响犯罪的成立。

（二）关于非法捕猎、杀害珍贵、濒危野生动物罪的刑事责任

依据《刑法》第 341 条第 1 款的规定，犯非法收购、运输、出售珍贵、濒危野生动物、珍贵、濒危野生动物罪的，处五年以下有期徒刑或者拘役，并处或者单处罚金；情节严重的，处五年以上十年以下有期徒刑，并处罚金；

情节特别严重的，处十年以上有期徒刑，并处罚金或没收财产。

关于本罪的“情节严重”“情节特别严重”的具体标准，依据最高人民法院于2000年11月17日发布的《关于审理破坏野生动物资源刑事案件具体应用法律若干问题的解释》的规定来认定。该解释第3条规定，非法猎捕、杀害、收购、运输、出售珍贵、濒危野生动物具有下列情形之一的，属于“情节严重”：①达到本解释附表所列相应数量标准的；②非法猎捕、杀害、收购、运输、出售不同种类的珍贵、濒危野生动物，其中两种以上分别达到附表所列“情节严重”数量标准一半以上的。非法猎捕、杀害、收购、运输、出售珍贵、濒危野生动物具有下列情形之一的，属于“情节特别严重”：①达到本解释附表所列相应数量标准的；②非法猎捕、杀害、收购、运输、出售不同种类的珍贵、濒危野生动物，其中两种以上分别达到附表所列“情节严重”数量标准一半以上的。其第4条规定，非法猎捕、杀害、收购、运输、出售珍贵、濒危野生动物构成犯罪，具有下列情形之一的，可以认定为“情节严重”；非法猎捕、杀害、收购、运输、出售珍贵、濒危野生动物符合本解释第3条第1款的规定，并具有下列情形之一的，可以认定为“情节特别严重”。①犯罪集团的首要分子；②严重影响对野生动物的科研、养殖等工作顺利进行的；③以武装掩护方法实施犯罪的；④使用特种车、军用车等交通工具实施犯罪的；⑤造成其他严重损失的。其第5条规定，非法收购、运输、出售珍贵、濒危野生动物制品具有下列情形之一的，属于“情节严重”：①价值在10万元以上的；②非法获利5万元以上的；③具有其他严重情节的。非法收购、运输、出售珍贵、濒危野生动物制品具有下列情形之一的，属于“情节特别严重”：①价值在20万元以上的；②非法获利10万元以上的；③具有其他特别严重情节的。其第11条规定，珍贵、濒危野生动植物制品的价值，依照国家野生动物保护主管的规定核定，核定价值低于实际交易价格的，以实际交易价格认定。

2016年8月1日公布，自2016年8月2日起施行的《最高人民法院关于审理发生在我国管辖海域相关案件若干问题的规定（二）》第6条规定，非法收购、运输、出售珊瑚、砗磲或者其他珍贵、濒危水生野生动物及其制品，具有下列情形之一的，应当认定为《刑法》第341条第1款规定的“情节严重”：①价值在50万元以上的；②非法获利在20万元以上的；③具有其他严重情节的。非法收购、运输、出售珊瑚、砗磲或者其他珍贵、濒危水生野生动物及其制品，具有下列情形之一的，应当认定为《刑法》第 341 条第 1 款规定的“情节特别严重”：①价值在 250 万元以上的；②非法获利在 100 万元以上的；③具有其他特别严重情节的。其第 7 条规定，对案件涉及的珍贵、濒危水生野生动物的种属难以确定的，由司法鉴定机构出具鉴定意见，或者由国务院渔业行政主管部门指定的机构出具报告。珍贵、濒危水生野生动物或者其制品的价值，依照国务院渔业行政主管部门的规定核定。核定价值低于实际交易价格的，以实际交易价格认定。本解释所称珊瑚、砗磲，是指列入《国家重点保护野生动物名录》中国家一、二级保护的，以及列入《濒危野生动植物种国际贸易公约》附录一、附录二中的珊瑚、砗磲的所有种，包括活体和死体。

本罪是选择罪名，包括犯罪对象的选择和行为方式的选择。所以，行为人对“同一”珍贵、濒危野生动物，珍贵、濒危野生动物制品进行收购、运输、出售的，只成立一罪；如果昨天收购大熊猫，今天又运送丹顶鹤的，则数罪并罚。

根据《刑法》第 155 条的规定，下列行为，以走私罪论处，依照走私固体废物罪的有关规定处罚：①直接向走私人非法收购国家禁止进口物品的，或者直接向走私人非法收购走私进口的其他货物、物品，数额较大的；②在内海、领海运输、收购、贩卖国家禁止进出口物品的，或者运输、收购、贩卖国家限制进出口货物、物品，数额较大，没有合法证明的。如果走私的是国家重点保护的珍贵、濒危珍贵野生动物及其制品，则构成走私珍贵动物、珍贵动物制品罪。当然，如果先收购、运输，出售，后又走私，或者先走私，后又收购、运输、出售的，可构成数罪，或者按牵连犯处理，或者数罪并罚。

2016 年 8 月 1 日公布，自 2016 年 8 月 2 日起施行的《最高人民法院关于审理发生在我国管辖海域相关案件若干问题的规定（二）》第 8 条规定，实施破坏海洋资源犯罪行为，同时构成非法捕捞罪，非法猎捕、杀害珍贵、濒危野生动物罪，组织他人偷越国（边）境罪，偷越国（边）境罪等犯罪的，依照处罚较重的规定定罪处罚。有破坏海洋资源犯罪行为，又实施走私、妨害公务等犯罪的，依照数罪并罚的规定处理。

《刑法》第 346 条规定，单位构成上述犯罪的，对单位判处罚金，并对直接负责的主管人员和其他直接责任人员按照各条规定处罚。定罪量刑标准依照《解释》的有关规定执行。

## 四、非法狩猎罪

### (一) 概念和犯罪构成

非法狩猎罪，是指违反狩猎法规，在禁猎区、禁猎期或者使用禁用的工具、方法进行狩猎，破坏野生动物资源，情节严重的行为。

本罪的犯罪构成是：

(1) 客体要件为国家关于野生动物资源保护的法律秩序。其犯罪对象是除了珍贵、濒危野生动物以外的其他野生动物。

有学者将本罪的犯罪客体归结为国家对野生动物资源的管理活动。[1]笔者认为，行政管理活动首先是行政法的调整对象，所以，需要对这里的“管理活动”进一步提升和拔高。有学者将本罪的犯罪客体归结为国家和广大公民的环境权益。[2]笔者认为，环境权是一个应然的范畴。现行的《中华人民共和国环境保护法》并没有直接确认环境权，结合刑法保障法地位和刑法关于本罪在刑法典的体系性地位，将其归结为作为国家整体法律秩序有机组成部分的“国家关于野生动物资源保护的法律秩序”是恰当的。

(2) 客观要件为违反狩猎法规，在禁猎区、禁猎期或者使用禁用的工具、方法进行狩猎，情节严重的行为。首先，行为人违反了《野生动物资源保护法》等有关野生动物资源保护的法律、法规。如，该法第 22 条规定：“猎捕非国家重点保护野生动物的，应当依法取得县级以上地方人民政府野生动物保护主管部门核发的狩猎证，并且服从猎捕量限额管理。”其第 23 条规定：“猎捕者应当按照特许猎捕证、狩猎证规定的种类、数量、地点、工具、方法和期限进行猎捕。持枪猎捕的，应当依法取得公安机关核发的持枪证。”其次，在禁猎区、禁猎期使用禁用的工具、禁用的方法，非法狩猎，破坏野生动物资源。禁猎区是指由国家划定的适宜野生动物栖息、繁殖或者因为资源贫乏、破坏严重而予以特殊保护的地区。如，自然保护区、风景区、名胜古迹等区域。禁猎期是国家主管部门根据野生动物的繁殖或者肉食、皮毛、药材的成熟的季节，特别规定的禁止狩猎的期间。禁用工具是足以破坏野生动物资源，危害人畜安全的工具。《野生动物资源保护法》第 24 条规定：“禁止

---

〔1〕 赵秉志：《刑法新教程》(第 4 版)，中国人民大学出版社 2012 年版，第 571 页。

〔2〕 李晓明：《刑法学分论》，北京大学出版社 2017 年版，第 349 页。

使用毒药、爆炸物、电击或者电子诱捕装置以及猎套、猎夹、地枪、排铳等工具进行猎捕，禁止使用夜间照明行猎、歼灭性围猎、捣毁巢穴、火攻、烟熏、网捕等方法进行猎捕，但因科学研究确需网捕、电子诱捕的除外。前款规定以外的禁止使用的猎捕工具和方法，由县级以上地方人民政府规定并公布。"禁用的方法指禁止使用的损害野生动物资源正常繁殖、生长以及破坏森林、草原等的方法。如投毒、火攻、爆炸、布电网围杀、烟熏、掏窝、夜间照明行猎、绝户网等歼灭性围猎等等。最后，危害行为必须达到情节严重。2000 年 11 月 27 日最高人民法院公布的《关于审理破坏野生动物资源刑事案件具体应用法律若干问题的解释》规定，所谓情节严重是指：①非法捕捞、狩猎数量较大，其中非法狩猎的数量为 20 只以上；②违反狩猎法规，在禁猎期或禁猎区使用禁用的工具、方法狩猎；③具有其他严重情节。《最高人民检察院、公安部关于公安机关管辖的刑事案件立案追诉标准的规定（一）》第 66 条规定，违反狩猎法规，在禁猎区、禁猎期或者使用禁用的工具、方法进行狩猎，破坏野生动物资源，涉嫌下列情形之一的，应予立案追诉：①非法狩猎野生动物 20 只以上的；②在禁猎区内使用禁用的工具或者禁用的方法狩猎的；③在禁猎期内使用禁用的工具或者禁用的方法狩猎的；④其他情节严重的情形。以上情节只要具备其中的一个就构成犯罪。

（3）犯罪主体要件没有特殊要求。自然人主体要求是年满 16 周岁且精神正常从而具有刑事责任能力的人。其中，无论是专门从事狩猎的人员还是其他公民，只要达到刑事责任年龄、具备刑事责任能力，都可以构成本罪。实践中，本罪主体较为常见的是专门从事经营狩猎的农村集体经济组织，如牧村、牧场，以及上述组织内的成员，如牧民、猎户等。此外，其他人员也可成为本罪的主体，如经常出入禁猎区的旅游者等，但实践中较为少见。此外，单位也可构成本罪。

（4）主观要件是犯罪故意，即明知是在禁猎区、禁猎期或使用禁用的工具、方法进行狩猎危害社会而故意为之。过失不能构成本罪。通常认为，本罪故意的内容以具有有意违反"四禁"（禁猎区、禁猎期、使用工具、禁用方法）规定之一即可（这里的犯罪故意是概括的犯罪故意），不以具体认识是属于哪一类野生动物为必要。也就是说，行为人在主观上知道自己的行为是违法的，会给野生动物资源造成危害就够了。尽管他们在主观上并没有弄清自己要猎捕的动物属于哪一类，仍属于本罪的故意。至于行为人非法狩猎出于何种目的：或是为了出卖牟利，或是为了自己食用或药用，或是为了泄愤报复，抑或是为了其他个人目的，均不影响本罪的成立。

（二）关于非法狩猎罪的刑事责任

《刑法》第341条第2款规定，犯非法狩猎罪的，处三年以下有期徒刑、拘役、管制或者罚金。

根据前述司法解释，使用爆炸、投毒、设置电网等危险方法构成非法狩猎罪，同时又构成爆炸、投放危险物质以及其他危险方法危害公共安全犯罪的，依照较重的犯罪定罪处罚；以暴力、威胁等方法抗拒查处，构成其他犯罪的，依照数罪并罚的规定处罚。

《刑法》第346条规定，单位犯本罪的，对单位判处罚金，并对直接负责的主管人员和其他直接责任人员按照各条规定处罚。定罪量刑标准依照司法解释的有关规定执行。

## 第三节　破坏农用地矿产资源保护的犯罪

### 一、非法占用农用地罪

（一）概念和犯罪构成

2001年8月31日通过的《刑法修正案（二）》对本罪作了修改。依据修改之后的《刑法》第342条的规定，非法占用农用地罪，是指违反土地管理法规，非法占用耕地、林地等农业用地，改变被占用土地用途，数量巨大，造成耕地、林地等农用地大量毁坏的行为。本罪原罪名为非法占用耕地罪，《刑法修正案（二）》公布之后，司法解释将其确定为非法占用农地罪。

本罪的犯罪构成：

（1）客体要件为国家对农用地管理的法律秩序。犯罪对象由原来的“耕地”扩大至“耕地、林地等农用地”。所谓农用地是指直接用于农业生产的土地，包括耕地、林地（包括宜林地）、草地、农田水利用地、养殖水面等。

（2）客观要件为违反土地管理法规，非法占用耕地、林地等，非法将农用地改作他用，数量巨大，造成农用地大量毁坏的行为。所谓违反土地管理法规，依照司法解释的规定，是指违反土地管理法、森林法、草原法、水土保持法、农业法等法律以及有关行政法规中有关土地管理的规定（如《土地复垦条例》《基本农田保护条例》等）。2001 年 8 月 31 日全国人大常委会《关于〈中华人民共和国刑法〉第 228、342、410 条的解释》以及有关司法解释，其行为具有以下特点：①行为的非法性。所谓非法，是指没有经过国务院土地管理部门的批准或县级以上地方人民政府的批准，或虽经过批准但超越批准权限，或骗取批准占用农用地。②占用农用地是改作他用，而不是继续作为耕地、林地或草地原来的用途。如果行为人占用耕地之后，仍然是种植农作物，则不构成此罪；占用林地之后，仍然种植林木，也不构成此罪。但是，如果将林地改为其他农业用途，如将林地改作耕地或养殖水面，尽管后者属于农业用途，但是由于改变了林业用途，仍然构成犯罪。至于将耕地退耕还林，考虑到政策性因素，以及立法的精神，不宜定罪。③占用数量较大，造成大量农用地破坏的后果。

2000 年 6 月 16 日发布的《最高人民法院关于审理破坏土地资源刑事案件具体应用法律若干问题的解释》第 3 条规定：违反土地管理法规，非法占用耕地改作他用，数量较大，造成耕地大量毁坏的，依照《刑法》第 342 条的规定，以非法占用耕地罪定罪处罚：①非法占用耕地“数量较大”，是指非法占用基本农田 5 亩以上或者非法占用基本农田以外的耕地 10 亩以上。②非法占用耕地“造成耕地大量毁坏”，是指行为人非法占用耕地建窑、建坟、建房、挖沙、采石、采矿、取土、堆放固体废弃物或者进行其他非农业建设，造成基本农田 5 亩以上或者基本农田以外的耕地 10 亩以上种植条件严重毁坏或者严重污染。

2005 年 12 月 26 日发布的《最高人民法院关于审理破坏林地资源刑事案件具体应用法律若干问题的解释》第 1 条规定：违反土地管理法规，非法占用林地，改变被占用林地用途，在非法占用的林地上实施建窑、建坟、建房、挖沙、采石、采矿、取土、种植农作物、堆放或排泄废弃物等行为或者进行其他非林业生产、建设，造成林地的原有植被或林业种植条件严重毁坏或者严重污染，并具有下列情形之一的，属于《中华人民共和国刑法修正案（二）》规定的“数量较大，造成林地大量毁坏”，应当以非法占用农用地罪判处五年以下有期徒刑或者拘役，并处或者单处罚金：①非法占用并毁坏防护林地、特种用途林地数量分别或者合计达到 5 亩以上；②非法占用并毁坏其他林地数量达 10 亩以上；③非法占用并毁坏本条第 1、2 项规定的林地，数量分别达到相应规定的数量标准的 50%以上；④非法占用并毁坏本条第 1、

2项规定的林地，其中一项数量达到相应规定的数量标准的50%以上，且两项数量合计达到该项规定的数量标准。这里的“草原”，是指天然草原和人工草地，天然草原包括草地、草山和草坡，人工草地包括改良草地和退耕还草地，不包括城镇草地。

2012年11月2日发布的《最高人民法院关于审理破坏草原资源刑事案件应用法律若干问题的解释》第2条规定：非法占用草原，改变被占用草原用途，数量在20亩以上的，或者曾因非法占用草原受过行政处罚，在3年内又非法占用草原，改变被占用草原用途，数量在10亩以上的，应当认定为《刑法》第342条规定的“数量较大”。非法占用草原，改变被占用草原用途，数量较大，具有下列情形之一的，应当认定为《刑法》第342条规定的“造成耕地、林地等农用地大量毁坏”：①开垦草原种植粮食作物、经济作物、林木的；②在草原上建窑、建房、修路、挖砂、采石、采矿、取土、剥取草皮的；③在草原上堆放或者排放废弃物，造成草原的原有植被严重毁坏或者严重污染的；④违反草原保护、建设、利用规划种植牧草和饲料作物，造成草原沙化或者水土严重流失的；⑤其他造成草原严重毁坏的情形。

（3）犯罪主体要件是自然人已满16周岁且精神正常。本罪除自然人外，也可由单位构成。凡年满16周岁、精神正常的自然人均具备刑事责任能力。单位非法占用农用地，主要是指单位在国家建设用地、本单位发展建设和乡（镇）村建设用地过程中，违反土地管理法规，非法占用农用地改作他用，数量较大，造成农用地大量毁坏的行为。这里的单位，按照现行刑法，既包括国有的公司、企业、事业单位，也包括集体所有的公司、企业、事业单位以及合资或独资、私人所有的公司、企业以及国家各级权力机关、行政机关、审判机关、检察机关、人民团体和社会团体。

至于土地管理机关侵权或越权审批占用农用地的，无权审批或无权发放使用证的机关批准占用农用地或有权审批机关超越权限、职权批准占用农用地且数量较大的，则构成非法批准征收、征用、占用土地罪（《刑法》第410条），而不以本罪论。

（4）主观要件为犯罪故意。

### （二）关于本罪的刑事责任

修正后的《刑法》第342条规定，犯本罪的，处五年以下有期徒刑或者拘役，并处或者单处罚金。

多次实施非法占用耕地、林地、草地行为，依法应当追诉且未经处理的，应当按照累积的数量、数额处罚。

本罪的客观行为可能与盗伐、滥伐林木的行为在个别场合下会存在牵连关系。

《刑法》第346条规定，单位犯本罪的，对单位判处罚金，并对其直接负责的主管人员和其他直接责任人员按照第342条规定处罚。定罪量刑标准同自然人犯罪。

## 二、非法采矿罪

### （一）概念和犯罪构成

2011年2月25日通过的《刑法修正案（八）》对《刑法》第343条作了修改。依据修改后的法条，非法采矿罪，是指违反矿产资源法的规定，未取得采矿许可证擅自采矿，或者擅自进入国家规划的矿区，在对国民经济具有重要价值的矿区和他人矿区范围采矿，或者擅自开采国家规定实行保护性开采的特定矿种，情节严重的行为。

本罪的犯罪构成：

（1）客体要件为国家管理矿产资源的法律秩序。犯罪对象是矿产资源。非法采矿罪的客体要件是国家管理矿产资源的法律秩序。犯罪对象是矿产资源。根据我国《宪法》和《矿产资源法》的规定，矿产资源属于国家所有，国家保护矿产资源的合理开发利用，禁止任何组织或个人利用任何手段破坏矿产资源。但是，国家可在不改变矿产资源的所有权性质的前提下，按照所有权和采矿权适当分离的原则，将矿产资源的开采权依法授予特定的组织或个人，并有权对任何组织或者个人的采矿活动实施监督管理。国家对矿产资源的开发实行严格的管理，禁止无证开采和超越批准的矿区范围采矿。近年来，非法采矿现象十分严重，因此必须将其中严重的危害行为规定为犯罪予以制裁，1997年修订《刑法》时增设了非法采矿罪；《刑法修正案（八）》对本罪又作了修改。

（2）客观要件为违反矿产资源法的规定，未取得采矿许可证擅自采矿，或者擅自进入国家规划的矿区，对国民经济具有重要价值的矿区和他人矿区范围采矿，或者擅自开采国家规定实行保护性开采的特定矿种，情节严重的行为。

首先，行为人违反矿产资源法的规定，实施了非法采矿行为。行为人构成本罪必须是违反矿产资源保护与管理法律、法规中禁止性规定的行为。2016年11月发布的《关于办理非法采矿、破坏性采矿刑事案件适用法律若干问题的解释》第1条规定：违反《中华人民共和国矿产资源法》《中华人民共和国水法》等法律、行政法规有关矿产资源开发、利用、保护和管理的规定的，应当认定为《刑法》第343条规定的“违反矿产资源法的规定”。

非法采矿罪的行为对象与犯罪对象具有同一性，都是矿产资源，是指在地质运动过程中形成的，蕴于地壳之中的，具有特殊价值，并能为人们用于生产和生活的各种矿物质的总称。包括各种呈固态、液态和气态的金属、非金属矿产、燃料矿产和地下热能等。实践中司法解释对矿产资源作了扩大解释。2006年《最高人民法院、最高人民检察院关于办理盗窃油气、破坏油气设备等刑事案件具体应用法律若干问题的解释》第6条规定：“违反矿产资源法的规定，非法开采或者破坏性开采石油、天然气资源的，依照刑法第343条以及《最高人民法院关于审理非法采矿、破坏性采矿刑事案件具体应用法律若干问题的解释》的规定追究刑事责任。”2016年11月28日发布的《最高人民法院、最高人民检察院关于办理非法采矿、破坏性采矿刑事案件适用法律若干问题的解释》第5条规定：未取得海砂开采海域使用权证，且未取得采矿许可证，采挖海砂，符合《刑法》第343条第1款和本解释第2、3条规定的，以非法采矿罪定罪处罚。实施前款规定行为，虽不具有本解释第3条第1款规定的情形，但造成海岸线严重破坏的，应当认定为《刑法》第343条第1款规定的“情节严重”。其第5条规定，未取得海砂开采海域使用权证，且未取得采矿许可证，采挖海砂，符合《刑法》第343条第1款和本解释第2、3条规定的，以非法采矿罪定罪处罚。可见，这两个司法解释对“矿产资源”都作了扩大解释。

依据《刑法》第343条第1款规定，非法采矿行为方式，包括三种情形：

第一，无证采矿，即没有经过法定程序取得采矿许可证而擅自采矿的。根据矿产资源法的规定，不论是国营矿山企业，还是乡镇集体矿山企业和个体采矿，都必须经审查批准和颁发采矿许可证。《矿产资源法》第16条规定：“开采下列矿产资源的，由国务院地质矿产主管部门审批，并颁发采矿许可证：①国家规划矿区和对国民经济具有重要价值的矿区内的矿产资源；②前项规定矿区以外可供开采的矿产储量在大型以上的矿产资源；③国家规定实行保护性开采的特定矿种；④领海及中国管辖的其他海域的矿产资源；⑤国务院规定的其他矿产资源。开采石油、天然气、放射性矿产等特定矿种的，可以由国务院授权的有关主管部门审批，并颁发采矿许可证。开采第1、2款规定以外的矿产资源，其可供开采的矿产储量规划为中型的，由省、自治区、直辖市人民政府地质矿产主管部门审批和颁发采矿许可证。开采第1、2、3款规定以外的矿产资源的管理办法，由省、自治区、直辖市人民代表大会常务委员会依法制定。依照第3、4款的规定审批和颁发采矿许可证的，由省、自治区、直辖市人民政府地质矿产主管部门汇总向国务院地质矿产主管部门备案。矿产储量规模的大型、中型的划分标准，由国务院矿产储量审批机构规定。"同时，《矿产资源法》规定，国家鼓励集体矿山企业开采国家指定范围内的矿产资源，允许个人采挖零星分散资源和只能用作普通建筑材料的砂、石、黏土以及生活自用采挖少量矿产。对开办乡镇集体矿山企业的审查批准、颁发采矿许可证的办法，个体采矿的管理办法，由省级权力机关制定。

凡未经过上述合法程序取得采矿许可证的，均视为无证采矿行为。最高人民法院、最高人民检察院于2016年11月28日发布的《关于办理非法采矿、破坏性采矿刑事案件适用法律若干问题的解释》第2条规定："具有下列情形之一的，应当认定为《刑法》第343条第1款规定的"未取得采矿许可证"：①无许可证的；②许可证被注销、吊销、撤销的；③超越许可证规定的矿区范围或者开采范围的；④超出许可证规定的矿种的（共生、伴生矿种除外）；⑤其他未取得许可证的情形。"该解释第4条第1款规定：在河道管理范围内采砂，具有下列情形之一，符合《刑法》第343条第1款和本解释第2、3条规定的，以非法采矿罪定罪处罚：①依据相关规定应当办理河道采砂许可证，未取得河道采砂许可证的；②依据相关规定应当办理河道采砂许可证和采矿许可证，既未取得河道采砂许可证，又未取得采矿许可证的。该解释第5条第1款规定：未取得海砂开采海域使用权证，且未取得采矿许可证，采挖海砂，符合《刑法》第343条第1款和本解释第2、3条规定的，以非法采矿罪定罪处罚。

第二，擅自进入国家规划矿区、对国民经济具有重要价值的矿区或者他人的矿区采矿的行为。

根据法律规定，国家对国家规划区和对国民经济具有重要价值的矿区，实行有计划开采，未经国务院有关主管部门批准，任何单位和个人不得开采；

任何单位和个人不得擅自进入他人的矿区采矿。《矿产资源法》第20条的规定："非经国务院授权的有关主管部门的同意，不得在下列地区开采矿产资源：①港口、机场、国防工程设施圈定地区以内；②重要工业区、大型水利工程设施、城镇市政工程设施附近一定距离以内；③铁路、重要公路两侧一定距离以内；④重要河流、堤坝两侧一定距离以内；⑤国家划定的自然保护区、重要风景区、国家重点保护的不能移动的历史文物和名胜古迹所在地；⑥国家规定不得开采矿产资源的其他地区。"凡是违反上述规定擅自采矿的，即为非法采矿。所谓"国家规划区"是指在一定时期内，根据国民经济建设长期的需要和资源分布情况，经国务院或国务院有关主管部门依法定程序审查、批准，确定列入国家矿产资源开发长期或中期规划的矿区以及作为老矿区后备资源基地的矿区。所谓"对国民经济具有重要价值的矿区"，是指对国民经济来说，经济价值重大或经济效益很高，对国家经济建设的全局性、战略性有重要影响的矿区。所谓"矿区范围"，是指矿井（露天采场）设计部门确定并依照法律程序批准的矿井四周边界的范围。所谓擅自进入他人的矿区采矿是指没有可开采矿的资质，也无合法根据而擅自进入他人矿区开采的行为，即通常所说的"越界采矿"的行为。行为人虽持有采矿许可证，但违反采矿许可证上所规定的采矿地点、范围和其他要求，擅自进入他人矿区，进行非法采矿的行为。根据《矿产资源法》的规定，任何单位和个人不得进入他人依法设立的国有矿山企业和其他矿山企业矿区范围采矿。超越批准的矿区范围采矿的，责令退回本矿区范围内开采，并赔偿对方的赔偿损失，没收越界开采的矿产品和违法所得，可以并处罚款；拒不退回本矿区范围内开采，造成矿产资源严重破坏的，构成犯罪的，依照刑法有关规定追究刑事责任。

第三，擅自开采国家规定实行保护性开采的特定矿种。所谓"保护性开采的特定矿种"，是指对国民经济建设、高科技发展具有特殊重要价值，资源严重稀缺，矿产品贵重或者在国际市场上占有明显优势等，在一定时期内由国家依法定程序确定保护性开采的矿种。如1988年《国务院关于对黄金矿产实行保护性开采的通知》指出，国务院决定将黄金矿产列为实施保护性开采的特定矿种，实行有计划的开采，未经国家黄金管理局批准，任何单位和个人不得开采。除黄金之外，我国还将钨、锡、锑、离子型稀土矿等矿种列为保护性开采的特定矿种。

其次，非法采矿犯罪的成立，除了实施上述非法采矿的行为外，还需具备“情节严重”。最高人民法院、最高人民检察院于2016年11月28日发布的《关于办理非法采矿、破坏性采矿刑事案件适用法律若干问题的解释》第3条规定：实施非法采矿行为，具有下列情形之一的，应当认定为《刑法》第343条第1款规定的“情节严重”：①开采的矿产品价值或者造成矿产资源破坏的价值在10万元至30万元以上的；②在国家规划矿区、对国民经济具有重要价值的矿区采矿，开采国家规定实行保护性开采的特定矿种，或者在禁采区、禁采期内采矿，开采的矿产品价值或者造成矿产资源破坏的价值在5万元至15万元以上的；③2年内曾因非法采矿受过两次以上行政处罚，又实施非法采矿行为的；④造成生态环境严重损害的；⑤其他情节严重的情形。其第4条第2款规定，在河道管理范围内，未取得许可证而采砂，虽不具有本解释第3条第1款规定的情形，但严重影响河势稳定，危害防洪安全的，应当认定为《刑法》第343条第1款规定的“情节严重”。其第5条第2款规定，未取得海砂开采海域使用权证，且未取得采矿许可证，采挖海砂，虽不具有本解释第3条第1款规定的情形，但造成海岸线严重破坏的，应当认定为《刑法》第343条第1款规定的“情节严重”。

依据前述法释［2016］25号第4条的规定，在河道管理范围内采砂，具有下列情形之一，符合《刑法》第343条第1款和本解释第2、3条规定的，以非法采矿罪定罪处罚：①依据相关规定应当办理河道采砂许可证，未取得河道采砂许可证的；②依据相关规定应当办理河道采砂许可证和采矿许可证，既未取得河道采砂许可证，又未取得采矿许可证的。实施前款规定行为，虽不具有本解释第3条第1款规定的情形，但严重影响河势稳定，危害防洪安全的，应当认定为《刑法》第343条第1款规定的“情节严重”。其第5条规定，未取得海砂开采海域使用权证，且未取得采矿许可证，采挖海砂，符合《刑法》第343条第1款和本解释第2、3条规定的，以非法采矿罪定罪处罚。实施前款规定行为，虽不具有本解释第3条第1款规定的情形，但造成海岸线严重破坏的，应当认定为《刑法》第343条第1款规定的“情节严重”。

（3）犯罪主体要件是自然人已满16周岁且精神正常。本罪除自然人外，也可由单位构成。自然人限于直接负责的主管人员和其他直接责任人员，那些仅仅从事开采劳动的人，一般不应追究其刑事责任。

（4）主观要件是犯罪故意。即行为人明知自己的采矿行为违反矿产资源法的规定，并且会产生破坏矿产资源的严重后果，而希望或者放任这种危害结果的发生。行为的动机和目的不是本罪的选择要件，过失也不构成本罪。

（二）关于本罪的刑事责任

《刑法》第 343 条第 1 款规定，犯非法采矿罪的，处三年以下有期徒刑、拘役或者管制，并处或者单处罚金；情节特别严重的，处三年以上七年以下有期徒刑，并处罚金。

本罪的情节严重，是入罪门槛，前已有述。值得强调的是，《刑法修正案（八）》把本罪修改为情节犯，而危害结果只是一种重要的情节，这就大大地增加了本罪的包容度，对此，我们在认定犯罪和量刑时应该有清醒的认识。也正因为如此，最高人民法院、最高人民检察院于 2016 年 11 月 28 日 发布的《关于办理非法采矿、破坏性采矿刑事案件适用法律若干问题的解释》第 10 条规定：实施非法采矿犯罪，不属于“情节特别严重”，或者实施破坏性采矿犯罪，行为人系初犯，全部退赃退赔，积极修复环境，并确有悔改表现的，可以认定为犯罪情节轻微，不起诉或者免予刑事处罚。其第 11 条规定：“对受雇佣为非法采矿、破坏性采矿犯罪提供劳务的人员，除参与利润分成或者领取高额固定工资的以外，一般不以犯罪论处，但曾因非法采矿、破坏性采矿受过处罚的除外。”

依据前述法释［2016］25 号第 3 条的规定，实施非法采矿行为，具有下列情形之一的，应当认定为《刑法》第 343 条第 1 款规定的“情节特别严重”：①数额达到前款第 1、2 项规定标准 5 倍以上的；②造成生态环境特别严重损害的；③其他情节特别严重的情形。

多次非法采矿、破坏性采矿构成犯罪，依法应当追诉的，或者 2 年内多次非法采矿、破坏性采矿未经处理的，价值数额累计计算。

实施非法采矿犯罪，不属于“情节特别严重”，或者实施破坏性采矿犯罪，行为人系初犯，全部退赃退赔，积极修复环境，并确有悔改表现的，可以认定为犯罪情节轻微，不起诉或者免予刑事处罚。

对受雇佣为非法采矿、破坏性采矿犯罪提供劳务的人员，除参与利润分成或者领取高额固定工资的以外，一般不以犯罪论处，但曾因非法采矿、破坏性采矿受过处罚的除外。

对非法采矿、破坏性采矿犯罪的违法所得及其收益，应当依法追缴或者责令退赔。

对用于非法采矿、破坏性采矿犯罪的专门工具和供犯罪所用的本人财物，应当依法没收。

非法开采的矿产品价值，根据销赃数额认定；无销赃数额，销赃数额难以查证，或者根据销赃数额认定明显不合理的，根据矿产品价格和数量认定。矿产品价值难以确定的，依据下列机构出具的报告，结合其他证据作出认定：①价格认证机构出具的报告；②省级以上人民政府国土资源、水行政、海洋等主管部门出具的报告；③国务院水行政主管部门在国家确定的重要江河、湖泊设立的流域管理机构出具的报告。

对案件所涉的有关专门性问题难以确定的，依据下列机构出具的鉴定意见或者报告，结合其他证据作出认定：①司法鉴定机构就生态环境损害出具的鉴定意见；②省级以上人民政府国土资源主管部门就造成矿产资源破坏的价值、是否属于破坏性开采方法出具的报告；③省级以上人民政府水行政主管部门或者国务院水行政主管部门在国家确定的重要江河、湖泊设立的流域管理机构就是否危害防洪安全出具的报告；④省级以上人民政府海洋主管部门就是否造成海岸线严重破坏出具的报告。

各省、自治区、直辖市高级人民法院、人民检察院，可以根据本地区实际情况，在本解释第3、6条规定的数额幅度内，确定本地区执行的具体数额标准，报最高人民法院、最高人民检察院备案。

《刑法》第346条规定，单位犯上述犯罪的，对单位判处罚金，并对其直接负责的主管人员和其他直接责任人员按照上述规定处罚。定罪量刑标准同自然人犯罪。

## 三、破坏性采矿罪

### （一）概念和犯罪构成

《刑法》第343条第2款规定："违反矿产资源法的规定，采取破坏性的开采方法开采矿产资源，造成矿产资源严重破坏的，处五年以下有期徒刑或者拘役，并处罚金。"据此，破坏性采矿罪，是指在持有特定范围采矿许可证的前提下，违反矿产资源法规定，采取破坏性的采矿方法开采矿产资源，造成矿产资源严重破坏的行为。

（1）客体要件是国家管理矿产资源和矿业生产的法律秩序。矿产资源是国家的重要经济资源，同时也是不可再生的有限资源。根据我国《宪法》和《矿产资源法》的规定，国家保障矿产资源的合理开发利用，禁止任何组织或个人利用任何手段破坏矿产资源。国家对矿产资源的合理开发实行严格的管理，对矿产资源的开采顺序、开采方法、选矿工艺作了具体规定，对开采回采率、采矿贫化率、选矿回收率也有相应的标准。破坏性采矿行为使用落后的采矿方法，往往会造成矿产资源的严重破坏和巨大浪费。

（2）客观要件为在持有特定范围采矿许可证的前提下，违反矿产资源保护法的规定，采用破坏性采矿方法，造成矿产资源严重破坏的行为。

首先，在持有特定范围采矿许可证的前提下，行为人违反矿产资源保护法的相应规定。即行为人违反《中华人民共和国矿产资源法》《中华人民共和国水法》等法律、行政法规有关矿产资源开发、利用、保护和管理的规定。这是构成本罪的前提。行为人在持有特定范围采矿许可证的前提下，不按技术标准要求采矿，因而使矿产资源遭到严重破坏是本罪的关键。关于采矿的技术性规定有：《矿产资源法》第29条的规定："开采矿产资源，必须采取合理的开采顺序、开采方法、选矿工艺。矿山企业的开采回采率、采矿贫化率和选矿回收率应当达到设计要求。"第30条规定："在开采主矿产的同时，对具有工业价值的共生和伴生矿产应当统一规划，综合开采，综合利用，防止浪费；对暂时还不能综合开采或者必须同时采出而暂时不能综合利用的矿产以及含有有用成分的尾矿，应当采取有效的保护性措施，防止损失破坏。"2016年11月发布的《关于办理非法采矿、破坏性采矿刑事案件适用法律若干问题的解释》第1条规定：违反《中华人民共和国矿产资源法》《中华人民共和国水法》等法律、行政法规有关矿产资源开发、利用、保护和管理的规定的，应当认定为《刑法》第343条规定的"违反矿产资源法的规定"。

其次，"采取破坏性的开采方法开采矿产资源"，是指行为人违反地质矿产主管部门审查批准的矿产资源开发利用方案开采矿产资源，并造成矿产资源严重破坏的行为。《矿产资源法》第27条规定，在开采矿产资源时，必须采取合理的开采顺序，采用技术上可行、经济上合理的开采方法和选矿工艺。矿山企业的开采回采率、采矿贫化率、选矿回收率应当达到设计要求，以使宝贵的矿产资源得到合理、高效的利用。所谓采取破坏性的开采方法开采矿产资源，是指行为人违反地质矿产主管部门审查批准的矿产资源开发利用方案开采矿产资源，并造成矿产资源严重破坏的行为。实践中，这种情形是指使用不合理的开采顺序、开采方法和选矿工艺，致使矿产资源的开采回采率、采矿贫化率和选矿回收率达不到设计要求的行为。如果未按上述操作规程和保护性采矿的规定精神开采矿物的，则视为破坏性采矿行为。可见，破坏性的开采方法主要是指违反上述规定，采用国家禁止使用的开采方法、采用不合理的开采顺序或者采富弃贫、采厚弃薄、采易弃难或者在矿区乱挖乱采的行为。

复次，本罪的行为对象与犯罪对象同一，都是矿产资源。即在地质运动过程中形成的，蕴于地壳之中的，具有特殊价值，并能为人们用于生产和生活的各种矿物质的总称。包括各种呈固态、液态和气态的金属、非金属矿产、燃料矿产和地下热能等。应该注意的是，2006 年《最高人民法院、最高人民检察院关于办理盗窃油气、破坏油气设备等刑事案件具体应用法律若干问题的解释》第 6 条规定："违反矿产资源法的规定，非法开采或者破坏性开采石油、天然气资源的，依照刑法第 343 条以及最高人民法院《关于审理非法采矿、破坏性采矿刑事案件具体应用法律若干问题的解释》的规定追究刑事责任。"这里，司法解释对"矿产资源"作了扩大解释。

最后，构成本罪必须具备法定结果，即"造成矿产资源严重破坏"。此为构成本罪不可缺少的要件。关于"造成矿产资源严重破坏"，最高人民法院、最高人民检察院于 2016 年 11 月 28 日发布的《关于办理非法采矿、破坏性采矿刑事案件适用法律若干问题的解释》第 6 条规定：造成矿产资源破坏的价值在 50 万元至 100 万元以上，或者造成国家规划矿区、对国民经济具有重要价值的矿区和国家规定实行保护性开采的特定矿种资源破坏的价值在 25 万元至 50 万元以上的，应当认定为《刑法》第 343 条第 2 款规定的"造成矿产资源严重破坏"。

（3）犯罪主体要件有特殊要求，除了自然人已满 16 周岁且精神正常之外，还应该是已经具有采矿作业资格的人。本罪除自然人外，也可由单位构成。实践中既可以是矿山企业及其直接负责的主管人员和其他直接责任人员，也包括个体采矿户。那些"仅仅从事开采劳动的人"应该排除于本罪主体范围之外。

（4）主观要件是犯罪故意。即行为人明知自己的破坏性采矿行为违反矿产资源法的规定，并且会产生破坏矿产资源的严重后果，而希望或者放任这种危害结果的发生。行为的动机和目的不是本罪的选择要件。

（二）本罪的刑事责任

《刑法》第343条第2款对破坏性采矿罪适用刑罚规定了一个量刑幅度，即采取破坏性开采方法开采矿产资源，造成矿产资源严重破坏的，处五年以下有期徒刑或者拘役，并处罚金。

构成本罪必须要求破坏性开采行为“造成矿产资源严重破坏”。至于何谓“造成矿产资源严重破坏”，前已有述。

值得注意的是，本罪被修改为情节犯，而危害结果只是一种重要的情节。最高人民法院、最高人民检察院于2016年11月28日发布的《关于办理非法采矿、破坏性采矿刑事案件适用法律若干问题的解释》第11条规定：“对受雇佣为非法采矿、破坏性采矿犯罪提供劳务的人员，除参与利润分成或者领取高额固定工资的以外，一般不以犯罪论处，但曾因非法采矿、破坏性采矿受过处罚的除外。”

多次非法采矿、破坏性采矿构成犯罪，依法应当追诉的，或者2年内多次非法采矿、破坏性采矿未经处理的，价值数额累计计算。

实施破坏性采矿犯罪，如果行为人系初犯，全部退赃退赔，积极修复环境，并确有悔改表现的，可以认定为犯罪情节轻微，不起诉或者免予刑事处罚。

对非法采矿、破坏性采矿犯罪的违法所得及其收益，应当依法追缴或者责令退赔。

对用于非法采矿、破坏性采矿犯罪的专门工具和供犯罪所用的本人财物，应当依法没收。

非法开采的矿产品价值，根据销赃数额认定；无销赃数额，销赃数额难以查证，或者根据销赃数额认定明显不合理的，根据矿产品价格和数量认定。矿产品价值难以确定的，依据下列机构出具的报告，结合其他证据作出认定：①价格认证机构出具的报告；②省级以上人民政府国土资源、水行政、海洋等主管部门出具的报告；③国务院水行政主管部门在国家确定的重要江河、湖泊设立的流域管理机构出具的报告。

对案件所涉的有关专门性问题难以确定的，依据下列机构出具的鉴定意见或者报告，结合其他证据作出认定：①司法鉴定机构就生态环境损害出具的鉴定意见；②省级以上人民政府国土资源主管部门就造成矿产资源破坏的价值、是否属于破坏性开采方法出具的报告；③省级以上人民政府水行政主管部门或者国务院水行政主管部门在国家确定的重要江河、湖泊设立的流域管理机构就是否危害防洪安全出具的报告；④省级以上人民政府海洋主管部门就是否造成海岸线严重破坏出具的报告。

各省、自治区、直辖市高级人民法院、人民检察院，可以根据本地区实际情况，在该解释第3、6条规定的数额幅度内，确定本地区执行的具体数额标准，报最高人民法院、最高人民检察院备案。

对于单位犯罪，该解释第9条规定："单位犯刑法第三百四十三条规定之罪的，依照本解释规定的相应自然人犯罪的定罪量刑标准，对直接负责的主管人员和其他直接责任人员定罪处罚，并对单位判处罚金。"

## 第四节　破坏植物资源保护的犯罪

### 一、非法采伐、毁坏国家重点保护植物罪

（一）概念和犯罪构成

《刑法》第344条规定："违反国家规定，非法采伐、毁坏珍贵树木或者国家重点保护的其他植物的，处三年以下有期徒刑、拘役或者管制，并处罚金；情节严重的，处三年以上七年以下有期徒刑，并处罚金。"据此，非法采伐、毁坏国家重点保护植物罪，是指违反国家规定，非法采伐、毁坏珍贵树木或者国家重点保护的其他植物的行为。

本罪的前身是《刑法》第345条第3款的非法采伐、毁坏珍贵树木罪，2002年12月28日通过的《刑法修正案（四）》对其进行了修改。之后的司法解释将其定名为非法采伐、毁坏国家重点保护植物罪，扩大了罪名的涵摄范围。

（1）客体要件是作为国家整体法律秩序有机组成部分的国家对珍贵树木以及其他重点保护植物保护管理的法律秩序。

犯罪对象是珍贵树木和国家重点保护的其他植物。其范围既包括野生植物，也包括人工栽培植物。国家重点保护的植物，则不仅包括珍贵木本植物，还包括其他的具有重要经济价值、科学研究、文化价值的濒危、稀有的木本植物和草本植物。具体的范围详见后面行为对象部分的阐述。

国家对珍贵树木、重点保护的植物实行"加强保护，积极发展，合理利用"的方针。禁止采伐、毁坏珍贵树木和国家重点保护的其他植物，对于因

科学研究、人工培育、文化交流等特殊需要，采伐珍贵树木资源和国家重点保护的其他植物的，必须向国务院有关主管部门申请采伐证。采伐单位和个人，必须按照采伐证规定的种类、数量、地点、期限和方法进行采集。对于未申请采伐证或虽申请但未获批准，或者未按规定的种类、数量、地点、方法采伐珍贵树木和国家重点保护的其他植物的，都严重侵犯了国家对珍贵树木、重点保护植物管理的法律秩序。

（2）客观要件为违反国家规定，非法采伐、毁坏珍贵树木或国家重点保护的其他植物的行为。

关于“违反国家规定”，1997 年《刑法》规定的仅仅是“违反《森林法》的规定”，2002 年 12 月颁布的《刑法修正案（四）》将其修改为“违反国家规定”。《刑法》第 96 条规定：“本法所称违反国家规定，是指违反全国人民代表大会及其常务委员会制定的法律和决定，国务院制定的行政法规、规定的行政措施、发布的决定和命令。”由此，该行为构成犯罪的前提不仅仅是违反《森林法》，还包括其他有关的法律、行政法规。其中《森林法》第 24 条规定：“国务院林业主管部门和省、自治区、直辖市人民政府，应当在不同自然地带的森林生态地区、珍贵动物和植物生长繁殖的禁区、天然热带雨林的具有特殊保护价值的其他天然林区，划定自然保护区，加强保护管理。对自然保护区以外的珍贵树木和林区内具有特殊价值的植物资源，应当认真保护；未经省、自治区、直辖市林业主管部门批准，不得采伐和采集。”第 40 条规定：“违反本法规定，非法采伐、毁坏珍贵树木的，依法追究刑事责任。”《野生植物保护条例》第 16 条规定：“禁止采集国家一级保护野生植物。因科学研究、人工培育、文化交流等特殊需要，采集国家一级保护野生植物，必须经采集地的省、自治区、直辖市人民政府野生植物行政主管部门签署意见后，向国务院野生植物行政主管部门或者其授权的机构申请采集证；采集国家二级保护野生植物的，必须经采集地的县级人民政府野生植物行政主管部门签署意见后，向省、自治区、直辖市人民政府野生植物行政主管部门或者其授权的机构申请采集证；采集城市园林或者风景名胜区内的国家一级或者二级保护野生植物的，须先征得城市园林或名胜区管理机构同意，分别依照前两款的规定申请采集证；采集珍贵野生树木或者林区内、草原上的野生植物时，依照森林法、草原法的规定办理。”违反这些规定或者其他法律法规的有关规定，非法采伐、毁坏珍贵树木或者国家重点保护的其他植物行为，则可构成本罪。

关于“行为方式”，即非法采伐和毁坏。所谓“非法采伐”，是指违反国家规定，没有取得采伐许可证进行采伐，或者超出合法的采伐规定的内容擅自砍伐珍贵树木和其他国家重点保护的植物的行为。所谓“毁坏”，是指毁灭和损坏，使珍贵树木的价值或使用价值部分丧失或者全部丧失的行为。包括对珍贵树木采用剥皮、砍枝、取脂的方式使珍贵树木、国家重点保护其他植物死亡或者影响其生长的行为。采伐和毁坏，这两种行为方式可以单独实施，也可以合并实施，只要具有行为方式中的任意一种，即可构成本罪。

关于行为对象，与其犯罪对象是同一的。本罪的行为对象只能是珍贵树木或者国家重点保护的其他植物，即“国家重点保护的植物”。1997 年《刑法》仅仅规定该罪的犯罪对象为珍贵树木，2002 年 12 月通过的《中华人民共和国刑法修正案（四）》第 6 条将“国家重点保护的其他植物”也包含进去，扩大了本罪的犯罪对象范围。根据《野生植物保护条例》第 10 条的规定：“野生植物分为国家重点保护野生植物和地方重点保护野生植物。国家重点保护野生植物分为国家一级保护野生植物和国家二级保护野生植物。”该条例附录所载《国家重点保护的野生植物名录》共罗列了一类保护植物 8 种；二类保护植物 143 种；三类保护植物 222 种。其中，珍贵树木皆属本罪对象。1992 年 10 月林业部发布了《关于保护珍贵树种的通知》并重新修订了《国家珍贵树种名录》，将珍贵树种分为二级：一级 37 种；二级 95 种。凡载入林业部 1992 年颁布的《国家珍贵树种名录》，以及《野生植物保护条例》附件《国家重点保护的野生植物名录》所列的树木、植物皆为珍贵树木和国家重点保护的植物。最高人民法院于 2000 年 11 月发布的《关于审理破坏森林资源刑事案件具体应用法律若干问题的解释》第 1 条规定：“刑法第三百四十四条规定的‘珍贵树木’，包括由省级以上林业主管部门或者其他部门确定的具有重大历史纪念意义、科学研究价值或者年代久远的古树名木，国家禁止、限制出口的珍贵树木以及列入国家重点保护野生植物名录的树木。”2008 年最高人民检察院、公安部发布的《关于公安机关管辖的刑事案件立案追诉标准的规定（一）》第 70 条也规定：本条规定的“珍贵树木或者国家重点保护的其他植物”，包括由省级以上林业主管部门或者其他部门确定的具有重大历史纪念意义、科学研究价值或者年代久远的古树名木，国家禁止、限制出口的珍贵树木以及列入《国家重点保护野生植物名录》的树木或者其他植物。在这里，司法解释对本罪的犯罪对象都做了扩大解释。未列入这两个名录的树木和植物，不能成为非法采伐、毁坏国家重点保护植物罪的对象。若行为人非法采伐、毁坏的亦不构成本罪。

关于本罪的入罪门槛。2008 年最高人民检察院、公安部发布的《关于公安机关管辖的刑事案件立案追诉标准的规定（一）》第 70 条规定：违反国家规定，非法采伐、毁坏珍贵树木或者国家重点保护的其他植物的，应予立案追诉。也就是说，本罪是行为犯。

（3）犯罪主体要件是自然人已满 16 周岁且精神正常。除自然人外，单位也可构成本罪。

（4）主观要件是犯罪故意。即明知其采伐、毁坏的是国家重点保护植物，是破坏生态的违法行为，而希望或者放任这种危害结果发生的心理态度。行为人确实不知道是国家重点保护植物及其制品而采伐、毁坏，或者收购、运输、加工、出售的，不构成本罪，可能构成其他犯罪。至于行为动机，可以是贩卖牟利、食用、栽培，甚至是为了采集标本科学研究而使用等，动机如何，不影响犯罪的成立。

（二）本罪的刑事责任

根据修订后的《刑法》第 344 条规定，犯非法采伐、毁坏国家重点保护植物罪的，处三年以下有期徒刑、拘役或者管制，并处罚金；情节严重的，处三年以上七年以下有期徒刑，并处罚金。

采伐与毁坏是行为的选择；行为人同时实施非法采伐、毁坏也只构成一罪。

本罪在“情节严重”时法定刑升格，其“情节严重”的认定，依据《关于审理破坏森林资源刑事案件的解释》第 2 条的规定，具有下列情形之一的，属于非法采伐、毁坏珍贵树木行为“情节严重”：①非法采伐珍贵树木 2 株以上或者毁坏珍贵树木致使珍贵树木死亡 3 株以上的；②非法采伐珍贵树木 2 立方米以上的；③为首组织、策划、指挥非法采伐或者毁坏珍贵树木的；④其他情节严重的情形。

行为人犯非法采伐、毁坏国家重点保护植物罪，同时又构成盗窃罪的，属于想象竞合，从一重罪而处断。

单位构成本罪的，对单位判处罚金，并对其直接负责的主管人员和其他直接责任人员按照上述规定处罚，因为，《最高人民检察院、公安部关于公安机关管辖的刑事案件立案追诉标准的规定（一）》（公通字［2008］36号）第100条规定，单位犯罪的立案追诉标准与自然人犯罪相同。

## 二、非法收购、运输、加工、出售国家重点保护植物、国家重点保护植物制品罪

### （一）概念和犯罪构成

根据修订之后的《刑法》第344条规定：违反国家规定，非法收购、运输、加工、出售珍贵树木或者国家重点保护的其他植物及其制品的，处三年以下有期徒刑、拘役或者管制，并处罚金；情节严重的，处三年以上七年以下有期徒刑，并处罚金。

据此，非法收购、运输、加工、出售国家重点保护植物、国家重点保护植物制品罪是指违反国家规定，收购、运输、加工、出售珍贵树木或者国家重点保护的其他植物及其制品的行为。本罪是《刑法修正案（四）》第6条对原《刑法》第344条修改而成的。

本罪的犯罪构成：

（1）客体要件是国家有关珍贵树木或者国家重点保护的其他植物，以及国家有关珍贵树木或者国家重点保护的其他植物制品管理的法律秩序。犯罪对象是珍贵树木或者国家重点保护的其他植物及其制品。

（2）客观要件即违反国家规定，收购、运输、加工、出售珍贵植物、国家重点保护的其他植物，或者前述珍贵植物制品的行为。

违反国家规定，就是行为人违反有关森林资源保护的法律、法规。《刑法》第96条规定："本法所称违反国家规定，是指违反全国人民代表大会及其常务委员会制定的法律和决定，国务院制定的行政法规、规定的行政措施、发布的决定和命令。"由此，该行为构成犯罪的前提不仅仅是违反《森林法》，还包括其他有关的法律、行政法规。主要是指违反森林法及其他法规有关收购、运输、加工、出售国家重点保护植物、国家重点保护植物制品的规定。

本罪行为的具体表现形式为非法收购、运输、加工、出售。将收购、运输、加工、出售的行为作为犯罪行为，旨在遏制上游犯罪（即非法采伐、毁坏国家重点保护植物罪）的发生。

所谓的"收购"，包括以营利、自用等为目的的购买行为；"运输"包括采用携带、邮寄、利用他人、使用交通工具等方法进行运送的行为；"出售"

即指出卖；“加工”是指对原材料、半成品做各种工作，使其达到规定的要求。对于上述行为，无论行为人实施的是其中一种，还是同时实施数种，均可构成本罪。

本罪的行为对象“珍贵树木和国家重点保护的其他植物”的外延，同“非法采伐、毁坏国家重点保护植物罪”。同时，珍贵树木和国家重点保护的其他植物的制品，也是本罪的行为对象。所谓“其制品”，是指对采伐的珍贵树木或国家重点保护的其他植物通过某种加工手段而获得的成品和半成品，如标本等。

为了妥善保护国家重点保护的植物，《最高人民检察院、公安部关于公安机关管辖的刑事案件立案追诉标准的规定（一）》（公通字［2008］36号）第71条规定，违反国家规定，非法收购、运输、加工、出售珍贵树木或者国家重点保护的其他植物及其制品的，应予立案追诉。本罪是行为犯。

（3）犯罪主体要件是自然人已满16周岁且精神正常。本罪除自然人外，也可由单位构成。

（4）主观要件是犯罪故意，即明知其收购、运输、加工、出售是珍贵树木或者国家重点保护的其他植物及其制品，有危害生态的违法性，而希望或者放任这种危害结果发生的心理态度。至于行为动机如何，不影响犯罪的成立。

（二）本罪的刑事责任

根据修订后的《刑法》第344条的规定，犯非法收购、运输、加工、出售国家重点保护植物、国家重点保护植物制品罪的，处三年以下有期徒刑、拘役或者管制，并处罚金；情节严重的，处三年以上七年以下有期徒刑，并处罚金。

非法收购、运输、加工、出售是行为的选择；行为人同时实施非法收购、运输、加工、出售也只构成一罪。

本罪与非法收购、运输盗伐、滥伐的林木罪，存在法条竞合情况，择一重罪而处断。当然，在具体的案件中，行为人既收购运输国家重点保护植物及其制品，也有普通的盗伐、滥伐林木的，则应该分别定罪，数罪并罚。

关于收购、运输、加工、出售国家重点保护植物、国家重点保护植物制品罪的“情节严重”的认定标准，没有明确的司法解释。

单位构成本罪的，对单位判处罚金，并对其直接负责的主管人员和其他直接责任人员按照上述规定处罚，因为，《最高人民检察院、公安部关于公安机关管辖的刑事案件立案追诉标准的规定（一）》（公通字［2008］36号）第100条规定，单位犯罪的立案追诉标准与自然人犯罪相同。

## 三、盗伐林木罪，滥伐林木罪，非法收购、运输盗伐、滥伐的林木罪

### （一）概念和犯罪构成

盗伐林木罪，是指违反森林法的规定，盗伐森林或者其他林木，数量较大的行为。

滥伐林木罪，是指违反森林法的规定，滥伐森林或其他林木，数量较大的行为。

非法收购、运输盗伐、滥伐的林木罪，是指非法收购、运输明知是盗伐、滥伐的林木，情节严重的行为。本罪名是《刑法修正案（四）》修改，司法解释确定的罪名。

三罪的犯罪构成：

（1）关于三罪的客体要件，理论界的认识有所不同。以盗伐林木罪为例，有的学者认为是国家林业管理制度和国家、集体、公民对林木的所有权。[1]有的学者表述为国家对林业资源的正常管理活动和国家、集体或者他人对林木的所有权。[2]有的学者表述为国家保护林木资源的权益。[3]笔者主张，三罪的客体要件均为构成国家整体法律秩序有机组成部分的国家林业管理的法律秩序；在盗伐林木罪场合，还包括于对国家、集体或者他人财产权的侵犯。

三罪的犯罪对象均是林木，包括森林和其他林木。其中，森林是指大面积的原始森林和人造林，包括防护林、用材林、经济林、薪炭林和特种用途林等；其他林木，是指小面积的树木和零星树木，但不包括村民房前屋后个人所有的零星树木。

（2）客观要件，三罪分别为盗伐林木，数量较大；滥伐林木，数量较大；非法收购、运输盗伐、滥伐林木，情节严重。

第一，所谓盗伐林木，是指以非法占有为目的，采伐不属于自己所有、

---

〔1〕高铭暄、马克昌主编：《刑法学》（第7版），北京大学出版社、高等教育出版社2016年版，第589页。

〔2〕赵秉志：《刑法新教程》（第4版），中国人民大学出版社2012年版，第575页。

〔3〕李晓明：《刑法学分论》，北京大学出版社2017年版，第354页。

经营的林木，数量较大的行为。根据最高人民法院于2000年11月22日发布的《关于审理破坏森林资源刑事案件具体应用法律若干问题的解释》（以下称2000年《森林案件解释》）第3条的规定，以非法占有为目的，具有下列情形之一，数量较大的，依照《刑法》第345条第1款的规定，以盗伐林木罪定罪处罚：①擅自砍伐国家、集体、他人所有或者他人承包经营管理的森林或者其他林木的；②擅自砍伐本单位或者本人承包经营管理[1]的森林或者其他林木的；③在林木采伐许可证规定的地点以外采伐国家、集体、他人所有或者他人承包经营管理的森林或者其他林木的。

所谓的数量较大，依据其第4条的规定，盗伐林木“数量较大”，以2立方米~5立方米或者幼树100株~200株为起点。《最高人民检察院、公安部关于公安机关管辖的刑事案件立案追诉标准的规定（一）》（公通字［2008］36号）第72条规定确认了这一标准。

林木数量以立木蓄积计算，计算方法为：原木材面积除以该树种的出材率；“幼树”是指胸径5厘米以下的树木。对于一年内多次盗伐少量林木未经处罚的，累计其盗伐、滥伐林木的数量，构成犯罪的，依法追究刑事责任。

第二，所谓滥伐林木，2000年《森林案件解释》第5条规定，违反《森林法》的规定，具有下列情形之一，数量较大的，依照《刑法》第345条第2款的规定，以滥伐林木罪定罪处罚：①未经林业行政主管部门及法律规定的其他主管部门批准并核发林木采伐许可证，或者虽持有林木采伐许可证，但违反林木采伐许可证规定的时间、数量、树种或者方式，任意采伐本单位所有或者本人所有的森林或者其他林木的；②超过林木采伐许可证规定的数量采伐他人所有的森林或者其他林木的。③林木权属争议一方在林木权属确权之前，擅自砍伐森林或者其他林木，数量较大的，以滥伐林木罪论处。

依据2000年《森林案件解释》第6条的规定，滥伐林木“数量较大”，以10立方米~20立方米或者幼树500株~1000株为起点。林木数量以立木蓄积计算，计算方法为：原木材面积除以该树种的出材率；“幼树”，是指胸径5厘米以下的树木。对于一年内多次滥伐少量林木未经处罚的，累计其盗伐、滥伐林木的数量，构成犯罪的，依法追究刑事责任。滥伐林木的数量，应在

---

〔1〕 请注意，“本人承包经营管理的森林或者其他林木”，不同于“本人所有的森林或者其他林木”。如果是本人所有而擅自砍伐，则构成“滥伐林木罪”。

伐区调查设计允许的误差额以上计算。

另外，2004 年 3 月 26 日《最高人民法院关于在林木采伐许可证规定的地点以外采伐本单位或者本人所有的森林或者其他林木的行为如何适用法律问题的批复》，违反《森林法》的规定，在林木采伐许可证规定的地点以外，采伐本单位或者本人所有的森林或者其他林木的，除农村居民采伐自留地和房前屋后个人所有的零星林木以外，属于 2000 年发布的《最高人民法院关于审理破坏森林资源刑事案件具体应用法律若干问题的解释》第 5 条第 1 款第 1 项“未经林业行政主管部门及法律规定的其他主管部门批准并核发林木采伐许可证”规定的情形，数量较大的，应当依照《刑法》第 345 条第 2 款的规定，以滥伐林木罪定罪处罚。

关于“非法收购、运输盗伐、滥伐林木”，《刑法修正案（四）》取消了原先《刑法》规定的必须“在林区”的要求，所以，构成本罪不再局限于“在林区”；还同时增加了“运输”的行为方式，形成非法收购与非法运输的行为选择。

对于“情节严重”，2000 年《森林案件解释》第 11 条规定，具有下列情形之一的，属于在林区非法收购盗伐、滥伐的林木“情节严重”：①非法收购盗伐、滥伐的林木 20 立方米以上或者幼树 1000 株以上的；②非法收购盗伐、滥伐的珍贵树木 2 立方米以上或者 5 株以上的；③其他情节严重的情形。

（3）三罪的主体要件均是自然人已满 16 周岁且精神正常。除自然人外，单位也可构成本罪。

（4）三罪的主观要件是均为犯罪故意。

盗伐林木罪除犯罪故意外，还需以非法占有为目的（毁坏为目的的砍伐，可能构成故意毁坏财物罪）。

滥伐林木罪的目的没有限制，应该是非法占有目的之外的其他目的。

关于非法收购、运输盗伐、滥伐的林木罪的主观要件，《刑法修正案（四）》取消了非法收购、运输盗伐、滥伐的林木罪中规定的“以牟利为目的”，但仍然要求行为人必须明知是盗伐、滥伐的林木。所谓“明知”，根据 2000 年《森林案件解释》第 10 条的规定：这里的“明知”，是指知道或者应当知道。具有下列情形之一的，可以视为应当知道，但是有证据证明确属被蒙骗的除外：①在非法的木材交易场所或者销售单位收购木材的；②收购以明显低于市场价格出售的木材的；③收购违反规定出售的木材的。2000 年

《森林案件解释》将“明知”的内容扩大为“应当知道”，这里的“应当知道”的情形，是指一旦出现这三种情形就“推定行为是明知的”（不论行为人如何狡辩地说他自己不明知）。而不应该把“应当知道”解释为过失罪过。

（二）关于三罪的刑事责任

（1）《刑法》第345条第1款规定，犯盗伐林木罪的，处三年以下有期徒刑、拘役或者管制，并处或者单处罚金；数量巨大的，处三年以上七年以下有期徒刑，并处罚金；数量特别巨大的，处七年以上有期徒刑，并处罚金。

非法实施采种、采脂、挖笋、掘根、剥树皮等行为，牟取经济利益数额较大的，依照《刑法》第264条的规定，以盗窃罪定罪处罚。同时构成其他犯罪的，依照处罚较重的规定定罪处罚。

依据2000年《森林案件解释》第4条的规定，盗伐林木“数量巨大”，以20立方米~50立方米或者幼树1000株~2000株为起点；盗伐林木“数量特别巨大”，以100立方米~200立方米或者幼树5000株~10 000株为起点。

（2）《刑法》第345条第2款规定，犯滥伐林木罪的，处三年以下有期徒刑、拘役或者管制，并处或者单处罚金；数量巨大的，处三年以上七年以下有期徒刑，并处罚金；数量特别巨大的，处七年以上有期徒刑，并处罚金。

依据2000年《森林案件解释》第6条的规定，滥伐林木“数量巨大”，以50立方米~100立方米或者幼树2500株~5000株为起点。各省、自治区、直辖市高级人民法院可以根据本地区的实际情况，在这一数量幅度内，确定本地区执行的具体数量标准，并报最高人民法院备案。

（3）《刑法》第345条第4款规定，盗伐、滥伐国家级自然保护区内的森林或其他林木的，从重处罚。

《刑法》第345条第3款规定，构成非法运输、收购盗伐、滥伐的林木罪的，处三年以下有期徒刑、拘役或者管制，并处或者单处罚金；情节特别严重的，处三年以上七年以下有期徒刑，并处罚金。

2000年《森林案件解释》第11条规定，具有下列情形之一的，属于在林区非法收购盗伐、滥伐的林木“情节特别严重”：①非法收购盗伐、滥伐的林木100立方米以上或者幼树5000株以上的；②非法收购盗伐、滥伐的珍贵树木5立方米以上或者10株以上的；③其他情节特别严重的情形。

（4）共性问题说明：

第一，《刑法》第346条规定，单位构成上述三罪的，对单位判处罚金，并对其直接负责的主管人员和其他直接责任人员按照该条规定处罚。定罪量刑标准按照本解释的关于自然人犯罪的标准规定执行。

第二，各省、自治区、直辖市高级人民法院可以根据本地区的实际情况，在相应的数量幅度内，确定本地区执行的具体数量标准，并报最高人民法院备案。

第三，聚众哄抢林木 5 立方米以上的，属于聚众哄抢“数额较大”；聚众哄抢林木 20 立方米以上的，属于聚众哄抢“数额巨大”，对首要分子和积极参加的，依照《刑法》第 268 条的规定，以聚众哄抢罪定罪处罚。

第四，盗伐、滥伐珍贵树木，同时触犯《刑法》第 344 条（盗伐林木罪）、第 345 条规定（盗伐林木罪、滥伐林木罪）的，依照处罚较重的规定定罪处罚。

第五，将国家、集体、他人所有并已经伐倒的树木窃为己有，以及偷砍他人房前屋后、自留地种植的零星树木，数额较大的，依照《刑法》第 246 条的规定，以盗窃罪定罪处罚。

第六，盗伐、滥伐以生产竹材为主要目的的竹林的定罪量刑问题，有关省、自治区、直辖市高级人民法院可以参照上述规定的精神，规定本地区的具体标准，并报最高人民法院备案。

# 以海洋为场域的犯罪

## 第一节　海上危害公共安全罪

本节所讨论的“海上危害公共安全”的犯罪，是现行刑法所规定的，以海洋为发生场域的危害公共安全的犯罪。结合海洋刑法的特点，这里重点讨论的犯罪包括13个罪名，分为五小类：一是使用危险方法危害公共安全的犯罪，包括放火罪、决水罪、爆炸罪、以危险方法危害公共安全罪4个具体罪名；二是破坏公共设备、设施危害公共安全的犯罪，包括破坏交通工具罪、破坏交通设施罪、破坏广播电视设施、公用电信设施罪3个具体罪名；三是实施恐怖活动的危害公共安全的犯罪，包括准备实施恐怖活动罪、非法持有宣扬恐怖主义、极端主义物品罪、劫持船只、汽车罪3个具体罪名；四是违反枪支、弹药、爆炸物及核材料管理的犯罪，包括非法制造、买卖、运输、储存危险物质罪1个具体罪名；五是重大安全事故的犯罪，包括交通肇事罪、重大责任事故罪2个具体罪名。以下分别对上述罪名加以阐释。

### 一、放火罪

（一）放火罪的概念与犯罪构成

放火罪，是指故意放火焚烧公私财物，危害公共安全的行为。

本罪的犯罪构成：

（1）客体要件是公共安全。所谓公共安全即不特定或者多数人的生命健康、重大公私财产的安全。本罪的犯罪对象是承载着公共安全的公私财物，放火烧毁自己或者家庭所有的房屋或其他财物，足以引起火灾，危及公共安全的，也以本罪论处。

（2）客观要件为实施放火焚烧公私财物的行为。所谓放火，是指使用各种引火物，点燃目的物，引起公私财物的燃烧，制造火灾的行为。放火既可以由作为构成，如用引燃物将焚烧目的物点燃；也可以由不作为的方式实施，不作为的方式构成放火罪的，必须以行为人负有防止火灾发生的特定作为义务为前提。

（3）犯罪主体要件是自然人已满 14 周岁且精神正常。

（4）主观要件是犯罪故意，既可是直接故意，也可是间接故意。明知自己的行为会引起公私财物的燃烧，造成火灾，危及公共安全，并且希望或者放任这种结果发生的心理态度。

（二）放火罪的刑事责任

根据《刑法》第 114、115 条的规定，犯本罪，尚未造成严重后果的，处三年以上十年以下有期徒刑；犯本罪致人重伤、死亡或者使公私财产遭受重大损失的，处十年以上有期徒刑、无期徒刑或者死刑。

对于放火罪的既遂我国采纳的是“独立燃烧说”，只要放火的行为将目的物点燃后，已经达到脱离引燃媒介也能够独立燃烧的程度，即使未能造成实际的危害后果，也应当视之为放火罪的既遂，反之则为未遂。

根据 2013 年 7 月 19 日《关于公安机关处置信访活动中违法犯罪行为适用法律的指导意见》，对依法处置信访活动中的违法犯罪行为规定，采取放火、爆炸或者以其他危险方法自伤、自残、自杀，危害公共安全，符合《刑法》第 114 条和第 115 条第 1 款规定的，以放火罪、爆炸罪、以危险方法危害公共安全罪追究刑事责任。

## 二、决水罪

（一）决水罪的概念与犯罪构成

决水罪，是指故意破坏水利设施，制造水患，危害公共安全的行为。

本罪的犯罪构成：

（1）客体要件是公共安全。所谓公共安全即不特定或者多数人的生命健康、重大公私财产的安全。

（2）客观要件是实施危害公共安全的决水行为。所谓“决水”，是指一切足以使水流横溢、泛滥成灾的行为。决水既可以为积极的作为，如破坏水闸、堵塞水道、决溃堤坝，也可以表现为不作为，如不开放泄洪闸等。决水行为必须足以危害到公共安全，如决水行为不足以危害公共安全，则不构成本罪。

（3）犯罪主体要件是自然人已满16周岁且精神正常。

（4）主观要件是犯罪故意，既可以是直接故意，也可以是间接故意。犯罪动机不影响本罪的成立。

（二）决水罪的刑事责任

根据《刑法》第114、115条的规定，犯本罪，尚未造成严重后果的，处三年以上十年以下有期徒刑；致人重伤、死亡或者使公私财产遭受重大损失的，处十年以上有期徒刑、无期徒刑或者死刑。

根据2013年7月19日《关于公安机关处置信访活动中违法犯罪行为适用法律的指导意见》，对依法处置信访活动中的违法犯罪行为规定，采取放火、爆炸或者以其他危险方法自伤、自残、自杀，危害公共安全，符合《刑法》第114条和第115条第1款规定的，以放火罪、爆炸罪、以危险方法危害公共安全罪追究刑事责任。

## 三、爆炸罪

（一）爆炸罪的概念与犯罪构成

爆炸罪，是指故意引发爆炸物，危害公共安全的行为。

本罪的犯罪构成：

（1）客体要件是公共安全。所谓公共安全即不特定或者多数人的生命健康、重大公私财产的安全。

（2）客观要件是引发爆炸物品危害公共安全的行为。即对公私财物或者人身实施爆炸，危害公共安全。引发爆炸物品可以是作为，也可以是不作为。使用何种爆炸物、以何种方法引发爆炸物，不影响本罪的成立。

（3）犯罪主体要件是自然人已满14周岁且精神正常。

（4）主观要件是犯罪故意，既可以是直接故意，也可以是间接故意。犯罪动机不影响本罪的成立。

（二）爆炸罪的刑事责任

根据《刑法》第114、115条的规定，犯本罪，尚未造成严重后果的，处三年以上十年以下有期徒刑；致人重伤、死亡或者使公私财产遭受重大损失的，处十年以上有期徒刑、无期徒刑或者死刑。

根据2013年7月19日《关于公安机关处置信访活动中违法犯罪行为适用法律的指导意见》，对依法处置信访活动中的违法犯罪行为规定，采取放火、爆炸或者以其他危险方法自伤、自残、自杀，危害公共安全，符合《刑法》第114条和第115条第1款规定的，以放火罪、爆炸罪、以危险方法危害公共安全罪追究刑事责任。

## 四、以危险方法危害公共安全罪

### （一）以危险方法危害公共安全罪的概念与犯罪构成

以危险方法危害公共安全罪，是指使用与放火、决水、爆炸、投放危险物质等危险性相当的其他危险方法，危害公共安全的行为。

本罪的犯罪构成：

（1）客体要件是公共安全。所谓公共安全即不特定或者多数人的生命健康、重大公私财产的安全。

（2）客观要件是以其他危险方法危害公共安全的行为。所谓“其他危险方法”是指使用与放火、决水、爆炸、投放危险物质的危险性相当的危险方法，如驾车冲撞人群、使用放射性物质、服用致幻药品（毒品、精神药品）驾驶车船等危险方法危害公共安全的行为。现实社会生活中，实施危害公共安全的犯罪形式、手段很多，刑法不可能也没有必要一一列举，因而以“其他危险方法”对放火、决水、爆炸、投放危险物质之外的危险方法危害公共安全的行为作概括性规定。

（3）犯罪主体要件是自然人已满16周岁且精神正常。

（4）主观要件为犯罪故意，既包括直接故意，也包括间接故意。犯罪动机不影响本罪的成立。

### （二）本罪的刑事责任

根据《刑法》第114、115条的规定，犯本罪，尚未造成严重后果的，处三年以上十年以下有期徒刑。致人重伤、死亡或者使公私财产遭受重大损失的，处十年以上有期徒刑、无期徒刑或者死刑。

根据2003年5月14日《最高人民法院、最高人民检察院关于办理妨害预防、控制突发传染病疫情等灾害的刑事案件具体应用法律若干问题的解释》第1条的规定，故意传播突发传染病病原体，危害公共安全的，依照《刑法》

第114、115条第1款的规定，按照以危险方法危害公共安全罪定罪处罚。因此，故意传播突发传染病病原体，危害公共安全的行为，以本罪论处。根据2009年9月11日《最高人民法院关于印发醉酒驾车犯罪法律适用问题指导意见及相关典型案例的通知》的规定，行为人明知酒后驾车违法、醉酒驾车会危害公共安全，却无视法律醉酒驾车，特别是在肇事后继续驾车冲撞，造成重大伤亡，说明行为人主观上对持续发生的危害结果持放任态度，具有危害公共安全的故意。对此类醉酒驾车造成重大伤亡的，应依法以以危险方法危害公共安全罪定罪。根据2013年7月19日《公安部关于公安机关处置信访活动中违法犯罪行为适用法律的指导意见》对依法处置信访活动中的违法犯罪行为规定，为制造社会影响、发泄不满情绪、实现个人诉求，驾驶机动车在公共场所任意冲闯，危害公共安全，符合《刑法》第114、115条第1款规定的，以以危险方法危害公共安全罪追究刑事责任。

## 五、破坏交通工具罪

### （一）破坏交通工具罪的概念与犯罪构成

破坏交通工具罪，是指破坏火车、汽车、电车、船只、航空器，足以使火车、汽车、电车、船只、航空器发生倾覆、毁坏危险，尚未造成严重后果或者已经造成严重后果的行为。

本罪的犯罪构成：

（1）客体要件是交通运输安全。本罪的对象限于正在使用中的火车、汽车、电车、船只和航空器。破坏简单的陆用交通工具的行为并不足以危害公共安全，因此，马车、自行车、三轮车、手推车以及农用拖拉机等不是本罪的犯罪对象；用作交通运输的大型拖拉机则构成本罪的对象。

（2）客观要件是破坏交通工具，足以使交通工具发生倾覆或毁坏危险的行为。所谓倾覆，是指车辆倾倒、颠覆，船只翻沉，航空器坠毁；所谓毁坏，是指烧毁、炸毁、坠毁等造成交通工具性能丧失、报废或者重大毁损的情况；所谓足以，是指只要对交通工具的破坏达到足以使其发生倾覆、毁坏的危险状态，即构成本罪的既遂，而并不要求以已经发生倾覆、毁坏的危害结果为条件。判断是否发生了这种危险状态，主要从两方面来进行判断：其一，交通工具是否正在使用期间，如果破坏的是处于待修、待售或者尚未检验出厂的状态下的交通工具，则不构成本罪；其二，破坏的手段、方法与破坏的部位。破坏交通工具可以采用不同的手段与方法，不一而足。如以拆卸、打砸的破坏方法，则应看破坏的部位，破坏部位的不同，造成的后果也可能各不相同，一般而言，只有对交通工具的重要装置或部件进行破坏时，才能构成本罪。如果破坏的是交通工具的一般性辅助设施，不影响行驶安全，则不构成本罪。

（3）犯罪主体要件是自然人已满16周岁且精神正常。

（4）主观要件是犯罪故意。可以是直接故意，也可是间接故意，犯罪动机不影响本罪的成立。

（二）破坏交通工具罪的刑事责任

根据《刑法》第116、119条的规定，犯本罪，足以使交通工具发生倾覆、毁坏危险，尚未造成严重后果的，处三年以上十年以下有期徒刑；造成严重后果的，处十年以上有期徒刑、无期徒刑或者死刑。

如以放火、爆炸的危险方法实施破坏，则为想象竞合犯，应以破坏交通工具罪论处，不实行并罚。

## 六、破坏交通设施罪

（一）破坏交通设施罪的概念与犯罪构成

破坏交通设施罪，是指故意破坏轨道、桥梁、隧道、公路、机场、航道、灯塔、标志或进行其他破坏活动，足以使火车、汽车、电车、船只、航空器发生倾覆、毁坏危险，或造成严重后果的行为。

本罪的犯罪构成：

（1）本罪的客体要件是交通运输安全。本罪的犯罪对象包括轨道、桥梁、隧道、公路、机场、航道、灯塔、标志以及与交通运输安全有关的正在使用中的其他交通设施。

（2）本罪的客观要件是实施了破坏交通设施并足以使火车、汽车、电车、船只、航空器发生倾覆、毁坏危险，或造成严重后果的行为。无论行为人采用何种方式方法进行破坏活动，只要足以使得交通工具发生倾覆、毁坏危险，就构成本罪既遂。所谓“其他破坏活动”，是指那些虽没有直接破坏交通设施，但其行为本身足以使交通工具发生倾覆、毁坏危险的破坏活动，如，故意为在海上航行的货船提供错误的气象预报，或者故意向海上航行船只发出错误的指示信号等。

（3）犯罪主体要件是自然人已满16周岁且精神正常。

（4）主观要件是犯罪故意，即明知破坏交通设施会造成交通工具倾覆、毁坏，危及公共安全，并希望或者放任这种危害结果的发生。

（二）破坏交通设施罪的刑事责任

根据《刑法》第117、119条的规定，犯本罪，尚未造成严重后果的，处三年以上十年以下有期徒刑；造成严重后果的，处十年以上有期徒刑、无期徒刑或者死刑。

## 七、破坏广播电视设施、公用电信设施罪

（一）破坏广播电视设施、公用电信设施罪的概念与犯罪构成

破坏广播电视设施、公用电信设施罪，是指故意破坏正在使用中的广播电视设施、公用电信设施，危害公共安全的行为。

本罪的犯罪构成：

（1）客体要件是公共通信、传播的公共安全。本罪的犯罪对象是正在使用中的广播电视设施和公用电信设施。广播电视设施，主要是指发射无线电广播信号的发射台站，传播新闻信息的电视发射台、转播台等。公用电信设施，主要是指无线电发报设施、设备、电话交换局、台、站以及无线电通信网络，用于航海、航空的无线电通信、导航设备、设施等。

（2）客观要件为实施了破坏广播电视设施、公用电信设施，危害公共安全的行为。破坏行为既可以是直接针对广播电视设施、公用电信设施进行的毁损，也可以是采用其他方法导致上述设施无法正常工作，如，截断广播电视设施、公用电信设施运行线路等。破坏行为只要足以危害公共安全，即破坏了广播电视设施、公用电信设施主体部分的传输、传递信息的正常功能，即可构成本罪的既遂。

（3）犯罪主体要件是自然人已满16周岁且精神正常。

（4）主观要件是犯罪故意，既可以是直接故意，也可以是间接故意，犯罪动机不影响本罪的成立。

（二）破坏广播电视设施、公用电信设施罪的刑事责任

根据《刑法》第124条第1款的规定，犯本罪的，处三年以上七年以下有期徒刑；造成严重后果的，处七年以上有期徒刑。

根据2004年12月30日《最高人民法院关于审理破坏公用电信设施刑事

案件具体应用法律若干问题的解释》规定，采用截断通信线路、损毁通信设备或者删除、修改、增加电信网计算机信息系统中存储、处理或者传输的数据和应用程序等手段，故意破坏正在使用的公用电信设施，具有下列情形之一的，属于《刑法》第 124 条规定的“危害公共安全”，依照《刑法》第 124 条第 1 款规定，以破坏公用电信设施罪处三年以上七年以下有期徒刑：①造成火警、匪警、医疗急救、交通事故报警、救灾、抢险、防汛等通信中断或者严重障碍，并因此贻误救助、救治、救灾、抢险等，致使人员死亡 1 人、重伤 3 人以上或者造成财产损失 30 万元以上的；②造成 2000 以上不满 10 000 用户通信中断 1 小时以上，或者 10 000 以上用户通信中断不满 1 小时的；③在一个本地网范围内，网间通信全阻、关口局至某一局向全部中断或网间某一业务全部中断不满 2 小时或者直接影响范围不满 5 万（用户×小时）的；④造成网间通信严重障碍，一日内累计 2 小时以上不满 12 小时的；⑤其他危害公共安全的情形。实施前述行为，具有下列情形之一的，属于《刑法》第 124 条第 1 款规定的“严重后果”，以破坏公用电信设施罪处七年以上有期徒刑：①造成火警、匪警、医疗急救、交通事故报警、救灾、抢险、防汛等通信中断或者严重障碍，并因此贻误救助、救治、救灾、抢险等，致使人员死亡 2 人以上、重伤 6 人以上或者造成财产损失 60 万元以上的；②造成 10 000 以上用户通信中断 1 小时以上的；③在一个本地网范围内，网间通信全阻、关口局至某一局向全部中断或网间某一业务全部中断 2 小时以上或者直接影响范围 5 万（用户×小时）以上的；④造成网间通信严重障碍，一日内累计 12 小时以上的；⑤造成其他严重后果的。指使、组织、教唆他人实施前述故意犯罪行为的，按照共犯定罪处罚。

根据 2011 年 6 月 7 日《最高人民法院关于审理破坏广播电视设施等刑事案件具体应用法律若干问题的解释》的规定，采取拆卸、毁坏设备，剪割缆线，删除、修改、增加广播电视设备系统中存储、处理、传输的数据和应用程序，非法占用频率等手段，破坏正在使用的广播电视设施，具有下列情形之一的，依照《刑法》第 124 条第 1 款的规定，以破坏广播电视设施罪处三年以上七年以下有期徒刑：①造成救灾、抢险、防汛和灾害预警等重大公共信息无法发布的；②造成县级、地市（设区的市）级广播电视台中直接关系节目播出的设施无法使用，信号无法播出的；③造成省级以上广播电视传输网内的设施无法使用，地市（设区的市）级广播电视传输网内的设施无法使用3小时以上，县级广播电视传输网内的设施无法使用12小时以上，信号无法传输的；④其他危害公共安全的情形。实施前述行为，具有下列情形之一的，应当认定为《刑法》第124条第1款规定的“造成严重后果”，以破坏广播电视设施罪处七年以上有期徒刑：①造成救灾、抢险、防汛和灾害预警等重大公共信息无法发布，因此贻误排除险情或者疏导群众，致使1人以上死亡、3人以上重伤或者财产损失50万元以上，或者引起严重社会恐慌、社会秩序混乱的；②造成省级以上广播电视台中直接关系节目播出的设施无法使用，信号无法播出的；③造成省级以上广播电视传输网内的设施无法使用3小时以上，地市（设区的市）级广播电视传输网内的设施无法使用12小时以上，县级广播电视传输网内的设施无法使用48小时以上，信号无法传输的；④造成其他严重后果的。建设、施工单位的管理人员、施工人员，在建设、施工过程中，违反广播电视设施保护规定，故意损毁正在使用的广播电视设施，构成犯罪的，以破坏广播电视设施罪定罪处罚。

根据2014年3月14日《最高人民法院、最高人民检察院、公安部、国家安全部关于依法办理非法生产销售使用“伪基站”设备案件的意见》的规定，非法使用“伪基站”设备干扰公用电信网络信号，危害公共安全的，依照《刑法》第124条第1款的规定，以破坏公用电信设施罪追究刑事责任；同时构成虚假广告罪、非法获取公民个人信息罪、破坏计算机信息系统罪、扰乱无线电通讯管理秩序罪的，依照处罚较重的规定追究刑事责任。除法律、司法解释另有规定外，利用“伪基站”设备实施诈骗等其他犯罪行为，同时构成破坏公用电信设施罪的，依照处罚较重的规定追究刑事责任。明知他人实施非法使用“伪基站”设备干扰公用电信网络信号等犯罪，为其提供资金、场所、技术、设备等帮助的，以共同犯罪论处。

## 八、准备实施恐怖活动罪

### （一）准备实施恐怖活动罪的概念与犯罪构成

根据《刑法修正案（九）》第7条增设的《刑法》第120条之2的规定，准备实施恐怖活动罪，是指为了实施恐怖活动准备工具或者进行联络、培训、策划等准备活动的行为。

本罪的犯罪构成：

（1）客体要件是公共安全。帮助实施恐怖活动罪是以帮助恐怖活动的实施为目的的，因此直接威胁到不特定或多数人的生命、健康以及财产安全，即社会的公共安全。

（2）客观要件为了实施恐怖活动准备工具或者进行联络、培训、策划等准备活动的行为。根据《反恐怖主义法》第3条的规定，所谓恐怖活动，是指恐怖主义性质的下列行为：组织、策划、准备实施、实施造成或者意图造成人员伤亡、重大财产损失、公共设施损坏、社会秩序混乱等严重社会危害的活动的；宣扬恐怖主义，煽动实施恐怖活动，或者非法持有宣扬恐怖主义的物品，强制他人在公共场所穿戴宣扬恐怖主义的服饰、标志的；组织、领导、参加恐怖活动组织的；为恐怖活动组织、恐怖活动人员、实施恐怖活动或者恐怖活动培训提供信息、资金、物资、劳务、技术、场所等支持、协助、便利的；其他恐怖活动。所谓恐怖组织，是指三人以上为实施恐怖活动而组成的犯罪组织。所谓恐怖活动人员，是指实施恐怖活动的人和恐怖活动组织的成员。行为人在客观上只要具有下列行为之一，即满足本罪的客观构成要件：为实施恐怖活动准备凶器、危险物品或者其他工具的；组织恐怖活动培训或积极参加恐怖活动培训的；为实施恐怖活动与境外恐怖活动组织或者人员联络的；为了实施恐怖活动进行策划或者其他准备的。

（3）主体要件是自然人已满16周岁且精神正常。

（4）主观要件是犯罪故意。

（二）本罪的刑事责任

根据《刑法》第120条之2的规定，犯本罪的，处五年以下有期徒刑、拘役、管制或者剥夺政治权利，并处罚金；情节严重的，处五年以上有期徒刑，并处罚金或者没收财产。犯本罪同时构成其他犯罪的，依照处罚较重的规定定罪处罚。

## 九、非法持有宣扬恐怖主义、极端主义物品罪

（一）非法持有宣扬恐怖主义、极端主义物品罪的概念与犯罪构成

根据《刑法修正案（九）》第7条增设的《刑法》第120条之6的规定，非法持有宣扬恐怖主义、极端主义物品罪，是指行为人明知是宣扬恐怖主义、极端主义的图书、音频视频资料或者其他物品而非法持有，情节严重的行为。

本罪的犯罪构成：

（1）客体要件是社会的公共安全。

（2）客观要件是行为人非法持有宣扬恐怖主义、极端主义的图书、音频视频资料或者其他物品，且情节严重。所谓恐怖主义，是指通过暴力、破坏、恐吓等手段，制造社会恐慌、危害公共安全、侵犯人身财产，或者胁迫国家机关、国际组织，以实现其政治、经济、环保，以及意识形态等目的的主张和行为。所谓极端主义，是指歪曲宗教教义和宣扬宗教极端，以及其他崇尚暴力、仇视社会、反对人类等极端的思想、言论和行为。宣扬恐怖主义、极端主义的图书、音频视频资料或者其他物品，是指包含、宣传、体现前述恐怖主义、极端主义思想和行为的图书、音频视频资料及其他物品。值得注意的是，本罪的非法持有行为还必须满足情节严重的要求，才可成立本罪。

（3）主体要件是自然人已满 16 周岁且精神正常。

（4）主观要件是犯罪故意，即行为人明知是宣扬恐怖主义、极端主义的物品而非法持有。因此，行为人对其所持有的是宣扬恐怖主义、极端主义的物品必须有明确的认识。如果对于没有认识到是宣扬恐怖主义、极端主义的物品而持有的，不能认定为本罪。

（二）本罪的刑事责任

根据《刑法》第 120 条之 6 的规定，犯本罪的，处三年以下有期徒刑、拘役或者管制，并处或者单处罚金。

## 十、劫持船只、汽车罪

（一）劫持船只、汽车罪的概念与犯罪构成

劫持船只、汽车罪，是指以暴力、胁迫或者其他方法劫持船只、汽车，危害公共安全的行为。

本罪的犯罪构成：

（1）客体要件是公共安全。本罪的犯罪对象仅限于正在使用中的船只和汽车。劫持船只、汽车以外的其他交通工具，如火车、电车、航空器等，均不构成本罪。

（2）客观要件是以暴力、胁迫或其他方法劫持船只、汽车的行为。只要实施了劫持船只、汽车的行为，纵使没有造成严重后果，即构成本罪的既遂。劫持船只、汽车的行为如果同时触犯了抢劫罪的，则按照想象竞合犯处理。

（3）主体要件是自然人已满 16 周岁且精神正常。

（4）主观要件为犯罪故意，犯罪动机并不影响本罪的成立。

（二）本罪的刑事责任

根据《刑法》第122条的规定，犯本罪的，处五年以上十年以下有期徒刑；造成严重后果的，处十年以上有期徒刑或者无期徒刑。

**【案例】任某劫持船只、妨害公务案**

2014年3月1日23时许，犯罪嫌疑人任某与吴某一（已死亡）、郭某一、吴某二（均已判决）经事先预谋后，以非法控制天津海域捕捞权、争抢网地、谋取不正当经济利益为目的，由任某指使汪某、石某、寇某、殷某新伙同吴某一、吴某二等人驾船行至东经117度58分，北纬38度43分附近天津市海域，持镐把强行登上郑某一所驾驶的冀某05113渔船，采用暴力殴打、语言威胁、切断联系方式等手段将郑某一所驾驶冀某05113渔船强行控制并改变航行方向，劫持至河北省秦皇岛市昌黎县新开口码头。

2015年7月30日，犯罪嫌疑人任某到公安机关询问其被上网追逃原因时，被抓获归案。

## 十一、非法制造、买卖、运输、储存危险物质罪

（一）非法制造、买卖、运输、储存危险物质罪的概念与犯罪构成

非法制造、买卖、运输、储存危险物质罪，是非法制造、买卖、运输、储存毒害性、放射性、传染病病原体等物质，危害公共安全的行为。

本罪的犯罪构成：

（1）客体要件是公共安全。本罪的犯罪对象是危险物质，也即毒害性物质、放射性物质、传染病病原体等。具体而言，毒害性物质是基于化学作用，能够致有机体死亡或者伤害的有机物和无机物的总称，如剧毒农药、氯化钾、砒霜等；放射性物质，是指能发出射线的物质，在大剂量照射人体之后，会引起人体的放射性损伤，乃至死亡的物质；传染病病原体，亦称为“病原物”“病原生物”，是指能够引起疾病的微生物和寄生虫的统称。能够引起疾病的微生物和寄生虫的范围非常广泛，因此，作为本罪的“传染病病原体”，应当按照我国的《传染病防治法》规定的属于甲、乙、丙类传染病病原体为限。

（2）客观要件是非法制造、买卖、运输、储存危险物质的行为。所谓非法制造，是指违反国家对于危险物质的管理规定，私自制作危险物质的行为。

只要实际进行了制造行为，不论是否制造成功，均可构成本罪。所谓非法买卖，是指违反国家有关规定或者未经国家有关部门批准，以金钱或实物作价，私自购买或者销售危险物质的行为。所谓非法运输，是指违反国家有关规定或者未经国家有关部门批准，非法转送危险物质的行为。其形式可以是陆运、水运、空运，也可随身携带，但运输的空间范围只应限于国内。所谓非法储存，是指违反国家有关规定或者未经国家有关部门批准，私自储藏、存放危险物质的行为。

本罪是选择性罪名，行为人只要实施了非法制造、买卖、运输、储存危险物质的行为之一，即可构成本罪；如果行为人同时实施了其中两种以上的行为，也只构成本罪中的一个罪名，而不能适用数罪并罚。

根据2003年9月4日《最高人民法院、最高人民检察院关于办理非法制造、买卖、运输、储存毒鼠强等禁用剧毒化学品刑事案件具体应用法律若干问题的解释》的规定，非法制造、买卖、运输、储存毒鼠强等禁用剧毒化学品，危害公共安全，具有下列情形之一的，依照《刑法》第125条的规定，以非法制造、买卖、运输、储存危险物质罪，处三年以上十年以下有期徒刑：①非法制造、买卖、运输、储存原粉、原液、原药制剂50克以上，或者饵料2000克以上的；②在非法制造、买卖、运输、储存过程中致人重伤、死亡或者造成公私财产损失10万元以上的。非法制造、买卖、运输、储存毒鼠强等禁用剧毒化学品，具有下列情形之一的，属于《刑法》第125条规定的“情节严重”，处十年以上有期徒刑、无期徒刑或者死刑：①非法制造、买卖、运输、储存原粉、原液、制剂500克以上，或者饵料20千克以上的；②在非法制造、买卖、运输、储存过程中致3人以上重伤、死亡，或者造成公私财产损失20万元以上的；③非法制造、买卖、运输、储存原粉、原药、制剂50克以上不满500克，或者饵料2千克以上不满20千克，并具有其他严重情节的。单位非法制造、买卖、运输、储存毒鼠强等禁用剧毒化学品的，依照前述规定的定罪量刑标准执行。该解释还规定，在解释施行以前，确因生产、生活需要而非法制造、买卖、运输、储存毒鼠强等禁用剧毒化学品饵料自用，没有造成严重社会危害的，可以依照《刑法》第13条的规定，不作为犯罪处理。本解释施行以后，确因生产、生活需要而非法制造、买卖、运输、储存毒鼠强等禁用剧毒化学品饵料自用，构成犯罪，但没有造成严重社会危害，经教育确有悔改表现的，可以依法从轻、减轻或者免除处罚。所谓毒鼠强等禁用剧毒化学品，是指国家明令禁止的毒鼠强、氟乙酰胺、氟乙酸钠、毒鼠硅、甘氟。

根据2008年6月25日《最高人民检察院、公安部关于公安机关管辖的刑事案件立案追诉标准的规定（一）》第2条的规定，非法制造、买卖、运输、储存毒害性、放射性、传染病病原体等物质，危害公共安全，涉嫌下列情形之一的，应予立案追诉：①造成人员重伤或者死亡的；②造成直接经济损失10万元以上的；③非法制造、买卖、运输、储存毒鼠强、氟乙酰胺、氟乙酰钠、毒鼠硅、甘氟原粉、原液、制剂50克以上，或者饵料2000克以上的；④造成急性中毒、放射性疾病或者造成传染病流行、暴发的；⑤造成严重环境污染的；⑥造成毒害性、放射性、传染病病原体等危险物质丢失、被盗、被抢或者被他人利用进行违法犯罪活动的；⑦其他危害公共安全的情形。

（3）主体要件是自然人已满16周岁且精神正常；单位也可以依法构成本罪。

（4）主观要件是犯罪故意，即明知是毒害性、放射性、传染病病原体等危险物质而非法制造、买卖、运输、储存。需要注意的是，这里的明知，并不要求必须是确知，还包括推定的明知的情况。但是如果行为人确实不知道或者是被蒙骗、利用，不知是危险物质而实施了上述行为的，则不构成本罪。行为人的动机如何，并不影响本罪的成立与否。

（二）非法制造、买卖、运输、储存危险物质罪的刑事责任

根据《刑法》第125条的规定，自然人犯本罪的，处三年以上十年以下有期徒刑；情节严重的，处十年以上有期徒刑、无期徒刑或者死刑。

单位犯本罪的，对单位判处罚金，并对其直接负责的主管人员和其他直接责任人员，依照上述规定处罚。

## 十二、交通肇事罪

（一）交通肇事罪的概念与犯罪构成

交通肇事罪，是指违反交通运输管理法规，因而发生重大事故，致人重伤、死亡或者使公私财产遭受重大损失的行为。

本罪的犯罪构成：

（1）客体要件是交通运输安全。广义而言，“交通运输”包括铁路、公路、水上、航空、管道（石油、天然气）运输。但由于对发生在铁路、航空

运输中，由特殊主体违规而发生的重大责任事故，刑法已经单独规定了犯罪，因此，本罪是指发生在航空、铁路运输之外的水路、海上交通运输和陆路交通运输中的重大交通事故。对于特定主体引起的、发生在航空运输和铁路运营中的重大交通责任事故，应按刑法相关条款定罪而不能以本罪论处。但是，对于一般主体在铁路或者航空运输中违反保障铁路运营安全或飞行安全的规章制度而导致发生重大交通事故，则仍应按照本罪论处。

（2）客观要件为违反交通运输管理法规，因而发生重大事故，致人重伤、死亡或者使公私财产遭受重大损失的行为。具体而言，必须符合以下几方面的条件：其一，必须存在交通运输过程中违反交通运输管理法规的行为，这是构成本罪的前提条件。所谓交通运输管理法规，是指国家交通运输主管部门为了保障交通运输的安全做出的各种行政规定，包括海上、内河、公路、城市道路等交通规则、操作规程、劳动纪律等，如《海上交通安全法》《内河交通安全管理条例》《内河避碰规则》《渡口守则》等。违反交通运输管理法规的行为可以表现为作为，也可表现为不作为。作为的方式如超速、错发信号等，不作为的方式如夜间航行不开照明灯、岔路口不减速等。其二，必须发生了法律所规定的重大事故，也即导致重伤、死亡或者公私财产重大损失的严重后果。其三，违反交通运输管理法规的行为即违章行为与严重后果之间必须存在因果关系。如果虽发生严重后果，但并非由违章行为所引起，或者虽有违章行为，但并未造成上述严重后果的，均不构成本罪。

根据2000年11月21日起施行的《最高人民法院关于审理交通肇事刑事案件具体应用法律若干问题的解释》的规定，从事交通运输人员或者非交通运输人员，违反交通运输管理法规发生重大交通事故，在分清事故责任的基础上，对于构成犯罪的，依照《刑法》第133条的规定定罪处罚。交通肇事具有下列情形之一的，处三年以下有期徒刑或者拘役：死亡1人或者重伤3人以上，负事故全部或者主要责任的；死亡3人以上，负事故同等责任的；造成公共财产或者他人财产直接损失，负事故全部或者主要责任，无能力赔偿数额在30万元以上的。交通肇事致1人以上重伤，负事故全部或者主要责任，并具有下列情形之一的，以交通肇事罪定罪处罚：①酒后、吸食毒品后驾驶机动车辆的；②无驾驶资格驾驶机动车辆的；③明知是安全装置不全或者安全机件失灵的机动车辆而驾驶的；④明知是无牌证或者已报废的机动车辆而驾驶的；⑤严重超载驾驶的；⑥为逃避法律追究逃离事故现场的。单位主管人员、机动车辆所有人或者机动车辆承包人指使、强令他人违章驾驶造成重大交通事故，具有前述情形之一的，以交通肇事罪定罪处罚。“交通运输肇事后逃逸”，是指行为人具有本解释第 2 条第 1 款的规定和第 2 款第 1~5 项规定的情形之一，在发生交通事故后，为逃避法律追究而逃跑的行为。交通肇事具有下列情形之一的，属于“有其他特别恶劣情节”，处三年以上七年以下有期徒刑：①死亡 2 人以上或者重伤 5 人以上，负事故全部或者主要责任的；②死亡 6 人以上，负事故同等责任的；③造成公共财产或者他人财产直接损失，负事故全部或者主要责任，无能力赔偿数额在 60 万元以上的。“因逃逸致人死亡”，是指行为人在交通肇事后为逃避法律追究而逃跑，致使被害人因得不到救助而死亡的情形。交通肇事后，单位主管人员、机动车辆所有人、承包人或者乘车人指使肇事人逃逸，致使被害人因得不到救助而死亡的，以交通肇事罪的共犯论处。行为人在交通肇事后为逃避法律追究，将被害人带离事故现场后隐藏或者遗弃，致使被害人无法得到救助而死亡或者严重残疾的，应当分别依照《刑法》第 232、234 条第 2 款的规定，以故意杀人罪或者故意伤害罪定罪处罚。该解释还规定，在实行公共交通管理的范围内发生重大交通事故的，符合本罪构成的按照交通肇事罪论处；在公共交通管理的范围外，驾驶机动车辆或者使用其他交通工具致人伤亡或者致使公共财产或者他人财产遭受重大损失，构成犯罪的，分别按照重大责任事故罪、强令违章冒险作业罪、重大劳动安全事故罪、过失致人死亡罪等其他犯罪的有关规定定罪处罚。

（3）主体要件是自然人已满 16 周岁且精神正常。比较常见的交通肇事罪的犯罪主体是交通运输人员。所谓交通运输人员是指具体从事水路交通运输和公路交通运输业务，以及与保障交通安全有直接关系的人员，包括交通运输活动的直接领导和指挥人员（如船长、机长、领航员、调度员）、交通设备的操纵人员、具体操纵交通运输工具的驾驶人员和交通运输安全的管理人员（如交通警察）等。但是非交通运输人员也能够成为本罪的主体，也就是说本罪并不属于纯正的身份犯。

（4）主观要件是犯罪过失。即行为人对于自己违反交通运输管理法规的行为所导致的重大事故，致人重伤、死亡或者使公私财产遭受重大损失的后果应当预见，但是因为疏忽大意而未能预见；或者虽然已经预见，但是轻信可以避免的心理态度。至于行为人对于交通运输管理法规的违反，可能是有意识的，但是这只是日常生活意义上对行为本身的故意并非刑法上的犯罪故意。

（二）交通肇事罪的刑事责任

根据《刑法》第133条的规定，犯本罪的，处三年以下有期徒刑或者拘役；交通运输肇事后逃逸或者有其他特别恶劣情节的；处三年以上七年以下有期徒刑；因逃逸致人死亡的，处七年以上有期徒刑。

根据2013年12月23日《最高人民法院关于常见犯罪的量刑指导意见》的规定，构成交通肇事罪的，可以根据下列不同情形在相应的幅度内确定量刑起点：①致人重伤、死亡或者使公私财产遭受重大损失的，可以在二年以下有期徒刑、拘役幅度内确定量刑起点。②交通运输肇事后逃逸或者有其他特别恶劣情节的，可以在三年至五年有期徒刑幅度内确定量刑起点。③因逃逸致1人死亡的，可以在七年至十年有期徒刑幅度内确定量刑起点。在量刑起点的基础上，可以根据事故责任、致人重伤、死亡的人数或者财产损失的数额以及逃逸等其他影响犯罪构成的犯罪事实增加刑罚量，确定基准刑。

## 十三、重大责任事故罪

（一）重大责任事故罪的概念与犯罪构成

根据《刑法修正案（六）》修订的《刑法》第134条第1款的规定，重大责任事故罪，是指在生产、作业中违反有关安全管理的规定，因而发生重大伤亡事故或者造成其他严重后果的行为。

本罪的犯罪构成：

（1）客体要件是生产、作业的生产安全，即从事生产、作业的不特定或者多数人的生命、健康安全和重大公私财产的安全。

（2）客观要件为在生产、作业中，违反有关安全管理的规定，因而发生重大伤亡事故或者造成其他严重后果的行为。具体而言，本罪的客观要件必须包括以下几个方面的要求：其一，行为人必须实施了违反生产安全管理规定的行为，这一行为是构成本罪的必要条件。所谓生产安全管理规定，包括国家颁发的各种有关安全生产、作业的法律法规的明文规定；包括企业、事业单位及其上级管理机关制定的规则、章程、规程等明文规定；还包括虽未明文规定在法律、法规或规程中，但是反映了生产、科研、设计和施工中安全操作的客观规律，并在行业中通行的行之有效的正确操作习惯和惯例。其二，违反安全管理规定的行为必须发生在生产、作业的过程中，与生产、作业有直接关系。其三，重大伤亡事故或者其他严重后果的发生是由违反安全管理规定的行为所引起的，也即违反安全管理规定的行为与重大伤亡事故或其他严重后果的发生之间存在着因果关系。仅有违反安全管理规定的行为，但是并未造成重大伤亡事故或者其他严重后果的，不构成本罪。

根据2008年6月25日《最高人民检察院、公安部关于公安机关管辖的刑事案件立案追诉标准的规定（一）》第8条的规定，在生产、作业中违反有关安全管理的规定，涉嫌下列情形之一的，应予立案追诉：①造成死亡1人以上，或者重伤3人以上；②造成直接经济损失50万元以上的；③发生矿山生产安全事故，造成直接经济损失100万元以上的；④其他造成严重后果的情形。2015年12月16日起施行的《最高人民法院、最高人民检察院关于办理危害生产安全刑事案件适用法律若干问题的解释》规定，在生产、作业中，违反有关安全管理的规定，因而发生重大伤亡事故或者造成其他严重后果的行为，具有下列情形之一的，应当认定为“发生重大伤亡事故或者造成其他严重后果”，对相关责任人员，处三年以下有期徒刑或者拘役：①造成死亡1人以上，或者重伤3人以上的；②造成直接经济损失100万元以上的；③其他造成严重后果或者重大安全事故的情形。具有下列情形之一的，认定为“情节特别恶劣”，对相关责任人员，处三年以上七年以下有期徒刑：①造成死亡3人以上或者重伤10人以上，负事故主要责任的；②造成直接经济损失500万元以上，负事故主要责任的；③其他造成特别严重后果、情节特别恶劣或者后果特别严重的情形。实施本罪的危害行为，具有下列情形之一的，从重处罚：①未依法取得安全许可证件或者安全许可证件过期、被暂扣、吊销、注销后从事生产经营活动的；②关闭、破坏必要的安全监控和报警设备的；③已经发现事故隐患，经有关部门或者个人提出后，仍不采取措施的；④一年内曾因危害生产安全违法犯罪活动受过行政处罚或者刑事处罚的；⑤采取弄虚作假、行贿等手段，故意逃避、阻挠负有安全监督管理职责的部门实施监督检查的；⑥安全事故发生后转移财产意图逃避承担责任的；⑦其他从重处罚的情形。

（3）主体要件是自然人已满16周岁且精神正常。实践中，本罪的犯罪主体既包括直接从事生产、作业的一线工作人员，也包括对生产、作业负有组织、指挥或者管理职责的负责人、管理人员、实际控制人、投资人等人员。

单位不能构成本罪的犯罪主体。

（4）主观要件是犯罪过失。即行为人应当预见自己违反安全管理规定的行为会导致危害生产安全的结果，因为疏忽大意而未能预见，或者虽然已经预见，但是轻信可以避免，以致发生这种结果的心理态度。行为人对于违反生产安全管理规定的行为，可能是有意识的，但是这只是日常生活意义上的对行为本身的故意并非刑法上的犯罪故意。

（二）重大责任事故罪的刑事责任

根据《刑法》第134条第1款的规定，犯本罪的，处三年以下有期徒刑或者拘役；情节特别恶劣的，处三年以上七年以下有期徒刑。2015年12月16日起施行的《最高人民法院、最高人民检察院关于办理危害生产安全刑事案件适用法律若干问题的解释》规定，实施本罪的危害行为，同时又采取弄虚作假、行贿等手段，故意逃避、阻挠负有安全监督管理职责的部门实施监督检查，同时构成《刑法》第389条规定的行贿罪的，依照数罪并罚的规定处罚；国家工作人员违反规定投资入股生产经营，构成本罪的，或者国家工作人员的贪污、受贿犯罪行为与安全事故发生存在关联性的，从重处罚；同时构成贪污、受贿犯罪和本罪的，依照数罪并罚的规定处罚。

## 第二节　海上侵犯人身权利、财产权利的犯罪

侵犯人身权利、财产权利的犯罪是指故意或者过失侵犯公民人身权利和财产权利，依法应受刑罚处罚的行为。这些犯罪主要规定在我国《刑法》第四章和第五章中。与海洋有关的犯罪主要有故意杀人罪，故意伤害罪，组织出卖人体器官罪，强奸罪，强制猥亵、侮辱罪，非法拘禁罪，绑架罪，拐卖妇女、儿童罪，收买被拐买的妇女、儿童罪，非法搜查罪，抢劫罪，盗窃罪，抢夺罪，诈骗罪，故意毁坏财物罪，破坏生产经营罪等。

上述犯罪也是陆地上常见、多发的犯罪，在海洋上也同样能够发生。其特殊性在于海洋这一浩瀚无边、深不可测的场域。作为一个特殊的场域，海洋对于犯罪有重要的、多方面的影响。[1]特别是我国刑法是以陆地为默认的

---

〔1〕 如有些影响主要体现在犯罪学上，如茫茫大海中相对封闭的环境对犯罪人心理有重要影响；有些影响体现在刑事侦查和证据采信方面，如海洋犯罪容易毁灭证据，同案犯供述能否采信等。不过，这些已超出了本书的讨论范围。

发生场域，对海洋及其相关事物的特性有所忽略，导致刑法对海洋上的一些危害行为的适用存在问题。如将财物沉入海中，财物在物理上并未损坏，能否认定为故意毁坏财物罪里的“毁坏”行为？发生事故，船长弃船先逃，能否认定为故意杀人罪？逼迫船舶上的被害人跳海，致其失踪，能否推定或者认定该人死亡，从而认定行为人为故意杀人罪既遂？再比如，在公海上发生的海盗行为，我国刑法中并无海盗罪的罪名，只能将海盗行为分解为抢劫、杀人、伤害等，分别定罪量刑。还有一些因素可能不影响定罪而只影响量刑，如在远洋船舶上的犯罪，由于相对封闭的环境，往往导致被害人因为无处可逃，为了自保或者其他的一些因素转化为犯罪人，在量刑上是否应酌情考量？限于篇幅，本节主要以故意杀人罪、绑架罪、抢劫罪和盗窃罪为例展开讨论。

## 一、主要的海上侵犯人身权利、财产权利犯罪的犯罪构成和法定刑

### （一）故意杀人罪的犯罪构成和法定刑

故意杀人罪是指故意非法剥夺他人生命的行为。本罪的犯罪构成是：

（1）客体要件是他人的生命权利。故意杀人罪的人只能是除自己以外的其他自然人，自杀者本人不构成此罪。本罪的对象只能是拥有生命的自然人。人的生命权利始于出生，终于死亡。关于出生的标志，刑法理论有阵痛说、一部露出说、断带说、独立呼吸说等。尽管我国刚修订的民法总则规定“涉及遗产继承、接受赠与等胎儿利益保护的，胎儿视为具有民事权利能力”，但在刑法界，一般仍然认为，人的生命始于胎儿脱离母体，开始独立呼吸。关于死亡，有心跳停止说和脑死亡之争，实践中一般采用的是心跳停止说。

（2）客观要件是非法剥夺他人生命的行为。所谓非法，即没有法律依据，未经国家授权，如果行为人剥夺他人的生命的行为具有合法性，就不能作为故意杀人罪处理。具体表现是多种多样的，如，推入海中淹死、枪击、棒打，大多数的故意杀人行为由作为构成，但不作为同样可以构成故意杀人。

（3）犯罪主体要件是自然人已满14周岁且精神正常。

（4）主观要件是犯罪故意，包括直接故意和间接故意。犯罪动机，不影响本罪的成立。

《刑法》第232条规定：“故意杀人的，处死刑、无期徒刑或者十年以上有期徒刑；情节较轻的，处三年以上十年以下有期徒刑。”一般而言，情节严重主要是指手段残忍、后果严重等。

另外，需要注意的是，我国《刑法》还规定了按照故意杀人罪定罪处罚的几种行为：①第234条之1第2款规定，未经本人同意摘取其器官，或者摘取不满18周岁的人的器官，或者强迫、欺骗他人捐献器官的，依照故意杀人罪定罪处罚。②第238条规定，犯非法拘禁罪，使用暴力致人死亡的，依照故意杀人罪定罪处罚。③第247条规定，犯刑讯逼供罪、暴力取证罪，致人伤残、死亡的，依照故意杀人罪定罪从重处罚。④第248条规定，犯虐待被监管人罪，致人死亡的，依照故意杀人罪定罪从重处罚。⑤第289条规定，聚众“打砸抢”，致人死亡的，依照故意杀人罪定罪处罚。⑥第292条规定，聚众斗殴，致人死亡的，依照故意杀人罪定罪处罚。

（二）绑架罪的犯罪构成和法定刑

绑架罪，是指以勒索财物或满足其他不法要求为目的，使用暴力、胁迫或者其他方法劫持他人作为人质的行为。本罪的犯罪构成是：

（1）客观要件主要是被绑架人的人身权利，即在本来的生活状态下的身体安全与行动自由。婴儿虽然没有行动自由，但绑架使婴儿脱离了本来的生活状态，是对其身体安全的侵害。

（2）客观要件是使用暴力、胁迫或者其他方法劫持他人作为人质的行为。绑架的对象可以是任何他人，以勒索财物为目的偷盗未满6周岁的婴幼儿的行为也构成本罪。绑架行为具有强制性，其实质是将被绑架人置于行为人或第三人的控制或支配之下，因此绑架并不一定要将被害人掳离原来的生活场所。绑架一般不当场取财，若行为人在绑架过程中，又以暴力、胁迫等手段当场劫取被害人财物的，同时触犯绑架罪和抢劫罪，应择一重罪处罚。

（3）犯罪主体要件是自然人已满16周岁且精神正常。对已满14周岁不满16周岁的人实施绑架行为，若触犯我国《刑法》第17条第2款规定的，应当按照《刑法》第17条第2款规定确定的罪名定罪处罚。

（4）主观要件是直接故意，并应以勒索财物或满足其他不法要求为目的。所谓绑架他人作为人质以满足其他不法要求，主要是指某种政治目的，或者逃避追捕，或者要求释放罪犯等，但不能包括以出卖为目的绑架妇女儿童。以勒索财物为目的偷盗婴幼儿的可以构成本罪，主要是指向婴幼儿的亲属或监护人勒索财物，若向他人索取财物而交换婴幼儿的，应构成拐卖儿童罪。

《刑法》第239条规定：以勒索财物为目的绑架他人的，或者绑架他人作为人质的，处十年以上有期徒刑或者无期徒刑，并处罚金或者没收财产；情节较轻的，处五年以上十年以下有期徒刑，并处罚金。

犯前款罪，杀害被绑架人的，或者故意伤害被绑架人，致人重伤、死亡的，处无期徒刑或者死刑，并处没收财产。

以勒索财物为目的偷盗婴幼儿的，依照前两款的规定处罚。

（三）抢劫罪的犯罪构成和法定刑

抢劫罪，是指以非法占有为目的，以暴力、胁迫或者其他方法，强取公私财物的行为。本罪的犯罪构成是：

（1）客体要件既包括他人财产权，又包括他人的人身权利，前者是主要客体要件，后者是次要客体要件。这既是抢劫罪区别于其他财产犯罪的重要标志，又使抢劫罪成为财产犯罪中最严重的犯罪。

（2）客观要件是对财物所有人、持有人或者保管人等当场使用暴力、胁迫或者其他方法强行劫取财物，或者迫使其当场交出财物的行为。所谓“暴力”，是指行为人对被害人的人身实行打击或者进行强制，如殴打、伤害、杀害等，使被害人不能反抗，从而当场劫走财物或者迫使其交出财物的方法。这里的暴力必须是针对被害人人身实施的直接暴力，若只针对财物实施暴力，可能构成胁迫，而非此处的暴力方法。对于暴力的程度，必须达到足以压制被害人反抗，但不要求事实上压制了被害人的反抗。所谓“胁迫”，是指当场以使用暴力相威胁，实行精神强制，使被害人产生恐惧，从而不敢反抗，被迫当场交出财物，或者任其当场抢走财物的方法。这里的胁迫必须是当场向被害人直接发出的，若以电话、信件等方式间接发出，不能构成；如果胁迫的内容不是当即实施暴力，而是以揭露隐私等相威胁，也不能构成。胁迫可以以明确的语言表达，也可以动作暗示。所谓“其他方法”，是指暴力、胁迫之外的使被害人不能反抗或者不知反抗的方法，司法实践中多表现为用酒灌醉，用药物麻醉等。

（3）犯罪主体要件是自然人已满 14 周岁且精神正常。

（4）主观要件是故意，并且以非法占有公私财物为目的。抢劫应以非法占有为目的，若为抢回自己合法到期债权而适用暴力的，不应构成本罪。出于其他目的使用暴力，如行为人为报复而杀死被害人之后，见财起意，拿走被害人财物的，不构成本罪。例外情况是，根据我国《刑法》第 289 条之规定，聚众打砸抢的首要分子，即使没有非法占有的目的，也应以抢劫罪定罪处罚。

《刑法》第263条规定："以暴力、胁迫或者其他方法抢劫公私财物的，处三年以上十年以下有期徒刑，并处罚金；有下列情形之一的，处十年以上有期徒刑、无期徒刑或者死刑，并处罚金或者没收财产：（一）入户抢劫的；（二）在公共交通工具上抢劫的；（三）抢劫银行或者其他金融机构的；（四）多次抢劫或者抢劫数额巨大的；（五）抢劫致人重伤、死亡的；（六）冒充军警人员抢劫的；（七）持枪抢劫的；（八）抢劫军用物资或者抢险、救灾、救济物资的。"

所谓"入户抢劫"的"户"，是指人们生活的与外界相对隔离的住所，包括封闭的院落、牧民的帐篷、渔民作为家庭生活场所的渔船、为生活租用的房屋等。其特征表现为供家庭生活和与外界相对隔离两个方面，前者为功能特征，后者为场所特征。一般情况下，集体宿舍、旅店宾馆、临时搭建工棚等不应认定为"户"，但在特定情况下，如果确实具有上述两个特征的，也可以被认定为"户"。对于部分时间从事经营、部分时间用于生活起居的场所，行为人在非营业时间强行入内抢劫或者以购物等为名骗开房门入内抢劫的，应认定为"入户抢劫"。对于部分用于经营、部分用于生活且之间有明确隔离的场所，行为人进入生活场所实施抢劫的，应认定为"入户抢劫"；如场所之间没有明确隔离，行为人在营业时间入内实施抢劫的，不认定为"入户抢劫"，但在非营业时间入内实施抢劫的，应认定为"入户抢劫"。此外，应注意"入户"的目的性，将"入户抢劫"与"在户内抢劫"区别开来。以侵害户内人员的人身、财产为目的，入户后实施抢劫，包括入户实施盗窃、诈骗等犯罪而转化为抢劫的，应当认定为"入户抢劫"。因访友办事等原因经户内人员允许入户后，临时起意实施抢劫，或者临时起意实施盗窃、诈骗等犯罪而转化为抢劫的，不应认定为"入户抢劫"。

所谓"公共交通工具"，包括从事旅客运输的各种公共汽车，大、中型出租车，火车，地铁，轻轨，轮船，飞机等，不含小型出租车。对于虽不具有商业营运执照，但实际从事旅客运输的大、中型交通工具，可以被认定为"公共交通工具"。接送职工的单位班车、接送师生的校车等大、中型交通工具，视为"公共交通工具"。"在公共交通工具上抢劫"，既包括在处于运营状态的公共交通工具上对旅客及司售、乘务人员实施抢劫，也包括拦截运营途中的公共交通工具对旅客及司售、乘务人员实施抢劫，但不包括在未运营的公共交通工具上针对司售、乘务人员实施抢劫。以暴力、胁迫或者麻醉等手段对公共交通工具上的特定人员实施抢劫的，一般应认定为“在公共交通工具上抢劫”。

所谓“抢劫银行或者其他金融机构”，是指抢劫银行或者其他金融机构的经营资金、有价证券和客户的资金等。

所谓“多次抢劫”，是指抢劫3次以上。对于“多次”的认定，应以行为人实施的每一次抢劫行为均已构成犯罪为前提，综合考虑犯罪故意的产生、犯罪行为实施的时间、地点等因素，客观分析、认定。对于行为人基于一个犯意实施犯罪的，如在同一地点同时对在场的多人实施抢劫的；或基于同一犯意在同一地点实施连续抢劫犯罪的，如在同一地点连续地对途经此地的多人进行抢劫的；或在一次犯罪中对一栋居民楼房中的几户居民连续实施入户抢劫的，一般应认定为一次犯罪。

所谓“抢劫数额巨大”，参照各地认定盗窃罪数额巨大的标准执行。抢劫数额以实际抢劫到的财物数额为依据。对以数额巨大的财物为明确目标，由于意志以外的原因，未能抢到财物或实际抢得的财物数额不大的，应同时认定“抢劫数额巨大”和犯罪未遂的情节，根据刑法的有关规定，结合未遂犯的处理原则量刑。

所谓“冒充军警人员抢劫”，要注重对行为人是否穿着军警制服、携带枪支、是否出示军警证件等情节进行综合审查，判断是否足以使他人误以为是军警人员。对于行为人仅穿着类似军警的服装或仅以言语宣称系军警人员但未携带枪支，也未出示军警证件而实施抢劫的，要结合抢劫地点、时间、暴力或威胁的具体情形，依照常人判断标准，确定是否认定为“冒充军警人员抢劫”。军警人员利用自身的真实身份实施抢劫的，不认定为“冒充军警人员抢劫”，应依法从重处罚。[1]

（四）盗窃罪的犯罪构成和法定刑

盗窃罪，是指以非法占有为目的，窃取他人占有的数额较大的财物，或者多次盗窃、入户盗窃、携带凶器盗窃、扒窃的行为。本罪的犯罪构成是：

（1）客体要件是公私财物所有权。本罪的对象是公私财物，包括有体物和无体物。盗窃一些特殊的财物，可依法构成盗窃罪。如，盗窃信用卡并使

〔1〕参见法释［2000］35号《最高人民法院关于审理抢劫案件具体应用法律若干问题的解释》、法发［2005］8号《最高法院关于抢劫、抢夺刑事案件适用法律若干问题的意见》以及法发［2016］2号。

用的；盗窃增值税专用发票或者可以用于骗取出口退税、抵扣税款的其他发票的；以牟利为目的，盗接他人通信线路、复制他人电信码号或者明知是盗接、复制的电信设备、设施而使用的；将电信卡非法充值后使用，造成电信资费损失数额较大的；明知是非法制作的IC电话卡而使用或者购买并使用，造成电信资费损失数额较大的；盗用他人公共信息网络上网账号、密码上网，造成他人电信资费损失数额较大的；采用破坏性手段盗窃古文化遗址、古墓葬以外的古建筑、石窟寺、石刻、壁画、近代现代重要史迹和代表性建筑等其他不可移动文物的，均可依法构成盗窃罪。

（2）客观要件是行为人窃取他人占有的数额较大的财物，或者多次盗窃、入户盗窃、携带凶器盗窃、扒窃的行为。所谓“数额较大”，是指盗窃公私财物价值人民币1000元~3000元以上，各省、自治区、直辖市高级人民法院、人民检察院可以根据本地区经济发展状况，并考虑社会治安状况，在这一幅度内，确定本地区执行的具体数额标准，报最高人民法院、最高人民检察院批准。所谓“多次盗窃”是指2年以内盗窃3次以上；所谓“入户盗窃”，是指非法进入供他人家庭生活，与外界相对隔离的住所盗窃；所谓“携带凶器盗窃”，是指携带枪支、爆炸物、管制刀具等国家禁止个人携带的器械盗窃，或者为了实施违法犯罪携带其他足以危害他人人身安全的器械盗窃；所谓“扒窃”，是指在公共场所或者公共交通工具上盗窃他人随身携带的财物。

（3）犯罪主体要件是自然人已满16周岁且精神正常。

（4）主观要件是故意，并且以非法占有公私财物为目的。

我国《刑法》第264条规定：“盗窃公私财物，数额较大的，或者多次盗窃、入户盗窃、携带凶器盗窃、扒窃的，处三年以下有期徒刑、拘役或者管制，并处或者单处罚金；数额巨大或者有其他严重情节的，处三年以上十年以下有期徒刑，并处罚金；数额特别巨大或者有其他特别严重情节的，处十年以上有期徒刑或者无期徒刑，并处罚金或者没收财产。”

其中盗窃公私财物价值1000元~3000元以上、3万元~10万元以上、30万~50万元以上的，应当分别认定为《刑法》第264条规定的“数额较大”“数额巨大”“数额特别巨大”。

## 二、海上侵犯人身权利、财产权利犯罪的认定

### （一）案例一

2011年6月，山东省荣成市××水产食品有限公司所属鲁荣渔×号渔船在东南太平洋秘鲁、智利海域进行鱿钓作业。刘某一及同伙包某一（后被害）、姜某某、刘某二、黄某某、王某、双某（失踪）、戴某（后被害）、丁某（失踪）等船员认为工作时间长、强度大、收入低，预谋劫持该船返航回国。同年6月17日23时许，刘某一指使同伙破坏船上的通信设备，并持尖刀、铁棍等胁迫船长李某某用卫星导航设定回国航线，由王某掌舵，将该船劫持。

在劫船过程中，刘某一、姜某某、刘某某杀死夏某并抛尸海中。

鲁荣渔×号渔船返航至太平洋夏威夷以西海域时，因怀疑温某一等人故意破坏船上设备、阻挠劫船回国，刘贵夺在舵楼指挥并用喇叭播放音乐掩护作案，王某、梅某某在驾驶室持刀看管船长李某某和大副付某（失踪），黄某某与双某、戴某持刀看管王某二（失踪）。姜某某、刘某某杀死温某二，抛尸海中。包某一、姜某某、刘某某、黄某某持刀捅刺温某一并将其推入海中。随后，刘某某、包某一、冯某某一起持刀朝岳某捅刺，岳某被迫跳海。刘某某又与黄某某、冯某某持刀将刘某二捅倒在地，并将其抛入海中。刘某某、包某一、刘某一等人又杀死王某三、姜某并抛尸入海。其间，船员马某失踪。

2011年7月21日早晨，刘某某又与同伙用持刀捅刺、逼迫跳海等方式杀害了陈某、薄某、吴某。

2011年7月24日，因为内讧，刘某某、黄某某、王某、刘某某以及为自保入伙的船长李某某与崔某、段某某等人用刀刺、鱼枪捅、逼迫跳海等方式杀害了包某一、包某二、单某一、邱某一。其间，戴某跳海，双某失踪。

2011年7月25日4时许，鲁荣渔×号渔船机舱进水失去动力。船员付某、丁某、宫某及宋某欲通过木筏逃走未果。刘某某、李某某指挥并伙同姜某某、刘某某逼迫付某、宫某、丁某弃筏跳海（后失踪）。宋某在海中求救后被拉上渔船，李某某提议由尚未沾血的项某某、段某某处置宋某，刘某某遂胁迫段某某、项某某将宋某用绳索捆绑并系上铁锤后沉入海中。

在鲁荣渔×号渔船获得救援并被拖带回港的过程中，刘某某、李某某多次组织开会，编造谎言，订立攻守同盟，并将船上多余救生衣、部分作案工具、

被害人及失踪人员的部分用品以及记录案情经过的日记本等物品绑上铁锤沉入海中，企图销毁证据、制造假象、掩盖实情，以逃避法律追究。

法院裁判认为，刘某某、姜某某、刘某某、黄某某、李某某故意非法剥夺他人生命，其行为均构成故意杀人罪；刘某某、姜某某、刘某某、黄某某以暴力、威胁手段劫持船只，造成严重后果，其行为又均构成劫持船只罪，应依法予以并罚。刘某某、姜某某、刘某某、黄某某等人结伙劫持船只，后为控制该船，又滥杀无辜或自相残杀，造成16人死亡、6人失踪，性质特别恶劣，情节及后果特别严重，社会危害性极大。在共同犯罪中，刘某某起组织、指挥作用，姜某某、刘某某、黄某某行为积极主动，李某某身为船长为自保而参与杀人，后期行为积极主动，起主要作用，五被告人均系主犯，均应依法按照其所参与或组织、指挥的全部犯罪处罚。遂依法对刘某某以故意杀人罪判处死刑，剥夺政治权利终身，以劫持船只罪判处无期徒刑，剥夺政治权利终身，决定执行死刑，剥夺政治权利终身；对姜某某以故意杀人罪判处死刑，剥夺政治权利终身，以劫持船只罪判处有期徒刑15年，决定执行死刑，剥夺政治权利终身；对刘某某以故意杀人罪判处死刑，剥夺政治权利终身，以劫持船只罪判处有期徒刑13年，决定执行死刑，剥夺政治权利终身；对黄某某以故意杀人罪判处死刑，剥夺政治权利终身，以劫持船只罪判处有期徒刑12年，决定执行死刑，剥夺政治权利终身；以故意杀人罪判处李某某死刑，剥夺政治权利终身。〔1〕

以下结合上述案例，海上发生的故意杀人罪、绑架罪、抢劫罪等暴力犯罪的认定需要注意以下几点：

（1）故意杀人罪、绑架罪、抢劫罪等海上暴力犯罪与海盗罪的关联。

上述案例被很多媒体报道为“海盗罪”但我国刑法没有海盗罪，按照《刑法》构成故意杀人罪和劫持船只罪。

海盗是古老的国际罪行，其侵犯的对象不分国别与族群，因而被视为人类公敌。海盗犯罪也是目前为止没有争议的，各国普遍管辖的罪行。我国公民、船舶受到海盗攻击的案件也数见不鲜。海盗往往会伴随着故意杀人、抢劫、绑架、毁坏财物等多种行为，由于我国刑法中没有规定海盗罪，按照我

〔1〕根据最高人民法院《刘某某、姜某某、刘某某、黄某某故意杀人、劫持船只，李某某故意杀人死刑复核刑事裁定书》整理。

国司法实践的做法，是将其分解，找到对应的罪名定罪量刑。若是海盗实施了杀人行为，就有可能构成故意杀人罪。海盗实施了绑架行为，就可能构成绑架罪。

但是上述案例，不应认定为违反国际法的海盗罪，而应认定为单纯违反国内法即我国刑法的故意杀人罪和劫持船只罪。传统的观点倾向于宽泛的界定海盗，甚至有人把海上发生的合法战争之外的武装暴行均视为海盗。奥本海认为，海盗是在公海上由一私船对另一船所犯，或其叛变船员或乘客对船上人或物所犯的未经授权的直接暴力或暴力威胁行为。[1]但是，1958 年《公海公约》与 1982 年《联合国海洋法公约》对海盗罪作了限缩性的界定。《联合国海洋法公约》第 101 条规定："下列行为中的任何行为构成海盗行为：(a) 私人船舶或私人飞机的船员、机组成员或乘客为私人目的，对下列对象所从事的任何非法的暴力或扣留行为，或任何掠夺行为：①在公海上对另一船舶或飞机，或对另一船舶或飞机上的人或财物；②在任何国家管辖范围以外的地方对船舶、飞机、人或财物；(b) 明知船舶或飞机成为海盗船舶或飞机的事实，而自愿参加其活动的任何行为；(c) 教唆或故意便利 (a) 或 (b) 项所述行为的任何行为。"据此，成立国际法上的海盗罪必须具备以下条件：其一，海盗必须是私人船舶或者私人飞机的成员或者乘客，此处的"私人船舶"并非个人的意思，而是排除军舰或者政府的非商用船舶之外的其他船舶；其二，须为私人目的，实施非法的暴力、扣留或者掠夺的行为；其三，海盗必须发生在公海上或者任何一个国家管辖范围以外的地方，因此在一国领海实施的劫掠杀人不能成为国际法上的海盗罪；其四，受害的必须是"另一艘"船舶或者飞机，以及其上的人或财物，因此，同一艘船舶上的船员、乘客劫持其乘坐的船舶或者杀害同船成员的，不能成立国际法上的海盗罪。[2]因此，案例中刘某某等人并非针对"另一艘"船舶犯罪，而是作为鲁荣渔×号渔船的船员，劫持该船并屠杀同船的成员，即使其暴行发生在公海上，也不能成立海盗罪。对其罪行，依据船旗国管辖、属人管辖直接适用国内法即我国《刑法》定罪即可，并不是将海盗罪分解、转化成故意杀人罪定罪处

---

〔1〕参见［英］詹宁斯·瓦茨修订：《奥本海国际法》，王铁崖等译，中国大百科全书出版社 1998 年版，第 174 页。

〔2〕鉴于《联合国海洋法公约》等国际法规定的海盗罪的特殊性以及信守承诺等原因，学界多呼吁在国内法中规定独立的"海盗罪"。

罚的。

此外，在劫持船舶或者在抢劫船员、乘客的财物的过程中故意杀人，成立一罪还是数罪，应区分情况认定。根据法释［2001］16号《最高人民法院关于抢劫过程中故意杀人案件如何定罪问题的批复》，行为人为劫取财物而预谋故意杀人，或者在劫取财物过程中，为制服被害人反抗而故意杀人的，以抢劫罪定罪处罚。行为人实施抢劫后，为灭口而故意杀人的，以抢劫罪和故意杀人罪定罪，实行数罪并罚。

（2）因行为人侵犯行为致被害人入海失踪，应如何认定？

如上述案例中，刘某某等人的犯罪行为导致16人死亡、6人失踪。对于死亡16人的结果不存在刑法评价的疑问，但对于失踪的6人应如何认定？案例中由于16人死亡的结果已经足以对五名罪犯判处故意杀人罪并处以极刑，故对6人失踪的事实并未直接评价。但若案情改变，只有被害人失踪，而无人被确认死亡呢？推而广之，在海上其他的犯罪中出现了人员失踪的情形，如绑架之后“撕票”，将被害人推入海中致其失踪，又应如何处理？

失踪是描述失踪人下落不明，生存或者死亡难以确认的一种状态。与之相关的法律规定主要是民法上的宣告失踪和宣告死亡制度，而刑法上并未明文将人员失踪规定为犯罪后果或者情节。对故意杀人罪、绑架罪和抢劫罪而言，其成立需要对被害人是否死亡做出明确的认定，因此仅仅确认被害人失踪，而不能结合其他证据认定失踪人已经死亡的，无法认定故意杀人罪既遂，也无法认定为故意伤害被绑架人，致人重伤、死亡或者抢劫致人重伤、死亡。换言之，对于结果犯，如果以死亡或者重伤为结果，则仅认定失踪无法成立既遂；而对于加重结果犯，如故意伤害致人死亡、抢劫致人重伤或者死亡、交通肇事逃逸致人死亡等，失踪不是法定加重结果，仅认定失踪也就无法成立加重结果犯。

相较陆地而言，海洋犯罪更容易出现人员失踪的情形，而且海洋上的失踪更为复杂，更难认定成死亡。海洋地质水文气候等状况复杂多变，救援力量通常难以及时出现，一般而言海洋上失踪的人员生还可能性极低，所谓失踪，很多时候只是无法找到尸体而已。但是基于海洋的流动性和非封闭性等，又不能在所有案件中径行排除失踪人仍然存活的合理怀疑。[1]因此，对于因海洋犯罪而失踪的人员，不能一概而论，必须结合具体案情如落水前的状态、装备、落水地点、时间、水温、气候、搜救情况等等来认定失踪人员是否死亡。[2]

因为海洋的特殊性，在一些海难事故中也常会出现人员失踪的情况。例如，2012年2月18日凌晨约3时4分，"鑫源顺6"轮在福建省泉州湾以东海域发生沉没事故，法院认定高某一、高某二在生产、作业中违反有关安全管理的规定，因而发生重大水上交通事故，造成9人死亡、1人失踪，直接经济损失人民币1880万元，情节特别恶劣，其行为均已构成重大责任事故罪。此案中，1人失踪可以评价为我国《刑法》第134条规定的"其他严重后果"或者"特别恶劣的情节"。[3]但是在交通肇事罪中，却无法如此评价。根据我国《刑法》第133条之规定，交通肇事罪的后果是"致人重伤、死亡或者使公私财产遭受重大损失"，并无致人失踪的规定。据此，船舶上的财物落入海中不知去向，可以视为财产遭受损失，但是人员落入海中下落不明，则无法认定为交通肇事罪的犯罪后果。此外，法释［2000］33号《最高人民法院关于审理交通肇事刑事案件具体应用法律若干问题的解释》，将《刑法》第

〔1〕 有学者和实务界的人士主张对失踪人员依据民法上的宣告死亡的制度宣告其死亡，然后刑法据此认定死亡结果。但这一主张忽略了刑事诉讼和民事诉讼在证明标准、法律后果等方面的差异，是不可取的。如民事上宣告死亡，仅引发民事法律关系的变更。但刑事上认定被害人死亡，则会引发剥夺被告人自由乃至生命的裁判结果，这种刑事责任的承担是不可逆的，一旦被宣告死亡的人重新出现，必然会导致一系列的刑事法律问题。因此，刑事领域认定死亡，不应直接依据民事上的宣告死亡来确认落海失踪的人员死亡。

〔2〕 2003年12月13日凌晨1时许，辽大××号渔船在中韩海域从事捕捞作业，大副寇明来与船员李某发生厮打，寇某某将李某掀入海中。船长胡某某组织附近的6艘渔船进行搜救，未打捞到李某。案发时该水域水温10摄氏度~11摄氏度、气温5摄氏度~7摄氏度、风力7级、浪高4米，且事发地距最近陆地35海里，李某无任何救生装备及抵御防寒准备，其落水后也无获救可能。大连市公安局甘井子区分局法医学分析意见证实李某落水后搜救时间、搜救范围、搜救措施合理，结合当时水文、环境条件、船舶通航等情况，经过16个小时的搜救仍未发现李某，则其生存条件基本已不具备，一般溺水至死亡需要6分钟左右，李某本人不会游泳，在海上黑夜无精神防备的情况下突然坠入10摄氏度~11摄氏度的海中，可由于冷水刺激导致喉管痉挛、窒息或神经反射性干性溺死。大连市中级人民法院据此认定寇某某构成故意杀人罪，判处有期徒刑10年，剥夺政治权利5年。参见沈海洁："论'致人失踪'的刑法后果"，大连海事大学2014年硕士学位论文。

〔3〕 陆地上的重大责任事故罪也会出现人员失踪的情况，比如矿难等，此类罪中同样可以将"人员失踪"评价为"其他严重后果"。但是海洋上发生的重大事故与矿难之类的陆上事故仍有不同，矿难等陆上事故根据相对封闭的环境和其他间接的证据更容易将失踪认定为死亡。但海洋的流动性在特定情况下使得将失踪认定为死亡。

133条“其他特别恶劣情节”明确界定为：①死亡2人以上或者重伤5人以上，负事故全部或者主要责任的；②死亡6人以上，负事故同等责任的；③造成公共财产或者他人财产直接损失，负事故全部或者主要责任，无能力赔偿数额在60万元以上的。仍然没有致人员失踪的规定。需要注意的是，在陆上的交通事故一般不会出现无法认定为死亡的“失踪”，但在海上因船舶碰撞等事故而落海失踪的数见不鲜。若两起船舶交通事故案件，一个死亡2人，一个失踪10人，但无人死亡，则前者可以认定为“其他特别恶劣情节”，处三年以下七年以上有期徒刑，后者严格遵循罪刑法定恐难定罪。[1]因此应根据海洋犯罪的特性，对《刑法》进行修订或者出台单行刑法。

（二）案例二

船长弃船先逃导致船员或乘客死亡，能否构成不作为的故意杀人罪？

2014年4月16日，韩国籍“岁月”号滚装客船在韩国西南部屏风岛附近海域沉没，船上所载476人仅有172人获救，其余全部遇难。因事故发生后船长李俊锡不仅未组织救援，反而与部分船员弃船而逃，韩国法院认定船长李某某构成不作为的杀人罪，判处无期徒刑。[2]

不作为，是指行为人在能够履行自己应尽义务的情况下不履行该义务。判断不作为犯的关键在于其是否有作为义务，只有保证人即具有作为义务的人才能成为不作为犯。我国刑法通说从形式上将作为义务的来源分为：法律规定、职务行为、先前行为以及法律行为四类。[3]因此，判断船长弃船先逃导致船员或乘客死亡，能否构成不作为的故意杀人罪的关键就是船长是否具有作为义务，即发生海上事故后，船长对其他船上人员是否具有救助义务。

船长是船舶的最高指挥官，在我国，船长与轮机长、大副、二副、三副、大管轮、二管轮、三管轮等并称高级船员。在英美等国，船长不与船员并列，而单独作为一种职业。因为海洋这一特殊的场域以及航行船舶的相对封闭性，

---

〔1〕 最高人民法院研究室曾在1992年10月30日做出《关于遇害者下落不明的水上交通肇事案件应如何适用法律问题的电话答复》。其中规定：“在水上交通肇事案件中，如有遇害者下落不明的，不能推定其已经死亡，而应根据被告人的行为造成被害人下落不明的案件事实，依照刑法定罪处刑，民事诉讼应另行提起，并经过宣告失踪人死亡程序后，根据法律和事实处理赔偿等民事纠纷。”此答复表明了将失踪作为死亡之外的独立的后果或者情节对待的倾向，但该答复的效力以及如何“依照刑法定罪处刑”仍存有疑问。

〔2〕 单士磊：“韩最高法院公布‘岁月号’终审结果”，载《法制日报》2015年11月17日。

〔3〕 当然此通说受到诸多学者的质疑，但这不是本书讨论的范畴。

在长期高风险的海洋航运中发展出了对船长的高度依赖以及由此产生的船长的特殊职权和义务，例如指挥、管理船舶，应变，代理以及治安维护，救助，等等。特别是对在船人员的安全保障和发生事故后的救助义务，更是船长特殊职责的集中体现。海事领域有俗语云："船长与船共存亡"（The captain goes down with the ship）也表明了船长对船舶和在船人员的重大责任。在船舶发生事故时，船长应组织施救，并最后一个离船。这既是长期的海事活动中形成的惯例，也是现代国家法律明确课以船长的义务。我国《海商法》第38条明确规定："船舶发生海上事故，危及在船人员和财产的安全时，船长应当组织船员和其他在船人员尽力施救。在船舶的沉没、毁灭不可避免的情况下，船长可以作出弃船决定。但是，除紧急情况外，应当报经船舶所有人同意。弃船时，船长必须采取一切措施，首先组织旅客安全离船，然后安排船员离船，船长应当最后离船。在离船前，船长应当指挥船员尽力抢救航海日志、机舱日志、油类记录簿、无线电台日志、本航次使用过的海图和文件，以及贵重物品、邮件和现金。"《船员条例》第22条第8、9项也做了同样的规定。可见，发生事故后，船长基于其特殊身份和职责，对在船人员有着法定的救助义务。因此，对于能够履行法定的救助义务而不履行，甚至反而弃船而逃，致使在船人员死亡的，在刑法没有对其规定特定罪名的情况下，可以构成不作为的故意杀人。对其客观要件，首先，对于"事故"宜做宽泛的理解，只要严重危及船舶及其上的人员安全的事故即可。其次，需要特别注意的是因果关系的认定。即船长的不作为即不履行救助义务是否导致了被害人死亡这一结果。海上事故的罹难者有的可能是直接因事故而死，有的可能因时间太短来不及救援而死，还有的在当时的环境条件下，即使船长积极组织救援，也无法阻止死亡结果发生。在认定不作为的故意杀人时，这些均不应认定为船长不作为而导致的死亡。因此，不能仅仅因为船长没有履行救助义务，弃船先逃这一行为，就直接将海上事故的全部死亡人数推定为船长不作为的犯罪后果。否则就可能过于扩大打击面，导致刑罚权的滥用。对其主体，主要集中在船长身份的认定上。我国《海商法》只规定了船长的资质和职权，并未对船长进行直接界定。一般而言，船长是指依法取得资格与适任证书，主管船上一切事务的人。但是对追究刑事责任而言，不应将船长限制在必须取得"资格和适任证书"之内。因为其一，没有船长的适任证书，但在特定情况下代行船长职务的人也应视为船长。如《海商法》第40条规定："船长在航行中死亡或者因故不能执行职务时，应当由驾驶员中职务最高的人代理船长职务。”此时代理船长职务的人不应因其没有适任证书而不被作为船长追究责任。其二，没有取得适任证书或者持有虚假的证书的人，只要实际上行使了船长的职责，也应当认定为船长，否则将有放纵犯罪之虞。故判断是否为船长，不应以其是否具备适任证书为准，而应看其是否作为船舶的最高指挥者，实际上行使了船长的职权。对于其主观要件，船长作为专业人士，熟知相关法律规范，对自身职责应具备清晰的认识，并有足够的经验判断险情。因此，对于发生事故后，船长负有积极救助义务，不救助反而弃船逃离则会使得在船人员死亡，其认识因素上基本不存在应当预见而没有预见的情形，应认定为明知。就其意志因素而言，一般多为放任死亡结果的出现，因此其主观要件一般为间接故意，当然也可以包括直接故意。

此外，对于船长不履行救助义务构成犯罪还应注意以下几点：

（1）船长的救助义务并不仅限于对其所在船舶上的人员，还包括任何在海上发生危险需要救助的人员。在漫无边际的大海上，一旦遭遇危险，附近的船舶就是极其重要的救援力量，在古代几乎是唯一的救援力量。每艘船舶基于自己遇难时也需要救援的考量，就会积极救助其他遇难船舶和人员。因此，对遭遇海难的船舶和人员给予救助，成了古老的海事习惯，各国法律也都对船长课以了救助人命的义务。我国《海商法》第174条规定：“船长在不严重危及本船和船上人员安全的情况下，有义务尽力救助海上人命。”《联合国海洋法公约》第98条规定：“每个国家应责成悬挂该国旗帜航行的船舶的船长，在不严重危及其船舶、船员或乘客的情况下：(a) 救助在海上遇到的任何有生命危险的人；(b) 如果得悉有遇难者需要救助的情形，在可以合理地期待其采取救助行动时，尽速前往拯救；(c) 在碰撞后，对另一船舶、其船员和乘客给予救助，并在可能情况下，将自己船舶的名称、船籍港和将停泊的最近港口通知另一船舶。”但是需要注意的是，对此类海上人命的救助，必须以不严重危及本船和船上人员安全为前提。

（2）在船舶碰撞构成交通肇事罪的情况下，在船长指挥下不救助而致其他船舶上的人员死亡的，若救助不会严重危及肇事船舶、船员或乘客，则应依照我国《刑法》第133条之规定，以交通肇事罪定罪处罚，不应认定为故意杀人罪。但海上交通事故与陆地不同，《海商法》等法律还对无责任的船舶船长课以了救助义务。《海商法》第166条规定：“船舶发生碰撞，当事船舶的船长在不严重危及本船和船上人员安全的情况下，对于相碰的船舶和船上人员必须尽力施救。”可见，海上交通事故的救助义务并非以先前实施违规行为为限。在发生船舶碰撞的海上交通事故后，并非仅有对事故负责的肇事船舶有救助义务，而是包括非责任方在内的所有船舶船长均有救助义务。实践中多有小船违规肇事，碰撞合规行驶的大船，结果对交通事故无责任的大船丝毫无损，而肇事小船发生倾覆、沉没的情形。此时，被撞的大船的船长，对肇事船舶上的人员也负有法定的救助义务。因此，对于非责任方的船长在能够救助而不救助致肇事船舶上的人员死亡的，无法依据我国《刑法》第133条之规定，以交通肇事罪定罪处罚，但是可以认定为故意杀人罪。

（3）对船长不履行救助义务而致人死亡的，若认定为故意杀人罪，则应适度减轻或从轻处罚。因为其一，考虑到海洋航行的特殊性，不宜对船长课以过重的刑事责任。海上事故容易发生群死群伤的后果，若以船长不作为而定故意杀人罪，则非常容易判处无期徒刑或者死刑等较重的刑罚。而海上船舶和人员的安危系于船长一身，发生险情时端赖船长断决，若法律约束过严，反而会给船长造成不必要的心理负担，影响船长更好地履行职责。其二，从轻符合罪责刑相适应的原则。我国《刑法》第133条规定，交通肇事后“因逃逸致人死亡的，处七年以上有期徒刑”。这意味着当两船相撞，若负全责的肇事船舶船长不履行救助义务致人死亡，定交通肇事罪最多判处七年以上有期徒刑；而对事故无责任的被撞船舶船长若不救助肇事船舶人员的，适用我国《刑法》232条故意杀人罪则最高刑为死刑。结果就是肇事者判处刑轻刑，被撞者却可能被判处重刑，显然有违罪责刑相适应的要求。〔1〕

（三）案例三

盗挖海砂应否认定为盗窃罪？

随着我国基础建设的快速扩展，对海砂的需求也水涨船高，近海海域的非法盗采海砂的行为也愈演愈烈。但实践中，对其定罪不一，主要争议在究

〔1〕此处也可见我国《刑法》对海洋犯罪的特点关注较少，诸多国家或地区刑事法律均针对船长的各项义务分别设置了罪名与刑事责任。如我国台湾地区“海商法”第43条就规定：“放弃船舶时，船长非将旅客海员救出不得离船，并应尽其力所能及，将船舶文书邮件及贵重物救出。船长违反第一项之规定者，就自己所采措施负其责任，违反第二项之规定者，处七年以下有期徒刑，因而致有死亡者，处三年以上十年以下有期徒刑。”因为我国《刑法》并未直接将船长违反救助义务规定为犯罪，以“故意杀人罪”定罪是不得已而为之。

竟构成盗窃罪还是非法采矿罪。之所以产生争议，主要是因为我国《矿产资源法》及其相关法律中并未明文将海砂规定为矿产，若海砂不是矿产，当然不能构成非法采矿罪。如 2013 年 4 月 18 日卞某某、林某某驾驶泰长鑫 5××× 号运砂船，在曹妃甸海域东经 118°48′、北纬 39°03′海域，联系某吸砂船共同盗窃海砂 1124 立方米，价值 19 108 元。法院认为，海砂是海洋资源也是一种国家财物，盗窃海砂就意味着将国家财物转移给自己或第三方所有，符合盗窃罪的构成要件，同时海砂不是无人看守的国有财产，是曹妃甸区政府派海警看守的一种特殊国有财产，只是因为它的特殊性，看守方式不同于一般。故判决卞某某、林某某构成盗窃罪。[1]

最高人民法院注意到此争议，并出台了司法解释。根据法释［2016］25 号《最高人民法院、最高人民检察院关于办理非法采矿、破坏性采矿刑事案件适用法律若干问题的解释》第 5 条之规定："未取得海砂开采海域使用权证，且未取得采矿许可证，采挖海砂，符合刑法第 343 条第 1 款和本解释第 2 条、第 3 条规定的，以非法采矿罪定罪处罚。"

（四）案例四

海上私自打捞行为能否认定为盗窃罪？

2008 年 3 月，NEWHANGZHOU（新杭州）号货船在浙江省台州市大陈岛海域 22 海里的毗连区沉没，船上 9000 余吨钢材随船沉入 50 米深的海底。该船登记地为塞拉利昂，属于在巴拿马登记注册的某国际海运有限公司所有。2 个月后，在吴某组织下，约 30 余名船员乘坐两艘打捞船，私自在事发水域打捞出价值 800 多万元的钢材。事发后，司法机关以盗窃罪追究其刑事责任。此案被称为"中国海上盗捞第一案"，引发了诸多争议，此处不考虑刑事管辖权问题，仅讨论能否认定为盗窃罪？[2]

反对者认为，虽然法律上并未将沉没物规定为无主物，但刑法上的占有重在事实上的占有控制，海洋属于公共场所，沉没物在大海深处，已经在事

〔1〕参见河北省唐山市中级人民法院［2013］唐刑终字第 407 号刑事裁定书。

〔2〕毗连区并非我国领域，我国对其仅能行使有限的刑事管辖权，依据《联合国海洋法公约》第 33 条第 1 款之规定："沿海国可在毗连其领海称为毗连区的区域内，行使为下列事项所必要的管制：(a) 防止在其领土或领海内违犯其海关、财政、移民或卫生的法律和规章；(b) 惩治在其领土或领海内违犯上述法律和规章的行为。"则对发生在毗连区的私自打捞行为能否以涉嫌盗窃罪适用我国《刑法》恐有疑问。

实上脱离了所有人或者保险人的控制，属于脱离占有物。且《中华人民共和国打捞沉船管理办法》（以下简称《打捞沉船办法》）仅规定打捞沉船必须经过审批，并无不经审批私自打捞，构成犯罪，应依法追究刑事责任的规定。因此私自打捞沉没物仅是行政违法行为，并不必然导致刑事违法。沉没物原所有人或者保险人的权利也可以通过民事方式予以保护。认定为盗窃罪有违刑法的谦抑性。

支持可以认定为盗窃的观点主要是，沉没物并非无主物，[1]根据《打捞沉船办法》第7条之规定："沉船所有人除遇有特殊情况向有关港（航）务主管机关申请延期并经核准外，在下列情况下即丧失各该沉船的所有权：（一）妨碍船舶航行、航道整治或者工程建筑的沉船，在申请期限以内没有申请或者声明放弃；或者打捞期限届满，而没有完成打捞；（二）其他不属于第五条规定范围的沉船自沉没之日起一年以内没有申请打捞；或者完工期限已经届满，而没有打捞。"涉案沉船被吴某等打捞时尚未满1年，船主或者保险公司也并未明示放弃所有权或者打捞权，因此该沉船以及沉物仍归原权利人所有，对其以非法占有为目的，未经批准私自打捞的行为当然可以构成盗窃罪。即使超过1年没有申请打捞，沉没物也非无主物，根据《中华人民共和国打捞沉船管理办法补充规定》"（一）全国水域内的无主沉船属于国家所有，未经批准打捞前，应由各地港（航）务主管机关负责管理"之规定，超期未打捞船舶所有人丧失所有权的沉船属于国家所有。因此，对其实施的私自打捞也可以构成盗窃罪。本书认为，基于刑法的谦抑性，对私自打捞沉没物的行为应慎重适用刑法评价，但这并不意味其不能构成盗窃罪。首先，落入海底的沉没物并非无主物，依照社会一般观念，其仍然应属于其所有人所有，在所有人已经获得保险赔偿的情况下，保险人可以取得其所有权。在所有人或者保险人并未明确抛弃的情况下，不能仅仅因为沉没物深入大海难以控制为由认为不属于盗窃罪对象。其次，应考虑到海洋沉没物的特性和海事活动的惯例予以认定。即因沉没物深入海底，打捞困难且代价太高，打捞往往得不偿失，故所有人往往会放弃打捞，特别是在已经获得保险赔偿的情况下更是如此。而保险公司考虑到经济性也往往放弃打捞。因此，不应仅依据所有人或保险

[1] 此处讨论的沉船等沉没物仅限于《中华人民共和国水下文物保护管理条例》第1条规定的"1911年以后的与重大历史事件、革命运动以及著名人物无关的水下遗存"。

人未明示放弃权利即认定成立盗窃，而是考察所有人或者保险人是否有相应的行为表明其占有的意思，如是否已经申请打捞，或者已经在沉没物沉没地点通过设置浮标、禁捞标记或者派员、船只和飞机等不间断的巡逻值守等形式表明其对沉没物的控制占有。若权利人已经在沉没地点进行了明显的标识，并安排了巡逻值守，则私自打捞可能构成抢劫或者抢夺；若权利人仅设置了标识而未安排值守，则私自打捞可能构成盗窃。此外，还应考虑行为人的主观目的，如果并无特定目的而私自打捞，结果在没有标识的海域捞到了沉没物，则不应构成盗窃；若私自搜集沉没物信息，并以非法占有该沉没物为目的，则应构成盗窃罪。

## 第三节　海上走私犯罪

海上走私犯罪属于以海洋为场域的犯罪。根据现行刑法，本节的犯罪包括走私普通货物、物品罪；走私武器、弹药罪和走私核材料罪；走私文物罪和走私贵重金属罪；走私珍贵动物、珍贵动物制品罪；走私淫秽物品罪；走私废物罪；走私、贩卖、运输、制造毒品罪；非法生产、买卖、运输制毒物品、走私制毒物品罪；非法买卖、运输、携带、持有毒品原植物种子、幼苗罪等。

### 一、走私普通货物、物品罪

#### （一）走私普通货物、物品罪的概念和犯罪构成

根据《刑法》第153、154条，走私普通货物、物品罪，是指违反海关法规，逃避海关监督，运输、携带、邮寄普通货物、物品进出国（边）镜，偷逃应缴税额较大或者1年内因走私被给予2次行政处罚后又走私的行为。[1]

本罪的犯罪构成要件：

(1) 客体要件为国家对外贸易管制中关于普通货物、物品进出口的监管制度和征收关税制度。我国《海关法》规定，进出口货物，“应当接受海关监管”，进出境物品，“应当以自用、合理数量为限，接受海关监管”；“准许进

〔1〕 法条虽无“违反海关法规”的表述，但由于法条将行为表述为“走私”，而对走私行为的认定，只能以海关法规为根据。所以“违反海关法规”是走私罪的不成文的构成要件要素。

出口货物、进出境的物品，除本法另有规定外，由海关依照进出口税则征收关税”。所以本罪直接侵犯了国家对普通货物、物品的监管和征收关税制度。

本罪的行为对象是普通货物、物品。“普通货物、物品”，是指除武器、弹药、核材料、伪造的货币、文物、黄金、白银和其他贵重金属、珍贵动物及其制品等国家禁止进出口的其他货物、物品、淫秽物品、废物、毒品以及国家禁止进出口的其他货物、物品以外的货物、物品。其主要包括三大类：

第一，国家限制进出口的货物、物品，即国家对其进口或出口实行配额或者许可证管理的货物、物品。限制进出口的货物一般来说包括烟、酒、汽车、电视机、电冰箱、计算器、摩托车等。

第二，应缴纳税款的货物、物品。对于这类物品，国家并不禁止或者限制某些产品的进出口，但会根据国民经济发展和社会发展的需要，通过征收关税对其需求进行适当的调节，对这类物品偷逃应缴税额的，构成本罪。

第三，擅自出售保税货物、特定减免税货物、捐赠进出口货物和物品，以及假借捐赠名义进出口货物物品。①未经海关许可并且未补缴应缴税额，擅自将批准进口的来料加工、来件装配、补偿贸易的原材料、零件、制成品、设备等保税货物，在境内销售牟利的；②未经海关许可并且未补缴应缴税额，擅自将特定减税、免税进口的货物、物品，在境内销售牟利的。

根据2014年8月12日发布的《最高人民法院、最高人民检察院关于办理走私刑事案件适用法律若干问题的解释》（法释［2014］10号）第19条的规定，《刑法》第154条规定的“保税货物”，是指经海关批准，未办理纳税手续进境，在境内储存、加工、装配后应予复运出境的货物，包括通过加工贸易、补偿贸易等方式进口的货物，以及在保税仓库、保税工厂、保税区或者免税商店内等储存、加工、寄售的货物。

根据2002年7月8日发布的《最高人民法院、最高人民检察院、海关总署办理走私刑事案件适用法律若干问题的意见》（法释［2002］139号）第13款的规定，《刑法》第154条第1、2项规定的“销售牟利”，是指行为人主观上为了牟取非法利益而擅自销售海关监管的保税货物、特定减免税货物。该种行为是否构成犯罪，应当根据偷逃的应缴税额是否达到《刑法》第153条及相关司法解释规定的数额标准予以认定。实际获利与否或者获利多少并不影响其定罪。

（2）客观要件为违反海关法规，逃避海关监管，运输、携带货物、物品进出国（边）境，偷逃应缴税额较大或者1年内曾因走私被给予2次行政处罚后又走私的行为。“违反海关法规”，是指违反我国《海关法》《进出口关税管理条例》及其他有关的法律、法规。“逃避海关监管”是指采用藏匿、隐瞒、伪报等方式蒙混过关，或者从不设关的国（边）境上进出绕关，躲避海关监督、管理和检查。“应缴税额”，“是指进出口货物、物品应当缴纳的进出口关税和进出口环节海关代征税的税额”。

（3）犯罪主体要件是自然人已满16周岁且精神正常；单位可以成为本罪的主体。

（4）主观要件为犯罪故意。对走私普通货物、物品偷逃关税的行为违反国家对外贸易管理制度有着明确的认识。由于不熟悉海关法规或者因为疏忽大意等过失而未申报、漏报或者错报关税等，均不具有本罪故意。在实践中，行为人一般具有牟取非法利润或其他非法利益的目的，但刑法并未规定以牟利为目的是本罪的构成要件，因而在认定本罪时，不要求行为人必须以牟利为目的。

（二）间接走私行为以相应走私犯罪论处的规定

间接走私，或称准走私，是指《刑法》第155条第1款和第2款规定的两种行为：①直接向走私人非法收购国家禁止进口物品的，或者直接向走私人非法收购走私进口的其他货物、物品，数额较大的；②在内海、领海、界河、界湖运输、收购、贩卖国家禁止进出口物品的，或者运输、收购、贩卖国家限制进出口货物、物品，数额较大，没有合法证明的。间接走私不是独立的罪名，需要根据走私的对象和有关条件，确定构成何种走私罪。

之所以将上述间接走私行为确认为犯罪行为，主要是考虑到这些行为为走私入境的货物提供了销售和进入国内市场的渠道，为走私出口的货物提供了货源，成为走私犯罪的一个重要环节。直接向走私人非法收购，是指明知对方是走私分子，并且直接向其收购走私货物、物品。没有合法证明，是指不符合我国的进出口许可证。根据我国法律的规定，进出口商品一般必须从国家制定机关领取进出口许可证，但经国家批准有权经营进出口业务的单位，在其批准的经营范围内，可以凭进出口单证进出境，既无许可证又无有关单证的，即属没有合法证明，行为人的行为构成走私。

根据2014年8月12日发布的《最高人民法院、最高人民检察院关于办理走私刑事案件适用法律若干问题的解释》（法释［2014］10号）第20条的规定，直接向走私人非法收购走私进口的货物、物品，在内海、领海、界河、界湖运输、收购、贩卖国家禁止进出口的物品，或者没有合法证明，在内海、领海、界河、界湖运输、收购、贩卖国家限制进出口的货物、物品，构成犯罪的，应当按照走私货物、物品的种类，分别依照《刑法》第151、152、153、347、350条的规定定罪处罚。《刑法》第155条第2项规定的“内海”，包括内河的入海口水域。

根据2002年7月8日发布的《最高人民法院、最高人民检察院、海关总署办理走私刑事案件适用法律若干问题的意见》（法释［2002］139号）第14款规定，对《刑法》第155条第2项规定的实施海上走私犯罪行为的运输人、收购人或者贩卖人应当追究刑事责任。对运输人，一般追究运输工具的负责人或者主要责任人的刑事责任，但对于事先通谋的、集资走私的或者使用特殊的走私运输工具从事走私犯罪活动的，可以追究其他参与人员的刑事责任。

（三）走私普通货物、物品罪的刑事责任规定

根据《刑法》第153条规定，犯本罪的，根据情节轻重，分别依照下列规定处罚：

（1）走私货物、物品偷逃应缴税额较大或者1年内曾因走私被给予2次行政处罚后又走私的，处三年以下有期徒刑或者拘役，并处偷逃应缴税额1倍以上5倍以下罚金。

（2）走私货物、物品偷逃应缴税额巨大或者有其他严重情节的，处三年以上十年以下有期徒刑，并处偷逃应缴税额1倍以上5倍以下罚金。

（3）走私货物、物品偷逃应缴税额特别巨大或者有其他特别严重情节的，处十年以上有期徒刑或者无期徒刑，并处偷逃应缴税额1倍以上5倍以下罚金或者没收财产。

单位犯前款罪的，对单位判处罚金，并对其直接负责的主管人员和其他直接责任人员，处三年以下有期徒刑或者拘役；情节严重的，处三年以上十年以下有期徒刑；情节特别严重的，处十年以上有期徒刑。

对多次走私未经处理的，按照累计走私货物、物品的偷逃应缴税额处罚。

根据《刑法》第157条第1款规定，武装掩护走私的，依照《刑法》第151条第1款的规定从重处罚。

根据2014年8月12日发布的《最高人民法院、最高人民检察院关于办

理走私刑事案件适用法律若干问题的解释》（法释［2014］10号）第16条规定，走私普通货物、物品，偷逃应缴税额在10万元以上不满50万元的，应当认定为《刑法》第153条第1款规定的“偷逃应缴税额较大”；偷逃应缴税额在50万元以上不满250万元的，应当认定为“偷逃应缴税额巨大”；偷逃应缴税额在250万元以上的，应当认定为“偷逃应缴税额特别巨大”。

走私普通货物、物品，具有下列情形之一，偷逃应缴税额在30万元以上不满50万元的，应当认定为《刑法》第153条第1款规定的“其他严重情节”；偷逃应缴税额在150元以上不满250万元的，应当认定为“其他特别严重情节”：①犯罪集团的首要分子；②使用特种车辆从事走私活动的；③为实施走私犯罪，向国家机关工作人员行贿的；④教唆、利用未成年人、孕妇等特殊人群走私的；⑤聚众阻挠缉私的。

根据2014年8月12日发布的《最高人民法院、最高人民检察院关于办理走私刑事案件适用法律若干问题的解释》（法释［2014］10号）第17条规定，《刑法》第153条第1款规定的“一年内曾因走私被给予二次行政处罚后又走私”中的“一年内”，以因走私第一次受到行政处罚的生效之日与“又走私”行为实施之日的时间间隔计算确定；“被给予二次行政处罚”的走私行为，包括走私普通货物、物品以及其他货物、物品；“又走私”行为仅指走私普通货物、物品。

根据2014年8月12日发布的《最高人民法院、最高人民检察院关于办理走私刑事案件适用法律若干问题的解释》（法释［2014］10号）第18条规定，《刑法》第153条规定的“应缴税额”，包括进出口货物、物品应当缴纳的进出口关税和进口环节海关代征税的税额。应缴税额以走私行为实施时的税则、税率、汇率和完税价格计算；多次走私的，以每次走私行为实施时的税则、税率、汇率和完税价格逐票计算；走私行为实施时间不能确定的，以案发时的税则、税率、汇率和完税价格计算。

《刑法》第153条第3款规定的“多次走私未经处理”，包括未经行政处理和刑事处理。

## 二、走私武器、弹药罪和走私核材料罪

### （一）走私武器、弹药罪的概念和犯罪构成

根据《刑法》第151条第1款，走私武器、弹药罪，是指违反海关法规，

逃避海关监管，运输、携带、邮寄武器、弹药进出国（边）境的行为。

本罪的犯罪构成要件：

（1）客体要件为国家对外贸易管制中关于武器、弹药禁止进出口的监管制度。所谓对外贸易管制，是指国家根据社会主义建设的需要，对进出口货物及其他物品的种类、数量实行控制和监督的制度。具体内容包括：①对进出口的货物、物品实行准许、限制或禁止进出口的制度。②对非贸易物品实行限进、限出、限量、限值的制度。③对金融、外汇实行国家统一管理和控制的制度。④对进出口货物及其他物品实行征收关税的制度。国家对外贸易管制，是所有走私罪都侵犯的客体。本罪的对象是武器、弹药。管制刀具、仿真手枪不是本罪的对象。走私上述物品构成犯罪的，依照《刑法》第 153 条走私普通货物、物品罪定罪处罚。

（2）客观要件为违反海关法规，逃避海关监管，非法运输、携带、邮寄武器、弹药进出口的行为。“违反海关法规”，是指违反我国《海关法》及其他有关的法律、法规。“逃避海关监管”指在未设海关的国（边）境上运输、携带货物、物品进出国（边）境，或者虽然经过海关，但以伪装、藏匿、谎报等方法，蒙骗海关检查人员，偷运、偷带、偷寄货物、物品过关的行为。

实践中发生的所有走私行为，根据其特点可以归纳为四类：①绕关走私，即未经国务院或国务院授权的部门批准，不经过设立海关的地点，非法运输、携带走私物品进出国（边）境。走私行为人同时偷越了国（边）境，但偷越国（边）境犯罪行为与走私罪之间有吸收关系。②通关走私，即虽然通过设立海关的地点进出国（边）境，但采取假报、伪报、藏匿等欺骗手段，逃避海关的监督、检查，非法盗运、偷带或邮寄走私货物、物品。③后续的走私行为，即行为人是合法地进口货物、物品，然后违反海关法规而出售或违法处理该货物、物品，偷逃关税，使其性质转变为走私行为。④准走私行为，包括直接向走私人非法收购走私物品，或者在内海、领海非法收购、贩卖、运输国家禁止或限制进出口的货物、物品的延续性走私行为，以及与走私犯罪通谋为其提供贷款、资金、账号、发票、证明等各种便利条件的走私共犯行为。本罪行为人主要实施第 1、3、4 种走私行为，即绕关、通关的走私枪支、弹药行为，以及直接向走私人非法收购武器、弹药，或者在内海、领海、界河、界湖运输、收购、贩卖武器、弹药。

实施走私犯罪，具有下列情形之一的 ，应当认定为犯罪既遂：①在海关监管现场被查获的；②以虚假申报方式走私，申报行为实施完毕的；③以保税货物或者特定减税、免税进口的货物、物品为对象走私，在境内销售的，或者申请核销行为实施完毕的。

（3）犯罪主体要件是自然人已满16周岁且精神正常。自然人和单位均可构成本罪。

（4）主观要件为犯罪故意。行为人明知自己的行为违反国家法律法规，希望或者放任危险结果发生的。同时，其对走私的物品是武器、弹药，以及走私武器、弹药违反国家对外贸易管制有明确认识。至于行为人是否具有牟利目的，在所不问。

行为人不知道携带的普通物品中夹带有武器、弹药的，不具有本罪故意。但对其走私的具体对象不明确的，不影响走私犯罪的构成。应当根据实际的走私对象定罪处罚。确有证据证明行为人因受蒙骗而对走私对象发生认识错误的，可以从轻处罚。例如，行为人为偷逃关税走私普通货物，但被他人欺骗，实际走私的是武器、弹药或者珍稀植物的，应根据行为人的主观认识，而非客观上实际走私物品来确定走私对象，以走私普通货物、物品罪的未遂从轻处罚。

如何认定本罪以及其他走私犯罪的“明知”，在司法实务中一直是一个难点。根据2002年7月8日发布的《最高人民法院、最高人民检察院、海关总署办理走私刑事案件适用法律若干问题的意见》（法释［2002］139号）第5款规定，行为人明知自己的行为违反国家法律法规，逃避海关监管，偷逃进出境货物、物品的应缴税额，或者逃避国家有关进出境的禁止性管理，并且希望或者放任危害结果发生的，应认定为具有走私的主观故意。

走私主观故意中的“明知”是指行为人知道或者应当知道所从事的行为是走私行为。具有下列情形之一的，可以认定为“明知”，但有证据证明的确属被蒙骗的除外：①逃避海关监管，运输、携带、邮寄国家禁止进出境的货物、物品的；②用特制的设备或者运输工具走私货物、物品的；③未经海关同意，在非设关的码头、海（河）岸、陆路边境等地点，运输（驳载）、收购或者贩卖非法进出境货物、物品的；④提供虚假的合同、发票、证明等商业单证委托他人办理通关手续的；⑤以明显低于货物正常进（出）口的应缴税额委托他人代理进（出）口业务的；⑥曾因同一种走私行为受过刑事处罚或者行政处罚的；⑦其他有证据证明的情形。

这里容易引起争议的是关于“应当知道”的表述。有一种观点认为，作为犯罪故意认识因素的明知，仅限于已经知道，而应当知道是指应当知道而不知道，属于犯罪过失的要素。[1]笔者以为，这种观点是一种误解。这里的应当知道是根据客观事实推定的明知，不能理解为应当知道而不知道，即在上述诸情形下人们的生活经验已经排除了行为人不知道的可能性。这种主观心理与犯罪过失无关。当然，上述标准中的“明知”带有推定性质，其结论未必完全可靠。明知属于主观故意的内容，而故意的判断受制于客观要件。所以对于明知的推定不是凭空想象，而应该以控方提出的证据为基础，应当允许反证，甚至被推翻。

走私犯罪行为人的概括故意问题，则是司法实务中的另一大难点。它主要存在于行为人对其走私行为的具体对象不明确的案件中。实践中，经常遇到的一类案件表明，行为人具有走私的主观故意，但是没有证据证明其对所查获的走私货物、物品的性质具有明知的认识。例如，走私犯罪嫌疑人在未设关的边境偷运伪造的人民币入境，被查获后自称不知道所运输的是假币，而以为是汽车配件。这种案件如何处理？对此有两种相互对立的观点。第一种观点认为，构成特定的走私犯罪，如走私假币罪、走私毒品罪等，行为人主观上仅有一般的走私故意还不够，必须对特定货物具有明知的认识。[2]理由是：走私罪是一个类罪名，包括走私普通货物、物品罪，走私假币罪等多种具体犯罪，各种具体犯罪的认定必须符合具体的犯罪构成。因此，在认定犯罪故意时，必须要求行为人对于具体的犯罪对象具有明知的认识。第二种观点认为，行为人主观上具有走私的犯罪故意，但对其走私的具体对象不明确的，理论上可以称为概括的主观故意，此种故意支配下的行为应当认定为犯罪行为。理由是：行为人主观上具有走私的故意，虽然尚无证据证明其对走私的具体对象有明确的认识，但这种实际对象已经涵盖在行为人所能认识到的对象范围之内。[3]笔者更加赞成后一种观点，因为如果有证据证明行为人因受蒙骗而对走私对象发生认识错误的就不按实际走私的对象定罪，那么

---

〔1〕苗有水：“走私犯罪的认定及法律适用”，载《人民司法》2002年第9期。

〔2〕张明楷：《刑法学》（第5版），法律出版社2017年版，第658页。

〔3〕苗有水等：“‘最高人民法院、最高人民检察院、海关总署关于办理走私刑事件适用法律若干问题的意见’的理解与适用”，载姜伟主编：《刑事司法指南》（总第11辑），法律出版社2002年版，第163页。

在实务中会发生困难。不按实际走私的对象定罪在许多场合意味着按照所误解的走私对象定罪，通常认定为走私普通货物、物品罪，而走私普通货物、物品罪是以偷逃应缴税额的大小为定罪量刑标准的，在上述场合显然无法认定偷逃应缴税额。为了避免此种困难并方便司法实务，应当将那种把走私对象甲误认为走私对象乙的情形一律作为概括故意的情形来处理，而不是作为涉及罪与非罪的对象认识错误来处理。换言之，一律根据实际的走私对象定罪处罚，便于司法操作，并有利于从严打击犯罪。

根据2002年7月8日发布的《最高人民法院、最高人民检察院、海关总署办理走私刑事案件适用法律若干问题的意见》（法释［2002］139号）第6款规定，走私犯罪嫌疑人主观上具有走私犯罪故意，但对其走私的具体对象不明确的，不影响走私犯罪构成，应当根据实际的走私对象定罪处罚。但是，确有证据证明行为人因受蒙骗而对走私对象发生认识错误的，可以从轻处罚。

从上述规定中，可以清楚地看出《最高人民法院、最高人民检察院、海关总署办理走私刑事案件适用法律若干问题的意见》采纳了后一种观点。《最高人民法院、最高人民检察院、海关总署办理走私刑事案件适用法律若干问题的意见》认为，走私犯罪嫌疑人主观上具有走私犯罪故意，但对其走私的具体对象不明确的，不影响走私犯罪的构成，应当根据实际的走私对象定罪处罚。司法实践中通常也是按照这种观点处理的。典型的案例是最高法院曾经核准死刑的被告人庄添活走私假币案。[1]被告人庄某某于1998年7月23日受台湾地区走私分子雇佣，从台湾地区运载电脑零件到大陆海域交给大陆走私分子，双方欲交货时被我公安缉私艇截获。缉私人员在被告人庄某某等驾驶的“天吉福”号渔船的暗仓里查获18箱百元面额的机制版假人民币，共计62 647 300元。案发后，被告人曾辩称其不知道所偷运入境的是假币，但知道是走私物品。这就是所谓具有走私的概括故意。

（二）走私核材料罪的概念和犯罪构成

根据《刑法》第151条第1款，走私核材料罪，是指违反海关监管，运输、携带、邮寄核材料进出国（边）境的行为。

本罪的行为对象是核材料，包括核燃料、核燃料产物、核聚变材料等。

［1］ 祝铭山：《走私罪（刑事类）（典型案例与法律适用4）》，中国法制出版社2004年版，第119页。

由于我国先后加入了《核材料实物保护公约》（1989 年）、《不扩散核武器公约》（1992 年）、《核安全公约》（1996 年），将核材料作为走私罪的对象，有助于更好地履行我国的国际义务。根据我国加入的《核材料实物保护公约》的规定："'核材料'是指：钚，但钚-238 同位素含量超过 80%者除外；铀-233；同位素 235 或 233 浓缩的铀；非矿石或矿渣形式的含天然存在的同位素混合物的铀；任何含有上述一种或多种成分的材料。"

当然，走私核武器的行为应当成立走私武器罪，因为武器包括常规武器、核武器、化学武器、生物武器等。核武器虽由核材料制成，但与核材料有所不同，所以走私核武器不属于走私核材料罪的实行行为。

走私核材料的行为与走私武器、弹药罪的行为方式没有区别，包括以伪装、藏匿、冒充、蒙混或其他方式非法运输、携带、邮寄核材料进出国（边）境的一切行为。

（三）走私武器、弹药罪和走私核材料罪的刑事责任规定

根据《刑法》第 151 条第 1、4 款规定，犯本罪的，处七年以上有期徒刑，并处罚金或者没收财产；情节特别严重的，处无期徒刑，并处没收财产；情节较轻的，处三年以上七年以下有期徒刑，并处罚金。

单位犯本条规定之罪的，对单位判处罚金，并对其直接负责的主管人员和其他直接责任人员，依照本条各款的规定处罚。

根据《刑法》第 157 条第 1 款的规定，武装掩护走私的，依照《刑法》第 151 条第 1 款的规定从重处罚。

根据 2014 年 8 月 12 日发布的《最高人民法院、最高人民检察院关于办理走私刑事案件适用法律若干问题的解释》（法释［2014］10 号）第 1 条的规定，走私武器、弹药，具有下列情形之一的，可以认定为《刑法》第 151 条第 1 款规定的"情节较轻"：①走私以压缩气体等非火药为动力发射枪弹的枪支 2 支以上不满 5 支的；②走私气枪铅弹 500 发以上不满 2500 发，或者其他子弹 10 发以上不满 50 发的；③未达到上述数量标准，但属于犯罪集团的首要分子，使用特种车辆从事走私活动，或者走私的武器、弹药被用于实施犯罪等情形的；④走私各种口径在 60 毫米以下常规炮弹、手榴弹或者枪榴弹等分别或者合计不满 5 枚的。

具有下列情形之一的，依照《刑法》第 151 条第 1 款的规定处七年以上有期徒刑，并处罚金或者没收财产：①走私以火药为动力发射枪弹的枪支 1

支，或者以压缩气体等非火药为动力发射枪弹的枪支5支以上不满10支的；②走私第1款第2项规定的弹药，数量在该项规定的最高数量以上不满最高数量5倍的；③走私各种口径在60毫米以下常规炮弹、手榴弹或者枪榴弹等分别或者合计达到5枚以上不满10枚，或者各种口径超过60毫米以上常规炮弹合计不满5枚的；④达到第1款第1、2、4项规定的数量标准，且属于犯罪集团的首要分子，使用特种车辆从事走私活动，或者走私的武器、弹药被用于实施犯罪等情形的。

具有下列情形之一的，应当认定为刑法第151条第1款规定的“情节特别严重”：①走私第2款第1项规定的枪支，数量超过该项规定的数量标准的；②走私第1款第2项规定的弹药，数量在该项规定的最高数量标准5倍以上的；③走私第2款第3项规定的弹药，数量超过该项规定的数量标准，或者走私具有巨大杀伤力的非常规炮弹1枚以上的；④达到第2款第1项至第3项规定的数量标准，且属于犯罪集团的首要分子，使用特种车辆从事走私活动，或者走私的武器、弹药被用于实施犯罪等情形的。

走私其他武器、弹药，构成犯罪的，参照本条各款规定的标准处罚。

根据2014年8月12日发布的《最高人民法院、最高人民检察院关于办理走私刑事案件适用法律若干问题的解释》（法释［2014］10号）第2条规定，《刑法》第151条第1款规定的“武器、弹药”的种类，参照《中华人民共和国进口税则》及《中华人民共和国禁止进出境物品表》的有关规定确定。

根据2014年8月12日发布的《最高人民法院、最高人民检察院关于办理走私刑事案件适用法律若干问题的解释》（法释［2014］10号）第3条规定，走私枪支散件，构成犯罪的，依照《刑法》第151条第1款的规定，以走私武器罪定罪处罚。成套枪支散件以相应数量的枪支计，非成套枪支散件以每30件为1套枪支散件计。

根据2014年8月12日发布的《最高人民法院、最高人民检察院关于办理走私刑事案件适用法律若干问题的解释》（法释［2014］10号）第4条规定，走私各种弹药的弹头、弹壳，构成犯罪的，依照《刑法》第151条第1款的规定，以走私弹药罪定罪处罚。具体的定罪量刑标准，按照本解释第1条规定的数量标准的5倍执行。

走私报废或者无法组装并使用的各种弹药的弹头、弹壳，构成犯罪的，依照《刑法》第153条的规定，以走私普通货物、物品罪定罪处罚；属于废物的，依照《刑法》第 152 条第 2 款的规定，以走私废物罪定罪处罚。

弹头、弹壳是否属于前款规定的“报废或者无法组装并使用”或者“废物”，由国家有关技术部门进行鉴定。

## 三、走私文物罪和走私贵重金属罪

### （一）走私文物罪的概念和犯罪构成

根据《刑法》第 151 条第 2 款，走私文物罪，是指违反海关法规，逃避海关监督，运输、携带、邮寄禁止出口的文物出国（边）境的行为。

本罪的行为对象是国家禁止出口的文物。按照《中华人民共和国文物保护法》第 2 条的规定，文物包括以下几种：①具有历史、艺术、科学价值的古文化遗址、古墓葬、古建筑、石窟寺和石刻、壁画；②与重大历史事件、革命运动或者著名人物有关的以及具有重要纪念意义、教育意义或者史料价值的近代现代重要史迹、实物、代表性建筑；③历史上各时代珍贵的艺术品、工艺美术品；④历史上各时代重要的文献资料以及具有历史、艺术、科学价值的手稿和图书资料等；⑤反映历史上各时代、各民族社会制度、社会生产、社会生活的代表性实物；⑥古脊椎动物化石和古人类化石。作为走私对象的文物并非上述所有文物，而只是国家禁止出口的文物，即具有重要历史、艺术、科学价值的文物等。按照《中华人民共和国文物保护法》第 60 条的规定，国有文物、非国有文物中的珍贵文物和国家规定禁止出境的其他文物，不得出境，但是依照本法规定出境展览或者因特殊需要经国务院批准出境的除外。《中华人民共和国文物保护法》第 61 条规定，文物出境，应当经国务院文物行政部门指定的文物进出境审核机构审核。经审核允许出境的文物，由国务院文物行政部门发给文物出境许可证，从国务院文物行政部门指定的口岸出境。任何单位或者个人运送、邮寄、携带文物出境，应当向海关申报；海关凭文物出境许可证放行。违反上述规定，非法运输、携带、邮寄文物出境的，即构成本罪。

对于走私古生物化石的行为如何定性司法实践中存在争议，《刑事审判参考》总第 53 期第 416 号“蓑口义则走私文物案”[1]，首次以指导案例的形式

〔1〕 最高人民法院刑事审判一至五庭主编：《中国刑事审判指导案例 3（破坏社会主义市场经济秩序罪）》（增订第 3 版），法律出版社 2017 年版，第 46 页。

对这个问题进行了详细的论证，从此古脊椎动物化石和古人类化石正式成了走私文物罪的犯罪对象。在本案之前，中国法学界一直存在着三种观点：第一种观点认为，古生物化石不是文物，不能成为走私文物罪的犯罪对象，从罪刑法定原则出发，走私古生物化石的行为不可能构成走私文物罪；第二种观点认为，古生物化石虽不是文物，但其珍贵程度不亚于文物，应受到与文物同样的刑法保护，国家文物局的鉴定亦确认了该案涉及的大量古生物化石可以分别视同为国家一、二、三级文物，故古生物化石可以视同为文物予以保护，可以成为走私文物罪的犯罪对象；第三种观点则认为，古生物化石不是文物，能否视同为文物，与文物受同样的刑法保护，应当依据有关法律的规定予以确定。"蓑口义则走私文物案"的判决认同第三种观点，理由如下：

（1）古生物化石不是文物。一般认为，文物是历史遗留下来的在人类文化发展史上有价值的东西，是人类通过自身活动所形成的、反映人类社会一定时期的历史文化风貌、对研究人类文明发展史具有价值的物品。物品只有经过了修饰、加工等人类活动才有可能成为文物。而古生物化石则是古代生物的遗体或遗迹埋藏在地层中，在自然力作用下，经过漫长的时间演化变成的化石，化石的形成与人类活动无关。从本质上看，古生物化石，同石油、煤炭等一样，是一种自然资源。从我国管理和保护古生物化石的有关规定也可以得出古生物化石不是文物的结论。在我国，负责监督和管理古生物化石的行政主管部门是国土资源部及地方各级政府地质矿产主管部门，而负责监督、管理和保护文物的行政主管部门则是国家文物局及地方各级文物行政主管部门。可见，古生物化石是作为一种自然资源而不是作为文物加以管理和保护的。

古生物化石不是文物，因此，走私古生物化石的行为不能简单地等同于走私文物的行为。

（2）古生物化石能否同文物一样受到保护应依据有关法律规定予以确认。虽然古生物化石不是文物，但是否走私古生物化石的行为就一概不能认定为走私文物罪呢？是否古生物化石就不能与文物一样受刑法保护呢？答案是否定的。这里首先需要明确的是，一个语词在刑法中设定时的含义、适用范围与实际生活中的需要不一定完全一致。如信用卡在生活中一般是专指具有贷款、透支功能的银行卡，不包括没有透支功能的借记卡，而全国人大常委会《关于〈中华人民共和国刑法〉有关信用卡规定的解释》则将刑法中的信用卡明确为具有一项或多项金融功能的银行卡，包括了贷记卡、借记卡等。作为划定“文物”范围或视同为“文物”、与“文物”受同样保护的其他物品范围的法律依据，自然是《文物保护法》。作为规定文物管理、保护的专门性法律，《文物保护法》明确规定了受国家保护的文物的范围及相应制度，同时，也明确了与文物一样受国家保护的物品的范围。所有以文物为对象的文物犯罪行为，如果行为针对的是上述化石，同样也构成文物犯罪行为，如走私文物罪虽然是以文物为犯罪对象，但如果走私的对象是上述化石，同样可构成走私文物罪。这一点已得到立法解释的支持，2005 年 12 月 29 日全国人大常委会通过的《关于〈中华人民共和国刑法〉有关文物的规定适用于具有科学价值的古脊椎动物化石、古人类化石的解释》指出，“刑法有关文物的规定，适用于具有科学价值的古脊椎动物化石、古人类化石”。

须明确的是，并不是所有古生物化石都适用刑法有关文物的规定。依据《文物保护法》的规定，只有走私古脊椎动物化石或古人类化石才能以走私文物罪定罪处罚，而走私其他古生物化石，即便这些古生物化石可能更为珍贵，科学研究价值可能更高，也不能以走私文物罪定罪处罚。

蓑口义则走私文物案所确立下来的判案标准，其在 2014 年 8 月 12 日发布的《最高人民法院、最高人民检察院关于办理走私刑事案件适用法律若干问题的解释》（法释［2014］10 号）第 12 条第 2 款中进行了规定，本解释规定的“古生物化石”，按照《古生物化石保护条例》的规定予以认定。走私具有科学价值的古脊椎动物化石、古人类化石，构成犯罪的，依照《刑法》第 151 条第 2 款的规定，以走私文物罪定罪处罚。

（二）走私贵重金属罪的概念和犯罪构成

根据《刑法》第 151 条第 2 款的规定，走私贵金属罪，是指违反海关监管，运输、携带、邮寄黄金、白银或其他贵金属出国（边）境的行为。本罪的对象是贵金属，包括黄金、白银以及与金、银同等重要的铱、铂、钯、铑、钛等国家禁止出口的各种贵金属及其制品。本罪的行为方式也只限于出口，不包括进口，因为进口贵金属对我国不具有社会危害性。

（三）走私文物罪和走私贵重金属罪的刑事责任规定

根据《刑法》第 151 条第 2、4 款规定，犯本罪的，处五年以上十年以下有期徒刑，并处罚金；情节特别严重的，处十年以上有期徒刑或者无期徒刑，并处没收财产；情节较轻的，处五年以下有期徒刑，并处罚金。

单位犯本条规定之罪的，对单位判处罚金，并对其直接负责的主管人员和其他直接责任人员，依照本条各款的规定处罚。

根据《刑法》第 157 条第 1 款规定，武装掩护走私的，依照《刑法》第 151 条第 1 款的规定从重处罚。

根据 2014 年 8 月 12 日发布的《最高人民法院、最高人民检察院关于办理走私刑事案件适用法律若干问题的解释》（法释［2014］10 号）第 8 条规定，走私国家禁止出口的三级文物 2 件以下的，可以认定为《刑法》第 151 条第 2 款规定的“情节较轻”。

具有下列情形之一的，依照《刑法》第 151 条第 2 款的规定处五年以上十年以下有期徒刑，并处罚金：①走私国家禁止出口的二级文物不满 3 件，或者三级文物 3 件以上不满 9 件的；②走私国家禁止出口的三级文物不满 3 件，且具有造成文物严重毁损或者无法追回等情节的。

具有下列情形之一的，应当认定为《刑法》第 151 条第 2 款规定的“情节特别严重”：①走私国家禁止出口的一级文物 1 件以上，或者二级文物 3 件以上，或者三级文物 9 件以上的；②走私国家禁止出口的文物达到第 2 款第 1 项规定的数量标准，且属于犯罪集团的首要分子，使用特种车辆从事走私活动，或者造成文物严重毁损、无法追回等情形的。

根据 2015 年 12 月 30 日发布的《最高人民法院、最高人民检察院关于办理妨害文物管理等刑事案件适用法律若干问题的解释》（法释［2015］23 号）第 1 条的规定，《刑法》第 151 条规定的“国家禁止出口的文物”，依照《中华人民共和国文物保护法》规定的“国家禁止出境的文物”的范围认定。

走私国家禁止出口的二级文物的，应当依照《刑法》第 151 条第 2 款的规定，以走私文物罪处五年以上十年以下有期徒刑，并处罚金；走私国家禁止出口的一级文物的，应当认定为《刑法》第 151 条第 2 款规定的“情节特别严重”；走私国家禁止出口的三级文物的，应当认定为《刑法》第 151 条第 2 款规定的“情节较轻”。

走私国家禁止出口的文物，无法确定文物等级，或者按照文物等级定罪量刑明显过轻或者过重的，可以按照走私的文物价值定罪量刑。走私的文物价值在 20 万元以上不满 100 万元的，应当依照《刑法》第 151 条第 2 款的规定，以走私文物罪处五年以上十年以下有期徒刑，并处罚金；文物价值在 100 万元以上的，应当认定为《刑法》第 151 条第 2 款规定的“情节特别严重”；

文物价值在5万元以上不满20万元的，应当认定为《刑法》第151条第2款规定的“情节较轻”。

## 四、走私珍贵动物、珍贵动物制品罪

### （一）走私珍贵动物、珍贵动物制品罪的概念和犯罪构成

根据《刑法》第151条第2款的规定，走私珍贵动物、珍贵动物制品罪，是指违反海关法规，逃避海关监管，非法运输、携带、邮寄国家禁止进出口的珍贵动物、珍贵动物制品的行为。

本罪的行为对象是珍贵动物及其制品。珍贵动物是指国家重点保护的珍贵、稀有陆生、水生野生动物，即列入《国家重点保护野生动物名录》中的国家一、二级保护野生动物和列入《濒危野生动植物种国际贸易公约》附录一、附录二中的野生动物以及驯养繁殖的上述物种。珍贵动物制品，是指上述珍贵动物的皮、毛、骨等制成品。

走私珍贵动物动物制品，同时具有下列情形，情节较轻的，一般不以犯罪论处：①珍贵动物制品购买地允许交易；②入境人员为留作纪念或者作为礼品而携带珍贵动物制品进境，不具有牟利目的的。

### （二）走私珍贵动物、珍贵动物制品罪的刑事责任规定

根据《刑法》第151条第2、4款的规定，犯本罪的，处五年以上十年以下有期徒刑，并处罚金；情节特别严重的，处十年以上有期徒刑或者无期徒刑，并处没收财产；情节较轻的，处五年以下有期徒刑，并处罚金。

单位犯本条规定之罪的，对单位判处罚金，并对其直接负责的主管人员和其他直接责任人员，依照本条各款的规定处罚。

根据《刑法》第157条第1款的规定，武装掩护走私的，依照《刑法》第151条第1款的规定从重处罚。

根据2014年8月12日发布的《最高人民法院、最高人民检察院关于办理走私刑事案件适用法律若干问题的解释》（法释［2014］10号）第9条规定，走私国家一、二级保护动物未达到本解释附表中（一）规定的数量标准，或者走私珍贵动物制品数额不满20万元的，可以认定为《刑法》第151条第2款规定的“情节较轻”。

具有下列情形之一的，依照《刑法》第151条第2款的规定处五年以上十年以下有期徒刑，并处罚金：①走私国家一、二级保护动物达到本解释附

表中（一）规定的数量标准的；②走私珍贵动物制品数额在 20 万元以上不满 100 万元的；③走私国家一、二级保护动物未达到本解释附表中（一）规定的数量标准，但具有造成该珍贵动物死亡或者无法追回等情节的。

具有下列情形之一的，应当认定为《刑法》第 151 条第 2 款规定的“情节特别严重”：①走私国家一、二级保护动物达到本解释附表中（二）规定的数量标准的；②走私珍贵动物制品数额在 100 万元以上的；③走私国家一、二级保护动物达到本解释附表中（一）规定的数量标准，且属于犯罪集团的首要分子，使用特种车辆从事走私活动，或者造成该珍贵动物死亡、无法追回等情形的。

不以牟利为目的，为留作纪念而走私珍贵动物制品进境，数额不满 10 万元的，可以免予刑事处罚；情节显著轻微的，不作为犯罪处理。

根据 2014 年 8 月 12 日发布的《最高人民法院、最高人民检察院关于办理走私刑事案件适用法律若干问题的解释》（法释［2014］10 号）第 10 条规定，《刑法》第 151 条第 2 款规定的“珍贵动物”，包括列入《国家重点保护野生动物名录》中的国家一、二级保护野生动物，《濒危野生动植物种国际贸易公约》附录Ⅰ、附录Ⅱ中的野生动物，以及驯养繁殖的上述动物。

走私本解释附表中未规定的珍贵动物的，参照附表中规定的同属或者同科动物的数量标准执行。

走私本解释附表中未规定珍贵动物的制品的，按照《最高人民法院、最高人民检察院、国家林业局、公安部、海关总署关于破坏野生动物资源刑事案件中涉及的 CITES 附录Ⅰ和附录Ⅱ所列陆生野生动物制品价值核定问题的通知》（林濒发［2012］239 号）的有关规定核定价值。

## 五、走私国家禁止进出口的货物、物品罪

### （一）走私国家禁止进出口的货物、物品罪的概念和犯罪构成

根据《刑法》第 151 条第 3 款的规定，走私国家禁止进出口的货物、物品罪，是指走私珍稀植物及其制品等国家禁止进口的其他货物、物品的行为。

本罪的行为对象是珍稀植物及其制品等国家禁止进出口的其他货物、物品。“珍稀植物”，包括列入《国家重点保护野生植物名录》《国家重点保护野生药材物种名录》《国家珍贵树种名录》中的国家一、二级保护野生植物、国家重点保护的野生药材、珍贵树木，《濒危野生动植物种国际贸易公约》附

录一、附录二中的野生植物，以及人工培育的上述植物。如我国独有的金钱松、台湾松、水松、香果树等独有乔木，以及有活化石之称的银杉、水杉、银杏等珍稀物种。珍稀植物制品，是指利用珍稀植物加工制作的标本、观赏用品、实用品等物品。“国家禁止进出口的其他货物、物品”，是指核材料、假币、文物、贵重金属、珍贵动物及其制品、珍稀植物及其制品以外的其他货物、物品，实践中常见的是以下货物、物品：①来自疫区的动植物及其制品（如冷冻鸡肉、牛肉等冻品）。②古脊椎动物化石、古人类化石以外的有科学研究价值的古生物化石（无脊椎动物、古植物化石）。古生物化石的范围，按照《古生物化石保护条例》的规定予以认定。③木炭、硅砂等妨害环境、资源保护的货物、物品。④旧机动车、切割车、旧机电产品或者其他禁止进出口的货物、物品。⑤国家禁止进出口的有毒物质。在特殊情况下，只要持有有权机关颁发的有效的特殊许可证件，如濒危物种进出口允许证、麻醉药品进出口准许证等，仍然可以进出口禁止类货物、物品。[1]司法实践中，就曾经发生检察机关认为如果可凭特殊许可证件进出口的就不属于禁止类货物、物品，从而不能按照禁止类走私货物、物品罪定罪量刑的误解。走私自由进出口货物、物品会导致逃税，走私限制进出口货物、物品则可能既逃税又逃证，走私禁止进出口货物、物品则主要是为了逃证。

本罪的主观要件是犯罪故意，对走私的是珍稀植物及其制品等国家禁止进出口的其他货物、物品有明确的认识。如在采集、接触植物时，该植物上已由林业部门设置明显标志对其属于珍稀植物加以说明的，推定行为人明知其为珍稀物种。走私的动机可能是出售牟利、自我欣赏或科学研究，动机不影响犯罪故意的成立。确实无法认识植物的稀有性而运输、夹带、邮寄进出国（边）境的欠缺本罪故意。

（二）走私国家禁止进出口的货物、物品罪的刑事责任规定

根据《刑法》第151条第3、4款规定，犯本罪的，处五年以下有期徒刑或者拘役，并处或者单处罚金；情节严重的，处五年以上有期徒刑，并处罚金。

单位犯本条规定之罪的，对单位判处罚金，并对其直接负责的主管人员和其他直接责任人员，依照本条各款的规定处罚。

---

〔1〕吴红艳：“我国走私罪立法的缺陷及其完善”，载《中国刑事法杂志》2005年第6期。

根据《刑法》第157条第1款规定，武装掩护走私的，依照《刑法》第151条第1款的规定从重处罚。

根据2014年8月12日发布的《最高人民法院、最高人民检察院关于办理走私刑事案件适用法律若干问题的解释》（法释［2014］10号）第11条规定，走私国家禁止进出口的货物、物品，具有下列情形之一的，依照《刑法》第151条第3款的规定处五年以下有期徒刑或者拘役，并处或者单处罚金：①走私国家一级保护野生植物5株以上不满25株，国家二级保护野生植物10株以上不满50株，或者珍稀植物、珍稀植物制品数额在20万元以上不满100万元的；②走私重点保护古生物化石或者未命名的古生物化石不满10件，或者一般保护古生物化石10件以上不满50件的；③走私禁止进出口的有毒物质1吨以上不满5吨，或者数额在2万元以上不满10万元的；④走私来自境外疫区的动植物及其产品5吨以上不满25吨，或者数额在5万元以上不满25万元的；⑤走私木炭、硅砂等妨害环境、资源保护的货物、物品10吨以上不满50吨，或者数额在10万元以上不满50万元的；⑥走私旧机动车、切割车、旧机电产品或者其他禁止进出口的货物、物品20吨以上不满100吨，或者数额在20万元以上不满100万元的；⑦数量或者数额未达到本款第1~6项规定的标准，但属于犯罪集团的首要分子，使用特种车辆从事走私活动，造成环境严重污染，或者引起甲类传染病传播、重大动植物疫情等情形的。

具有下列情形之一的，应当认定为《刑法》第151条第3款规定的“情节严重”：①走私数量或者数额超过前款第1~6项规定的标准的；②达到前款第1~6项规定的标准，且属于犯罪集团的首要分子，使用特种车辆从事走私活动，造成环境严重污染，或者引起甲类传染病传播、重大动植物疫情等情形的。

根据2014年8月12日发布的《最高人民法院、最高人民检察院关于办理走私刑事案件适用法律若干问题的解释》（法释［2014］10号）第12条第1款规定，《刑法》第151条第3款规定的“珍稀植物”，包括列入《国家重点保护野生植物名录》《国家重点保护野生药材物种名录》《国家珍贵树种名录》中的国家一、二级保护野生植物、国家重点保护的野生药材、珍贵树木，《濒危野生动植物种国际贸易公约》附录Ⅰ、附录Ⅱ中的野生植物，以及人工培育的上述植物。

本解释规定的“古生物化石”，按照《古生物化石保护条例》的规定予以认定。走私具有科学价值的古脊椎动物化石、古人类化石，构成犯罪的，依照《刑法》第151条第2款的规定，以走私文物罪定罪处罚。

## 六、走私废物罪

### （一）走私废物罪的概念和犯罪构成

根据《刑法》第152条第2款的规定，走私废物罪，是指违反海关法规，逃避海关监管，将境外固体废物、液态废物和气态废物运输进境，情节严重的行为。据此，将废物运输出境的，不构成本罪。

本罪的客观要件为逃避海关监管将境外废物运输进境的行为。

本罪的行为对象是在生产建设活动和其他活动中产生的污染环境的固体废物、液态废物和气态废物。走私报废或者无法组装并使用的各种弹药的弹头、弹壳，经国家有关技术部门鉴定为废物的，以走私废物罪定罪处罚。

走私废物情节严重的才构成本罪。根据2014年8月12日发布的《最高人民法院、最高人民检察院关于办理走私刑事案件适用法律若干问题的解释》（法释［2014］10号）第14条的规定，走私国家禁止进口的废物或者国家限制进口的可用作原料的废物，具有下列情形之一的，应当认定为《刑法》第152条第2款规定的“情节严重”：①走私国家禁止进口的危险性固体废物、液态废物分别或者合计达到1吨以上不满5吨的；②走私国家禁止进口的非危险性固体废物、液态废物分别或者合计达到5吨以上不满25吨的；③走私国家限制进口的可用作原料的固体废物、液态废物分别或者合计达到20吨以上不满100吨的；④未达到上述数量标准，但属于犯罪集团的首要分子，使用特种车辆从事走私活动，或者造成环境严重污染等情形的。

本罪的主观要件是犯罪故意，对走私的是废物有明确认识。行为人通常具有转嫁环境污染风险、逃避支付废物安全和无害化处理费用或者牟取不法利益等动机。动机如何，对成立犯罪无影响。

在走私的废物中查获普通货物的，是认定一罪还是数罪，这个法律问题在司法实践中存在争议，《刑事审判参考》总第86期第773号“程瑞杰等走私废物案”[1]，在判决中对这个问题进行了系统的论证，对此要具体情况具

〔1〕 最高人民法院刑事审判一至五庭主编：《中国刑事审判指导案例3（破坏社会主义市场经济秩序罪）》（增订第3版），法律出版社2017年版，第60页。

体分析。

（1）行为人基于概括故意而实施走私犯罪的，应当根据实际查获的物品性质来定罪。概括故意是一种不确定的故意。在概括故意犯罪中，发生行为人预见或应当预见范围内的各种犯罪后果均不违背其意志，故可以根据实际发生的后果定罪处罚。如果行为人基于概括故意实施走私犯罪，虽不明知所走私物品的具体种类，但因走私这些物品均不违背其意志，故仍应当根据实际走私的物品性质定罪处罚。对此，最高人民法院、最高人民检察院、海关总署2002年印发的《关于办理走私刑事案件适用法律若干问题的意见》（以下简称《意见》）第6条规定："走私犯罪嫌疑人主观上具有走私犯罪故意，但对其走私的具体对象不明确的，不影响走私犯罪构成，应当根据实际的走私对象定罪处罚。但是，确有证据证明行为人因受蒙骗而对走私对象发生认识错误的，可以从轻处罚。"这里的"受蒙骗"不影响犯罪成立，是因为行为人有走私犯罪的故意，且对走私的物品性质持概括故意。如果行为人对走私物品的性质有明确认识，并基于这种认识而实施走私犯罪的，则不适用本规定。

（2）行为人在走私的普通货物、物品中藏匿刑法规定的特殊货物、物品的，以实际走私的货物、物品定罪处罚；构成数罪的，应予并罚。根据2006年11月14日发布的《最高人民法院关于审理走私刑事案件具体应用法律若干问题的解释（二）》（法释［2006］9号）第5条的规定："对在走私的普通货物、物品或者废物中藏匿刑法第151条、第152条、第347条、第350条规定的货物、物品，构成犯罪的，以实际走私的货物、物品定罪处罚；构成数罪的，实行数罪并罚。"根据上述规定，行为人在走私的普通货物、物品中藏匿武器、弹药、核材料、假币、文物、淫秽物品、毒品、制毒物品等刑法专门规定的货物、物品，由于行为人对特殊货物、物品的"藏匿"行为通常是明知的，故可以按照实际查获的货物、物品定罪处罚。如果走私普通货物、物品的行为本身也构成犯罪的，则予以数罪并罚。

（3）行为人受他人雇用实施走私犯罪，且知道走私货物、物品的性质，但因受蒙骗而不知走私的货物、物品中混有其他特殊货物、物品的，应当根据其主观上认识的走私货物、物品的性质来定罪处罚。这种情形与上述两种情形不同：一方面，行为人并非基于概括故意实施走私犯罪，而是知道所走私货物、物品的具体性质；另一方面，行为人并未直接在走私的货物、物品中藏匿某种特殊货物、物品，所查获的特殊货物、物品系他人藏匿，行为人并不知情。这种情况理论上称为抽象的事实认识错误，应当根据行为人主观认识的犯罪对象的性质定罪处罚。如果根据实际，查获的货物、物品定罪处罚，则违背了主客观相统一的定罪原则，属于客观归罪。

（二）走私废物罪的刑事责任规定

根据《刑法》第 152 条第 2、3 款的规定，犯本罪的，处五年以下有期徒刑，并处或者单处罚金；情节特别严重的，处五年以上有期徒刑，并处罚金。

单位犯前两款罪的，对单位判处罚金，并对其直接负责的主管人员和其他直接责任人员，依照前两款的规定处罚。

根据《刑法》第 157 条第 1 款规定，武装掩护走私的，依照《刑法》第 151 条第 1 款的规定从重处罚。

根据 2014 年 8 月 12 日发布的《最高人民法院、最高人民检察院关于办理走私刑事案件适用法律若干问题的解释》（法释［2014］10 号）第 14 条的规定，具有下列情形之一的，应当认定为《刑法》第 152 条第 2 款规定的“情节特别严重”：①走私数量超过前款规定的标准的；②达到前款规定的标准，且属于犯罪集团的首要分子，使用特种车辆从事走私活动，或者造成环境严重污染等情形的；③未达到前款规定的标准，但造成环境严重污染且后果特别严重的。

## 七、走私、贩卖、运输、制造毒品罪

（一）走私毒品罪[1]的概念和犯罪构成

根据《刑法》第 347 条规定，走私毒品罪，是指违反国家毒品管理法规，走私毒品的行为。

本罪的构成要件是：

（1）客体要件为国家对毒品管理的法律秩序。

本罪的犯罪对象是毒品。根据《刑法》第 357 条的规定，毒品，是指鸦片、海洛因、甲基苯丙胺（冰毒）、吗啡、大麻、可卡因以及国家规定管制的其他能够使人形成瘾癖的麻醉药品和精神药品。

有的学者把本罪的客体表述为国家对毒品的管理制度。[2]大多数学者都

〔1〕由于本节的重点内容是探讨海上走私犯罪，所以针对本罪，笔者重点探讨走私毒品罪。

〔2〕高铭暄、马克昌主编：《刑法学》（第 7 版），北京大学出版社、高等教育出版社 2016 年版，第 591 页。

没有进一步解释“国家对毒品的管理制度”的具体内容。然而，这种抽象的表述并不能揭示刑法分则规定毒品犯罪的目的。有的论著将“国家对毒品的管理制度”进一步解释为走私毒品罪，直接侵害国家对毒品进出口的管制；贩卖毒品罪，直接侵害国家对毒品购销活动的管制；运输毒品罪，直接侵害国家对毒品运输活动的管制；制造毒品罪，直接侵害国家对毒品制造活动的管制；非法提供毒品罪，直接侵害国家对毒品供应活动的管制〔1〕。笔者认为，这一认识需要深化，考察犯罪本质，需要进一步揭示出制度所承载的是什么，而不是制度本身。有的学者认为任何国家都对毒品实行严格的管制，管制的直接目的是不使毒品泛滥，在此意义上说，毒品的不可泛滥性是一种法益。〔2〕笔者认为，毒品的不可泛滥性应指的是毒品不可在本国范围内泛滥，其是国家制定相应的毒品管理制度的表面原因，但是这并不能完全概括本罪的客观要件。还有的学者认为本罪保护的法益是公众健康。〔3〕笔者认为，一方面，把犯罪本质归结为对法益的侵害，本身是落后的观点；另一方面，公众健康的本身外延过大，适用于刑法中的很多罪名，不具有很好的区分性。因此，针对本罪的客观要件，有进一步进行研究的必要。

（2）客观要件为违反国家毒品管理法规，走私、贩卖、运输、制造毒品的行为。

走私毒品，是指违反毒品管理法规和海关法规，逃避海关监管，运输、携带邮寄毒品进出国（边）境的行为。携带毒品但没有采取措施逃避海关监管，只构成运输毒品或非法持有毒品罪；只违反了海关法规而没有违反毒品管理法规的，只构成普通走私罪而不构成走私毒品罪。在领海、内海、界河、界湖运输、收购、贩卖毒品的，成立走私毒品。走私普通货物、物品的同时，又走私毒品的，应数罪并罚。

（3）犯罪主体要件，根据《刑法》第 17 条第 2 款的规定，已满 14 周岁不满 16 周岁具有刑事责任能力的人实施贩卖毒品的行为，以贩卖毒品罪论处，即贩毒罪的主体要件是自然人已满 14 周岁且精神正常；走私、运输、制造

〔1〕 欧阳涛、陈泽宪主编：《毒品犯罪及对策》，群众出版社 1992 年版，第 38 页。

〔2〕 德国学者罗克辛指出：“贩卖毒品的可罚性的正当化根据在于，如果不处罚贩卖毒品的行为，就不可能控制毒品的泛滥，而且毒品对无答责能力的服用者特别是未成年人会产生严重危险。”（Claus Roxin，Strafrecht Allgemeiner Teil，Band I，3. Aufl.，C. H. Beck 1997，S. 18.）

〔3〕 张明楷：《刑法学》（第 5 版），法律出版社 2017 年版，第 1140 页。

毒品罪的主体要件则必须是已满 16 周岁且精神正常。单位也可以构成本罪。

（4）主观要件为犯罪故意。行为人明知是毒品，而故意走私、贩卖、运输和制造。判断被告人对涉案毒品是否明知，不能仅凭被告人供述，而应当依据被告人实施毒品犯罪行为的过程、方式、毒品被查获时的情形等证据，结合被告人的年龄、阅历、智力等情况，进行综合分析判断。

根据 2012 年 5 月 16 日发布的《最高人民检察院公安部关于公安机关管辖的刑事案件立案追诉标准的规定（三）》（法释［2012］26 号）第 1 条规定，走私、贩卖、运输毒品主观故意中的“明知”，是指行为人知道或者应当知道所实施的是走私、贩卖、运输毒品行为。具有下列情形之一，结合行为人的供述和其他证据综合审查判断，可以认定其“应当知道”，但有证据证明确属被蒙骗的除外：①执法人员在口岸、机场、车站、港口、邮局和其他检查站点检查时，要求行为人申报携带、运输、寄递的物品和其他疑似毒品物，并告知其法律责任，而行为人未如实申报，在其携带、运输、寄递的物品中查获毒品的；②以伪报、藏匿、伪装等蒙蔽手段逃避海关、边防等检查，在其携带、运输、寄递的物品中查获毒品的；③执法人员检查时，有逃跑、丢弃携带物品或者逃避、抗拒检查等行为，在其携带、藏匿或者丢弃的物品中查获毒品的；④体内或者贴身隐秘处藏匿毒品的；⑤为获取不同寻常的高额或者不等值的报酬为他人携带、运输、寄递、收取物品，从中查获毒品的；⑥采用高度隐蔽的方式携带、运输物品，从中查获毒品的；⑦采用高度隐蔽的方式交接物品，明显违背合法物品惯常交接方式，从中查获毒品的；⑧行程路线故意绕开检查站点，在其携带、运输的物品中查获毒品的；⑨以虚假身份、地址或者其他虚假方式办理托运、寄递手续，在托运、寄递的物品中查获毒品的；⑩有其他证据足以证明行为人应当知道的。

有观点认为，上述司法解释对于明知的判断，采取的是“客观归罪”的方式，实质上是对认定犯罪的标准做了扩大的解释，即不利于犯罪嫌疑人或被告人的解释。这样的司法解释有违反刑事证据中“排除一切合理怀疑”的认定规则，甚至违反罪刑法定这一基本原则的嫌疑〔1〕。笔者认为，该司法解释对于“明知”的规定，从立法原意上看，并没有超出法条的基本范畴，但是实践中，办案人员对于明知的判断，基本采取“客观归罪”的方法，很少

〔1〕 贾艳芳：“论毒品走私案件中‘主观明知’的推定”，载《海关与经贸研究》2014 年第 6 期。

考虑每个犯罪嫌疑人的年龄、阅历、智力等背景情况，总是以一般社会大众为标准对所有犯罪嫌疑人采用标准化处理模式，确实有欠妥当。因此，仅以司法解释的形式解决立法空白问题仅是权宜之计，无法消除在实践中的顾虑和不同做法，急需通过立法的形式解决这一问题。

（二）走私毒品罪的刑事责任规定

根据《刑法》第347条规定，走私、贩卖、运输、制造毒品，无论数量多少，都应当追究刑事责任，予以刑事处罚。

走私、贩卖、运输、制造毒品，有下列情形之一的，处十五年有期徒刑、无期徒刑或者死刑，并处没收财产：

（1）走私、贩卖、运输、制造鸦片1000克以上、海洛因或者甲基苯丙胺50克以上或者其他毒品数量大的；

（2）走私、贩卖、运输、制造毒品集团的首要分子；

（3）武装掩护走私、贩卖、运输、制造毒品的；

（4）以暴力抗拒检查、拘留、逮捕，情节严重的；

（5）参与有组织的国际贩毒活动的。

走私、贩卖、运输、制造鸦片200克以上不满1000克、海洛因或者甲基苯丙胺10克以上不满50克或者其他毒品数量较大的，处七年以上有期徒刑，并处罚金。

走私、贩卖、运输、制造鸦片不满200克、海洛因或者甲基苯丙胺不满10克或者其他少量毒品的，处三年以下有期徒刑、拘役或者管制，并处罚金；情节严重的，处三年以上七年以下有期徒刑，并处罚金。

单位犯第2、3、4款罪的，对单位判处罚金，并对其直接负责的主管人员和其他直接责任人员，依照各该款的规定处罚。

利用、教唆未成年人走私、贩卖、运输、制造毒品，或者向未成年人出售毒品的，从重处罚。

对多次走私、贩卖、运输、制造毒品，未经处理的，毒品数量累计计算。

根据《刑法》第349条规定，包庇走私、贩卖、运输、制造毒品的犯罪分子的，为犯罪分子窝藏、转移、隐瞒毒品或者犯罪所得的财物的，处三年以下有期徒刑、拘役或者管制；情节严重的，处三年以上十年以下有期徒刑。

根据《刑法》第356条规定，因走私、贩卖、运输、制造、非法持有毒品罪被判过刑，又犯本节规定之罪的，从重处罚。

根据2016年4月6日发布的《最高人民法院关于审理毒品犯罪案件适用法律若干问题的解释》（法释［2016］8号）第1条规定，走私、贩卖、运输、制造、非法持有下列毒品，应当认定为《刑法》第347条第2款第1项、第348条规定的“其他毒品数量大”：①可卡因50克以上；②3，4-亚甲二氧基甲基苯丙胺（MDMA）等苯丙胺类毒品（甲基苯丙胺除外）、吗啡100克以上；③芬太尼125克以上；④甲卡西酮200克以上；⑤二氢埃托啡10毫克以上；⑥哌替啶（度冷丁）250克以上；⑦氯胺酮500克以上；⑧美沙酮1000克以上；⑨曲马朵、γ-羟丁酸2000克以上；⑩大麻油5000克、大麻脂10千克、大麻叶及大麻烟150千克以上；⑪可待因、丁丙诺啡5000克以上；⑫三唑仑、甲喹酮50千克以上；⑬阿普唑仑、恰特草100千克以上；⑭咖啡因、罂粟壳200千克以上；⑮巴比妥、苯巴比妥、安钠咖、尼美西泮250千克以上；⑯氯氮卓、艾司唑仑、地西泮、溴西泮500千克以上；⑰上述毒品以外的其他毒品数量大的。

国家定点生产企业按照标准规格生产的麻醉药品或者精神药品被用于毒品犯罪的，根据药品中毒品成分的含量认定涉案毒品数量。

根据2016年4月6日发布的《最高人民法院关于审理毒品犯罪案件适用法律若干问题的解释》（法释［2016］8号）第2条规定，走私、贩卖、运输、制造、非法持有下列毒品，应当认定为《刑法》第347条第3款、第348条规定的“其他毒品数量较大”：①可卡因10克以上不满50克；②3，4-亚甲二氧基甲基苯丙胺（MDMA）等苯丙胺类毒品（甲基苯丙胺除外）、吗啡20克以上不满100克；③芬太尼25克以上不满125克；④甲卡西酮40克以上不满200克；⑤二氢埃托啡2毫克以上不满10毫克；⑥哌替啶（度冷丁）50克以上不满250克；⑦氯胺酮100克以上不满500克；⑧美沙酮200克以上不满1千克；⑨曲马朵、γ-羟丁酸400克以上不满2千克；⑩大麻油1千克以上不满5千克、大麻脂2千克以上不满10千克、大麻叶及大麻烟30千克以上不满150千克；⑪可待因、丁丙诺啡1千克以上不满5千克；⑫三唑仑、甲喹酮10千克以上不满50千克；⑬阿普唑仑、恰特草20千克以上不满100千克；⑭咖啡因、罂粟壳40千克以上不满200千克；⑮巴比妥、苯巴比妥、安钠咖、尼美西泮50千克以上不满250千克；⑯氯氮卓、艾司唑仑、地西泮、溴西泮100千克以上不满500千克；⑰上述毒品以外的其他毒品数量较大的。

根据2016年4月6日发布的《最高人民法院关于审理毒品犯罪案件适用法

律若干问题的解释》（法释［2016］8号）第3条规定，在实施走私、贩卖、运输、制造毒品犯罪的过程中，携带枪支、弹药或者爆炸物用于掩护的，应当认定为《刑法》第347条第2款第3项规定的“武装掩护走私、贩卖、运输、制造毒品”。枪支、弹药、爆炸物种类的认定，依照相关司法解释的规定执行。

在实施走私、贩卖、运输、制造毒品犯罪的过程中，以暴力抗拒检查、拘留、逮捕，造成执法人员死亡、重伤、多人轻伤或者具有其他严重情节的，应当认定为《刑法》第347条第2款第4项规定的“以暴力抗拒检查、拘留、逮捕，情节严重”。

根据2016年4月6日发布的《最高人民法院关于审理毒品犯罪案件适用法律若干问题的解释》（法释［2016］8号）第4条规定，走私、贩卖、运输、制造毒品，具有下列情形之一的，应当认定为《刑法》第347条第4款规定的“情节严重”：①向多人贩卖毒品或者多次走私、贩卖、运输、制造毒品的；②在戒毒场所、监管场所贩卖毒品的；③向在校学生贩卖毒品的；④组织、利用残疾人、严重疾病患者、怀孕或者正在哺乳自己婴儿的妇女走私、贩卖、运输、制造毒品的；⑤国家工作人员走私、贩卖、运输、制造毒品的；⑥其他情节严重的情形。

## 八、非法生产、买卖、运输制毒物品、走私制毒物品罪

### （一）走私制毒物品罪[1]的概念和犯罪构成

根据《刑法》第350条规定，非法生产、买卖、运输制毒物品、走私制毒物品罪，是指违反国家规定非法生产、买卖、运输醋酸酐、乙醚、三氯甲烷或者其他用于制造毒品的原料、配剂，或者携带上述物品进出境，情节较重的行为。

本罪的构成要件是：

（1）客体要件为国家对制毒物品的管理制度。本罪的行为对象为制毒物品，即醋酸酐、乙醚、三氯甲烷或者其他用于制造毒品的原料或者配剂，具体品种范围按照国家关于易制毒化学品管理的规定确定。

本罪的行为对象是国家规定进行管制的用于制造毒品的原料、配剂。不

〔1〕 由于本节的重点内容是探讨海上走私犯罪，所以针对本罪，笔者重点探讨“走私制毒物品罪”。

是走私用于制造毒品的原料或者配剂，而是走私、贩卖国家管制的能够使人形成瘾癖的毒品的，构成走私、贩卖毒品罪而不构成本罪。明知他人制造毒品而为其生产、买卖、运输前款规定的物品的，以制造毒品罪的共犯论处。

（2）客观要件为行为人违反国家规定，非法生产、买卖、运输醋酸酐、乙醚、三氯甲烷或者其他用于制造毒品的原料、配剂，或者携带上述物品进出境。走私，是指违反国家关于毒品管制和海关管理的有关规定将醋酸酐、乙醚、三氯甲烷或者其他制毒物品运输、携带进出境的行为。

构成本罪要求达到情节较重的标准。根据2016年4月6日发布的《最高人民法院关于审理毒品犯罪案件适用法律若干问题的解释》（法释［2016］8号）第7条规定，违反国家规定，非法生产、买卖、运输制毒物品、走私制毒物品，达到下列数量标准的，应当认定为《刑法》第350条第1款规定的“情节较重”：①麻黄碱（麻黄素）、伪麻黄碱（伪麻黄素）、消旋麻黄碱（消旋麻黄素）1千克以上不满5千克；②1-苯基-2-丙酮、1-苯基-2-溴-1-丙酮、3，4-亚甲基二氧苯基-2-丙酮、羟亚胺2千克以上不满10千克；③3-氧-2-苯基丁腈、邻氯苯基环戊酮、去甲麻黄碱（去甲麻黄素）、甲基麻黄碱（甲基麻黄素）4千克以上不满20千克；④醋酸酐10千克以上不满50千克；⑤麻黄浸膏、麻黄浸膏粉、胡椒醛、黄樟素、黄樟油、异黄樟素、麦角酸、麦角胺、麦角新碱、苯乙酸20千克以上不满100千克；⑥N-乙酰邻氨基苯酸、邻氨基苯甲酸、三氯甲烷、乙醚、哌啶50千克以上不满250千克；⑦甲苯、丙酮、甲基乙基酮、高锰酸钾、硫酸、盐酸100千克以上不满500千克；⑧其他制毒物品数量相当的。

违反国家规定，非法生产、买卖、运输制毒物品、走私制毒物品，达到前款规定的数量标准最低值的50%，且具有下列情形之一的，应当认定为《刑法》第350条第1款规定的“情节较重”：①曾因非法生产、买卖、运输制毒物品、走私制毒物品受过刑事处罚的；②2年内曾因非法生产、买卖、运输制毒物品、走私制毒物品受过行政处罚的；③一次组织5人以上或者多次非法生产、买卖、运输制毒物品、走私制毒物品，或者在多个地点非法生产制毒物品的；④利用、教唆未成年人非法生产、买卖、运输制毒物品、走私制毒物品的；⑤国家工作人员非法生产、买卖、运输制毒物品、走私制毒物品的；⑥严重影响群众正常生产、生活秩序的；⑦其他情节较重的情形。

易制毒化学品生产、经营、购买、运输单位或者个人未办理许可证明或者备案证明，生产、销售、购买、运输易制毒化学品，确实用于合法生产、生活需要的，不以制毒物品犯罪论处。

（3）犯罪主体要件是自然人已满16周岁且精神正常。单位也可以构成本罪。

（4）主观要件为犯罪故意。即明知是国家管制的制毒物品而仍非法生产、买卖、运输或者携带进出境。

根据2012年5月16日发布的《最高人民检察院公安部关于公安机关管辖的刑事案件立案追诉标准的规定（三）》（法释［2012］26号）第5条规定，实施走私制毒物品行为，有下列情形之一，且查获了易制毒化学品，结合行为人的供述和其他证据综合审查判断，可以认定其“明知”是制毒物品而走私或者非法买卖，但有证据证明确属被蒙骗的除外：①改变产品形状、包装或者使用虚假标签、商标等产品标志的；②以藏匿、夹带、伪装或者其他隐蔽方式运输、携带易制毒化学品逃避检查的；③抗拒检查或者在检查时丢弃货物逃跑的；④以伪报、藏匿、伪装等蒙蔽手段逃避海关、边防等检查的；⑤选择不设海关或者边防检查站的路段绕行出入境的；⑥以虚假身份、地址或者其他虚假方式办理托运、寄递手续的；⑦以其他方法隐瞒真相，逃避对易制毒化学品依法监管的。

（二）走私制毒物品罪的刑事责任规定

根据《刑法》第350条规定，犯本罪的，处三年以下有期徒刑、拘役或者管制，并处罚金；情节严重的，处三年以上七年以下有期徒刑，并处罚金；情节特别严重的，处七年以上有期徒刑，并处罚金或者没收财产。

单位犯前两款罪的，对单位判处罚金，并对其直接负责的主管人员和其他直接责任人员，依照前两款的规定处罚。

根据《刑法》第356条规定，因走私、贩卖、运输、制造、非法持有毒品罪被判过刑，又犯本节规定之罪的，从重处罚。

根据2016年4月6日发布的《最高人民法院关于审理毒品犯罪案件适用法律若干问题的解释》（法释［2016］8号）第8条规定，违反国家规定，非法生产、买卖、运输制毒物品、走私制毒物品，具有下列情形之一的，应当认定为《刑法》第350条第1款规定的“情节严重”：①制毒物品数量在本解释第7条第1款规定的最高数量标准以上，不满最高数量标准5倍的；②达到本解释第7条第1款规定的数量标准，且具有本解释第7条第2款第3~6项规定的情形之一的；③其他情节严重的情形。

违反国家规定，非法生产、买卖、运输制毒物品、走私制毒物品，具有下列情形之一的，应当认定为刑法第 350 条第 1 款规定的“情节特别严重”：①制毒物品数量在本解释第 7 条第 1 款规定的最高数量标准五倍以上的；②达到前款第一项规定的数量标准，且具有本解释第 7 条第 2 款第 3~6 项规定的情形之一的；③其他情节特别严重的情形。

## 第四节　妨害海洋管理秩序罪

妨害海洋管理秩序罪，是指妨害国家机关对海洋社会尤其是领海的管理活动，破坏海洋社会秩序的行为。本类罪侵犯的客体是海洋社会秩序特别是领海的管理秩序；本类罪的客观方面，表现为行为人违反了海洋法律法规等，实施了妨害国家机关的管理活动、破坏海洋社会秩序的行为；本类罪的主体大多是一般主体，少数为特殊主体，如入境发展黑社会组织罪中的境外黑社会组织人员；本类罪的主观方面多数是出于故意。

本节所论及罪名中的海洋社会管理秩序与领陆上的社会管理秩序的不同之处在于，对领海国边境之外的毗连区、经济专属区，国家机关仍有除领土主权之外的一定的管制权和管理权；根据《联合国海洋法公约》的规定，我国享有领海主权，但该项权利的行使不应妨碍外国船舶的无害通过。以下主要讨论组织他人偷越国（边）境罪、运送他人偷越国（边）境罪；偷越国（边）境罪；破坏界碑、界桩罪；破坏永久性测量标志罪；妨害公务罪；入境发展黑社会组织罪；煽动暴力抗拒法律实施罪；妨害国境卫生检疫罪、妨害动植物防疫、检疫罪等。

### 一、组织他人偷越国（边）境罪

#### （一）组织他人偷越国（边）境罪的概念和构成

组织他人偷越国（边）境罪，是指违反国家出入境管理法规，非法组织他人偷越国（边）境的行为。

本罪的构成要件是：

（1）客体要件是国家对国边境的正常管理秩序。这里的国边境，既包括领陆国边境，也包括领海国边境，领海国边境是指我国领海与邻国领海或者毗连区边界线两侧一定的区域。

（2）客观要件为行为人实施了非法组织他人出入国（边）境的行为。首先，行为人的行为违反了国家有关出入境管理法规。我国《公民出境入境管理法》和《外国人入境出境管理法》以及这两部法律的实施细则明确规定，任何人出入我国国（边）境，必须履行必要的申请手续，经有关部门签发出入境证件，然后才能在规定的时间、地点入境或出境。违反上述管理法规，是构成本罪的前提。其次，行为人实施了组织他人偷越国（边）境的行为。根据2002年2月6日起施行的最高人民法院《关于审理组织、运送他人偷越国（边）境等刑事案件适用法律若干问题的解释》第1条的规定："领导、策划、指挥他人偷越国（边）境或者在首要分子指挥下，实施拉拢、引诱、介绍他人偷越国（边）境等行为，属于组织他人偷越国（边）境。"这里的国边境，既包括领陆国（边）境，也包括领海国（边）境。而偷越领海国（边）境，既可以是境内人员偷渡至境外，也可以是境外人员偷渡至境内。

（3）主体要件为已满16周岁且具有刑事责任能力的自然人。单位不构成本罪。

（4）主观要件为犯罪故意。行为人出于何种动机、目的，不影响本罪的成立。

（二）组织他人偷越国（边）境罪的认定

在认定本罪时，应注意区分一罪与数罪的界限。根据刑法典的规定，在犯本罪的过程中，造成被组织人重伤、死亡的；剥夺或者限制被组织人人身自由的；以暴力、威胁方法抗拒检查的，都只成立本罪一罪。但是，行为人在犯本罪的过程中，对被组织人有杀害、伤害、强奸、拐卖等犯罪行为，或者对检查人员有杀害、伤害等犯罪行为的，应以数罪论，依照数罪并罚的规定处罚。

（三）组织他人偷越国（边）境罪的刑事责任

根据《刑法》第318条的规定，犯本罪的，处二年以上七年以下有期徒刑，并处罚金；有下列情形之一的，处七年以上有期徒刑或者无期徒刑，并处罚金或者没收财产：①组织他人偷越国（边）境集团的首要分子；②多次组织他人偷越国（边）境或者组织他人偷越国（边）境人数众多的；③造成被组织人重伤、死亡的；④剥夺或者限制被组织人人身自由的；⑤以暴力、威胁方法抗拒检查的；⑥违法所得数额巨大的；⑦有其他特别严重情节的。

根据前述最高人民法院司法解释第 2 条的规定，《刑法》第 318 条第 2 项规定的“人数众多”，一般是指组织、运动他人偷越国（边）境人数在 10 人以上。犯本罪并对被组织人有杀害、伤害、强奸、拐卖等犯罪行为，或者对检查人员有杀害、伤害等犯罪行为的，依照数罪并罚的规定处罚。

**【案例】** 被告人蒋某于 2012 年 4 月间，与韩某预谋组织他人偷越国境，后被告人蒋某组织 5 人，并告知该 5 名偷渡人员于 4 月 8 日赶至青岛市，同日 21 时许，郑某指使金某接送上述偷渡者至位于青岛市黄岛区的薛家岛甘水湾码头处，由杨某、薛某驾驶鲁黄渔 3565 号渔船将上述偷渡者运送至公海。被告人蒋某于 2012 年 5 月 3 日 20 时许，采用上述手段，组织 9 人至位于青岛市崂山区的仰口码头处，乘坐杨某、王某驾驶的鲁城渔 62979 号渔船至公海处时，被抓获。法院认为，被告人蒋某为牟取利益，非法组织他人偷越国境，其行为构成组织他人偷越国境罪，且组织人数众多，依法应予惩处。[1]

## 二、运送他人偷越国（边）境罪

运送他人偷越国（边）境罪，是指违反国家国（边）境管理规定，运送他人偷越国（边）境的行为。

本罪的犯罪构成：

客体要件是国家对国（边）境的管理秩序。

客观要件为行为人实施了非法运送他人偷越国（边）境的行为，这里的国边境，既包括领陆国（边）境，也包括领海国（边）境。

主体要件为已满 16 周岁且具有刑事责任能力的自然人。

主观要件为犯罪故意。

根据《刑法》第 321 条的规定，犯本罪的，处 5 年以下有期徒刑、拘役或者管制，并处罚金。有下列情形之一的，处 5 年以上 10 年以下有期徒刑，并处罚金：①多次实施运送行为或者运送人数众多的；②所使用的船只、车辆等交通工具不具备必要的安全条件，足以造成严重后果的；③违法所得数额巨大的；④有其他特别严重情节的。根据《关于审理组织、运送他人偷越国（边）境等刑事案件适用法律若干问题的解释》第 2 条的规定，这里的人

〔1〕“被告人蒋某犯组织他人偷越国境罪一案”，载 https://www.lawxp.com/case/c4660758.html.

数众多，一般是指组织、运送他人偷越国（边）境人数在10人以上。在运送他人偷越国（边）境中造成被运送人重伤、死亡，或者以暴力、威胁方法抗拒检查的，处7年以上有期徒刑，并处罚金。犯本罪而对被运送人有杀害、伤害、强奸、拐卖等犯罪行为，或者对检查人员有杀害、伤害等犯罪行为的，依照数罪并罚的规定处罚。

**【案例一】**2015年2月2日13时许，原审被告人鲁某接到一名陌生男子的电话，该陌生男子许诺以人民币2000元为报酬，要求原审被告人鲁某运送人员偷越边境至澳门。原审被告人鲁某答应并联系原审被告人唐某一起作案。由原审被告人唐某负责开船，原审被告人鲁某负责跟船并寻找路径。当日19时许，一名陌生男子带领四名偷越边境人员来到珠海市石栏洲水闸口附近的平房。原审被告人鲁某、唐某遂在该水闸取船并运送该四名偷越边境人员前往澳门。在途经珠海市横琴长隆酒店对开海域时被执勤民警当场抓获。根据上述事实和证据，原审法院认定，原审被告人鲁某、唐某违反边境管理法规，运送他人偷越边境，构成运送他人偷越边境罪。〔1〕

**【案例二】**“10·08”偷渡大案：2001年10月8日，韩国海警在韩国丽水市所里岛南10海里处，查获韩国籍渔船“泰仓7号”涉嫌运送60名中国籍公民偷渡韩国的特大案件。经查实，60人中，有25名福建籍偷渡人员因船舱密封缺氧而窒息死亡，其尸体被韩国船只抛尸大海。2002年3月28日，浙江省宁波市中级人民法院一审宣判，以组织、运送他人偷越国境罪判处尹相龙等15人6个月至9年有期徒刑并处罚金。与此同时，浙江省宁海县人民法院一审判处王在秋等32名偷渡人员有期徒刑6个月至1年，并处罚金。〔2〕

## 三、偷越国（边）境罪

### （一）偷越国（边）境罪的概念和构成

偷越国（边）境罪，是指违反国（边）境管理法规，偷越国（边）境，

〔1〕“鲁某、唐某运送他人偷越国（边）境二审刑事裁定书”，载 http://wenshu.court.gov.cn/content/content?DocID=3915e03c-bf58-4665-b35f-3a0c5d52776f&KeyWord=%E8%BF%90%E9%80%81%E4%BB%96%E4%BA%BA%E5%81%B7%E8%B6%8A%E5%9B%BD%E8%BE%B9%E5%A2%83%E7%BD%AA.

〔2〕“25人惨死偷渡韩国路——‘10-08’大案侦破纪实”，载 http://news.sohu.com/24/45/news148544524.shtml.

情节严重的行为。

本罪的构成要件是：

（1）客体要件是国家对出入国（边）境的管理秩序。

（2）客观要件为行为人实施了违反国（边）境管理法规，偷越国（边）境的行为。这里的偷越国（边）境行为，既指偷越领陆国（边）境的行为，也指偷越领海国（边）境的行为，即行为人在没有依法获得国家出入境管理部门批准的情况下，违反出入境管理法规，如《中华人民共和国公民出境入境管理办法》《外国人入境出境管理法》《中华人民共和国公民往来台湾地区管理办法》等，擅自出入领海国（边）境。其具体表现可能多种多样，如不在指定地点出入国（边）境，或虽在指定地点但藏身于船只、车辆之中偷渡出境，或冒用他人的出入境证蒙混出境等等。偷越国（边）境行为，情节严重的才构成犯罪，对一般情节轻微的偷越国（边）境行为，不能以犯罪论处。

犯罪结果，有的是结果犯，一般人偷越国（边）境，必须是情节严重的结果才能构成犯罪。为参加恐怖活动组织、接受恐怖活动培训或者实施恐怖活动，偷越国（边）境的是行为犯，只要是为参加恐怖活动组织、接受恐怖活动培训或者实施恐怖活动，实施了偷越国（边）境的行为的就可以构成犯罪。〔1〕

（3）主体要件为自然人年满16周岁且精神正常。

（4）主观要件为犯罪故意。

### （二）偷越国（边）境罪的刑事责任

根据《刑法》第322条的规定，违反国（边）境管理法规，偷越国（边）境，情节严重的，处1年以下有期徒刑、拘役或者管制，并处罚金；为参加恐怖活动组织、接受恐怖活动培训或者实施恐怖活动，偷越国（边）境的，处一年以上三年以下有期徒刑，并处罚金。

另外，此罪中偷越领海国（边）境的行为要与外国船舶的无害通过相区别。根据《联合国海洋法公约》〔2〕之规定，所有国家，其船舶都享有无害通过领海的权利。而潜水艇及其他潜水器通过领海时，须升至海面航行并展示其旗帜。

〔1〕 周其华：《刑法修正案与配套规定罪名精解》，中国检察出版社2017年版，第637页。

〔2〕 该条约于1994年生效，已获得150多个国家批准。

**【案例】**被告人杨某自2013年3月22日至12月30日在无合法证件的情况下先后多次偷越国（边）境，具体犯罪事实如下：①2013年3月22日，被告人杨某从香港南丫岛开船偷渡至深圳市蛇口附近海域，上岸后由罗湖火车站乘坐火车前往广州，同年3月29日被深圳市公安局福田分局天安派出所查获，深圳市公安局福田分局对其行政处罚罚款200元人民币后，于当天将其从皇岗口岸遣送出境。②2013年4月10日，被告人杨某从香港南丫岛开船偷渡至深圳市蛇口附近海域，上岸后打车前往广州，同年5月21日被广东省汕尾市海丰县公安局查获，对其警告教育后于同年5月22日将其从罗湖口岸遣送出境。③2013年10月中旬，被告人杨某从香港南丫岛开船偷渡至广东汕头附近一个渔港，上岸后打车前往广州，同年11月中旬再次从广东惠州开船偷渡回香港南丫岛。期间，被告人杨某于10月28日在江西省新余市渝水区因涉嫌违法被当地警方调查处理。④2013年12月21日，被告人杨某持李某的护照、港澳居民来往内地通行证从罗湖口岸入境，同年12月30日其继续使用上述证件准备出境时，被罗湖出入境边检站查获。法院认为，被告人杨某违反国（边）境管理法规，无合法手续而偷越国（边）境，情节严重，其行为已构成偷越国（边）境罪。〔1〕

## 四、破坏界碑、界桩罪

破坏界碑、界桩罪，是指明知是国家边境的界碑、界桩而故意进行破坏的行为。

本罪的犯罪构成：

客体要件是国家对国（边）境界碑、界桩的管理秩序。

客观要件为行为人实施了破坏界碑、界桩的行为。这里的客观行为，既指行为人实施了破坏领陆国（边）境界碑、界桩的行为，也指行为人实施了破坏领海基点石碑的行为。其表现形式多种多样，如捣毁、拆除、损坏、盗窃、掩埋、移动等。

主体要件是自然人年满16周岁且精神正常。既可以是中国人，也可以是外国人或无国籍人。

主观要件是犯罪故意。

---

〔1〕“被告人杨某犯偷越国（边）境罪一案”，载https://www.lawxp.com/case/c5458975.html.

《刑法》第323条规定，犯本罪的，处三年以下有期徒刑或者拘役。

## 五、破坏永久性测量标志罪

破坏永久性测量标志罪，是指明知是永久性测量标志而故意进行破坏的行为。

本罪的犯罪构成：

客体要件是国家对永久性测量标志的管理秩序。本罪的犯罪对象是永久性测量标志。所谓永久性测量标志，是指国家测量机关建造或埋设的各种永久性的测量标志，如各种等级的三角点、水准点、重力点、地形点、天文点、破解点、导线点、炮控点、海控点等。如果破坏的是临时性测量标志或非测量标志，则不能构成本罪。

客观要件为行为人实施了破坏领陆和领海内永久性测量标志的行为。

主体要件是自然人年满16周岁且精神正常。

主观要件是犯罪故意。

《刑法》第323条规定，犯本罪的，处三年以下有期徒刑或者拘役。

## 六、妨害公务罪

### （一）妨害公务罪的概念和构成

妨害公务罪，是指以暴力、威胁方法阻碍国家机关工作人员、人大代表依法执行职务，或者在自然灾害和突发事件中，以暴力、威胁的方法阻碍红十字会工作人员依法履行职责，以及故意阻碍国家安全机关、公安机关依法执行国家安全工作任务，虽未使用暴力、威胁方法，但造成严重后果的行为。

本罪的构成要件是：

（1）犯罪客体要件是国家机关、人民代表大会、红十字会、国家安全机关以及公安机关的公务。所谓公务，是指公共管理事务，即国家机关工作人员与人大代表依法在领陆和领海上执行职务的活动，红十字会工作人员依法在领陆和领海上履行职责的活动，以及国家安全机关和公安机关工作人员依法在领陆和领海上执行国家安全工作任务的活动。

本罪侵犯的对象是正在依法执行职务、履行职责的上述四类人员。其中对国家机关工作人员的理解，有两点值得注意：其一，根据2000年3月21日最高人民检察院《关于以暴力威胁方法阻碍事业编制人员依法执行行政执法职务是否可以对侵害人以妨害公务罪论处的批复》的规定，对于以暴力、威胁方法阻碍国有事业单位人员依照法律、行政法规的规定执行行政执法职务的，或者以暴力、威胁方法阻碍国家机关中受委托从事行政执法活动的事业编制人员执行行政执法职务的，可以对侵害人以妨害公务罪追究刑事责任。其二，2002年12月28日全国人大常委会《关于〈中华人民共和国刑法〉第九章渎职罪主体适用问题的解释》规定："在依照法律、法规规定行使国家行政管理职权的组织中从事公务的人员，或者在受国家机关委托代表国家机关行使职权的组织中从事公务的人员，或者虽未列入国家机关人员编制但在国家机关中从事公务的人员，在代表国家机关行使职权时，有渎职行为，构成犯罪的，依照刑法关于渎职罪的规定追究刑事责任。"该规定虽然是对渎职罪主体的解释，但由于渎职罪的主体均为国家机关工作人员，所以可以认为该解释实际上是对"国家机关工作人员"的解释。综合以上司法解释与立法解释可见，应当对本罪中的国家机关工作人员作实质性解释，而不应拘泥于其是否有公务员身份和编制。〔1〕

例如，2008年3月，上海公安海警巡逻艇与渔政执法船在崇明东滩水域联合执法时，例行登临检查一艘渔船，由于该渔船涉嫌违规捕捞，其船主抗拒执法，投掷酒瓶将海警巡逻艇上一名辅警人员砸伤。我们认为，此行为应构成妨害公务罪。〔2〕

（2）客观要件为行为人以暴力、威胁的方法阻碍国家机关工作人员、人大代表依法执行职务，或者在自然灾害和突发事件中以暴力、威胁方法阻碍红十字会工作人员依法履行职责，或者虽未使用暴力威胁的方法，但故意阻碍国家安全机关与公安机关工作人员依法执行国家安全工作任务，且造成了严重后果的行为，这些行为既可以发生在领陆上，也可以发生在领海中。

第一，本罪的危害行为只能发生在国家机关工作人员、人大代表、红十字会工作人员以及国家安全机关与公安机关工作人员依法在领陆和领海上执行职务或职责期间。阻碍红十字会工作人员依法在领陆和领海上执行职责，还必须发生在自然灾害或突发事件中。在事前或者事后对有关人员进行阻碍，不会影响职务或职责的履行，不能以本罪论处。因此，在领海执行公务行为

〔1〕高铭暄、马克昌：《刑法学》（第8版），北京大学出版社2017年版，第526~527页。

〔2〕董野：《海上妨害公务犯罪的若干问题研究》，上海交通大学2011年硕士学位论文，第12页。

必须在职责范围内、在职务权限内，必须符合法定程序且必须正在进行。[1]

第二，针对不同的犯罪对象而实施的妨害公务行为，构成本罪的条件不同。阻碍国家机关工作人员、人大代表、红十字会工作人员依法在领陆和领海上执行职务或履行职责，必须使用暴力、威胁的方法。所谓暴力，是指对上述人员实施殴打、捆绑或者其他人身强制行为，致使其不能正常履行职务或者职责。所谓威胁，是指行为人以杀害、伤害、毁坏财产、破坏名誉等相恐吓，对上述人员进行精神强制，以迫使其放弃或者不正确履行职务或职责。至于故意阻碍国家安全机关、公安机关依法在领陆和领海上执行国家安全工作任务，则不以行为人使用暴力或威胁方法为必要，但要求行为人的行为造成了严重的后果。暴力袭击正在领陆和领海上执行职务的人民警察是严重妨害公务的行为。

（3）主体要件是自然人年满16周岁且精神正常。

（4）主观要件是犯罪故意，即行为人明知对方是正在领陆和领海上依法执行职务或履行职责的国家机关工作人员、人大代表、红十字会工作人员而有意以暴力、威胁方法加以阻碍，或者明知对方是正在领陆和领海上依法执行国家安全工作任务的国家安全机关与公安机关工作人员，而有意进行阻碍，希望或放任使之无法正常执行职务或者履行职责的结果发生。如果行为人对上述人员的身份或者执行公务的合法性发生认识错误而实施了妨害公务的行为，不构成本罪。

（二）妨害公务罪的刑事责任

根据《刑法》第277条的规定，犯本罪的，处三年以下有期徒刑、拘役、管制或者罚金。暴力袭击正在依法执行职务的人民警察的，从重处罚。

**【案例】**2013年9月，深圳市海监渔政处联合公安、边防等部门，对南山区蛇口圳华码头一带海域的非法捕捞渔船进行清理整治时，被告人林某暴力抗法，被司法机关以犯妨害公务罪判处有期徒刑6个月。[2]

---

〔1〕戚巍："刍议海事行政执法工作中妨害公务罪的适用性"，载《海事法苑》2011年第5期。

〔2〕"深圳8名非法捕捞者因三宗罪获刑"，载 http://sz.people.com.cn/n/2014/1224/c202846-23325569.html.

## 七、入境发展黑社会组织罪

入境发展黑社会组织罪，是指我国境外的黑社会组织人员到我国境内发展组织成员的行为。

本罪的犯罪构成：

客体要件是社会治安管理秩序。

客观要件为行为人实施了到我国境内发展黑社会组织成员的行为。这里的“境”既指领陆国（边）境，也指领海国（边）境。“我国境内”主要是指我国内地，发展黑社会组织的行为既可以发生在领陆上，也可以发生在领海中。根据《关于审理黑社会性质组织犯罪的案件具体应用法律若干问题的解释》第2条的规定，发展组织成员是指将境内、外人员吸收为该黑社会组织成员的行为。对黑社会组织成员进行内部调整等行为，可视为“发展组织成员”。港、澳、台黑社会组织到内地发展组织成员的，以本罪定罪处罚。

本罪的主体为特殊主体，即除了是自然人年满16周岁且精神正常外，还要求行为人须是境外黑社会组织人员。

主观要件是犯罪故意。

《刑法》第294条第2款和第4款的规定，犯本罪的，处三年以上十年以下有期徒刑。犯本罪又有其他犯罪行为的，数罪并罚。

## 八、煽动暴力抗拒法律实施罪

煽动暴力抗拒法律实施罪，是指煽动群众使用暴力抗拒国家法律、行政法规实施的行为。

本罪的犯罪构成：

客体要件是国家实施法律、行政法规的正常秩序。

客观要件为行为人实施了煽动群众使用暴力抗拒国家法律、行政法规实施的行为。这里的行为既包括行为人煽动群众在领陆上使用暴力抗拒国家法律、行政法规实施的行为，也包括行为人故意煽动渔民、船员及其他人员在我国领海内，暴力抗拒国家海洋法律、行政法规的实施行为。煽动的方式刑法未作限定，既可以是书面的，也可以是口头的；既可以是公然进行，也可以是暗中进行。煽动的内容是暴力抗拒国家法律、行政法规的实施。

主体要件是自然人年满16周岁且精神正常。

主观要件是犯罪故意。

《刑法》第278条规定，犯本罪的，处三年以下有期徒刑、拘役、管制或者剥夺政治权利，造成严重后果的，处三年以上七年以下有期徒刑。

## 九、盗掘古人类化石、古脊椎动物化石罪

盗掘古人类化石、古脊椎动物化石罪，是指盗掘国家保护的具有科学价值的古人类化石、古脊椎动物化石的行为。

本罪的犯罪构成：

客体要件是国家文物保护管理秩序和古人类化石、古脊椎动物化石的国家所有权。古人类化石，是指保存在各地质时期岩层中或埋藏于地下、海床及底土下的万年前直立人、早晚期智人的遗骸和遗址。古脊椎动物化石，是指保存在各地质时期岩层中或埋藏于地下、海床及底土下的万年前古爬行动物、哺乳动物和鱼类的遗骸和遗迹。

客观要件是行为人实施了盗掘保存在各地质时期岩层中或埋藏于地下、海床及底土下的古人类化石或古脊椎动物化石的行为。

主体要件是自然人年满16周岁且精神正常。

主观要件是犯罪故意。

《刑法》第328条第2款规定，犯本罪的，处三年以上十年以下有期徒刑，并处罚金；情节较轻的，处三年以下有期徒刑、拘役或者管制，并处罚金；有下列情形之一的，处十年以上有期徒刑、无期徒刑，并处罚金或者没收财产：①盗掘确定为全国重点文物保护单位和省级文物保护单位的古人类化石、古脊椎动物化石；②盗掘古人类化石、古脊椎动物化石集团的首要分子；③多次盗掘古人类化石、古脊椎动物化石的；④盗掘古人类化石、古脊椎动物化石，并盗窃珍贵化石或者造成珍贵化石严重破坏的。

## 十、妨害国境卫生检疫罪

妨害国境卫生检疫罪，是指违反国境卫生检疫规定，引起检疫传染病传播或者有引起检疫传染病传播严重危险的行为。

本罪的犯罪构成：

客体要件是国家的国境卫生检疫秩序。

客观要件为行为人实施了违反国境卫生检疫规定，引起检疫传染病传播

或者有引起检疫传染病传播严重危险的行为，这里的“境”既指领陆国（边）境，也指领海国（边）境。首先，行为人的行为违反了国境卫生检疫规定。根据我国《国境卫生检疫法》第20条的规定，下列两种行为属于违反国境卫生检疫法的行为：①逃避检疫，向国境卫生检疫机关隐瞒真实情况的；②入境的人员未经国境卫生检疫机关许可，擅自上下交通工具，或者装卸行李、货物、邮包等物品，不听劝阻的。其次，行为人的行为引起了检疫传染病传播或者有引起检疫传染病传播严重危险。检疫传染病，是指鼠疫、霍乱、黄热病以及国务院确定和公布的其他传染病。本罪属危险犯，只要行为人之行为具有引起检疫传染病传播的严重危险，便足以成立本罪既遂。

主体要件是自然人年满16周岁且精神正常。此外，单位也可成为本罪的主体。

主观要件是犯罪过失，这是绝大多数学者的观点，也有个别学者认为本罪的责任形式为故意。[1]

《刑法》第332条的规定，犯本罪的，处三年以下有期徒刑或者拘役，并处或者单处罚金。单位犯本罪的，对单位判处罚金，并对其直接负责的主管人员和其他直接责任人员，依照自然人犯本罪的规定处罚。

## 十一、妨害动植物防疫、检疫罪

妨害动植物防疫、检疫罪，是指违反有关动植物防疫、检疫的国家规定，引起重大动植物疫情的，或者有引起重大动植物疫情危险，情节严重的行为。

本罪的犯罪构成：

客体要件是国家对动植物的防疫、检疫秩序。

客观要件为违反有关动植物防疫、检疫的国家规定，引起重大动植物疫情的，或者有引起重大动植物疫情危险，情节严重的行为。所谓引起重大动植物疫情，一般是指造成国家规定的《进境动物一、二类传染病寄生虫病名录》中所列的动物疫病传入或者对农、牧、渔业生产以及人体健康、公共安全造成严重危害的其他动物疫病在国内暴发流行的；造成国家规定的《进境植物检疫性有害生物名录》中所列的有害生物传入或者对农、林业生产、生态环境以及人体健康有严重危害的其他有害生物在国内传播扩散的。所谓有

---

[1] 张明楷：《刑法学》（第5版）（下册），法律出版社2016年版，第1121页。

引起重大动植物疫情危险，情节严重，是指有引起上述重大动植物疫情的高度危险的情况。

主体要件是自然人年满16周岁且精神正常。此外，单位也可成为本罪的主体。

主观要件是犯罪过失。但对违反有关动植物防疫、检疫的国家规定，则可以是明知故犯。本罪主观方面，绝大多数学者的观点是犯罪过失，也有个别学者认为本罪的责任形式为故意。[1]

《刑法》第337条第1款的规定，犯本罪的，处三年以下有期徒刑或者拘役，并处或者单处罚金。单位犯本罪的，对单位判处罚金，并对其直接负责的主管人员和其他直接责任人员，依照上述规定处罚。

## 第五节　海洋渎职犯罪

海洋环境资源的管理和海洋社会秩序的维护，离不开国家公权力的介入。在这一过程中，如果国家公务人员不认真履行职责，滥用职权或者玩忽职守，情节严重的，则构成相应的渎职犯罪。渎职犯罪的设立旨在督责国家工作人员认真、勤勉、廉洁、公正地履行其职责，奉公守法、恪尽职守。海洋渎职犯罪主要包括于滥用职权罪、玩忽职守罪、环境监管失职罪、放纵走私罪、动植物检疫徇私舞弊罪、放行偷越国（边）境人员罪、帮助犯罪分子逃避处罚罪，以及失职造成珍贵文物损毁、流失罪等。

### 一、滥用职权罪

#### （一）滥用职权罪的概念和犯罪构成

根据《中华人民共和国刑法》第397条之规定，滥用职权罪，是指国家机关工作人员故意滥用职权，致使公共财产、国家和人民利益遭受重大损失的行为。

本罪的犯罪构成：

（1）客体要件为国家机关的正常管理活动秩序。此处的国家机关包括国家权力机关、行政机关、司法机关、军事机关、监察机关等等。所谓国家机

---

〔1〕 张明楷：《刑法学》（第5版）（下册），法律出版社2016年版，第1128页。

关的正常管理活动秩序，是指上述国家机关，根据宪法和法律的规定，为正确执行国家对内、对外职能所进行的管理各项国家事务和生产、经营的活动秩序。国家机关作为国家的化身，根据宪法和法律的规定，代表国家行使政治、经济、文化等方面的基本职能，这些职能的正常行使，是实现国家各项任务的重要保证。国家机关工作人员应当在职务活动中正确地履行职责，依法贯彻执行国家的方针、政策。超越职权“行使”权力、在职责范围内胡作非为的滥用职权活动，都是对国家机关工作人员职务活动正当性原则的侵犯，从而危害到国家机关的正常管理活动。从滥用职权罪所引起的致使公共财产、国家和人民利益遭受重大损失的后果来看，滥用职权的行为往往还同时侵犯了公民的人身、财产权利或者社会主义市场经济秩序，但实际上，这些都不过是滥用职权罪的社会危害性的客观表现形式而已，其本质仍然属于侵犯了国家机关的正常管理活动。侵犯国家机关的正常管理活动是本罪的本质之所在。本罪的犯罪对象主要是公共财产或者公民的人身、财产等。

（2）客观要件为行为人滥用职权，致使公共财产、国家和人民利益遭受重大损失的行为。所谓滥用职权，是指国家机关工作人员超越职权，违法决定、处理其无权决定、处理的事项，或者违反规定处理公务的行为，换言之，滥用职权的本质在于国家机关工作人员不法行使职务上的权限。具体来讲，是指国家机关工作人员对于形式上属于其一般职务权限的事项，以不当目的或者以不法方法，实施违反职务行为宗旨的活动。首先，滥用职权应是滥用国家机关工作人员的一般职务权限，如果行为人实施的行为与其一般的职务权限没有任何关系，则不属于滥用职权。其次，行为人或者是以不当目的实施职务行为或者是以不法方法实施职务行为。在出于不当目的实施职务行为的情况下，即使从行为的方法上看没有超越职权，也属于滥用职权。最后，滥用职权的行为违反了职务行为的宗旨，或者说与其职务行为的宗旨相悖。滥用职权的表现形式多种多样，但归纳起来，不外乎以下两种：一种表现为行为人非法行使其本人职务范围内的权力的滥用职权行为，包括玩弄职权，随心所欲地对某事项作出决定或者处理、故意不履行应当履行的职责，或者说任意放弃职责以及以权谋私、假公济私，不正确地履行职责等。如工商管理部门有权对违法经营者处以罚款、责令停业整顿等行政处罚，行为人为报复他人，利用这一职权，故意对合法经营者处以上述处分，就是非法地行使其职权范围内的权力。另一种表现为行为人超越职权范围实施的滥用职权行为，即行为人超越职权，擅自决定或处理其本人没有具体决定、处理权限的事项。如对犯罪分子是否追究刑事责任属于司法机关的职权，海关的工作人员在查处走私案件的过程中，因徇私情对其发现的应当移交司法机关处理的已经构成走私犯罪的刑事案件，擅自决定不予移交，只进行罚款了事，这就属于超越职权的滥用职权行为。所谓公共财产、国家和人民利益遭受重大损失，是指行为人滥用职权的行为给公共财产、国家和人民造成了重大的物质性损失和非物质性损失，物质性损失一般是指人身伤亡和公私财物的重大损失，是确认滥用职权犯罪行为的重要依据；非物质性损失是指严重损害国家机关的正常活动和声誉等。根据 2012 年 12 月 7 日发布的《最高人民法院、最高人民检察院关于办理渎职刑事案件适用法律若干问题的解释（一）》（法释［2012］18 号）第 1 条的规定，国家机关工作人员滥用职权（第 397 条）涉嫌下列情形之一的，应予立案：①造成死亡 1 人以上，或者重伤 3 人以上，或者轻伤 9 人以上，或者重伤 2 人、轻伤 3 人以上，或者重伤 1 人、轻伤 6 人以上的；②造成经济损失 30 万元以上的；③造成恶劣社会影响的；④其他致使公共财产、国家和人民利益遭受重大损失的情形。滥用职权行为与重大损失之间必须具有刑法上的因果关系，否则，即便有滥用职权行为，也不构成滥用职权罪。

（3）主体要件除了自然人年满 16 周岁且精神正常之外，还要求为国家机关工作人员。国家机关工作人员，是指在国家机关中从事公务的人员，不包括在国家机关中从事劳务的人员。根据 2002 年 12 月 28 日全国人大常委会通过的《关于〈中华人民共和国刑法〉第九章渎职罪主体适用问题的解释》，在依照法律、法规规定行使国家行政管理职权的组织中从事公务的人员，或者在受国家机关委托代表国家机关行使职权的组织中从事公务的人员，或者虽未列入国家机关人员编制但在国家机关中从事公务的人员，在代表国家机关行使职权时，有渎职行为，构成犯罪的，依照刑法关于渎职罪的规定追究刑事责任。根据前述（法释［2012］18 号）第 7 条的规定，依法或者受委托行使国家行政管理职权的公司、企业、事业单位的工作人员，在行使行政管理职权时滥用职权，构成犯罪的，应当依照《全国人民代表大会常务委员会关于〈中华人民共和国刑法〉第九章渎职罪主体适用问题的解释》的规定，适用渎职罪的规定追究刑事责任。对于以“集体研究”形式实施的渎职犯罪，应当依照刑法分则第九章的规定追究国家机关负有责任的人员的刑事责任。对于具体执行人员，应当在综合认定其行为性质、是否提出反对意见、危害结果大小等情节的基础上决定是否追究刑事责任和应当判处的刑罚。根据国办发［1999］90号、中编办函［2000］184号等文件的规定，海事局负责行使国家水上安全监督和防止船舶污染及海上设施检验、航海保障的管理职权，是国家执法监督机构。海事局及其分支机构工作人员在从事上述公务活动中，滥用职权，致使公共财产、国家和人民利益遭受重大损失的，应当依照刑法第397条的规定，以滥用职权罪追究刑事责任。

（4）关于本罪的主观要件，学界认识不一。比如，在陈兴良教授主编的《罪名指南》（下）一书中，滥用职权罪的主观要件被界定为间接故意或者过失。但目前刑法学界的通说认为本罪的主观要件应该是故意，包括直接故意与间接故意。即行为人明知自己滥用职权的行为会发生致使公共财产、国家和人民利益遭受重大损失的结果，并且希望或者放任这种结果发生。从司法实践来看，对危害结果持间接故意的情况比较多见。至于行为人是为了自己的利益滥用职权，还是为了他人利益滥用职权，则不影响本罪的成立。本书支持通说观点。

（二）滥用职权罪的刑事责任

《刑法》第397条规定，国家机关工作人员滥用职权，致使公共财产、国家和人民利益遭受重大损失的，处三年以下有期徒刑或者拘役；情节特别严重的，处三年以上七年以下有期徒刑。本法另有规定的，依照规定。

国家机关工作人员徇私舞弊，犯前款罪的，处五年以下有期徒刑或者拘役；情节特别严重的，处五年以上十年以下有期徒刑。本法另有规定的，依照规定。

根据前述（法释［2012］18号）第1条的规定，国家机关工作人员滥用职权（第397条）涉嫌下列情形之一的，应予立案：①造成死亡1人以上，或者重伤3人以上，或者轻伤9人以上，或者重伤2人、轻伤3人以上，或者重伤1人、轻伤6人以上的；②造成经济损失30万元以上的；③造成恶劣社会影响的；④其他致使公共财产、国家和人民利益遭受重大损失的情形。具有下列情形之一的，应当认定为刑法第397条规定的“情节特别严重”，①造成伤亡达到前款第（一）项规定人数3倍以上的；②造成经济损失150万元以上的；③造成前款规定的损失后果，不报、迟报、谎报或者授意、指使、强令他人不报、迟报、谎报事故情况，致使损失后果持续、扩大或者抢救工作延误的；④造成特别恶劣社会影响的；⑤其他特别严重的情节。

根据最高人民法院关于罪名的司法解释，“徇私舞弊罪”已经被取消，“徇私舞弊”作为犯罪构成要件要素被分解到后面的各个新罪名中。因此，《刑法》第397条第2款中的“徇私舞弊”，只需要作为一个加重量刑的情节考虑。根据2003年11月13日最高人民法院《全国法院审理经济犯罪案件工作座谈会纪要》的内容，此处的“徇私舞弊”，应理解为徇个人私情、私利。国家机关工作人员为了本单位的利益，实施滥用职权行为，构成犯罪的，应依照《刑法》第397条第1款的规定定罪处罚。

根据前述（法释［2012］18号）的相关规定，此处的“本法另有规定的，依照规定”，主要是指国家机关工作人员实施滥用职权或者玩忽职守犯罪行为，触犯《刑法》分则第九章第398~419条规定的，依照该规定定罪处罚。国家机关工作人员滥用职权或者玩忽职守，因不具备徇私舞弊等情形，不符合《刑法》分则第九章第398~419条的规定，但依法构成第397条规定的犯罪的，以滥用职权罪或者玩忽职守罪定罪处罚。国家机关工作人员实施渎职犯罪并收受贿赂，同时构成受贿罪的，除《刑法》第399条的规定外，以渎职犯罪和受贿罪数罪并罚。国家机关工作人员与他人共谋，利用其职务行为帮助他人实施其他犯罪行为，同时构成渎职犯罪和共谋实施的其他犯罪共犯的，依照处罚较重的规定定罪处罚。国家机关工作人员与他人共谋，既利用其职务行为帮助他人实施其他犯罪，又以非职务行为与他人共同实施该其他犯罪行为，同时构成渎职犯罪和其他犯罪的共犯的，依照数罪并罚的规定定罪处罚。国家机关工作人员利用职权侵吞、骗取公共财物，亦具有滥用职权的性质，如果因其贪污行为又致使其他公共财产、国家和人民利益遭受重大损失的，则同时触犯滥用职权罪与贪污罪，属想象竞合，宜择一重罪处罚。

## 二、玩忽职守罪

### （一）玩忽职守罪的概念和犯罪构成

根据《中华人民共和国刑法》第397条之规定，玩忽职守罪，是指国家机关工作人员严重不负责任，不履行或不正确履行职责，致使公共财产、国家和人民利益遭受重大损失的行为。

本罪的犯罪构成：

（1）客体要件为国家机关的正常活动秩序。任何一个国家机关工作人员，都应当恪尽职守，完成国家机关赋予的任务，一切擅离职守的不履行职责行为或马虎草率的不认真履行职责的行为，都是对国家机关工作人员职务活动勤政性原则的侵犯，从而危害到国家机关的正常管理活动秩序。

（2）客观要件为行为人严重不负责任，不履行或者不正确履行职责，致使公共财产、国家和人民利益遭受重大损失的行为。首先，行为人实施了玩忽职守的行为，即行为人实施了不履行或者不正确履行职责的行为。司法实践中，玩忽职守行为既可以表现为作为，也可以表现为不作为。所谓玩忽职守的作为，是指国家机关工作人员不认真履行职责。行为人虽然形式上具有履行职责的行为，但并未完全按照职责的要求履行。比如有的工作马马虎虎，草率从事，敷衍塞责，违令抗命，极不负责任；有的阳奉阴违，弄虚作假，欺上瞒下，胡作非为等。所谓玩忽职守的不作为，是指国家机关工作人员不履行职责，即对于自己应当履行的，而且也有条件履行的职责，不尽自己应尽的职责义务。比如有的擅离职守，撒手不管；有的虽然未离职守，但却不尽职责，该管不管，该作不作，听之任之等。其次，行为人的玩忽职守行为导致公共财产、国家和人民利益遭受了重大损失。所谓公共财产、国家和人民利益遭受了重大损失，是指行为人玩忽职守的行为给公共财产、国家和人民造成了重大的物质性损失和非物质性损失，物质性损失一般是指人身伤亡和公私财物的重大损失，是确认玩忽职守犯罪行为的重要依据；非物质性损失是指严重损害国家机关的正常活动和声誉等。是否造成了公共财产、国家和人民利益的重大损失，是区分玩忽职守罪与一般玩忽职守行为的界限。如果玩忽职守行为没有造成损失，或者虽然造成了损失，但损失尚未达到重大程度的，那就属于一般玩忽职守行为，不能以玩忽职守罪追究行为人的刑事责任，而只能依据有关政策和法律的规定，给予行为人党纪政纪处理。根据2012年12月7日发布的《最高人民法院、最高人民检察院关于办理渎职刑事案件适用法律若干问题的解释（一）》（法释［2012］18号）第1条的规定，国家机关工作人员玩忽职守（第397条）涉嫌下列情形之一的，应予立案：①造成死亡1人以上，或者重伤3人以上，或者轻伤9人以上，或者重伤2人、轻伤3人以上，或者重伤1人、轻伤6人以上的；②造成经济损失30万元以上的；③造成恶劣社会影响的；④其他致使公共财产、国家和人民利益遭受重大损失的情形。玩忽职守行为与重大损失之间必须具有刑法上的因果关系，否则，即便有玩忽职守行为，也不构成玩忽职守罪。

（3）主体要件除了自然人年满16周岁且精神正常之外，还要求为国家机关工作人员。国家机关工作人员是指在国家机关中从事公务的人员，不包括在国家机关中从事劳务的人员。根据2002年12月28日全国人大常委会通过的《关于〈中华人民共和国刑法〉第九章渎职罪主体适用问题的解释》，在依照法律、法规规定行使国家行政管理职权的组织中从事公务的人员，或者在受国家机关委托代表国家机关行使职权的组织中从事公务的人员，或者虽未列入国家机关人员编制但在国家机关中从事公务的人员，在代表国家机关行使职权时，有渎职行为，构成犯罪的，依照刑法关于渎职罪的规定追究刑事责任。根据前述（法释［2012］18号）第7条的规定，依法或者受委托行使国家行政管理职权的公司、企业、事业单位的工作人员，在行使行政管理职权时玩忽职守，构成犯罪的，应当依照《全国人民代表大会常务委员会关于〈中华人民共和国刑法〉第九章渎职罪主体适用问题的解释》的规定，适用渎职罪的规定追究刑事责任。国家机关负责人员违法决定，或者指使、授意、强令其他国家机关工作人员违法履行职务或者不履行职务，构成刑法分则第九章规定的渎职犯罪的，应当依法追究刑事责任。对于以“集体研究”形式实施的渎职犯罪，应当依照刑法分则第九章的规定追究国家机关负有责任的人员的刑事责任。对于具体执行人员，应当在综合认定其行为性质、是否提出反对意见、危害结果大小等情节的基础上决定是否追究刑事责任和应当判处的刑罚。根据国办发［1999］90号、中编办函［2000］184号等文件的规定，海事局负责行使国家水上安全监督和防止船舶污染及海上设施检验、航海保障的管理职权，是国家执法监督机构。海事局及其分支机构工作人员在从事上述公务活动中，玩忽职守，致使公共财产、国家和人民利益遭受重大损失的，应当依照刑法第397条的规定，以玩忽职守罪追究刑事责任。

（4）主观要件为犯罪过失，即行为人应当预见自己对工作严重不负责，不履行或者不正确履行职责的行为，有可能使公共财产、国家和人民利益遭受重大损失，但却因疏忽大意而没有预见，或者虽然已经预见到该危害结果可能会发生，但却轻信可以避免，以致发生了造成严重损失的危害结果。行为人主观上是否有过失，不仅是区分玩忽职守罪与滥用职权罪的一个关键，也是区分玩忽职守行为与工作失误的界限。所谓工作失误，是行为人由于政策不明确、业务能力和水平有限等原因，以致决策不当，从而造成公共财产、国家和人民利益损失的行为。在这种情况下，行为人主观上没有犯罪的过失，而是想把工作做好，但实际上事与愿违。工作失误与玩忽职守有本质的区别，对此不能按玩忽职守罪处理。

（二）玩忽职守罪的刑事责任

《刑法》第397条规定，国家机关工作人员玩忽职守，致使公共财产、国家和人民利益遭受重大损失的，处三年以下有期徒刑或者拘役；情节特别严重的，处三年以上七年以下有期徒刑。本法另有规定的，依照规定。

国家机关工作人员徇私舞弊，犯前款罪的，处五年以下有期徒刑或者拘役；情节特别严重的，处五年以上十年以下有期徒刑。本法另有规定的，依照规定。

根据前述（法释［2012］18号）第1条的规定，国家机关工作人员玩忽职守（第397条）涉嫌下列情形之一的，应予立案：①造成死亡1人以上，或者重伤3人以上，或者轻伤9人以上，或者重伤2人、轻伤3人以上，或者重伤1人、轻伤6人以上的；②造成经济损失30万元以上的；③造成恶劣社会影响的；④其他致使公共财产、国家和人民利益遭受重大损失的情形。具有下列情形之一的，应当认定为刑法第397条规定的“情节特别严重”，①造成伤亡达到前款第1项规定人数3倍以上的；②造成经济损失150万元以上的；③造成前款规定的损失后果，不报、迟报、谎报或者授意、指使、强令他人不报、迟报、谎报事故情况，致使损失后果持续、扩大或者抢救工作延误的；④造成特别恶劣社会影响的；⑤其他特别严重的情节。

根据最高人民法院关于罪名的司法解释，“徇私舞弊罪”已经被取消，“徇私舞弊”作为犯罪构成要件要素被分解到后面的各个新罪名中。因此，《刑法》397条第2款中的“徇私舞弊”，只需要作为一个加重量刑的情节考虑。根据2003年11月13日最高人民法院《全国法院审理经济犯罪案件工作座谈会纪要》的内容，此处的“徇私舞弊”，应理解为徇个人私情、私利。国家机关工作人员为了本单位的利益，实施玩忽职守行为，构成犯罪的，应依照《刑法》第397条第1款的规定定罪处罚。

需要注意的是，本罪仅仅是对国家机关工作人员玩忽职守罪的一个概括的规定，只适用于那些刑法分则没有明确规定的国家机关工作人员因玩忽职守构成犯罪的情况。如果刑法分则有明确规定的，即适用该特别规定，而不再以本罪论处。具体来说，根据前述（法释［2012］18号）的相关规定，此处的“本法另有规定的，依照规定”，主要是指国家机关工作人员实施玩忽职守犯罪行为，触犯《刑法》分则第九章第 398 ~ 419 条规定的，依照该规定定罪处罚。国家机关工作人员玩忽职守，因不具备徇私舞弊等情形，不符合《刑法》分则第九章第 398 ~ 419 条的规定，但依法构成第 397 条规定的犯罪的，以玩忽职守罪定罪处罚。国家机关工作人员实施渎职犯罪并收受贿赂，同时构成受贿罪的，除《刑法》第 399 条的规定外，以渎职犯罪和受贿罪数罪并罚。国家机关工作人员与他人共谋，利用其职务行为帮助他人实施其他犯罪行为，同时构成渎职犯罪和共谋实施的其他犯罪共犯的，依照处罚较重的规定定罪处罚。国家机关工作人员与他人共谋，既利用其职务行为帮助他人实施其他犯罪，又以非职务行为与他人共同实施该其他犯罪行为，同时构成渎职犯罪和其他犯罪的共犯的，依照数罪并罚的规定定罪处罚。

## 三、环境监管失职罪

### （一）环境监管失职罪的概念和犯罪构成

根据《中华人民共和国刑法》第 408 条之规定，环境监管失职罪，是指负有环境保护监督管理职责的国家机关工作人员严重不负责任，不履行或者不认真履行环境保护监管职责导致发生重大环境污染事故，致使公私财产遭受重大损失或者造成人身伤亡的严重后果的行为。

本罪的犯罪构成：

（1）客体要件为国家正常的环境监管活动秩序。环境是人类自身赖以生存和发展的基础。保护环境是一切单位和每个公民应尽的义务，更是环境保护部门及其工作人员的职责。环境保护部门的工作人员，因严重不负责任，造成重大环境污染事故，导致公私财物重大损失或者人员伤亡的，是一种严重的渎职行为，直接危害了环境保护部门的正常管理活动秩序。

（2）客观要件为行为人在环境保护监督管理活动中严重不负责任，导致发生重大环境污染事故，致使公私财产遭受重大损失或者造成人身伤亡的严重后果的行为。首先，行为人在环境保护监督管理工作中有严重不负责任的行为。所谓“严重不负责任”，是指根据我国《环境保护法》《水污染防治法》《大气污染防治法》《海洋环境保护法》《固体废物污染防治法》等法律及其他有关法规的规定，行为人负有环境保护监督管理之职责，但行为人却不履行或者不认真履行其环境保护监督管理职责，工作极不负责。实践中严重不负责任的表现多种多样，如对建设项目任务书中的环境影响报告不作认真审查，或者防治污染的设施不进行审查验收即批准投入生产、使用；对不符合环境保护条件的企业、事业单位，发现污染隐患，不采取预防措施，不依法责令其整顿，以防止污染事故发生；对造成环境严重污染的企业、事业单位应当提出限期治理意见而不提出治理意见；或者虽然提出意见，令其整顿、但不认真检查、监督是否整顿治理以及是否符合条件；应当现场检查排污单位的排污情况而不作现场检查，发现环境受到严重污染应当报告当地政府的却不报告或者虽作报告但不及时，等等。其次，须发生了重大环境污染事故，出现了公私财产遭受重大损失或者人身伤亡的严重结果。所谓环境污染，是指由于有关单位违反法律、法规规定，肆意、擅自向土地、水体、大气排放、倾倒或者处置有放射性的废物、含传染病病原体的废物、有毒物质或其他危险废物，致使土地、水体、大气等环境的物理、化学、生物或者放射性等方面特性的改变，致使影响环境的有效利用、危害人体健康或者破坏生态环境，造成环境恶化的现象。所谓环境污染事故，则是因为环境污染致使在利用这些环境的过程中造成人身伤亡、公私财产遭受损失后果。根据 2016 年 12 月 23 日最高人民法院、最高人民检察院发布的《关于办理环境污染刑事案件适用法律若干问题的解释》（法释［2016］29 号）的规定，实施《刑法》第 408 条规定的行为，致使公私财产损失 30 万元以上，或者具有以下情形之一的，应当认定为发生重大环境污染事故，“致使公私财产遭受重大损失或者造成人身伤亡的严重后果”，应予立案：①造成生态环境严重损害的；②致使乡镇以上集中式饮用水水源取水中断 12 小时以上的；③致使基本农田、防护林地、特种用途林地 5 亩以上，其他农用地 10 亩以上，其他土地 20 亩以上基本功能丧失或者遭受永久性破坏的；④致使森林或者其他林木死亡 50 立方米以上，或者幼树死亡 2500 株以上的；⑤致使疏散、转移群众 5000 人以上的；⑥致使 30 人以上中毒的；⑦致使 3 人以上轻伤、轻度残疾或者器官组织损伤导致一般功能障碍的；⑧致使 1 人以上重伤、中度残疾或者器官组织损伤导致严重功能障碍的。是否造成了重大环境污染事故，出现了公私财产或者人身伤亡的严重后果，是区分本罪与一般环境监管失职行为的重要根据。一般环境监管失职行为，是行为人具有环境监管失职行为，但并没有造成公私财产、国家和人民的利益重大损失或者人身伤亡的严重后果，或者虽然造成了损失但并没有达到《刑法》所规定的重大损失的程度。对于一般环境监管失职行为，只能依据有关政策和法律的规定，给予行为人党纪政纪处理。最后，重大环境污染事故以及公私财产遭受的重大损失或者人身伤亡结果，与行为人在环境保护监督管理工作中严重不负责任的行为之间，必须具有刑法上的因果关系。即重大环境污染事故以及公私财产损失或者人身伤亡的发生，是由行为人在环境保护监督管理工作中严重不负责任的行为引起的。这种刑法上的因果关系的存在，是确定行为人承担刑事责任的客观基础。

（3）主体要件除了自然人年满16周岁且精神正常之外，还要求是负有环境保护监督管理职责的国家机关工作人员。负有环境保护监督管理职责的国家机关，既包括对环境保护工作实施统一监督管理工作的各级环境行政主管部门，也包括环境保护的协管部门，即依照有关法律规定对环境污染防治实施监督管理的其他部门，例如：国家海洋行政主管部门责组织海洋环境的调查、监测、监视、开展科学研究，并主管海洋石油勘探开发和防止海洋倾倒废物污染损害的环保工作；港务监督部门负责船舶排污的监督及调查处理、港区水域的监视；军队环保部门负责军用船舶排污的监督和军港水域的监视；各级交通部门的航政机关负责对船舶污染实行监督管理；各级公安、交通、铁道、渔业管理部门根据各自的职责对机动车、船舶污染大气实施监督管理；县级以上地方人民政府的土地、矿产、林业、农业、水利行政主管部门，分别依照《土地管理法》《矿产资源法》《森林法》《野生动物保护法》《草原法》《渔业法》《水法》的规定以有关资源的保护实施监督管理。因此，负有环境保护监督管理职责的国家机关工作人员，具体是指在国务院环境保护行政主管部门、县级以上地方人民政府环境保护行政主管部门从事环境保护工作的人员，以及在国家海洋行政主管部门、港务监督、渔政渔港监督、军队环境保护部门和各级公安、交通、铁路、民航管理部门中，依照有关法律的规定对环境污染防治实施监督管理的人员。此外，县级以上人民政府的土地、矿产、林业、农业、水利行政主管部门中依照有关法律的规定对资源的保护实施监督管理的人员，也可以构成本罪的主体。

（4）关于本罪的主观要件，学界的主流观点是犯罪过失，包括疏忽大意的过失与过于自信的过失，即行为人应当预见到自己在环境保护监督管理工作中严重不负责任的行为有可能导致重大环境污染事故的发生，危害公私财产或者公民的人身安全，但因疏忽大意而没有预见到，或者虽然已经预见到，但却轻信该结果不会发生，以致最终还是发生了重大环境污染事故，危害了公私财产或者公民的人身安全。

不过，也有学者认为，本罪的主观要件主要是犯罪过失，但也不能排除间接故意的存在。比如，负有环境保护监督管理职责的国家机关工作人员明知有关单位排放污水、废气或固体废料的行为违反环境保护法，可能造成重大环境污染事故，危及公私财产或人身安全，但严重不负责任，不采取任何措施予以制止，而是采取放任的态度，以致产生严重后果，行为人主观上显然属于放任的间接故意，而非犯罪过失。应该说，这种观点还是有一定的说服力的，值得认真对待。

（二）环境监管失职罪的刑事责任

《刑法》第408条规定，负有环境保护监督管理职责的国家机关工作人员严重不负责任，导致发生重大环境污染事故，致使公私财产遭受重大损失或者造成人身伤亡的严重后果的，处三年以下有期徒刑或者拘役。

根据前述（法释［2016］29号）的规定，实施《刑法》第408条规定的行为，致使公私财产损失30万元以上，或者具有以下情形之一的，应当认定为发生重大环境污染事故，“致使公私财产遭受重大损失或者造成人身伤亡的严重后果”，应予立案：①造成生态环境严重损害的；②致使乡镇以上集中式饮用水水源取水中断12小时以上的；③致使基本农田、防护林地、特种用途林地5亩以上，其他农用地10亩以上，其他土地20亩以上基本功能丧失或者遭受永久性破坏的；④致使森林或者其他林木死亡50立方米以上，或者幼树死亡2500株以上的；⑤致使疏散、转移群众5000人以上的；⑥致使30人以上中毒的；⑦致使3人以上轻伤、轻度残疾或者器官组织损伤导致一般功能障碍的；⑧致使1人以上重伤、中度残疾或者器官组织损伤导致严重功能障碍的。

根据2001年7月20日最高人民检察院发布施行的《人民检察院直接受理立案侦查的渎职侵权重特大案件标准（试行）》（高检发［2001］13号）的规定，造成直接经济损失100万元以上的，或者致人死亡2人以上或者重伤5人以上的，或者致使一定区域生态环境受到严重危害的，应认定为环境监管失职罪中的重大案件；造成直接经济损失300万元以上的，或者致人死亡5人以上或者重伤10人以上的，或者致使一定区域生态环境受到严重破坏的，应认定为环境监管失职罪中的特大案件。

## 四、放纵走私罪

### （一）放纵走私罪的概念和犯罪构成

根据《中华人民共和国刑法》第411条的规定，放纵走私罪，是指海关工作人员徇私舞弊，放纵走私，情节严重的行为。

本罪的犯罪构成：

（1）客体要件为海关的正常管理活动。海关是国家的进出境监督管理机关。根据中国《海关法》和其他法律、法规的规定，海关主要从事监管进出境的运输工具、货物、行李物品和其他物品，征收关税和其他税费，查缉走私等业务。加强海关的管理，对维护国家的主权和利益，促进对外经济贸易和科技文化交往，保障社会主义现代化建设的顺利进行，具有重要作用。海关工作人员徇私舞弊，放纵走私，不仅纵容走私违法犯罪行为，破坏了海关监督秩序，使国家海关法律、法规的顺利实施受到严重干扰，还损害了国家机关特别是海关的威信。

（2）客观要件为海关工作人员有徇私舞弊，放纵走私，情节严重的行为。首先，构成本罪，须有海关工作人员徇私舞弊、放纵走私的行为。所谓徇私舞弊，在本罪中，是指海关工作人员利用本人职务范围内的权力，或者利用与本人职务有关的便利条件，为贪图财物、袒护亲友或者其他私情私利，有法不依，有章不循，对应当监管的进出境物品不予监管，对应当征收的关税和其他税费不予征收，对应当移交司法机关追究刑事责任的不移交，等等。所谓放纵走私，是指海关工作人员对走私行为放任不管。放纵在司法实践中的表现形式多种多样：比如过关时故意不予检查；在检查中发现走私时故意隐瞒不报，使走私人得以过关；对应当征收关税和其他税费的不征收；对应当查缉的走私货物、物品和走私活动不予查缉；等等。此外，作为本罪构成要件要素的放纵走私行为，所放纵的并不局限于走私犯罪，对于不构成走私罪的一般走私行为予以放纵，情节严重的，也可能构成本罪。根据2002年7月8日《最高人民法院、最高人民检察院、海关总署关于办理走私刑事案件适用法律若干问题的意见》第16条的规定，放纵走私行为，一般都是消极的不作为。如果海关工作人员与走私犯罪分子通谋，在放纵走私过程中以积极的行为配合走私分子逃避海关监管或者在放纵走私之后得赃款的，应以共同走私犯罪追究刑事责任。海关人员与走私犯罪分子事先通谋，故意使走私行为得逞，其实质上是海关人员和走私犯罪分子共同实施的犯罪行为，只不过分工不同，故应当以走私罪的共犯论处。“事先有无通谋”是区分本罪与走私罪共犯的界限。海关工作人员收受贿赂又放纵走私的，应以受贿罪和放纵走私罪数罪并罚。其次，海关工作人员徇私舞弊、放纵走私的行为须达到情节严重的程度。所谓情节严重，主要是指多次放纵走私；放纵多名走私行为人；放纵走私犯罪分子；放纵走私行为造成恶劣社会影响的；等等。根据2006年7月26日最高人民检察院发布施行的《最高人民检察院关于渎职侵权犯罪案件立案标准的规定》（高检发释字［2006］2号）的规定，放纵走私案涉嫌下列情形之一的，应予立案：①放纵走私犯罪的；②因放纵走私致使国家应收税额损失累计达10万元以上的；③放纵走私行为3起次以上的；④放纵走私行为，具有索取或者收受贿赂情节的；⑤其他情节严重的情形。

（3）主体要件除了自然人年满16周岁且精神正常之外，还要求行为人必须具备海关工作人员的身份。海关工作人员是指在国务院海关总署、对外开放口岸以及海关监管业务集中的地点设立的海关机构中从事公务的人员。另外，根据《缉私警察队伍设置方案》中关于管理体制的规定可以推定，缉私警察也包括在依法行使职权的海关机构中从事公务的人员，如果其徇私舞弊放纵走私，也可以构成本罪。

（4）主观要件为犯罪故意，即行为人明知自己徇私舞弊放纵走私的行为会产生严重的危害后果，而对这种严重后果的发生持希望或者放任的态度。过失不构成本罪。行为人的犯罪动机是徇私，有的是为了贪图钱财等不法利益，有的是因碍于亲朋好友情面，有的则是出于报复或嫉妒心理，等等。

需要注意的是，如果海关工作人员徇私舞弊，明知走私行为构成犯罪，应当移交司法机关追究刑事责任却不移交，而是枉法处理，以罚代刑，情节严重，构成犯罪的，实质上也是一种“徇私舞弊放纵走私”的犯罪行为。但此种情形与本罪的“放纵走私”又有一定的不同。本罪的“放纵”行为是对走私行为不作任何处理，而后罪的“放纵”行为，则可能是行政执法人对走私行为的降格处理，以行政处罚代替追究刑事责任等。从社会危害性上讲，该种行为比本罪的“放纵”行为要轻一些。因而在实践中，应当按照《刑法》第402条规定的“徇私舞弊不移交刑事案件罪”来定罪处罚。

（二）放纵走私罪的刑事责任

《刑法》第411条规定，海关工作人员徇私舞弊，放纵走私，情节严重的，处五年以下有期徒刑或者拘役；情节特别严重的，处五年以上有期徒刑。

参考前述（高检发释字［2006］2号）的规定，所谓“情节特别严重”，主要是指放纵重大的走私犯罪；放纵重大的走私犯罪分子；放纵走私给国家造成特别巨大的经济损失；放纵走私行为造成特别恶劣的社会影响的，等等。根据2001年7月20日最高人民检察院发布施行的《人民检察院直接受理立案侦查的渎职侵权重特大案件标准（试行）》（高检发［2001］13号）的规定，造成国家税收损失累计达30万元以上的，应认定为放纵走私罪中的重大案件；造成国家税收损失累计达50万元以上的，应认定为放纵走私罪中的特大案件。

## 五、动植物检疫徇私舞弊罪

### （一）动植物检疫徇私舞弊罪的概念和犯罪构成

根据《中华人民共和国刑法》第413条第1款规定，动植物检疫徇私舞弊罪，指动植物检疫机关检疫人员徇私舞弊，伪造检疫结果的行为。

本罪的犯罪构成：

（1）客体要件为国家进出口动植物检疫机关的正常管理活动秩序。进出口动植物检疫工作对于防止动植物传染病，促进对外经济贸易的发展，具有十分重要的意义。动植物检疫人员如果徇私舞弊，把不住动植物检疫的国门，将会给农、林、牧、渔等生产带来灾难性后果，甚至危害人类健康，破坏正常的对外贸易关系，损害国家的声誉。徇私舞弊行为使国家动植物检疫法律、法规的顺利实施受到严重干扰，损害了国家动植物检疫机关的威信，影响国家动植物检疫机关的正常活动。

（2）客观要件为动植物检疫机关的检疫人员徇私舞弊，伪造检疫结果的行为。本罪的犯罪对象是法定的应检疫物品。根据《中华人民共和国进出境动植物检疫法》及其实施条例的规定，进出境的动植物、动植物产品和其他检疫物，装载动植物、动植物物品和其他检疫物的容器、包装铺垫材料以及来自动植物检疫区的运输工具、进境拆解的废旧船舶，有关法律、行政法规、国际条约规定或者贸易合同约定应当实施进出境动植物检疫的其他货物物品，应当依法进行检查。动植物检疫机关的检疫人员伪造非法定应该检疫物品的检疫结果，不能以犯罪来处理。所谓“徇私舞弊”，是指徇个人私情，个人私利，弄虚作假。所谓“伪造检疫结果”，是指滥用职权，出具虚假的、不符合应检物品实际情况的检疫结果。如根本不对应检动植物等检疫物进行检疫而出具检疫结果；明知为不合格的检疫物品为了徇私仍然签发、出具检疫合格的单证或在海关报关单上加盖检疫合格印章；为检疫合格的检疫物品出具不合格的检疫证明，等等。其具体表现在所出具的检疫放行通知单、动物过境许可证、动物检疫证书、植物检疫证书、动物健康证书、兽医卫生证书、熏蒸消毒证书等由检疫机关出具的有关动植物及其产品及其他检疫物健康或者卫生情况检疫证书中。伪造检疫结果，既包括伪造、出具被检疫内容全部虚假的结果，又包括伪造、出具被检疫的内容部分不符合事实的结果。根据2006年7月26日最高人民检察院发布施行的《最高人民检察院关于渎职侵权犯罪案件立案标准的规定》（高检发释字［2006］2号）的规定，动植物检疫徇私舞弊案件，涉嫌下列情形之一的，应予立案：①采取伪造、变造的手段对检疫的单证、印章、标志、封识等作虚假的证明或者出具不真实的结论的；②将送检的合格动植物检疫为不合格，或者将不合格动植物检疫为合格的；③对明知是不合格的动植物，不检疫而出具合格检疫结果的；④其他伪造检疫结果应予追究刑事责任的情形。应当指出，本罪为行为犯，构成动植物检疫徇私舞弊罪，不要求造成严重后果；造成严重后果，是动植物检疫徇私舞弊罪的加重情节。

（3）主体要件除了自然人年满16周岁且精神正常之外，还要求是动植物检疫机关的检疫人员。动植物检疫机关是指国务院设立的动植物检疫机关，国家动植物检疫机关在对外开放口岸和进出境动植物检疫业务集中的地点设立的口岸动植物检疫机关。非上述部门的检疫人员，不能成为本罪主体。上述检疫机关的非检疫人员，如果徇私舞弊、滥用职权指使他人伪造检疫结果的，则可构成动植物检疫徇私舞弊罪的共犯。动植物检疫机关的检疫人员与走私动植物、动植物制品的犯罪分子相互勾结，伪造检疫结果帮助走私的，是牵连犯，应择一重罪论处，以走私珍贵动物、珍贵动物制品罪，走私珍稀植物、珍稀植物制品罪等定罪处罚。

（4）主观要件为犯罪故意，即行为人明知自己在动植物检疫过程中徇私舞弊，伪造检疫结果的行为是违反有关法律规定的，会使国家利益遭受重大损失，而希望或者放任这一危害结果的发生。行为人的犯罪动机是徇私，如贪赃、受贿、碍于亲朋好友情面、报复、嫉妒等等。但动机如何，不影响犯罪的成立。

需要注意的是：动植物检疫徇私舞弊罪与商检徇私舞弊罪容易混淆，区分两罪的关键在于犯罪主体、犯罪客观方面的表现形式以及犯罪的直接客体的不同。动植物检疫徇私舞弊罪常常采用伪造、变造的手段对检疫的单证、印章、标志、封识等作虚假的证明或者出具不真实的结论，因而，又容易被认定为伪造国家机关公文、证件、印章罪。区分这两罪的关键在于犯罪主体、犯罪客体和犯罪对象的不同。如果动植物检疫机关的检疫人员利用伪造的国家机关公文、证件、印章徇私舞弊，犯动植物检疫徇私舞弊罪的，属于手段牵连犯，应以动植物检疫徇私舞弊罪定罪处罚。

### （二）动植物检疫徇私舞弊罪的刑事责任

《刑法》第 413 条规定，动植物检疫机关的检疫人员徇私舞弊，伪造检疫结果的，处五年以下有期徒刑或者拘役；造成严重后果的，处五年以上十年以下有期徒刑。

根据前述（高检发释字［2006］2 号）的规定，动植物检疫徇私舞弊案件，涉嫌下列情形之一的，应予立案：①采取伪造、变造的手段对检疫的单证、印章、标志、封识等作虚假的证明或者出具不真实的结论的；②将送检的合格动植物检疫为不合格，或者将不合格动植物检疫为合格的；③对明知是不合格的动植物，不检疫而出具合格检疫结果的；④其他伪造检疫结果应予追究刑事责任的情形。所谓“造成严重后果的”，往往是指动植物检疫徇私舞弊的次数比较多；所造成的经济损失非常大；所造成的社会影响特别恶劣，等等。根据 2001 年 7 月 20 日最高人民检察院发布施行的《人民检察院直接受理立案侦查的渎职侵权重特大案件标准（试行）》（高检发［2001］13 号）的规定，徇私舞弊，3 次以上伪造检疫结果的，或者造成直接经济损失 50 万元以上的，应认定为徇私舞弊罪中的重大案件；徇私舞弊，5 次以上伪造检疫结果的，或者造成直接经济损失 100 万元以上的，应认定为徇私舞弊罪中的特大案件。

## 六、放行偷越国（边）境人员罪

### （一）放行偷越国（边）境人员罪的概念和犯罪构成

根据《中华人民共和国刑法》第 415 条的规定，放行偷越国（边）境人员罪，是指边防、海关等国家机关人员，对明知是偷越国（边）境的人员予以放行的行为。

本罪的犯罪构成：

（1）客体要件为边防、海关等出入境管理机关的正常管理活动秩序。根据我国有关法律规定，海关是进出境的监督管理机关，海关人员有权查阅进出境人员的证件。任何人出入境时，应向边防检查站出示证件，边防检查站人员对未持有护照等出入境证件、持无效出入境证件、持伪造、涂改、冒用的出入境证件或拒绝交付出入境证件的人员有权不予放行，这是边防、海关等国家机关工作人员的权力，也是其必须履行的职责。如果海关、边防等国家机关工作人员不认真履行职责，对明知是偷越国（边）境的人员私自放行，无疑会严重干扰边防、海关等出入境管理机关的正常管理活动，破坏我国的出入境管理活动秩序。

（2）客观要件为行为人利用职务之便，对明知是偷越国（边）境的人员予以放行的行为。所谓利用职务之便，是指边防、海关等国家机关工作人员，利用其主管、经管、经手办理护照、签证或负责审验护照、签证等出入境证件、负责检查进出境运输工具、货物、物品等职务上的便利。如果边防、海关等国家机关工作人员没有利用职务之便，而是以其他方法帮助他人偷越国（边）境的，应按偷越国（边）境罪的共犯论处。所谓偷越国（边）境，即通常所说的偷渡，一般可以分为口岸偷渡和非口岸偷渡。口岸偷渡，是指未经国家主管部门批准或者未持有效出入境证件，逃避或者蒙混边防检查机关的检查，从我国对外开放口岸偷越国（边）境的行为。非口岸偷渡，是指从我国未设立口岸的地点出入国（边）境的行为。本罪所涉及的主要是口岸偷渡人员，但也包括非口岸偷渡人员。所谓非法放行他人偷越国（边）境，是指边防、海关等国家机关工作人员在出入境人员检查工作中，明知是偷越国（边）境人员，应当阻止其出境或者入境，但行为人却违反规定，为企图偷越国（边）境人员签发护照、签证等有效出入境证件，或者不履行检查出入境的职责，对其予以放进或放出的行为。如果边防、海关等国家机关工作人员与组织、运送他人偷越国（边）境的犯罪分子相勾结，实施上述非法放行偷越国（边）境的行为，则应属于组织他人偷越国（边）境罪和运送他人偷越国（边）境罪的共犯，应依照组织他人偷越国（边）境罪和运送他人偷越国（边）境罪定罪处罚。本罪是行为犯，不要求严重危害结果的发生。根据2006年7月26日最高人民检察院发布施行的《最高人民检察院关于渎职侵权犯罪案件立案标准的规定》（高检发释字［2006］2号）的规定，边防、海关等国家机关工作人员涉嫌在履行职务过程中，对明知是偷越国（边）境的人员而予以放行的，应予立案。

（3）主体要件除了自然人年满16周岁且精神正常之外，还要求是边防、海关等国家机关工作人员。此处的边防，即边防检查机关，是公安机关的组成部分，是为保卫国家主权、领土完整和安全，根据我国出入境管理和边防检查法律、法规的规定，对出入境人员及其携带的行李物品、交通运输工具及其运载的货物进行检查和监护，实施口岸查缉，防止境内外人员非法偷越国（边）境的国家机关。此处的海关，是根据《中华人民共和国海关法》和其他有关法律、法规，监管进出境的运输工具、货物、行李物品、邮递物品和其他物品，征收关税和其他税费，查缉走私并办理其他海关业务的国家出入境监督管理机关。

（4）主观要件为犯罪故意，即明知是企图偷越国（边）境的人员而故意予以放行。本罪不要求必须以营利为目的。犯罪动机则可能是各种各样，有的可能是出于私利，有的是出于亲友情面等。如果行为人主观是不是故意，而是因为对工作不负责任，过失地造成企图偷越国（边）境的人员得以偷越国（边）境的，不能以本罪来追究行为人的刑事责任。但对出于严重的失职行为，造成严重后果的，可考虑按玩忽职守罪论处。对于工作不负责任，但情节一般未造成严重后果的，应酌情予以行政处分。

按照最高人民法院1993年9月24日下发的《关于严厉打击偷渡犯罪活动的通知》的规定，行为人收受他人贿赂，为企图偷越国（边）境的人员办理出入境证件或者予以放行的行为，既触犯受贿罪，又触犯了本罪，实行数罪并罚，并从重处罚。

（二）放行偷越国（边）境人员罪的刑事责任

《刑法》第415条规定，边防、海关等国家机关工作人员，对明知是偷越国（边）境的人员，予以放行的，处三年以下有期徒刑或者拘役；情节严重的，处三年以上七年以下有期徒刑。

根据前述（高检发释字［2006］2号）的规定，边防、海关等国家机关工作人员涉嫌在履行职务过程中，对明知是偷越国（边）境的人员而予以放行的，应予立案。此外，要准确适用刑法关于放行偷越国（边）境人员罪的处罚规定，应当注意把握“情节严重”的含义。这里的情节严重，司法实践中一般是指下列情节：多次放行偷越国（边）境的人员或者一次放行偷越国

（边）境人员人数众多的；放行犯有严重罪行的偷越国（边）境人员；因贪赃、受贿而放行偷越国（边）境人员的，等等。根据2001年7月20日最高人民检察院发布施行的《人民检察院直接受理立案侦查的渎职侵权重特大案件标准（试行）》（高检发［2001］13号）的规定，违法放行3人以上的，或者违法放行3次以上的，或者违法放行刑事犯罪分子的，应认定为放行偷越国（边）境人员罪中的重大案件；违法放行5人以上的，或者违法放行5次以上的，或者违法放行严重刑事犯罪分子的，应认定为放行偷越国（边）境人员罪中的特大案件。

## 七、失职造成珍贵文物损毁、流失罪

### （一）失职造成珍贵文物损毁、流失罪的概念和犯罪构成

根据《中华人民共和国刑法》第419条规定，失职造成珍贵文物损毁、流失罪，是指国家机关工作人员严重不负责任，造成珍贵文物损毁或者流失，后果严重的行为。

本罪的犯罪构成：

（1）客体要件为国家对文物的正常管理活动秩序。由于国家机关工作人员对本职工作严重不负责任，违法乱纪，违反规章制度，不履行应尽的职责义务，致使国家机关的文物保护工作遭到破坏，给国家、集体和人民利益造成严重损害，危害了国家机关的正常活动秩序。犯罪对象为珍贵文物。故而，国家机关工作人员严重不负责任，造成非珍贵文物毁损、流失的，不构成本罪。所谓珍贵文物，是指具有重要的历史、艺术、科学价值，被国家列为重点保护对象的文物。根据《中华人民共和国文物保护法》的规定，珍贵文物的范围主要包括国家规定的一、二级文物，三级文物要确定为珍贵文物的，应经国家文物鉴定委员会确认。其中，一级文物是指具有特别重要价值的代表性文物；二级文物是指具有重要价值的文物；三级文物为具有一定价值的文物。至于文物，按照《中华人民共和国文物保护法》第2条的规定，是指：①具有历史、艺术、科学价值的古文化遗址、古墓葬、古建筑、石窟寺和石刻；②与重大历史事件、革命运动和著名人物有关的，具有重要纪念意义、教育意义和史料价值的建筑物、遗址和纪念物；③历史上各时代的珍贵艺术品、工艺美术品；④重要的革命文献资料以及具有历史、艺术和科学价值的手稿、古旧图书资料等；⑤反映历史上各时代、各民族社会制度、社会生产、

社会生活的代表性实物。另外，具有科学价值的古脊椎动物化石和古人类化石同文物一样也受国家保护。

（2）客观要件为行为人在文物保护工作中严重不负责任，造成珍贵文物损害或者流失，后果严重的行为。所谓严重不负责任，是指不履行法律规定和其职务要求的文物保护、管理职责，或者在履行职务中敷衍塞责，草率应付，不尽职责。其具体表现形式是多种多样的，例如批准用地时，不依照规定进行地下文物勘查；对盗掘古文化遗址、古墓葬的行为不闻不问，不加制止；对馆藏珍贵文物不按《文物馆藏品管理办法》的规定建立固定、专用的库房，设专人管理；库房设备和措施不符合防火、防盗、防潮、防虫、防尘、防光、防震、防空气污染的要求；珍贵文物出库归库手续不健全；安全检查制度形同虚设；发现不安全因素，不及时采取措施纠正；发生火灾、文物失窃等案件不及时报告当地公安部门、文物行政管理部门和国家文物局；对文物出口或者个人携带文物出入国（边）境不进行文物品级鉴定，错误发给文物户口许可证；等等。具体表现如何，不影响本罪的成立。所谓损毁，是指在考古发掘或者管理、保护过程中，造成珍贵文物破坏、损坏或者灭失、无法恢复原貌的行为。既包括使珍贵文物部分破损，使其丧失部分价值，即造成原有价值的减少，例如，使能作为珍贵文物的手稿大面积污损，致其字迹难以辨认，又包括使珍贵文物完全毁灭，从而丧失其全部价值，如珍贵书画被烧毁，珍贵陶器、瓷器被砸碎等。所谓流失，是指珍贵文物因被盗、遗失而下落不明或者流落至国外、境外等情形。本罪是结果犯，严重不负责任的行为必须后果严重，才构成犯罪。如果只是造成珍贵文物很小的破损，或者失而复得没有造成大的损坏，即使行为人在文物保护工作中有失职行为，也不能以本罪论处。本罪的后果严重主要是指造成数量较大的珍贵文物损毁、流失的；致使珍贵文物流失国外的；造成特别珍贵文物损毁、流失的；由于珍贵文物被毁，给历史、艺术、科学研究造成了严重的影响，社会影响极坏，流失的文件已无法追回，等等。根据 2016 年 1 月 1 日施行的最高人民法院、最高人民检察院《关于办理妨害文物管理等刑事案件适用法律若干问题的解释》（法释［2015］23 号）第 10 条的规定，国家机关工作人员严重不负责任，造成珍贵文物损毁或者流失，具有下列情形之一的，应当认定为《刑法》第 419 条规定的“后果严重”：①导致二级以上文物或者 5 件以上三级文物损毁或者流失的；②导致全国重点文物保护单位、省级文物保护单位的本体严重损毁或者灭失的；③其他后果严重的情形。

（3）主体要件除了自然人年满 16 周岁且精神正常之外，还要求是国家机关工作人员。本条所称“国家机关工作人员”是指负有管理、保护文物职责的国家机关工作人员，包括博物馆（院）、纪念馆、图书馆的工作人员、文化行政部门中主管文物保护工作的人员等，并非指所有的国家机关工作人员。

（4）主观要件为犯罪过失，即行为人应当预见自己严重不负责任的行为，可能会造成珍贵文物损毁或者流失，但是由于疏忽大意而没有预见，或者虽然已经预见到该危害结果可能会发生，但却凭借着自己的知识或者经验而轻信可以避免，以致发生了造成严重损失的危害结果。行为人主观上的过失是针对造成重大损失的结果而言，但并不排斥行为人对违反工作纪律和规章制度或对自己的作为和不作为行为是“明知故犯”的。如果行为人在主观上对于危害结果的发生不是出于过失，而是出于故意，不仅预见到，而且希望或者放任它的发生，那就不构成本罪，而构成其他的故意犯罪。

（二）失职造成珍贵文物损毁、流失罪的刑事责任

《刑法》第 419 条规定，国家机关工作人员严重不负责任，造成珍贵文物损毁或者流失，后果严重的，处三年以下有期徒刑或者拘役。

根据前述法释［2015］23 号第 10 条的规定，国家机关工作人员严重不负责任，造成珍贵文物损毁或者流失，具有下列情形之一的，应当认定为《刑法》第 419 条规定的“后果严重”：①导致二级以上文物或者五件以上三级文物损毁或者流失的；②导致全国重点文物保护单位、省级文物保护单位的本体严重损毁或者灭失的；③其他后果严重的情形。

根据 2001 年 7 月 20 日最高人民检察院发布施行的《人民检察院直接受理立案侦查的渎职侵权重特大案件标准（试行）》（高检发［2001］13 号）的规定，导致国家一级文物损毁或者流失 1 件以上的，或者导致国家二级文物损毁或者流失 3 件以上的，或者导致国家三级文物损毁或者流失五件以上的，或者导致省级文物保护单位严重损毁的，应认定为失职造成珍贵文物毁损、流失罪中的重大案件；导致国家一级文物损毁或者流失 3 件以上的，或者导致国家二级文物损毁或者流失 5 件以上的，或者导致国家三级文物损毁或者流失 10 件以上的，或者导致全国重点文物保护单位严重损毁的，应认定为失职造成珍贵文物毁损、流失罪中的特大案件。

根据法释［2015］23 号第 13 条规定，案件涉及不同等级的文物的，按照

高级别文物的量刑幅度量刑；有多件同级文物的，5件同级文物视为一件高一级文物，但是价值明显不相当的除外。

根据法释［2015］23号第15条规定，在行为人实施有关行为前，文物行政部门已对涉案文物及其等级作出认定的，可以直接对有关案件事实作出认定。对案件涉及的有关文物鉴定、价值认定等专门性问题难以确定的，由司法鉴定机构出具鉴定意见，或者由国务院文物行政部门指定的机构出具报告。其中，对于文物价值，也可以由有关价格认证机构作出价格认证并出具报告。

REFERENCE

# 主要参考文献

## 一、编著

1. 赵秉志:《刑法新教程》(第 4 版),中国人民大学出版社 2012 年版。
2. 高铭暄、马克昌:《刑法学》(第 7 版),北京大学出版社、高等教育出版社 2016 年版。
3. 周光权:《刑法各论》(第 3 版),中国人民大学出版社 2016 年版。
4. 张明楷:《刑法学》(第 5 版)(上、下册),法律出版社 2016 年版。
5. 李晓明:《刑法学总论》《刑法学分论》,北京大学出版社 2017 年版。
6. 刘志伟:《刑法规范总整理》(第 10 版),法律出版社 2017 年版。
7. 周其华:《刑法修正案与配套规定罪名精解》,中国检察出版社 2017 年版。
8. 周忠海:《国际法》,中国政法大学出版社 2013 年版。
9. 马呈元:《国际刑法》(增订版),中国政法大学 2013 年版。
10. 姚建龙:《刑法学总论》,北京大学出版社 2016 年版。
11. 余振华:《刑法总论》(第 2 版),三民书局 2013 年版。
12. [德] 施特拉腾韦特、库仑:《刑法总论 I——犯罪论》,杨萌译,法律出版社 2006 年版。
13. 孙镇平:《中国海洋权益维护法律导读》,中国民主法制出版社 2014 年版。
14. 杨泽伟:《中国海上能源通道安全的法律保障》,武汉大学出版社 2011 年版。
15. 赵微、王赞:《海上国际犯罪研究》,法律出版社 2015 年版。
16. 黎宏:《刑法学总论》(第 2 版),法律出版社 2016 年版。
17. 王虎华:《国际法学》(第 4 版),北京大学出版社 2015 年版。
18. 张文显:《法理学》(第 4 版),北京大学出版社、高等教育出版社 2013 年版。
19. 王贵勤:《国际法导论》,光明日报出版社 2015 年版。
20. 屈广清、曲波:《海洋法》,中国人民大学出版社 2011 年版。
21. 白建军:《公正底线——刑事司法公正性实证研究》,北京大学出版社 2008 年版。
22. 陈庆:《量刑理论若干问题探究》,知识产权出版社 2011 年版。

23. 熊选国:《〈人民法院量刑指导意见〉与两高三部〈关于规范量刑程序若干问题的意见〉理解与适用》，法律出版社 2010 年版。

## 二、期刊论文

1. 张明楷：“污染环境罪的争议问题”，载《法学评论》2018 年第 2 期。
2. 陈兴良：“刑罚改革论纲”，载《法学家》2006 年第 1 期。
3. 赵秉志：“当代中国刑罚制度改革论纲”，载《中国法学》2008 年第 3 期。
4. 黎宏：“死刑缓期执行制度新解”，载《法商研究》2009 年第 4 期。
5. 唐子艳、齐文远：“非传统安全视野中不予救助问题的刑法思考”，载《四川大学学报（哲学社会科学版）》2016 年第 4 期。
6. 王赞：“危及大陆架固定平台安全罪国内法化研究”，载《中国海洋大学学报（社会科学版）》2014 年第 5 期。
7. 牛忠志：“犯罪本质之义务违反说论纲”，载《山东社会科学》2014 年第 6 期。
8. 牛忠志：“论犯罪本质的义务违反说优越于法益说”，载《法学论坛》2014 年第 1 期。
9. 许维安、叶芍：“我国海上犯罪体系亟需健全与完善”，载《河北法学》2012 年第 4 期。
10. 阎二鹏：“海洋刑法学的提出与国际海上犯罪的立法规制”，载《河南财经政法大学学报》2013 年第 1 期。
11. 陈伟：“刑事立法的政策导向与技术制衡”，载《中国法学》2013 年第 3 期。
12. 李林：“风险社会背景下我国危险犯立法趋势研究”，载《东北大学学报》2012 年第 2 期。
13. 熊谋林：“我国罚金刑司法再认识”，载《清华法学》2013 年第 5 期。
14. 邢绡红：“论中国罚金刑的立法价值取向”，载《延边大学学报（社会科学版）》2013 年第 3 期。
15. 侯艳芳、沈倩：“海洋污染犯罪中危险犯的设置——基于南海海域的探讨”，载《海南大学学报（人文社会科学版）》2016 年第 6 期。
16. 孙彦：“环境刑法学视角下的海洋污染犯罪浅析”，载《海洋开发与管理》2012 年第 1 期。
17. 蒋丽霞：“污染海洋罪及其刑法调控”，载《黑龙江教育学院学报》2009 年第 2 期。
18. 吕忠梅：“环境保护法”，载《政法论丛》2014 年第 5 期。

## 三、硕博论文

1. 刘慧卿：“海上非传统安全行为法律规制研究”，大连海事大学 2016 年学位论文。
2. 董野：“海上妨害公务犯罪的若干问题研究”，上海交通大学 2011 年学位论文。
3. 齐云飞：“论国际禁毒公约与我国毒品犯罪的惩治”，大连海事大学 2007 年学位论文。